미국헌법의탄생

The Birth of
the American Constitution

미국헌법의탄생

The Birth of the American Constitution

초판1쇄 발행 2012년 11월 30일
초판2쇄 발행 2013년 9월 20일

지은이 조지형
펴낸이 이영선
펴낸곳 서해문집
이 사 강영선
주 간 김선정
편집장 김문정
편 집 허 승 임경훈 김종훈 김경란 정지원
디자인 오성희 당승근 안희정
마케팅 김일신 이호석 이주리
관 리 박정래 손미경

출판등록 1989년 3월 16일 (제406-2005-000047호)
주 소 경기도 파주시 문발동 파주출판도시 498-7
전 화 (031)955-7470 | **팩스** (031)955-7469
홈페이지 www.booksea.co.kr | **이메일** shmj21@hanmail.net

ISBN 978-89-7483-550-7 93940
이 도서의 국립중앙도서관 출판시도서목록(CIP)은 e-CIP홈페이지(http://www.nl.go.kr/ecip)와
국가자료공동목록시스템(http://www.nl.go.kr/kolisnet)에서 이용하실 수 있습니다.(CIP제어번호: CIP2012005453)

이 저서는 2007년 정부(교육인적자원부)의 재원으로 한국학술진흥재단의 지원을 받아 수행된 연구임(KRF-2007-812-A00047)

미국헌법의 탄생

The Birth of
the American Constitution

조지형 지음

서해문집

가선 · 규선을 위하여

여는 글

두 사람 앞에 하나의 케이크가 놓여 있다. 이 케이크를 가장 공정하게 나누어 먹는 방법은 무엇일까? 그것은 한 사람에게 케이크 나이프를 주어 두 조각으로 나누게 하고, 다른 한 사람에게 케이크 두 조각 중에서 원하는 조각을 선택하도록 하는 것이다. 이 방법은 인류의 오래된 지혜 가운데 하나이고, 미국헌법에도 잘 구현되어 있다. 대통령이 장관을 임명하면 연방 상원이 그 임명을 인준하는 메커니즘이 바로 이런 지혜를 현실화한 대표적 사례다.

요즘 정치권에서 책임총리나 분권형 대통령제를 강조하지만, 단순히 권력을 나눈다고 부패와 폐해가 없어지는 것은 아니다. 권력은 균형을 이룰 수 있도록 분점하고 견제가 가능하도록 체계화할 때 비로소 통제되는 것이다. 분점 정부 밑에서 행정부와 입법부가 빚는 갈등처럼, 권력 분점의 메커니즘이 때로는 갈등과 반목을 초래할 수도 있다. 그러나 양보의 지혜와 타협의 미덕이 여기에 곁들여져 있다면, 이 메커니즘을 통해 충분히 조화를 이루고 상생 정치를 만들어낼 수 있는 것이다.

미국헌법의 제정자들은 국민이 주인이 되는 헌법을 만들면서 권력 분점을 통한 조화 메커니즘 등 인류의 다양한 지혜를 현실 정치 속에서 구현하기 위해 노력했다. 그들은 인민주권뿐 아니라 제한정부, 혼합정부, 균형정부, 근본법, 서약 등의 헌정 이념들을 하나의 큰 메커니즘 속에 조화롭게 배치하려고 노력했고, 다양한 헌정 제도를 만들었다. 주권자인 국민의 의사를 충분히 반영하고 존중하기 위해서, 그리고 미래에 있을 입법부와 행정부의 침해로부터 헌법을 보호하기 위해서, 제헌회의와 비준회의라는 제도를 고안했고 권리장전도 마련했다.

미국헌법은 무엇보다도 자유와 권리를 보호하기 위해 제정되었다. 반면, 지금껏 우리 헌법은 통치를 위한 헌법이었다. 민주헌법이라고 부르는 1987년 현행 헌법조차 통치를 위한 헌법이었을 뿐이다. 만약 개헌을 한다면, 그것은 그야말로 우리 헌법의 본질적 성격을 혁신하는 개헌이어야 한다.

이 책이 헌법과 권력, 자유와 권리를 더욱 심층적으로 이해하기 위한 하나의 길잡이가 될 수 있을 것이라 기대해 본다. 하나의 헌법이 역사를 통해 어떻게 인류의 지혜를 담아냈는가를 실증적으로 보여주기 위해서, 또 독자들이 헌법의 탄생을 통해 자유, 권리, 권력, 부패, 독재, 폭정, 억압, 항거, 투쟁, 민주 등 인류 역사의 무게를 조금이나마 느낄 수 있었으면 한다.

이 책이 나오기까지 재정적으로 지원해준 한국연구재단, 세심한 배려로 더 좋은 책이 될 수 있도록 힘든 수고를 아끼지 않은 김서형 연구교수, 허현 연구교수, 김수연 박사 그리고 서해문집의 편집 관계자들에게 감사를 드린다. 그리고 이 자리를 빌려 미국혁명과 미국헌법에 대한 애정과 관심을 갖도록 격려해주신 은사님이신 이보형 선생님께도 깊은 존경과 감사를 표하고자 한다.

2012년 11월
이화언덕에서
조지형

이 책에서는 미국의 연방헌법이 제정되고 탄생하는 과정을 역사적으로 살펴보고자 한다. 미국헌법을 통해 세계사에서 최초로 국민이 국가의 주인이 되는 인민주권의 헌정 원리가 명실상부하게 실현되었으며, 자유주의와 공화주의 그리고 민주주의 원칙을 근간으로 한 통치 체제가 출현했다. 또한 미국헌법을 통해 현실 정치에서 권력분립, 법치주의, 견제와 균형 등 여러 헌정 원리가 실현되었다. 이 글은 역사적 사실에 입각하여 이러한 헌정 원리와 헌법 정신이 미국헌법에 어떻게 편입되었는지 구체적으로 살펴본다. 헌정 원리 역시 하나의 담론으로서, 언어적 맥락을 살펴야만 진정한 의미를 파악할 수 있다. 따라서 미국헌법에 구현된 헌정 원리를 올바르게 이해하기 위해서는 헌법 제정 과정에 대한 논의뿐 아니라 당시의 다양한 헌법 담론이 재구성되어야 한다.

서장

한국 정치와
헌법

헌법이란 무엇인가? 우리나라 현행 헌법 제1조에 "대한민국은 민주공화국이다"라는 조항(제1항)이 있다는 것을 모든 국민이 잘 알고 있다. 그러나 왜 대한민국이 민주국이어야 하고 공화국이어야 하는지, 그 이유를 아는 사람은 많지 않다. 어떤 사람은 국민이 주권을 가지지만 모든 사람이 정치를 할 수 없으니 대표를 선출하여 정치하도록 하는 제도를 채택했기 때문에 우리나라를 '민주공화국'이라고 말한다. 그러나 그것만으로 헌법을 이해한다고 하기에는 이르다.

2012년 9월 19일, 안철수 서울대학교 융합과학기술대학원 원장은 충정로 구세군아트홀에서 대선 출마 선언을 했다. 안철수는 기자회견문을 발표한 후 기자들의 질문에 대답했다. 그 가운데 헌법에 관한 간단한 언급이지만 매우 중요한 것이 있어 직접 인용해본다.

> 우리나라 헌법도 먼저 국민이 나오고 다음 국회, 다음 대통령이다. 중요한 의미의 순서대로 보면, 국민 민의를 받들어 문제 해결하는 최첨단에 국회가 있다. 국회가 입법한 것 대통령이 집행할 따름이다.[1]

우리의 현행 헌법인 '1987년 헌법'의 제1조 제2항에 "대한민국의

주권은 국민에게 있고, 모든 권력은 국민으로부터 나온다"라고 되어
있으니, 안철수의 말은 옳은 말이다. 대한국민은 대한민국의 주권자이
며 대한민국의 헌법을 제정하고 개정할 배타적인 권리를 갖는다.

그런데 안철수의 그다음 문장은 우리 헌법을 이해하는 데 그다지 옳
은 말이 아니다. 좀 더 과격하게 말하면, 그의 말은 틀렸다. 국민의 민
의를 받드는 것은 비단 국회만이 아니다. 대통령(행정부)이나 사법부도
국민의 민의를 받드는 기관이다. 아마 안철수가 강조하고 싶었던 말은
'국회가 문제를 해결하는 최첨단에 있다'는 것이 아닐까 한다. 문맥상
으로 보면 안철수는 국회가 입법하는 기관이고 국회가 입법한 것을 대
통령이 집행할 따름이라고 생각하는 것이다.

그러나 우리 현행 헌법에는 그렇게 명시되어 있지 않다. 우리 헌법
은 제52조에서 "국회의원과 정부는 법률안을 제출할 수 있다"라고 명
시함으로써 국회와 행정부가 법률안제출권을 가지고 있음을 분명히
한다. 국민의 주인 됨을 강조하고 국회의 헌정적 중요성을 과시하려는
안철수의 뜻은 십분 공감하고도 남는다. 대선 출마를 선언하는 자리에
서 안철수는 국민의 지지를 이끌어내고자 했고, 이러한 정치적 주장에
국민을 어떤 방식으로든 내세우려는 수사를 하려 한 것이다. 그러나
대통령이 되려는 안철수는 보다 중요한 것, 현재의 국민뿐 아니라 과
거와 미래의 국민을 포함하는 전체 국민의 의지를 담은 헌법을 좀 더
신중하게 생각했어야 했다. 국회뿐 아니라 행정부도 국민의 민의를 받
들어 문제 해결을 위해 입법에 나서야 하고, 또 나설 수 있는 헌법적
권한을 갖기 때문이다. 무엇보다도 대통령은 헌법 제66조 제2항에서
천명한 것처럼 '헌법을 수호할 책무를 가진 헌법의 수호자'이기 때문

이다.

또한 안철수는 "국회가 입법한 것 대통령이 집행할 따름"이라고 말했지만, 대통령은 단순히 국회가 입법한 것을 집행하기만 하는 것이 아니다. 대통령은 행정부의 수반으로 입법에 적극적으로 참여할 수 있고 능동적으로 입법 활동을 펼칠 수 있다. 대통령은 국무회의 의장으로서 국무회의에서 법률안을 심의하고 대통령의 명의로 국회에 법률안을 제출한다. 우리 헌법은 입법 활동에 대통령을 결코 수동적인 존재로 규정하지 않는다. 그리고 실제로 대통령이 이끄는 행정부의 입법은 국회의 입법보다 더 강력하고 주도면밀하게 기획되고 제도화되어 실행될 때가 많았다. 18대 국회도 행정부의 거수기 역할을 담당했으며, 거수기 논란으로 언론이 뜨겁게 달궈지기도 했다. 이러한 맥락에서 권력분립의 헌정 원칙을 강조하고 국회의 본분을 복원하며 대통령의 권위주의적 위상을 제한하려는 안철수의 의도 역시 충분히 공감한다. 그렇지만 대통령의 역할을 두고 '국회가 입법한 것을 집행할 따름'이라고 한 것은 헌법과도 일치하지 않으며 대통령의 헌법적 역할을 비하하는 것이다.

안철수의 '국회 입법, 대통령 집행'이라는 표현은 우리 헌법에 맞지 않지만, 미국헌법에는 정확한 표현이다. 미국헌법에 따르면, 미국 대통령은 입법부가 입법한 것을 집행할 뿐이다. 그래서 헌법에서 대통령은 법률을 집행하는 자라는 이유 때문에 '집행자the Executive'라고 불린다. 그러나 우리 헌법이 규정한 대통령은 단순히 집행하는 자가 아니다. 건국헌법 이래 우리 헌법은 대통령에게 법률안을 제출하는 자로서의 헌정적 지위를 부여해왔다. 안철수의 '국회 입법, 대통령 집행'이라는 표현은 제출자로서 대통령의 헌법적 정체성을 무시하는 것이다.

그러나 안철수의 '국회 입법, 대통령 집행'이라는 정치권력 구조가 우리에게도 바람직하다고는 생각한다. 대통령(행정부)이 입법의 가장 핵심 권력인 법률안제출권을 갖는 것은 독재이기 때문이다. 달리 말하면, 1987년의 민주화 항쟁으로 성취한 현행 헌법은 여전히 독재헌법이다. 미국혁명이 진행되면서, 삼권분립의 헌정 원칙에 민감했던 미국은 정부의 한 부가 다른 부의 권력을 장악하는 것에 대해 매우 심각하게 고민했다. 1776년의 버지니아 헌법은 "입법부, 행정부 그리고 사법부는 분리되며 구별되어야 한다. 어느 부도 다른 부에 정당하게 속한 권한을 행사할 수 없다"라고 선언했다.[2] 그리고 1780년의 매사추세츠 헌법은 "입법부는 결코 행정부와 사법부의 권한 혹은 이 둘 중 하나의 권한을 행사할 수 없다. 행정부는 결코 입법부와 사법부의 권한 혹은 이 둘 중 하나의 권한을 행사할 수 없다. 사법부는 결코 입법부와 사법부의 권한 혹은 이 둘 중의 하나의 권한을 행사할 수 없다"라고 선언했다.[3] 미국헌법이 비준을 위해 각 주에 송부되어 논쟁이 일어났을 때, 미국헌법의 아버지라 불리는 제임스 매디슨James Madison은 몽테스키외를 인용하면서 "정부 내 한 부서의 모든 권력을 행사하는 사람들이 정부의 다른 부서의 모든 권력을 장악할 때"[4] 자유는 위험에 처하고 독재는 고개를 쳐든다고 날카롭게 지적했다.

이와 같은 삼권분립의 헌정 원칙과 전통에 따르면, 현행 헌법은 독재헌법이다. 따라서 안철수의 '국회 입법, 대통령 집행'이라는 표현은 정말 반가운 것이 아닐 수 없다. 우리 헌법을 개정하여 현재 행정부(대통령)가 가진 법률안제출권을 삭제해야 한다. 그래야 안철수가 언급한

제임스 매디슨
미국의 제4대 대통령. '미국헌법의 아버지'라
고 불리는 버지니아 출신의 정치인. 매디슨은
필라델피아 제헌회의에서 가장 중요한 헌법
제안서인 '버지니아 안'을 작성했다.

것처럼 국회는 명실 공히 "국민의 민의를 받들어 문제를 해결하는 최첨단"에 서게 되는 것이다. 물론 현행 헌법의 이 부분만 수정한다고 독재헌법에서 민주헌법으로 바뀌는 것은 아니다. 유신의 독재헌법에서 끈질기게 살아남아 현행 헌법에 잔존한 독소 조항들이 있다. 대표적인 것이 "대통령은 국가의 원수"라고 규정한 제66조다. 유신독재헌법의 독소 조항이 살아남은 것은 6·29선언 이후 대권을 거의 손에 거머쥐었다고 믿었던 김대중과 김영삼의 권력 욕망 때문이었다. 또한 당시 헌법을 총체적으로 성찰하지 않고 대통령직선제에만 매달린 국민의 어리석음 때문이기도 했다. 더욱이 현행 헌법은 새로 제정된 헌법이 아니라 건국헌법뿐 아니라 유신독재헌법을 잇는, 달리 말하면 유신독재헌법의 정당성을 이어받으며 그 체제를 헌법적으로 옹호하는 헌법이다. 그래서 현행 헌법은 반드시 개헌되어야 한다.

그렇지만 헌법상 대통령은 헌법의 수호자인 까닭에 대통령은 그 누구라도 개헌하지 않는 이상 현행 헌법을 수호해야 한다. 따라서 대통령은 안철수의 '국회 입법, 대통령 집행' 원칙이 우리 현행 헌법의 정신과 내용에 위배된다는 점을 명확히 해야 한다. 그리고 대통령은 그 누구라도, 심지어 안철수조차 이러한 헌법을 준수할 책무가 있다. 우리는 건국헌법 제정 당시 내각제 요소(행정부의 법률안제출권)가 반영되어 현행 헌법에까지 이어져 내려오는 역사적 경험을 가지고 있다. 어떤 헌법학자는 이러한 역사적 경험과 행정부의 법률안제출권이 사회가 발전하고 복잡해져서 입법부만으로는 모든 문제에 대해 법률을 제정하기가 어려워져 행정부의 손을 빌리지 않으면 안 되는 현실 때문에 도입된 것이라고 주장한다.[5] 그러나 현대 미국에서조차 입법의 심의와 의결은 물론 법률제출권 역시 입법부가 독점하는데, 이런 설명은 전혀 논리적이지도 않으며 납득할 수 없는 주장이다. 그럼에도 대통령은 현행 헌법을 수호해야만 한다.

그러나 지금 국민은 대통령에게 요구할 것이다. 현행 헌법이 독재헌법이더라도 헌법을 민주적으로 운용해달라고 말이다. 독재 시대에 헌법의 민주적 요소가 전면적으로 무시되고 인권이 유린되며 수많은 피해를 입었기 때문에 현행 헌법의 그런 독소 조항을 무시하고 지키지 않을 수도 있다고. 그러나 지금은 민주화 시대이며 법치 시대다. 현실적 이익이 약간 손해를 보더라도 헌법은 지켜야 한다. 그러면서 동시에 잘못된 헌법 조항과 현실과 동떨어진 헌법 내용을 수정해야 한다.

헌법의 작성과 마련이라는 관점에서 보면, 미국헌법은 4개월 반이라는 매우 짧은 기간에 걸쳐 작성되었다. 1787년 5월 25일에 개회한 펜실베이니아 주의 필라델피아 제헌회의는 같은 해 9월 17일 헌법안에 서명 완료했다. 그 후 미국헌법은 13개 주state에 각각 송부되어 1787년 12월 7일 델라웨어 주가 헌법을 비준한 것을 시작으로, 1788년 6월 21일 아홉 번째로 뉴햄프셔 주가 비준했다. 이로써 미국헌법의 효력이 발생했다. 이는 13개 주 가운데 3분의 2가 헌법을 비준하면 비준한 각 주 사이에서 미국헌법이 효력을 발휘하도록 규정한 헌법 제7

조에 따른 것이다. 그리고 13개 주 중에서 가장 마지막으로 로드아일
랜드가 비준했다.

그러나 실제로 미국헌법의 제헌 과정은 4개월 반이 아니라 '미국혁
명'[6]이라는 역사적 맥락 속에서 11년간의 시행착오와 준비 기간을 거
친 긴 작업이었다. 1776년 이후 비록 미국의 독립선언은 각 주의 공동
선언으로 이루어졌을지라도, 주는 각각 공화국 헌법을 제정했다. 어떤
주는 1776년 7월에 있었던 미국독립선언 이전에 헌법을 제정하기도
했다. 예를 들어 1776년 6월 버지니아는 버지니아 공화국 헌법을 제정
했고, 뉴욕국State of New York은 1777년 4월에, 매사추세츠 공화국은
1780년 6월에 이미 헌법을 제정했다.

미국에서는 1776년 봄부터 여러 종류의 헌법이 실험되었다. 미국혁
명 초기에는 입법부 중심의 헌법이 제정되었다. 이는 영국 국왕과 아
메리카 식민지 총독의 행정부 우월주의와 전제적 권력 남용에 대한 반
작용인 동시에, 영국 의회의 입법 우월주의가 반영된 것이었다. 그러
나 미국혁명이 진행되면서 상대적으로 최고행정관[7]이 중심이 되는 헌
법이 출현하기 시작했다. 입법 우월주의에 입각한 헌법으로 독립전쟁
과 혁명을 수행하기가 현실적으로 매우 어려웠던 상황을 반영한 결과
였다. 요컨대 미국헌법은 행정부 우월주의와 입법부 우월주의라는 양
극단을 비판적으로 그리고 체험적으로 성찰한 결과였다.

또한 미국헌법은 연합 체제를 취하되, 주권국가의 배타성을 그대로
인정하면서 연합 체제를 갖는 '연합헌장Articles of Confederation'의 시기를
반성적으로 성찰했다.[8] 1776년 이후 각 주는 하나의 주권국가로서 헌
법을 제정하는 한편, 공동 방위와 독립전쟁의 효율적인 수행을 위하여

ARTICLES

OF

Confederation

AND

Perpetual Union

BETWEEN THE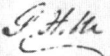

STATES

OF

NEW-HAMPSHIRE, MASSACHUSETTS-BAY, RHODE-ISLAND AND PROVIDENCE PLANTATIONS, CONNECTICUT, NEW-YORK, NEW-JERSEY, PENNSYLVANIA, DELAWARE, MARYLAND, VIRGINIA, NORTH-CAROLINA, SOUTH-CAROLINA AND GEORGIA.

LANCASTER:

PRINTED BY FRANCIS BAILEY.

M,DCC,LXXVII.

연합헌장

1776년에 제2차 대륙회의에서 초안이 작성되어 1781년 초에 13개의 국가들 states에 의해 비준되었다. 연합헌장은 아메리카 13개 국가들의 절대적인 주권을 인정하는 문서였다.

계속해서 연합 체제를 유지해 나갔다. 말하자면, 1787년 이전에 미국은 주권국가였던 주들의 "확고한 우의 연맹firm league of friendship"[9]이었다. 국제연맹League of Nations과 같은 연합된 미국united states이 일종의 국제기구였으며, 연합의 주체는 독립된 주권국가들이었다. 그러나 연합된 미국의 비효율성이 드러나게 되면서 미국은 강력한 중앙정부의 출현을 기대하게 되었다. 그 결과 미국헌법이 제정되고 기존 주권국가들의 연합체를 넘어 하나의 주권국가가 되면서 우리가 아는 오늘날의 미국이 등장하게 되었다.

이런 점에서 미국헌법은 이중적 성찰의 결과물이었다. 우월함을 중심으로 입법부와 행정부의 갈등과 긴장 속에서, 그리고 강력한 중앙정부를 향한 연합체의 변화 속에서 미국헌법이 등장했다. 미국헌법은 주권국가였던 주들의 "확고한 우의 연맹"을 하나의 주권국가로 변혁하는 역할을 담당했다. 미국혁명 시기에 시도된 여러 헌법의 내용과 장단점 그리고 역사적 경험과 변화를 충분히 성찰하면서 제정된 미국헌법은 경험과 성찰의 역사 덕분에 오랫동안 생존할 수 있는 생명력을 가지게 되었으며, 단순한 탁상공론이나 이론 논쟁이 아니라 다양한 시도와 뼈저린 경험을 통해 역동성을 가지게 된 것이다.

지금까지 미국헌법은 총 27조의 수정 조항amendments을 첨가한 것 외에 별도의 전면적인 수정 없이 제정 당시의 문서를 그대로 사용하고 있다. 그럼으로써 많은 결함과 단점을 갖게 됐지만, 오늘날 미국은 사회경제적 번영과 세계적인 패권국 지위를 누리고 있다. 인치人治가 아니라 법치法治를 가능하게 하고, 소수의 뛰어난 영웅이 아니라 좋은 체제를 제대로 작동할 수 있게 한 미국헌법은 성공 신화, 아메리칸 드림을 만들어낸 세계적인 제국, 미국의 근간이었다. 그러므로 미국헌법이 많은 나라의 정치적 전범典範으로서 존경받는 것은 그리 놀라운 사실 이 아니다.[10]

그러나 잊지 말아야 할 점은 미국헌법이 연방헌법이라는 사실이다. 미국헌법은 독자적으로 존재하는 것이 아니라 여러 주의 헌법state constitutions과 연방주의적 관계를 가지면서 공존한다. 미국헌법은 총 27조의 수정 조항 외에 별다른 큰 변화를 겪지 않았지만, 주 헌법들은 주 주민의 헌정적 정서와 지역적 특성이 변화함에 따라 부분적으로, 때로는 전면적으로 개정되었다. 요컨대 미국헌법의 안정성은 주 헌법 들이 겪은 많은 변화의 간접적인 결과였다.

미국헌법이 자주 수정되지 않은 반면, 우리 헌법은 자주 개정되었다 는 죄의식은 몰역사적이다. 우리가 진정으로 문제 삼아야 하는 것은 우리 헌법이 빈번하게 개정되었다는 점이 아니라, 권력자의 의지와 이 해관계에 따라 개정되었다는 점이다. 현행 헌법인 1987년 헌법도 예 외는 아니다. 대권을 거의 잡았다고 자신했던 사람들의 정치적 이해관 계와 탐욕 때문에 1987년 헌법은 미완성 상태로 남겨졌다.

미국헌법 :
제한헌법의 이념

미국헌법을 정확하고 객관적으로 이해하는 방법은 통치 체제보다는 헌법 정신을 중심으로 살펴보는 것이다. 통치 체제를 중심으로 살펴보는 경우, 주요 관심은 개인의 자유와 권리가 어떻게 체제적으로 보장되는가보다 어떻게 국민을 통치하는가에 집중된다. 단적으로 말하면, 헌법이 권리 보장의 문서가 아니라 통치의 문서로 변질되는 것이다. 이러한 헌법관은 민주사회에서 수용하기 어려운 권위주의적이며 전제적인 관점이다.

또한 통치 체제를 중심으로 헌법을 보면 주요 관심이 헌정 구조적 차이에만 머물 수 있다. 이 경우 비교헌법학적 관점을 유지하는 것이 일반적인데, 본질을 설명하기보다는 차이가 부각될 만한 부분만을 언급하기가 쉽다. 이를테면 '영국의 헌정 체제는 의원내각제'이며 '미국의 헌정 체제는 대통령제'라는 것으로 말이다. 영국과 비교할 때 미국이 대통령제라는 특이한 제도를 가지고 있는 것은 사실이다. 그러나 이러한 인식은 미국에서 의회가 여전히 막강한 권력을 가지고 있다는 사실을 쉽게 간과하는 것이다. 헌법은 단순히 한 국가의 통치 체제를 규정하는 법이라기보다 한 국가의 혼魂이다.[11]

미국헌법은 무엇보다도 제한헌법limited constitution이다. 미국헌법의 근본 목적은 통치를 위한 것이 아니라 개인의 자유와 권리를 보장하기

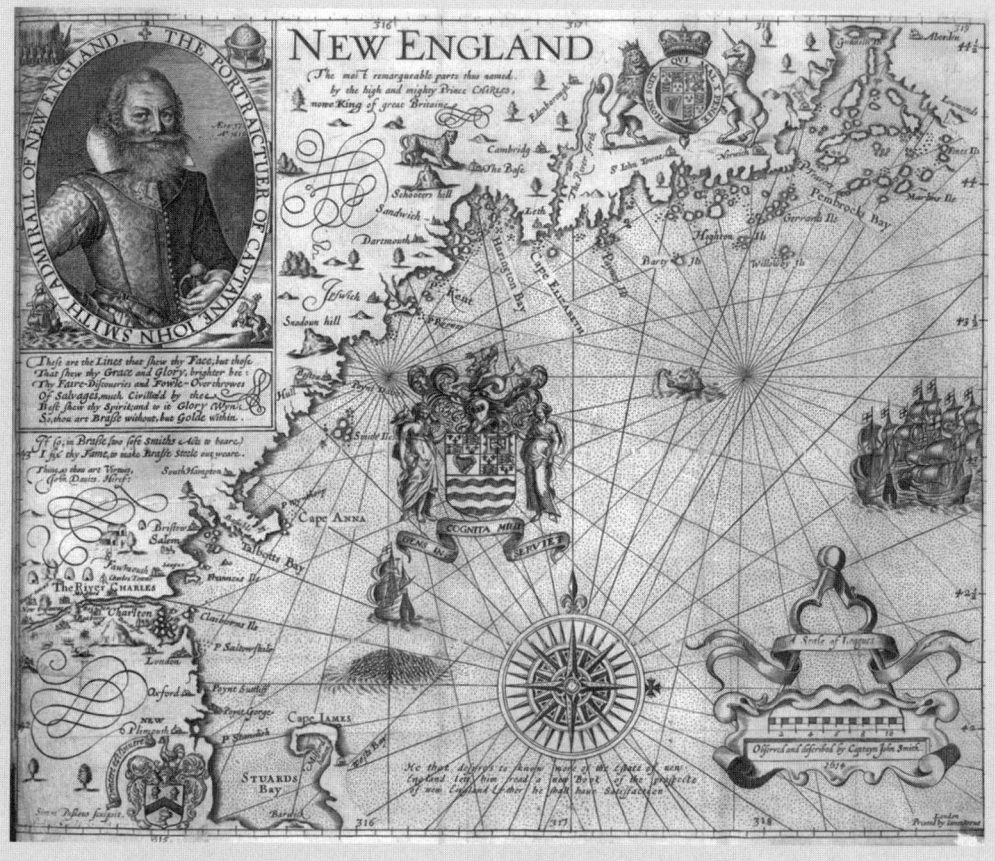

1616년 뉴잉글랜드 지도

존 스미스가 작성한 뉴잉글랜드 지도. 제임스타운을 개척한 스미스는 체사피크 만과 뉴잉글랜드를 탐험한 최초의 영국인이었다. 그는 뉴잉글랜드라는 지명을 부여했고, 북아메리카의 영국 식민지화에 크게 기여했다. 스미스는 뉴잉글랜드에서 모든 사람이 자기 자신의 노동과 토지의 주인이 될 것이라고 희망했다.

위한 것이며, 나아가 미국헌법은 정부에 권한을 부여하면서도 그 권한
이 주권자인 국민의 자유와 권리를 침해하지 않도록 최소한으로 제한
하고자 한다. 국민의 자유와 권리를 위한 헌정 문서는 영국의 헌정사
에서도 여럿 찾아볼 수 있다. 그러나 미국헌법은 정부 권력의 경계를
정하고 권력의 부패와 남용을 체제적으로 봉쇄하며, 헌법 조항과 구조
및 원리를 통해 정부의 권력 행사에 대한 항구적인 감시자가 되었다.
바로 이 점에서 미국헌법의 독특한 성격과 인류사에 대한 지대한 공헌
을 찾아볼 수 있다.

　이러한 제한헌법의 정신은 영국의 대헌장Magna Carta으로 거슬러 올
라간다.[12] 국왕의 자의적이며 전제적인 권력 행사를 제한하고자 했던
문서인 대헌장은 제정 당시에는 귀족의 권리를 보호하려는 것이었으
나, 후대로 내려오면서 '영국인으로서의 권리Englishmen's rights'를 수호
하는 것으로 확대되었다. 그리고 영국 국왕에게서 하사받은 인허장
charter을 통해 영국인으로서의 권리는 아메리카의 영국 식민지인에게
까지 확대되었다. 비록 영국 국왕은 언제든지 식민지 인허장을 무효화
하고 새로운 내용의 인허장을 하사함으로써 식민지의 통치 방식을 변
경할 수 있었지만, 인허장에 언급된 영국인으로서의 권리는 지속적으
로 보장되었다. 그리고 아메리카의 식민지인은 자신들을 영국인으로
간주하고 영국인으로서의 권리를 지키고자 했다.

　제한헌법의 이념은 미국헌법에서 정부에 부여하는 권한을 명시적
으로 열거함으로써 구체화되었다. 달리 말하면, 헌법에 명시되지 않은
권력은 불법적이며 위헌적인 것이다. 정부의 권력 남용과 침해를 확실
히 방지하기 위하여 헌법에 권력의 한계를 구체적으로 명문화하는 것

이다.[13] 어떠한 경우에도 정부는 헌법에 명시적으로 열거되지 않은 권력을 사용할 수 없다. 요컨대 정부의 권력은 헌법에 명시적으로 열거된 권력enumerated powers이며, 그 이상도 그 이하도 아니다. 열거되지 않은 권력을 정부가 사용하기 위해서는 국민에게서 반드시 그 권력을 위임받아야 한다. 헌법을 수정해 위임받지 않으면 그것은 불법이며 위헌적인 권력이 된다. 헌법에 열거된 권력은 헌법에 의거해 국민으로부터 정부에 위임된 권력delegated powers이다. 따라서 어떤 상황에서도 정부의 수임受任 권력은 국민의 권력보다 우월할 수 없다.

　이와 같은 열거권력의 헌정 이론은 연방 소득세의 역사에서 쉽게 찾아볼 수 있다. 흔히 남북전쟁이라고 불리는 미국내전the Civil War 기간 중인 1862년, 연방정부는 전쟁 수행 비용을 마련할 목적으로 개인에게 소득 정도에 따라 누진되는 방식의 소득세를 부과했다. 내전이 종식되자 연방정부는 이내 이 제도를 폐지했다. 그러나 1894년에 미국 경제가 어려워지자 연방정부는 소득세 제도를 부활시켰다. 그런데 다음 해 연방대법원은 소득세 제도를 위헌으로 결정했다.[14] 연방대법원이 소득세 부과를 미국헌법에 열거된 연방정부의 권한을 넘어서는 것이라고 판결한 것이다. 연방대법원은 연방정부의 소득세 부과를 "인두세 혹은 그 밖의 직접세는 앞서 규정한 인구 조사 또는 산정에 비례하지 아니하는 한 부과하지 못한다"(미국헌법 제1조 제9절 제4항)라고 규정한 조항에 위배된다고 결정했다. 미국헌법에는 소득세와 같은 직접세는 인구 비례로 부과되어야 한다고 규정하는데, 연방정부의 소득세는 그렇지 않았다는 것이다. 결국 연방정부가 소득세 부과 권력을 행사하기 위해서는 해당 권력이 미국헌법에 명시적으로 열거되어 위임되어야 했다.

Bill of Rights

Congress of the United States,

begun and held at the City of New York, on Wednesday, the fourth of March, one thousand seven hundred and eighty nine.

T h e Conventions of a number of the States having, at the time of their adopting the Constitution, expressed a desire, in order prevent misconstruction or abuse of its powers, that further declaratory and restrictive clauses should be added: And as extending the ground of public confidence the Government, will best insure the beneficent ends of its institution:

R e s o l v e d , by the SENATE and HOUSE of REPRESENTATIVES of the UNITED STATES of AMERICA in Congress assembl two thirds of both Houses concurring. That the following Articles be proposed to the Legislatures of the several States, as Amendments to the Constitution of the States; all, or any of which articles, when ratified by three fourths of the said Legislatures, to be valid to all intents and purposes, as part of the said Constitution,

A r t i c l e s in addition to, and Amendment of the Constitution of the United States of America, proposed by Congress, and r by the Legislatures of the several States, pursuant to the fifth Article of the Original Constitution.

Article the first ...... After the first enumeration required by the first Article of the Constitution, there shall be one Representative for every thirty thousand, unt number shall amount to one hundred, after which, the proportion shall be so regulated by Congress, that there shall be not less than one hu Representatives, nor less than one Representative for every forty thousand persons, until the number of Representatives shall amount to tu hundred, after which, the proportion shall be so regulated by Congress, that there shall not be less than two hundred Representatives, nor than one Representative for every fifty thousand persons. [Not Ratified]

Article the second .... No law, varying the compensation for the services of the Senators and Representatives, shall take effect, until an election of Representati shall have intervened. [Not Ratified]

Article the third .... Congress shall make no law respecting an establishment of religion, or prohibiting the free exercise thereof; or abridging the freedom of s or of the press; or the right of the people peaceably to assemble, and to petition the Government for a redress of grievances.

Article the fourth ..... A well regulated Militia, being necessary to the security of a free State, the right of the people to keep and bear Arms, shall not be infringe

Article the fifth .... No Soldier shall, in time of peace, be quartered in any house, without the consent of the owner, nor in time of war, but in a manner to be pr scribed by law.

권리장전

미국헌법 수정 조항 제1조에서 제10조까지 일련의 조항을 지칭하는 것으로 자유와 재산의 자연권을 보호하기 위한 것이다. 제1차 연방의회에서 제임스 매디슨이 제안하였고, 1791년 12월에 발효되었다.

위임은 1909년에 발의되어 1913년에 비준된 미국헌법 수정 조항 제16
조인 "연방의회는 소득원의 여하를 불문하고 각 주에 배당하지 아니
하고 국세조사나 인구수에 관계없이 소득에 대한 세금을 부과, 징수할
권한을 가진다"에 의해서 이루어졌다.

그렇다면 미국헌법에 열거되지 않은 권력, 즉 연방정부에 부여하지
않은 권력은 누구에게 있는가? 미국헌법의 제정 과정에서는 헌법에 열
거되지 않아 연방정부에 위임되지 않은 권력은 각 주 혹은 국민에게
유보돼 있음을 분명히 하고 있다. 미국헌법의 권리장전Bill of Rights 가운
데 제10조는 "이 헌법에 의하여 미국연방에 위임되지 않았거나 각 주
에 금지되지 않은 권한은 각 주나 국민에게 유보돼 있다"라고 선언한
다. 따라서 연방정부가 유보권력reserved powers을 행사하고자 한다면 당
연히 헌법을 수정하여 각 주나 국민에게서 위임받아야 한다.

정부의 권력 행사와 통치를 우선으로 삼았던 대륙계 헌법 인식은 일
본을 거쳐 우리나라에 전해졌고, 이러한 권위주의적 인식은 계속 남아
서 우리 국민을 끈질기게 괴롭히고 있다. 권위주의적 헌법 인식의 단
적인 예는 바로 '정부'라는 헌법 용어다. 민주화 과정을 거쳤다고는 하
지만, 현행 헌법은 미완의 헌법이며 독재의 독소 조항은 여전히 청산
되지 않았다. 여전히 정부라는 용어는 입법부, 행정부(집행부), 사법부를
포괄하는 통치기구를 의미하는 동시에, 행정부를 의미하는 용어로 사
용되며,[15] 정부의 권력 남용이 횡행하고 있다. 헌법과 정치권뿐 아니라
일반 사회에서도 마찬가지다. 이런 언어 관례는 언론에서도 무비판적
으로 재생산된다. 이를테면 미국에서는 '오바마 행정부the Obama ad
ministration'라고 부르지만, 우리나라에서는 '이명박 정부'라고 한다. 정

부를 행정부와 등치하여 사용하는 일은 민주사회에서 당연히 부적합

한 것이다.

민주 헌법을
위하여

이 책에서는 미국의 연방헌법이 제정되고 탄생하는 과정을 역사적으로 살펴보고자 한다. 미국헌법을 통해 세계사에서 최초로 국민이 국가의 주인이 되는 인민주권의 헌정 원리가 명실상부하게 실현되었으며, 자유주의와 공화주의 그리고 민주주의 원칙을 근간으로 한 통치 체제가 출현했다. 또한 미국헌법을 통해 현실 정치에서 권력분립, 법치주의, 견제와 균형 등 여러 헌정 원리가 실현되었다. 이 글은 역사적 사실에 입각하여 이러한 헌정 원리와 헌법 정신이 미국헌법에 이떻게 편입되었는지 구체적으로 살펴본다. 헌정 원리 역시 하나의 담론으로서, 언어적 맥락을 살펴야만 진정한 의미를 파악할 수 있다. 따라서 미국헌법에 구현된 헌정 원리를 올바르게 이해하기 위해서는 헌법 제정 과정에 대한 논의뿐 아니라 당시의 다양한 헌법 담론이 재구성되어야 한다. 미국헌법을 제정한 이들의 최종 목표는 헌정 원리의 구현 자체보다 헌법의 자족적self-sufficient 역학을 더 중시하면서 그 범위 내에서 헌정 원리의 실현과 적용을 최대화하는 것이었다.

그리고 이 책은 미국의 헌법 제정 시기에 있었던 헌정 담론과 원리를 재구성하여 미국헌법에 나타나는 헌정 체계의 성격과 특징을 구명하고자 한다. 대통령뿐 아니라 국무총리와 국무위원, 선거관리위원회 등 주요 행정 부서를 규정하는 우리의 헌법과 달리, 미국헌법은 간단히 대통령만을 규정하는데도 우리보다 훨씬 더 민주적으로 작동한다. 이는 단순히 정치 문화 탓만은 아니다. 미국헌법은 근본적으로 하나의 유기체처럼 헌정 원리가 작동하도록 제정되었다는 사실이 중요하다.

또한 미국헌법의 혁명성과 보수성을 비판적으로 검토하여 그 성격을 살펴보고자 한다. 사학사적으로 볼 때 미국헌법에 대한 해석은 크게 두 가지로 나뉜다. 하나는 미국헌법을 미국혁명의 절정으로 파악하는 입장이고, 다른 하나는 미국헌법으로 미국혁명의 이념과 정신이 보수화되었다는 입장이다.[16] 미국헌법은 혁명적 이념을 극적으로 표방했다는 점에서 혁명성을 갖지만, 동시에 현실 정치에서 그 이념을 체계화하고 혁명적인 미국 사회의 안정화와 질서의 고착화를 꾀했다는 점에서 보수성을 갖기 때문이다. 더욱이 미국헌법은 영국으로부터 독립한 아메리카 식민지들의 헌법에서 많은 지적 자양분과 비전을 공급받았기 때문에 영국의 헌정적 전통을 거부하기보다는 이어가고자 하는 면이 더 강했다.

이 책은 크게 세 부분으로 나눌 수 있다. 첫째, 제2장과 제3장에서는 미국헌법의 사상적 원천과 아메리카 식민지에서의 정치적 경험을 추적함으로써 연방헌법의 역사성을 구명한다. 미국헌법은 1787년 여름 필라델피아에서 약 4개월 반이라는 매우 짧은 기간 동안 논의되어 제정되었지만, 미국혁명의 도가니 속에서 서양 문명의 여러 가지 지적 유산을 이어받았다. 이 책에서는 인민주권, 고차법高次法과 자연법을 포함하는 근본법, 혼합정체와 균형정체를 중심으로 미국헌법의 사상적 원천을 살펴본다. 또한 17세기 이후 아메리카가 식민화되면서 새로운 사회와 공동체가 건설되는데, 그 과정에서 인허장과 서약을 통해 자치 전통이 형성되고 공동체 의식이 성장했다.

둘째, 제4장에서는 동시대적인 정치사회적 맥락을 검토함으로써 미국헌법의 시대성을 살펴본다. 미국헌법은 단순히 영국에서 독립한 결과로 얻어진 부산물이 아니다. 미국은 1776년 7월에 독립선언을 단행했으며, 1783년 파리 조약에서 독립을 인정받았다. 시기적으로 봐도 1787년의 미국헌법은 분명히 독립전쟁의 일환이거나 산물이 아니다. 미국헌법은 독립전쟁보다 훨씬 더 큰 역사적 맥락, 즉 미국혁명이라는 맥락에서 이루어진 역사적 산물이다.[17] 영국령 아메리카 식민지들이 연합하여 영국에서 독립할 때 활용했던 혁명 이데올로기는 독립이라는 정치적 과제를 넘어서서 이전과는 전혀 다른 새로운 형태의 국가 만들기라는 헌정적 과제를 떠안게 되었다. 이들 식민지는 한편으로 독립투쟁을 전개하면서 다른 한편으로는 각각 헌법을 제정했다. 이 시기에 제정된 각 주의 헌법은 아메리카 식민지의 자치 전통을 바탕으로 서양 문명의 헌정 원리를 실현한 것으로, 후에 미국연방헌법의 정치적 전거를 제공했다. 또한 영국에 효과적으로 대응하기 위해 구성했던 연합체가 시간이 흐르면서 비효율성과 미약성을 드러내자, 강력한 중앙정부의 필요성이 대두했다.

마지막으로, 제5장과 제6장에서는 1787년 필라델피아 제헌회의에서 헌법과 권리장전이 제정되는 과정을 추적함으로써 미국헌법의 구조성을 살펴본다. 즉 입법부, 행정부(대통령), 사법부가 어떤 이유와 근거로 현재와 같은 헌정 구조를 갖게 되었는지 살펴볼 것이다. 또한 필라델피아 제헌회의에서는 거의 언급되지 않던 권리장전이 헌법의 비준 과정에서 어떻게 문제가 되어 제정하지 않으면 안 되었는지도 살펴본다. 이 부분에서는 좀 더 구체적이고 생생하게 설명하기 위해 필라델피아 제헌회의 회의록 등 기본 사료를 자주 인용했다. 일반 독자에게는 다소 생소할지도 모르지만, 역사적 문서를 직접 만날 수 있는 귀중한 시간이 될 것이다.

이 책은 미국헌법에 대한 체계적 규명, 미국헌법 제정사와 미국헌법의 헌정 원리에 대한 포괄적이며 구체적인 설명을 제시함으로써 독자의 이해를 돕고자 한다. 1980년대 이후 미국 학계에서는 헌법 전반에 걸친 연구보다 헌법의 각 조항이 갖는 입헌적 의미original intent를 추적하는 연구가 대세를 이룬다.[18] 이미 발표된 조항별 연구를 충분히 감안하면서 우리 관점에서 미국헌법을 전체적으로 조망할 수 있는 기회가 되기를 기대한다. 오늘날 세계제국이 된 미국의 힘과 역동성이 어디에서 나오는지 살펴볼 수 있는 좋은 기회가 될 것이다.

하지만 미국헌법을 살펴보는 가장 중요한 이유는 우리의 민주 헌법을 위한 기초 작업이 될 수 있을 것이라는 기대 때문이다. 모든 것이 그러하듯이, 헌법도 시대적 산물이며 그 사회의 산물이다. 미국헌법이 탄생하는 과정은 그리 단순하지도, 쉽지도 않았다. 그것은 역동적인 지적 흐름과 정치사회적 변혁의 소용돌이가 맞물린 결과였다. 그러면서도 헌정 체제의 극단을 잘 살펴보고 신중하게, 그리고 타협을 거듭하면서 성취한 결과였다.

헌법은 누구를 위한 것인가? 우리는 한 번도 '개인의 자유와 권리를 어떻게 보장할 것인가'라는 관점에서 헌법을 제정한 적이 없다. 그저 막연하게 '제왕적 대통령'의 권력을 축소하거나 나누면 정치가 잘될 것이라고 생각하면서, 현행 헌법 아래 '책임총리제'를 시행하거나 개헌으로 '분권형 대통령제'를 실시하자고 한다. 이 책에서도 설명하지만, 대통령제는 대통령에게 모든 행정의 과정과 결과에 대한 책임을 묻는 제도다. 대통령이 한 명인 까닭은 행정과 정치에 대한 모든 책임을 분명하게 묻기 위함이다. 우리의 헌정 체제가 대통령에게 책임을 물을 수 없게 되어 있다면, 대통령에게 책임을 물을 수 있게 바꾸어야 하는 것이지 총리에게 책임을 지우는 것이 해결책은 아니다. 대통령이 책임을 회피할 수 있다면 어떤 헌정 체제도 소용이 없다. 책임총리제는 오히려 대통령의 책임 회피를 위한 구실을 만들어줄 뿐이다. 분권형 대통령도 마찬가지다.

절대주의 시대에는 국왕이 절대 권력을 가진 주권자였고, 그는 국민에 대해 책임질 필요가 없었다. 그러나 국왕도 사람이기 때문에 잘못된 정책이 시행되기도 했으며 정책의 결과가 잘못 될 수 있었다. 국왕은 법을 초월한 존재로서 법의 구속을 받지 않고 법에서 면제되었다 *legisbus solutus*. 그래서 17세기에 고안한 방법이 바로 국왕 대신 국왕의 대리자인 장관들에게 해당 부서 업무의 과실을 따져 책임을 묻는 것이었다.[19] 그러나 국민이 주권자가 되면서 행정수반 혹은 최고행정관에게 책임을 물을 수 있게 되었다. 바로 이것이 미국혁명과 미국헌법이 이룩한 혁명적 전환 중 하나다. 그런데 오늘날 우리 사회에서는 대통령 대신에 책임을 물을 수 있는 '책임 총리'를 찾고 있으니 참으로 안타까운 일이 아닐 수 없다.

윤흥길의 소설 《완장》에서 볼 수 있는 것처럼, 권력의 부패와 남용은 권력을 나눈다고 없어지는 것이 아니라 완장이 있는 곳이라면 어느 곳에서나 발생하는 것이다. 그것이 설령 가짜 권력이라 하더라도 그렇다. 조지 오웰의 소설 《동물농장》에서 나폴레옹은 부패한 권력을 추방했지만 정작 본인이 권력 부패의 원천이 되고 만다. 권력은 부패하기 마련이며, 절대 권력은 절대적으로 부패한다고 하지 않았던가. 더욱이 시간이 흐를수록 권력은 더욱 미시적인 차원에서 작용한다. 문제의 핵심은 대통령이 주권자인 국민에게 책임을 지도록 어떻게 헌정 체제를 운영하고 구상할 것인가에 있다. 다시 말해 권력의 부패와 남용을 어떻게 제도적으로 견제하고 당사자에게 어떻게 책임지도록 할 것인가가 문제인 것이다.

우리 사회에서 헌법 개정 작업은 1987년 이후 지금까지도 해결하지 못하는 헌법의 비민주성을 청산하는 일인 동시에, 헌법의 최고 규범성을 합리화하고 앞으로 새길 헌법 정신을 가다듬는 일이다. 헌법이 권력자의 권력 행사에 편리하고 유리하게 제정된 것이라면 그 헌법은 결코 국민의 것이라고 말할 수 없다. 사실 1987년 헌법이 그랬다. 헌법이 국민의, 국민에 의한, 국민을 위한 것이 되려면, 그것은 무엇보다도 정부에 최소한의 권한을 부여하고 실질적인 상호 견제와 균형을 통해 개인의 자유와 권리를 최대한 보장하는 것이어야 한다. 이 책에서 언급한 역사의 구석구석에서 이와 관련한 많은 지혜를 발견할 수 있을 것이다.

제2장

미국헌법의 사상적 원천

1787년에 제정된 미국헌법은 인류 역사에 전환기적 발전을 가져왔다. 진정한 의미에서 미국헌법은 최초의 성문헌법일 뿐만 아니라, 인민주권에 입각하여 건설한 공화국의 근본법이다. 미국헌법은 주권자인 국민이 정치적 책무를 지는 정치체제를 실현함으로써 개인의 자유와 권리를 최대한 보장하도록 만들었다. 또한 삼권분립을 명확히 하여 권력의 부패와 남용을 방지하는 체제를 굳고히 해을 뿐만 아니라, 연방과 주가 견제와 균형을 통해 권력 균형을 추구하는 연방 체제를 갖출 수 있게 했다. 이러한 특징을 갖는 미국헌법은 제헌 당시의 특정한 헌법 모델에 기초한 것이 아니라, 당시 미국과 서양에서 이용 가능한 여러 이념과 사상을 토대로 새롭게 만들어진 것이었다.

헌법과 컨스티튜션

1787년에 제정된 미국헌법은 인류 역사에 전환기적 발전을 가져왔다. 진정한 의미에서 미국헌법은 최초의 성문헌법일 뿐만 아니라, 인민주권에 입각하여 건설한 공화국의 근본법이다. 미국헌법은 주권자인 국민이 정치적 책무를 지는 정치체제를 실현함으로써 개인의 자유와 권리를 최대한 보장하도록 만들었다. 또한 삼권분립을 명확히 하여 권력의 부패와 남용을 방지하는 체제를 공고히 했을 뿐

존 로크
영국의 정치철학자. 사회계약설로 유명한 로크는 고전적 자유주의를 통해 미국혁명의 이데올로기를 제공했다.

만 아니라, 연방과 주가 견제와 균형을 통해 권력 균형을 추구하는 연방 체제를 갖출 수 있게 했다.

이러한 특징을 갖는 미국헌법은 제헌 당시의 특정한 헌법 모델에 기초한 것이 아니라, 당시 미국과 서양에서 이용 가능한 여러 이념과 사상을 토대로 새롭게 만들어진 것이었다. 미국혁명에 영향을 준 이념과 사상을 포괄적으로 설명하기 위해 흔히 자유주의liberalism와 공화주의republicanism의 틀 속에서 설명하지만, 오늘날과 같은 논리성과 체계성을 갖춘 이데올로기로서의 자유주의 혹은 공화주의가 당시에 존재했던 것은 아니다. 자유주의나 공화주의는 '자유', '공공선公共善' 혹은 '공동선', '공동의 복지' 등의 개념으로서 파편적으로 존재했다. 여러

개념과 이념을 하나의 틀로 설명하려는 노력의 결과로 자유주의 혹은
공화주의라는 개념이 도출된 것은 미국헌법이 제정된 지 한참 후의 일
이다.[1]

　물론 "공화주의republicanism"라는 용어는 미국헌법 제정 당시에도 사
용되었다. 이미 17세기 초 공화주의에는 두 가지 요소, 즉 헌정적 요소
와 이데올로기적 요소가 모두 존재했다.[2] 공화주의 담론 속에서, 군주
가 없는 국가로 인민에게 책임을 지는 공화적 헌정체로서 고대 로마
공화국과 그리스 폴리스 그리고 동시대의 베네치아 등이 거론되었으
며, 이와 동시에, 견제되지 않은 권력에 의한 부패의 위험성에 대항한
덕성스러운 시민의 적극적인 참여를 핵심으로 하는 "시민적 공화주의
civic republicanism"도 논의되었다. 그리고 이러한 공화주의가 고전적 휴
머니즘과 기독교적 휴머니즘을 통해 영국뿐 아니라 아메리카 식민지
인들의 지적 세계에도 크게 영향을 준 것은 엄연한 사실이다.

　미국혁명 시대의 정치 지도자에게 자유주의든, 공화주의든 특정한
이데올로기가 중요한 것은 아니었다. 그들은 특정 이데올로기를 신봉
하는 교조주의자가 아니라, 당시의 혁명적 상황을 가장 잘 설명하면서
다른 사람을 잘 설득할 수 있는 이념을 선택했다.[3] 그들이 존 로크John
Locke 혹은 니콜로 마키아벨리Niccolo Machiavelli의 신봉자일 필요는 전혀
없었다. 사실 자유주의나 공화주의라는 용어는 당시 자신들을 지칭하
거나 설명하는 말이 아니었으며, 오히려 존재조차 하지 않는 용어였
다. 다만 역사가나 정치학자의 논쟁과 달리, 그들에게 자유주의와 공
화주의는 첨예한 대립각을 세우는 "상호 배타적인 해석학적 죄수 구
속복straightjackets"[4]이 아니라, 현실을 이해하고 혁명을 정당화하는 다양

미국헌법

1787년 펜실베이니아의 필라델피아에서 개최된 제헌회의에서 제정된 미국연방의 최고 법. 개인의 자유와 권리를 보장하기 위해 제정된 미국헌법은 제한헌법의 특징을 가지고 있다. 현재 27개의 수정 조항을 가지고 있다.

<u>볼링브룩 자작</u>
영국의 정치가이자 토리당의 지도
자. 볼테르와 존 애덤스, 제임스 매
디슨, 토머스 제퍼슨 등에게 공화주
의 사상의 영향을 끼쳤다.

<u>존 마셜</u>
버지니아 출신의 최장수 연방대법
원장(1801~1835). 마버리 대 매디슨
사건에서 사법심사권을 천명했다.

<u>토머스 페인</u>
정치이론가이자 혁명가. 《상식》(177
6)을 저술하여 미국에서 혁명을 촉
발하는 데 일조했다.

한 이념과 담론이었을 뿐이다.

사실 17세기에는 '컨스티튜션constitution'이라는 용어조차 그 의미가 분명하지 않았다. 컨스티튜션은 17~18세기를 거쳐 개념의 변화를 겪었다.[5] 컨스티튜션은 원래 '설립', '설치', '구성' 등을 뜻했는데, 17세기 초에 이르면 '체질quality', '본질nature'의 의미를 포함하는 것으로 확대되었다. 이와 비슷한 시기에 '구조frame'나 '형태form'라는 의미로도 사용되었다. 컨스티튜션이 자주 쓰이게 된 것은 1640년대 이후지만, '국가의 근본법'이라는 의미로 사용된 것은 이른바 명예혁명 이후부터다. 예컨대 제임스 2세가 "왕국의 컨스티튜션을 전복하려"[6] 한다는 비난을 받게 되었을 때, 여기서 컨스티튜션은 국가의 근본법을 의미했다. 1733년 볼링브룩Viscount Henry St. John Bolingbroke은 영국의 '컨스티튜션'을 찬양하면서 이것을 "특정의 확고한 이성 원칙에서 유래한 일단의 법, 제도, 관례이며, 공동체의 통치 원칙으로 동의한 일반적인 체계를 구성하는 특정의 확고한 공공선을 지향하는"[7] 법으로 정의했다.

그러나 컨스티튜션이 우리가 흔히 아는 '헌법'의 개념으로 사용된 것은 "18세기 미국 헌정주의의 위대한 혁신이자 업적"[8]이다. 토머스 페인Thomas Paine, 제임스 매디슨, 제임스 아이어델James Iredell, 존 마셜 John Marshall 등의 노력에 힘입은 미국의 헌정주의 덕분에, 컨스티튜션이라는 용어는 법규범 체계에서 최고이자 최상의 법으로 자리 잡게 된 것이다. 이 시기에 비로소 헌법을 기준으로 일반 법률의 위헌성을 검토할 수 있게 되었다. 미국헌법은 정부를 구성하는 문서일 뿐만 아니라, 더 중요하게는 정부 권력의 한계를 규정하는 문서가 된 것이다.[9] 따라서 일반 법률을 제정하는 의회와 헌법을 제정하는 제헌회의를 구

분함으로써 헌법의 권위와 정당성을 확고히 해야 한다는 주장이 나타
났고, 그 결과 미국헌법이 제정되기 전인 1779년에 매사추세츠는 역사
상 최초로 제헌회의를 개최했다.

따라서 헌법의 사상적 원천을 검토하면서 용어의 역사적 다의성을
고려하지 않으면 왜곡된 역사상을 갖게 될 수밖에 없다. 예컨대 역사
적 다의성, 즉 역사적 변화의 의미를 고려하지 않고는 컨스티튜션의
의미를 역사적으로 규명하기 어렵다. 17세기 초의 '컨스티튜션'을 헌
법이라고 이해하거나 번역한다면 그 의미는 분명하지도, 충분하지도
않다. 특히 우리처럼 헌법이 "국가 통치 체제의 기초에 관한 각종 근
본 법규의 총체" 혹은 "국민의 기본 인권을 보장하고 국가의 정치기구,
특히 입법 조직에 대한 참가 형식 또는 기준을 규정한 근대국가의 근
본법"으로만 이해하는 경우, 미국헌법이 등장하기 이전인 17~18세기
의 사상적 궤적을 살피면서 미국헌법의 사상적 원천을 이해하는 것은
그리 쉬운 일이 아니다.

이러한 한계를 충분히 염두에 두고 오늘날의 자유주의와 공화주의
의 논쟁에 휘말려들지 않으면서도 미국헌법의 사상적 원천을 살펴보
는 바람직한 길은 개념이나 이념을 중심으로 그 의미가 역동적으로 변
화하는 것을 살펴보는 것이다. 미국헌법의 중요한 이념 가운데 반드시
이해해야 하는 것으로는 인민주권, 고차법과 자연법을 포함하는 근본
법, 권력분립과 균형정체, 연방주의, 견제와 균형, 광역공화국, 대의 등
이 있다. 물론 재산이나 행복이라는 포괄적 개념뿐 아니라 대통령 등
의 제도적 개념 역시 미국혁명을 거치면서 그 의미와 범주가 변화했
다. 그러나 혁명 전후의 흐름 속에서 미국헌법을 개괄적으로 이해하는

데 인민주권, 근본법, 균형정체만큼 중요한 것도 없다.

　따라서 제2장에서는 인민주권, 근본법, 균형정체를 중심으로 미국 헌법의 사상적 원천을 살펴보고자 한다. 물론 이들 이념은 아메리카의 식민화와 혁명을 통해 지속적으로 영향력을 발휘했으며, 미국헌법의 핵심 가치이자 이념 그리고 메커니즘으로서 영구적인 영향을 미쳤다. 그러나 미국헌법에서 사용된 용례를 그대로 과거에서 찾아보는 접근 방식을 사용하지 않고, 오히려 과거에서 사용되었던 의미가 무엇이며, 그것이 어떻게, 누구에 의해서 확대, 첨예화, 심화되었는지 살펴볼 것이다.

인민주권 :
정부 권위의 원천

미국헌법에서 주권sovereignty의 개념은 식민지의 역사와 연방주의 속에 매우 복잡하게 얽혀 있다. 인지세법 이후 식민지 의회는 명예혁명을 통해 주권을 장악한 영국 의회와 동등하다고 생각했고, 미국헌법에 따라 연방정부와 주 정부는 분할이 불가능한 권력인 주권을 나누어 갖는다고 생각했다. 동시에 혁명을 통해 미국인은 주권자인 국왕의 개념을 폐기하고 그 자리에 인민을 놓음으로써 인민주권[10]의 이념을 공고히 하고 그 위에 국가를 만들어야 했다. 주권 문제를 충분히 이해하기 위해서는 식민지의 자치 전통과 미국헌법의 제정 과정이라는 역사적 맥락을 살펴야 한다. 그리고 그 속에서 제국empire과 연방 문제, 즉 '제국 안의 제국imperium in imperio'이라는 문제를 검토해야만 한다. 그러나 이 글에서는 인민주권 문제에만 초점을 맞추어서 살펴보기로 한다.

1776년 7월 4일, 독립선언서에서 미국은 "정부의 정당한 권력은 인민의 동의에서 유래한다"라고 선언했다. 독립선언서에 따르면 모든 사람은 생명과 자유 그리고 행복 추구라는 양도할 수 없는 자연권을 가지며, 이를 확보하기 위해 정부를 조직한다. 따라서 오랜 시간 동안 학대와 착취가 지속되면 현재의 '정부를 타도하고 미래의 안전을 위해 새로운 보호자를 마련하는 것'이 인민의 권리이자 의무다.[11] 정부 구성의 원천은 하나의 공동체를 구성하는 인민의 동의이며, 정부의 목적은 그 인민의 자유와 권리를 보호하는 것이다. 따라서 인민은 정부를 조직하고, 입법과 그 밖의 국정을 통하여 정부를 운영하며, 사회와 국가를 통치하는 권력의 원천이 된다.

역사적으로나 정치적으로 인민주권popular sovereignty은 두 가지 이념이 결합된 것이다.[12] 첫째, 정부 혹은 통치의 근원이 인민의 동의에 근거한다는 이념이다. 둘째, 주권은 통치할 때 가장 우월하고 궁극적이며 최상의 권력이라는 이념이다. 두 이념이 결합된 것은 1603년 요하네스 알투시우스Johannes Althusius에 의해서였다. 그는 독일의 법학자이자 칼뱅파 정치철학자로, 《체계적 정치학Politica Methodice Digesta et Exemplis Sacris et Profanis Illustrata》(1603)에서 반군주주권反君主主權 이론을 개진하고 사회계약설을 주장했다. 그러나 실제로 인민주권을 현실 정치에 적용하여 그 이념을 구현하게 된 것은 미국혁명 이후였다.

인민의 동의에 통치의 근원이 있다는 이념은 서양 역사에서 매우 오래된 것이다. 기독교 성서에 따르면, 유대인은 예언자인 사사士師, judge를 대신하여 왕을 옹립함으로써 인민의 동의에 따른 통치의 선례를 보여주었다. 또한 중세 파두아의 마르실리우스Marsilius of Padua는 교황주권론을 거부하고 인민주권론을 주창했는데, 아리스토텔레스의 《정치학Politics》에서 암시적으로 그 선례를 찾았다고 주장했다.[13] 그러나 아리스토텔레스는 플라톤과 마찬가지로 사회나 정부를 자연발생적인 것으로 간주했다. 그는 생존을 위한 가정과 촌락에서 발달한 사회공동체civil communitas인 동시에 인간의 도덕적이고 정의로운 '좋은 삶bene viver'과 '자족적 삶vita sufficiens'을 영위할 수 있는 결사체로서 인식했으며, 가장 바람직한 정부 형태와 정부의 정당한 목적이 무엇인지를 추적했다. 정부의 형식과 법률에 대한 탐구는 스토아학파와 키케로에게 이어졌지만, 정부의 형태와 역학의 근원에 대한 탐구는 아직 시작되지 않았다.

사실 인민의 통치적 권위를 인정한 것은 중세의 로마법 학자들이었다. 이들은 '황제의 권위는 로마 인민으로부터 유래한다'는 오랜 공리에 따라 황제의 칙령은 황제의 권위 때문이 아니라 인민의 동의로 가능하다고 보았다. 물론 이들 중에는 인민이 통치자에게 권한을 양도하였으며, 이 양도는 돌이킬 수 없는 것이라고 보는 사람도 있었다. 하지만 이를 단순한 위임으로 보거나 단순한 위임이므로 돌이킬 수 있다고 주장하는 사람도 있었다.[14] 비록 법률의 권위가 신에게서 나온다고 주장하더라도, 인민의 동의는 최소한의 중개 역할을 한다고 설정함으로써 인민을 제외하지 않았던 것이다.

이러한 입장은 중세의 교회법에도 깊은 영향을 미쳤다. 마르실리우스, 토마스 아퀴나스Thomas Aquinas, 오컴의 윌리엄William of Ockham 등은 인민의 동의를 강조하는 계기를 마련했다. 그들은 정부 형태를 결정하는 것은 인민이지만, 일단 권력을 정부에 위임하면 이에 복종해야 한다고 주장했다. 또한 부정한 독재자에 대해서는 폐위까지 요구할 수 있는 인민의 저항권을 인정했다. 특히 마르실리우스는 인민의 의사와 동의를 모든 정부가 지녀야 할 합법성의 원천으로 파악했으며, 인민을 입법권자legislator humanus로 여김으로써 법률 아래 존재하는 정부라는 이념을 주창했다.[15]

근대 이전의 인민주권론은 특히 프랑스의 종교전쟁 속에서 칼뱅주의자와 절대왕권 주창자 사이의 담론 투쟁으로 보다 정교해졌다. 칼뱅

EFFIGIES D. THOMÆ AQVINATIS:

토마스 아퀴나스
로마 가톨릭의 도미니크회 수도사이자 스콜라 철학자. 신 중심의 철학에 인
간의 상대적 자율성을 인정하는 신학적 입장을 내세웠다.

Jean Calvin은 인민주권과 관련하여 아퀴나스와 유사한 입장을 견지했다. 신은 정부를 선한 것으로 결정하고 축복하여 인간에게 주지만, 구체적인 정부 형태를 결정하는 것은 인간에게 위임했다. 칼뱅은 제네바에서처럼 공동체의 서약covenant과 신중한 절차를 갖춘 선거에 기초한 혼합정체를 선호했다. 그는 기존 질서의 신성함을 신뢰했고 치안판사magistrate, 즉 세속 통치자의 권력이 신의 소명에 의한 것이라 믿었기 때문에 통치자가 신에게 복종하는 한 인민은 통치자에게 충성해야 한다고 주장했다. 정부와 기존 질서에 대한 개인적 저항과 집단 반란은 무질서와 혼란, 무정부 상태를 초래하는 것이므로 반드시 질서에 대한 복종이 필요하며, 부도덕한 정부에 대해서는 기도와 참회를 통해 수동적으로 복종할 것을 강조했다. 또한 그는 '세속적 통치자와 국민'의 관계를 '부모와 자녀' 관계와 동일한 것으로 파악하여 부모의 악행이 자녀의 불순종을 정당화할 수 없다고 믿었다.[16] 칼뱅은 불의한 통치자를 징벌하는 것은 신의 몫임을 강조하고, 역경의 시기에는 신이 특별한 치안판사를 일으켜 사악한 통치자의 "지나친 탐욕과 권력 남용"[17]에서 인민을 보호할 것이라고 역설했다.

칼뱅의 주장은 위그노 정치이론가를 통해 인민의 역할을 더욱 강조하는 것으로 변화되었다. 《행정관의 법Du Droit des Magistrats》(1573)에서 테오도르 베즈Théodore de Bèze는 치안판사의 역할을 더욱 강조했는데, 치안판사는 종교를 탄압하는 통치자에 맞서 인민의 편에 서서 저항할 의무가 있다고 주장했다.[18] 프랑스의 경우, 인민이 서약을 통해 왕정을 세웠는데 국왕이 그 서약의 신임을 위반하면 국왕에게 위임되었던 권력이 다시 국가와 하위의 행정관magistry에게 복귀되어야 한다고 주장했다.

《독재에 대한 저항 옹호론Vindiciae Contra Tyrannos》(1579)[19]에서 필리페 뒤 플레시-모르네이Philippe du Plessis-Mornay는 "인민주권의 근거로서 서약 신학을 처음 이용"[20]하여 이중 서약을 통한 인민주권을 주장했다. 한 서약은 신과 군주 그리고 인민이 함께하며, 다른 서약은 군주와 인민이 당사자가 되는 것이다. 인민이 군주와 정당한 법에 복종하지 않는 것은 신에게 죄를 짓는 것이며, 군주가 신의를 저버리면 그의 권위는 상실된다. 그러나 모르네이는 칼뱅처럼 군주에 대한 인민의 저항권을 인정하지 않았다. 다만 그들은 하위 행정관에 합류하거나 대의회의 representative assemblies에 호소함으로써 군주의 폭정과 권력 남용을 수정해 나갈 수 있다. 폭정의 시기에 하위 행정관은 서약을 수호하고 군주에게 저항할 도덕적 의무를 가지며, 군주는 공동체보다 우월하지 않다. 그러나 그런 용감한 행정관이 없다면, 인민은 "조용히 저항"하거나 "피를 흘릴" 수밖에 없다. 왜냐하면 그것이 무질서와 무정부 상태보다는 낫기 때문이다. 또한 모르네이는 서약을 준수하지 않는 군주에게서 억압받는 인민을 위해 외국의 군주가 구출할 수 있는 가능성도 열어놓았다.

앙리 4세가 프랑스의 왕좌를 차지하게 되고 낭트 칙령으로 종교적 관용을 허용하자, 가톨릭은 인민주권론을 내세우며 왕권을 위법이라고 비난하며 위협했다. 1576년의 《국가론De Republica》에서 장 보댕Jean Bodin은 위그노의 주

장 칼뱅
프랑스의 개신교 신학자이자 종교개혁가. 장로교를 창시하여 미국의 식민지 건설과 신학적 발전에 지대한 영향을 주었다.

장에 반대하고 국왕의 절대권을 옹호했다. 그는 궁극적인 주권자인 신이 왕이나 귀족 혹은 인민에게 지상의 주권을 부여하는데, 주권은 오로지 공동체의 공동선을 위해 사용되어야 하지만 그 공동체 안에서 유일한 최고의 권위를 갖는다고 주장했다. 이 과정에서 보댕은 주권을 국가의 실체적인 절대 권력으로 파악했다. 주권의 최고성과 단일성의 개념에 주목한 보댕은 주권이란 분할 불가능하고 정치 공동체 안에서 최고의 지위를 갖는 항구적인 권력이라고 생각했다.[21] 즉 그는 정치 공동체 안에서 독립적인 여타 권력의 존재를 부정하고 주권의 배타성을 인정했다.

따라서 보댕은 주권적 인민이 군주와 주권을 분할하여 공유할 수는 없다고 주장했다. 주권적 인민이 서약을 하고 군주에게 일정 권한을 부여하여 군주의 권한을 제한히는 경우, 인민은 여전히 주권을 가지고 있는 것이다. 그러나 인민이 주권적이라 하더라도 일단 군주에게 완전한 권한을 위임하는 경우, 인민은 위임한 권한을 회복할 수 없다. 말하자면 군주제에서 실질적으로 주권은 군주에게 완전히 양도되는 것이다. 즉 보댕은 인민의 저항권이 주권적 국가의 존립과 공존할 수 없다고 믿었다. 이러한 주권 이론을 주장하며 보댕은 '영속적이며 절대적인 권력'인 주권이 한 명의 군주를 통해 구현된 군주제야말로 사회질서를 유지하고 행복을 추구하며 내전과 갈등을 회피할 수 있기 때문에 가장 바람직하고 신뢰할 수 있는 정치체polity라고 생각했다.[22] 종교전쟁으로 종교적 통일성의 파괴를 목도한 보댕은 절대군주제에서 법적 평화와 항구적인 통일성을 기대했던 것이다.

그러나 독일의 신학자이자 정치철학자였던 요하네스 알투시우스는 보댕의 주장에 반박하며 주권의 양도 가능성을 거부했다. 보댕의 주장과 달리 알투시우스는 생명을 양도할 수 없는 것과 마찬가지로 주권역시 양도할 수 없다고 주장했다. 단지 주권에서 파생한 권한만을 위임할 수 있을 뿐이다. 그는 주권과 주권에서 파생한 위임 권력을 구분함으로써 어느 정부도 주권적이지 않으며, 정부는 주권에서 파생한 위임 권력을 가지고 있을 뿐이라는 점을 분명히 했다. 인민은 항상 주권을 보유한다. 그리고 통치자는 법률에 따라 국가 전체의 공리를 위해국가 권력을 관리하고 그 집행을 위임받은 존재일 뿐이다. 물론 여기서 인민이란 어떤 개인이나 집단 혹은 인민의 과반수 집단을 의미하는것이 아니다. 알투시우스의 관점에서 보면, 정부에 양도된 주권은 보댕이 주장하는 것처럼 인민주권이 아니라 정부주권governmental sovereignty일 뿐이다.

따라서 어떤 정부가 위임된 권력의 한계를 넘는 것은 인민을 억압하는 것이다. 인민은 어느 경우에도 폭정을 원하지 않으며, 위임 권력은정부의 자의적 권력 행사를 위한 것이 아니다. 더구나 인민은 주권을가지고 있으며, 군주는 주권에서 파생한 위임 권력을 가질 뿐이기 때문에 알투시우스는 "국가 혹은 왕국은 왕을 위해 존재하지 않지만, 왕과 여타 모든 행정관은 그 왕국과 정치체를 위해 존재한다"[23]라고 주장했다. 그는 정부 형태를 결정하는 것은 신이 아니라 인민이라고 보았고, 인민은 공동체의 단일성을 위협하지 않는 하나 이상의 정부에권력을 위임할 수 있다고 생각했다. 이러한 그의 견해는 후에 필라델피아 제헌회의에서 제임스 윌슨James Wilson 등에 의해 연방주의를 옹호하는 이론으로 활용되었다.

알투시우스의 공헌으로 "인민주권은 형식적
으로 완전한 이론"이 되었다.[24] 그가 통치
의 근본원리인 주권과 통치 형태를 분
리함으로써 양자 간의 필연적 관련성이
부정되고, 서약은 통치 형태를 구성하
는 수단이 되었다.[25] 이제 설사 인민이
주권을 가진다 하더라도, 반드시 그 통
치 형태가 민주주의일 필요는 없었다.
주권의 소재와 정부 형태가 반드시 일
치할 필요는 없는 것이다. 그리고 서약
을 통해 인민과 통치자(혹은 행정관)는 상
호 복종하고 정의를 실현하는 의무 관

제임스 윌슨
미국 독립선언서와 미국헌법의 서명자. 연방
대법원 초대 대법관 6인 가운데 한 사람. 필라
델피아 제헌회의에서 연방 상원 의원과 대통
령을 일반투표로 선출해야 한다고 주장했다.

계가 되었다. 통치자는 서약을 통해 자신에게 부여된 권한만을 사용해
야 했고, 그 서약을 충실히 이행해야 했다. 사회질서의 안정성을 고려
해야 했던 알투시우스는 통치자가 서약을 위반하거나 죽을 경우에 한
하여 인민이 주권을 행사할 수 있다고 주장했다. 또한 그는 국민의 저
항권이란 개인이 행사할 수 있는 권력이 아니라 국민의 대변자인 감독
관에 의해 행사되는 것으로, 정치적이라기보다 오히려 종교적이며 도
덕적인 것으로 이해했다.[26]

주권과 통치권에 대한 알투시우스의 구분은 토머스 홉스Thomas
Hobbes뿐 아니라 존 로크조차 받아들이지 않았지만, 인민주권 이론의
세속화를 진전시켰다.《리바이어던Leviathan》(1651)에서 홉스는 보댕과
유사하게 원초적인 인민주권을 인정하긴 했다. 그러나 서약을 통해 형

성되는 정부는 주권을 완전히 양도받게 되며, 질서와 안전 그리고 평화를 유지하기 위해 입법권 등을 갖는 정부 권력은 최고이며 절대적일 수밖에 없다고 주장했다. '만인의 만인에 대한 투쟁'의 자연 상태를 벗어나기 위해 공포에 떠는 인민은 만인과 함께 단일한 공동체로서 사회계약에 동의하고, "모든 권력과 힘을" 주권자에게 양도한다. 그럼으로써 주권자는 "그들의 모든 의지를 다양한 목소리를 통해 하나의 의지로 축소시키는" 것이다.[27] 따라서 인민은 국가가 선포한 법률이 신법神法이나 자연법에 명백히 어긋나지 않는 한 그 법률에 절대 복종해야 한다. 인민의 저항권을 부정하는 리바이어던은 절대적인 주권자인 것이다.[28]

로크 역시 《정부론Two Treaties on Government》(1690)에서 인민의 동의를 강조하기는 했지만 의회의 절대권을 강조하기 위한 주권과 통치권의 구분은 부정했다. 비록 그가 이 책에서 '주권'이나 '인민주권'이라는 용어를 사용한 것은 아니지만, '최고 권력supreme power'이라는 표현을 통해 주권의 개념을 설명했다. 로크에 따르면, 인민은 신의信義의 서약 혹은 사회계약을 통해 전원 합의로 시민사회를 건설하며 다수의 동의로 입법권을 위임한다. 입법권은 '국민의 평화, 안전, 공공선'을 유지하고 발전시키는 데 국한되며, 자연권의 "보호 외에 다른 목적을 갖지 않는다. 따라서 신민의 목숨을 빼앗거나 노예화하거나 고의적으로 곤궁에 빠뜨리는 권력은 전혀 가질 수 없다."[29] 즉 로크는 자의적으로 통치하거나 권력을 남용하는 정부를 타도하고 혁명으로 새로운 정부를 구성할 수 있다고 주장했다. 그러나 "이러한 점에서 공동체는 항상 최고의 권력을 가진다고 하지만, 그러한 인민의 권력은 정부가 해체될 때까지 절대로 발생하지 않기 때문에 모든 정부 형태에서 그렇게 간주되는 것은 아니다."[30]

그러므로 일상생활 속에서 인민주권의 실질적인 의미는 제한적일 수밖에 없다. 정부가 해체되기 이전, 즉 정부가 존속하는 한, 인민주권은 발생하지 않기 때문이다. 심지어 그는 "모든 경우에 정부가 존속하는 한, 입법부는 최고의 권력이다. 왜냐하면 다른 사람에게 법을 부여할 수 있는 자는 그 (부여받는) 사람보다 반드시 우월할 필요가 있기 때문"[31]이라고 주장하기도 했다. 이러한 로크의 정부주권적 입장은 명예혁명 이후 등장한 의회 만능주의를 옹호하는 것이었다. 로크의 인민주권 이론에는 정부 통제를 위한 어떤 권력 메커니즘도 인민에게 주어지지 않는다. 또한 로크는 입법부 역시 법에 복종해야 한다고 주장하면서 인간에 의한 통치가 아니라 법에 의한 통치를 강조하지만, 원하면 언제든지 새로운 법을 만들 수 있는 조건이 있기 때문에 입법부는 현실적으로 실질적인 주권자였다.[32]

영국의 법학자 윌리엄 블랙스톤Sir William Blackstone은 로크의 의회 만능주의 주장을 계승해 아메리카 식민지에 지대한 영향을 끼쳤다. 블랙스톤은 의회가 최고이며 절대적 권한을 가진 까닭에 인민은 이에 복종해야 하고, 절대적 복종은 주권자의 자의적 의지가 아니라 법에 대한 것이

윌리엄 블랙스톤
영국의 법학자이자 토리 정치인. 그의 《영국법 주해》(1776)는 18세기의 영국 코먼로를 이해하는 데 가장 중요한 저작이다.

라고 강조했다. 전자가 홉스를 따른 것이라면, 후자는 영국의 근본법 전통을 따른 것이라고 할 수 있다. 블랙스톤도 로크와 마찬가지로 1688년과 같은 특정한 상황에서는 기존 정부의 해체와 인민의 주권 회복을 인정했지만, 그것은 인민의 "초법적超法的" 회복이며 정상적인 입법 과정에서 인민의 법적 권리는 선거권 정도에 지나지 않는다고 주장했다.

"인민주권의 개념이 완전한 의미로 개화"[33]한 것은 스위스의 법학자 바텔Enrich de Vattel에 의해서였다. 1758년에 출간된《국제법Law of Nations》에서 바텔은 주권을 "원래 그리고 본질적으로 사회 공동체에 속한" 공적 권위로 정의하고, 각 개인은 주권에 "복종하고 자신의 자연권을 양도"했을 뿐만 아니라 "사회 공동체가 항상 그 손안에 이 주권적 권위를 보유하지" 않기 때문에 "흔히 의회나 한 개인에게 위임하여" 그를 주권자로 만든다고 주장했다. 이때 주권적 권위는 사회 공동체인 인민에게서 양도받은 것이 아니라 위임된 것이며, 어떤 정부 형태를 취하든지 간에 "사회의 안전과 유익"을 위한 것이고, "모든 시민의 공동선을 위해서만" 존재하게 된다.[34]

본질적 주권과 파생적 주권을 구분한 바텔은 인민이 근본법을 통해 정부 형태를 결정하고, 정부에 특정 권력을 부여하며, 그 한계를 설정한다고 주장한다. 근본법은 일반 법률을 규제하기 때문에 근본법의 제정은 일반 입법 과정과 달라야 한다.[35] 그는 근본법의 수정은 자연권 및 원래 근본법의 목적과 정신에 위배되지 않아야 하며, 수정은 의회가 아니라 인민이 해야 한다고 역설했다. 근본법을 수정함으로써 인민은 주권을 통해 정부(의회를 포함하여)를 통제할 수 있는 통치 체계를 갖

추게 된 것이다. 또한 군주든 의회든 간에 "주권적 권력은 국가의 근본
법에 의해 제한되고 규제되며, 이 근본법은 군주에게 권력의 범위와
한계, 권력을 어떻게 행사해야 하는지를 보여준다." [36] 따라서 그는 주
권자가 근본법을 위반하면 정통성을 상실하게 되고 인민과의 전쟁 상
태가 된다고 경고했다. 또한 주권국가의 독립성과 배타성 그리고 국제
관계의 불간섭주의에도 불구하고, 바텔은 근본법을 위반하는 폭정 국
가에 대한 인도주의적 개입을 용인했다. [37]

　인민주권은 원초적이고 명목적인 개념에서 시작해 정부에 대한 실
질적 통제의 개념으로 발전해왔다. 고대부터 공동체에 대한 존경과 근
본적 가치를 토대로 하여 통치와 정부 형성 그리고 권력의 메커니즘이
모색되어왔다. 그러나 절대적이며 최고의 권력으로서 주권의 개념이
자리를 잡은 시기는 주권 개념의 세속화를 통해 보댕에 이르러서였다.
개념적으로 볼 때 주권은 단일한 것이어야 했다. 그러나 주권과 주권
에서 파생한 권력의 개념이 분화되면서 인민주권(혹은 실질주권)과 정부
주권(혹은 인격주권)이라는 이중 주권의 개념도 도출되었다. 그리고 통치
권력에 대한 인민의 통제가 정치 현실 속에서 가능하도록 개념을 고안
한 시기는 바텔에 이르러서였다.

　그러나 미국혁명 시기의 건국 시조들과 미국헌법의 제정자들이 바
텔의 인민주권론에만 의지하여 미국헌법을 만든 것은 아니다. 인민주
권에 대한 홉스의 개념, 로크의 개념 그리고 루소의 개념 등이 신중하
게 토론되고 검토되었으며, 때로는 뒤섞이면서 발전을 거듭했다. 특히
각 주의 헌법 제정 과정을 살펴보면 인민주권의 발전이 직선적인 것이
아니었다는 사실을 쉽게 발견할 수 있다. 1779년의 매사추세츠 헌법

이나 1787년의 미국헌법의 제정 과정에서 살펴볼 수 있는 것처럼, 제
헌회의를 열어 헌법을 제정하고 또 그것을 수정하기 위해서는 일반 법
률보다 더 엄격한, 그래서 국민의 의사를 좀 더 신중하게 반영하며 국
민의 신의를 보다 명확하게 확보할 수 있는 길을 열었던 것이다.

근본법 :
정부와 헌법의 근간

북아메리카의 영국 식민지는 영국의 헌정적, 법적 토대 위에서 식민지의 독특한 법질서와 법문화를 만들어갔다. 아메리카에서의 독특한 경험은 식민지인이 가진 영국적 법문화를 변형시키고 새로운 사회와 환경에 적응할 수 있도록 새로운 법문화를 창조하는 데 도움을 주었다. 새로운 법문화 아래 아메리카 식민지인이 수호하고자 했던 것은 '근본법'과 이에 근거한 '영국인으로서의 권리'였다.

아메리카에 식민지를 개척할 때 영국 국왕은 이주민에게 영국인으로서의 권리를 약속했다.[38] 1606년의 버지니아 제1특허장에서 볼 수 있는 것처럼, 아메리카의 모든 식민지와 플랜테이션에 거주하는 식민지인은 "짐의 잉글랜드 왕국에서 출생하고 거주한 이들처럼 우리의 다른 영토 안에서 그들은 모든 자유와 시민권, 면책 특권을 소유하고 향유하게 될 것"[39]이었다. 그리고 그 권리는 단순히 영국 의회가 제정한 법률뿐 아니라 영국의 불문법인 근본법의 보호를 받았다. 따라서 영국인으로서의 권리는 영국 코먼로common law의 발전 및 근본법의 발전과 밀접한 연관성이 있었다.

17세기 영국의 기본법 담론에 따르면, 근본법의 권위는 두 가지 원천에서 나온다.[40] 하나는 "아득한 옛날"이며, 다른 하나는 '합리성'이다. 근본법은 태곳적부터 존재해온 "고래古來의 헌법the ancient constitu-

찰스 1세
잉글랜드, 스코틀랜드, 아일랜드의 국
왕. 왕권신수설을 신뢰하였으며 왕의 대
권을 축소하려는 의회와 맞서 싸우다가
영국 내전을 맞았다.

tion"[41]이며, 동시에 이성에 기초한 헌법이다. 그러나 근본법의 이성은 일반인이 공유하는 훈육되지 않은 이성을 말하는 것이 아니라 "인위적 이성"[42]을 의미한다. 그것은 전문 훈련을 받은 법률가, 특히 법관의 경험과 습관으로 고취되며 판례를 통해 인식된다. 하지만 이 두 가지 원천은 별개의 것이 아니라 하나로 간주된다. 즉 '오래된 것은 합리적인 것이며, 합리적인 것은 오래된 것'이라는 영국의 법문화 속에서 형성된 법 인식이다.[43] 이러한 맥락에서 관습custom은 특별히 중요한 의미를 갖는다. 그러나 관습이 일반인이 공유하는 누적된 일상적 습관을 뜻하는 것은 아니다. 관습은 "특별히 전문적으로 검토된 코먼로의 관례"이며, 동시에 "자연법의 가장 신뢰할 수 있는 근거"다.[44]

영국의 근본법은 흔히 1215년의 마그나카르타Magna Carta에서 시작되어, 찰스 1세가 동의한 권리청원Petition of Right(1628), 찰스 2세가 동의한 인신보호법Habeas Corpus Act(1679), 윌리엄 3세와 메리 2세가 동의한 권리장전Bill of Rights(1689) 그리고 의회에 대한 국왕의 양보를 담은 여러 선언과 법률을 통해 나타난다. 불문법 체계를 채택한 영국에는 미국처럼 하나의 법전으로 된 헌법이 존재하지 않기 때문에 근본법을 법의 체계적 형태로 보여줄 수 없다. 그런데도 근본법은 영국의 법체계와 영국인에게 가장 중요하고도 근본적인 권리를 구현하는 것으로 간주되었다. 18세기의 유명한 법학자 윌리엄 블랙스톤은 《영국 법 주해 *Commentaries on the Laws of England*》 제1권 제1장 '개인의 절대적 권리에 관하여'에서 근본법을 "모든 영국인의 절대적 권리"라고 표현했다.[45]

이러한 영국의 근본법 전통이 확고하게 자리 잡게 된 것은 13세기의 헨리 브랙턴Henry de Bracton 덕분이다. 《영국의 법과 관습에 관하여 *De legibus et consuetudinibus Angliae*》(미완성)에서 브랙턴은 대륙의 로마법에 영향을 받아 영국의 코먼로를 정리하면서 근본법 전통의 초석을 놓았다. 그는 통치 영역에서는 국왕이 절대적이지만, 법의 영역에서는 그렇지 않다고 주장하면서 법과 통치에 관한 중요한 구분을 제시했다. 그는 근본법에 '고차법'의 속성을 부여함으로써 근본법이 일반법보다 상위에 있을 뿐 아니라 관습과 이성에 뿌리를 두는 권위를 기지고 있다고 주장했다. 따라서 브랙턴은 "국왕 위에는 사람이 없다"라고 국왕의 권력을 인정했지만, "그러나 국왕도 하느님과 법 아래에 있는데, 법이 그를 국왕으로 만들기 때문이다"라고 선언했다.[46]

법에 의한 통치라는 중세의 헌정주의는 절대왕권을 주장하는 튜더 왕조의 등장으로 확산되지 못했지만, 계속 중요하게 여겨졌다.[47] 제임스 1세에 대항한 존 핌John Pym 등의 의회주의자는 주권이 국왕이나 심지어 의회에 있지 않고 고래의 근본법에 있다

제임스 1세
스코틀랜드의 국왕이었다가 잉글랜드와 아일랜드의 국왕을 겸했다. 북아메리카에 있는 최초의 영구 정착촌인 버지니아의 제임스타운은 그를 기념하여 이름을 붙인 것이다.

고 주장했다. 1628년에 그는 권리청원 초안과 관련하여 "우리는 그에
게 주권적 권력을 줄 수 없다. ……우리는 그것을 결코 가진 적이 없
다"라고 말함으로써 근본법의 주권적 성격을 강조했다.

17세기의 의회주의자를 대표하는 인물은 에드워드 쿡Sir Edward Coke
이다. 그는 최고의 권위를 갖는 기본법은 불문법이며, 문자화된 법은
단지 기본법의 선언적 표현일 뿐이라고 강조했다. 그는 대헌장이 "영
국 기본법의 주요 근거를 선언한"[48] 문서일 뿐이라고 지적함으로써 근
본법의 불문법적 성격을 강조했다. 그러나 "대헌장은…… 어떤 주권
자도 가지고 있지 않다"라고 역설함으로써 마그나카르타가 보여주는
근본법의 신성성과 절대성을 강조했다. 따라서 마그나카르타에 반하
는 의회의 제정법이나 국왕의 행위는 위헌으로, "누구에게도 적용할
수 없는" 것이다.[49]

17세기 초, 자연법 이론의 실질적 내용과 언어는 '영국 법'이라는
언어 속으로 융해되어 들어갔다. 쿡은 1609년의 캘빈 사건Calvin's Case[50]
에서 '자연법은 영국 법의 한 부분이고, 신에게서 나와 영원하며, 변하
지 않기 때문에 세속적인 법에 우선한다'고 선언했다. 따라서 헨리 핀
치Sir Henry Finch는 《법Law, or A Discourse Thereof》(1627)에서 자연법에 반하
는 실정법은 "그 효력을 잃어 결코 법이라 할 수 없다"라고 적었다.[51]
요컨대 17세기의 법문화에서 볼 때 쿡의 불문법으로서의 근본법은 자
연법, 신법神法과 관습법의 혼합물이며, 실정법과는 별개로 높은 차원
에 존재하는 고차법으로서 당연히 실정법인 의회제정법에 우선하는
것으로 여겨졌다.

후일 아메리카 식민지인에게 이러한 영국 근본법의 전통과 의미를

가장 적절하게 알려준 대표적인 사건이 일어나는데, 바로 에드워드 쿡의 보넘 사건Dr. Bonham Case[52]이다. 1606년 4월 토머스 보넘 박사는 의사 면허 없이 런던에서 의료 행위를 했다는 이유로 왕립의사협회에 소환되었다. 왕립의사협회는 헨리 8세의 특허장에 근거하여 의료 활동의 질을 보장, 향상시키기 위한 목적으로 설립되었으며, 런던 시와 인근 지역에서 의료 행위 하는 사람을 규제할 수 있는 특권을 가지고 있었다. 이 특권은 의회제정법으로 재확인되었다.[53] 왕립의사협회는 규제의 일환으로 협회에서 발행하는 면허를 받지 않고 의료 활동 하는 사람을 소환하여 심리하고 벌금과 구금으로 처벌할 수 있었다. 협회에 소환된 보넘은 100실링의 벌금형에 처해졌으나 계속 면허 없이 의료 활동을 했기 때문에 같은 해 10월에 또다시 출두 명령을 받게 되었다. 보넘이 소환에 응하지 않자, 협회는 10파운드의 벌금형을 결정하고 체포 영장을 발부했다. 11월 초, 보넘은 협회에 출두하여 자신을 변호했다. 그는 케임브리지 대학에서 의학 박사 학위를 받았으므로 정당하게 의료 활동을 할 자격이 있으며, 따라서 왕립의사협회는 재판관할권이 없다고 주장하며 심리를 거부했다. 이에 왕립의사협회는 그를 구금하기로 결정하였으며, 구금된 보넘은 협회를 상대로 민사법원에 소송을 제기했다.

민사법원의 수석 판사였던 쿡은 관련 의회제정법의 정당성 여부를 검토한 후 보넘의 이의를 인정했다. 쿡은 특허장에 따라 벌금의 반은 국왕이, 나머지 반은 왕립의사협회가 수령하게 되어 있을 뿐만 아니라, 이 사건에서 협회는 사건을 결정하는 재판관인 동시에 사건과 이해관계가 있는 소송 당사자가 된다는 점을 지적했다. 이러한 점에서 그는 관련 의회제정법이 누구든지 자신이 이해 당사자인 사건에서 재판관이 될 수 없다는 코먼로 원칙에 위배된다고 결정했다. 그리고 쿡은 "의회의 법률이 보편적 권리와 이성에 반하거나 위배되며, 또는 실시하기 불가능할 때 코먼로는 그것을 통제하고 그 법률을 무효로 판단할 것이다"[54]라고 주장했다. 이 사건에서 쿡은 근본적으로 근본법과 배치되는 어떠한 국왕의 명령이나 의회제정법도 법적 효력이 없다는 사실을 선언함으로써 입법권과 국왕의 특권에 대한 기본법의 상위 규범성을 인정했다.

보넘 사건에서 쿡은 의회제정법의 유효성 기준으로 "보편적 권리와 이성"이라는 근본법적 기준을 명확하게 "첨가"했다.[55] 그는 기존에 암묵적 관습으로 인정되어온 법리를 명확하게 표현하고, 사법 차원에서 명료하게 선언한 것이다. 따라서 1610년 이후 의회제정법이 기본법에 위배된다고 판단되었을 때 보넘 사건은 중요한 선례로 인용되었다. 예컨대 1614년의 데이 대 새비지Day v. Savage 사건에서 헨리 호바트Sir Henry Hobart 수석 판사는 비록 쿡을 직접 인용하지는 않았지만 그의 이론을 그대로 수용했다. 호바트는 "어떤 사람을 자신과 관련된 사건에서 심판자로 만들어 자연적 형평에 어긋나게 하는 의회의 어떤 법률도 무효다. 왜냐하면 자연법은 불변하며, 법 중의 법이기 때문이다"[56]라고 선언했다. 또한 런던 시 대 우드City of London v. Wood 사건(1702)에서 수석 판사 존 홀트Sir John Holt는 쿡의 이론을 찬양하면서 비록 의회가 "매우 이상하게 보이는 법률"을 제정할 수는 있지만, 어떤 사람을 동일한 사건에서 사건 당사자와 심판자로 세우는 것은 "불가능"하며, 그것은 간통을 합법화하는 것과 같다고 했다.[57]

그러나 명예혁명 이후 의회의 권위가 강화되고 의회 우월주의가 등
장함에 따라 쿡의 근본법 이론은 점차 약화되었다.[58] 사실 홀트는 한편
으로 쿡의 견해를 추종하면서 다른 한편으로 의회의 최고 절대권을 간
접적으로 반영하고 있었다. 그는 의회란 "어떠한 잘못도 할 수 없다"
고 단언하고 단지 "매우 이상하게 보이는" 법률을 제정할 수는 있다고
유보하였던 것이다.[59] 이러한 의회 우월주의와 의회 만능주의는 블랙
스톤의《영국 법 주해》에서 "처음으로 공식 채택되었다."[60]

그러나 블랙스톤이 근본법 사상을 무시하거나 부정했다는 것은 결
코 아니다. 18세기 후반 영국과 미국의 법조계에서 가장 많이 판매되
어 애독되었던《영국 법 주해》에서 블랙스톤은 쿡이나 홀트를 직접 인
용하진 않았지만 "이성에 반하는 의회의 법률이 무효라는 사실은 일
반적으로 매우 널리 주장되며, 물론 자연법은 의무 면에서 모든 다른
것보다 우월하다. ……어떠한 인간의 법도 이것에 위배된다면 효력을
가질 수 없다"라고 인정했다.[61]

그러나 블랙스톤에게 의회는 최고권을 가진 주권자이며, 의회제정
법은 주권자의 의지 표현이었다. 그의 의회 우월주의는 삼권분립적 개
념이 아니다.[62] 그것은 이론상 "의회 안의 국왕", 즉 국왕, 상원Lords, 하
원Commons으로 구성되는 정치체가 최고권을 장악하는 것을 의미하며,
의회에서의 입법은 곧 국왕, 상원, 하원의 동의를 의미하는 것이다. 이
러한 블랙스톤적 "의회의 권력과 재판관할권은…… 초월적이고 절대
적이며…… 어느 한계 안에 구속될 수 없다." 따라서 그는 의회가 단순
히 입법 기능을 갖는 정부기관이 아니라 "법률을 제정, 추인, 증보, 제
한, 폐기, 재입법, 해석하는 주권적 그리고 통제할 수 없는 권위"를 갖

는다고 선언했다.[63]

블랙스톤에게 근본법이란 고차법일 뿐만 아니라, 이를 실현하는 혹은 기존 근본법의 선언적 법률을 교정하는 의회제정법을 포괄하는 것이었다. 그러므로 의회가 만능인 법체계 안에서 자연권이 설령 침해되더라도 구제책은 전혀 존재하지 않았다.[64] 구체적인 구제책은 전적으로 의회에 달렸기 때문이다. 또한 어디에서도 블랙스톤은 코먼로 혹은 근본법이 의회의 만능적인 권력을 실질적으로 구속한다고 주장하지 않았다.

영국의 근본법은 북아메리카 식민지인에게 상이한 두 가지 전통을 남겨주었다. 하나는 17세기 쿡의 전통이고, 다른 하나는 18세기 블랙스톤의 전통이다. 두 전통 모두 근본법으로서의 코먼로를 존중하였으나, 뚜렷이 구별되는 차이를 보인다. 상이한 두 가지 헌정주의에서 무엇보다도 중요한 차이는 근본법의 최고성 여부다. 사실 미국혁명 시기에 로크가 많이 회자된 것은 사실이지만, 자연권과 사회계약 이론에도 불구하고 그의 주장은 결국 블랙스톤의 전통, 즉 의회 만능주의의 흐름 속에 있었다. 그의 자연권과 사회계약 이론은 정치 현실 속에서 의회 만능주의에 아무런 제약을 가하지 못했으며, 겨우 혁명의 도덕적이며 정치적인 정당화만을 도모했을 뿐이기 때문이다.[65] '영국인으로서의 권리'를 요구하고 모국인 영국과의 관계를 주도적으로 해결해 나가기 위하여 '어떤 근본법 전통을 활용할 것인가'라는 과제는 혁명이라는 시대적 상황과 혁명을 주도하는 사람들의 몫이었다.

혼합정체와 권력분립 :
통치의 형태와 기능

시간이 흐르고 사태가 혁명의 소용돌이 속으로 빨려들어가면서 점점
더 많은 미국인은 권력 남용이 일시적이거나 우연히 생긴 것이 아니라
지속적이며 구조적인 문제라고 생각하게 되었다. 그들은 인지세Stamp
Act로 인한 부당한 과세를 단순히 우연과 실수가 빚은 정책이 아니라,
'영국인으로서의 권리'가 침해받는 것이며 정당한 정부의 목적에 위
배되는 것으로 인식했다. 또한 그들은 특정 인물이나 집단의 권리 침
해가 아닌, 영국의 제국주의적 지배와 부패한 정치적 체제가 문제라고
생각했다. 그들은 자신들이 직면한 불합리한 정치적 상황을 혁명으로
해결할 수밖에 없다고 여겼다. 그들은 당시 상황을 '권력 대 자유'의
관점에서 파악했다.

혁명이 개인이나 집단이 아니라 제도와 체제에 대한 불만에서 나왔
기 때문에, 권리가 침해받는 상황을 정치체제의 관점에서 파악하여 비
판하고 새로운 대안을 제시하며 미래를 설계하려고 했다는 것은 그리
놀라운 일이 아니다. 미국혁명 연구사에서 공화주의 논쟁을 불러일으
킨 버나드 베일린Bernard Bailyn 교수가 지적한 것처럼, "혁명의 발발은
사회적 불만이나 경제적 혼란 혹은 고조되는 불행이거나 원인 불명의
사회적 긴장의 결과"가 아니라 "자의적이고 타락한 그리고 통제 불가
능한 것이라고 간주되는 권력 행위에 대한 반응"이었다.[66] 식민지 사회

에서 영국 정부와 권력의 구조적 문제에 대한 체제적 분석과 비판이 심화되면서 이상적인 정부 혹은 정체政體에 대한 관심 역시 높아졌다.

그 가운데 영국 정부의 권력 남용과 부패를 해결하고 새로운 미래 비전을 제시해줄 대안으로 혼합정체와 균형정체가 떠올랐다. 독재와 권력 남용 그리고 부패로부터 개인의 자유와 권리를 보호해줄 정치체제로서의 혼합정체 이념은 플라톤과 아리스토텔레스로까지 거슬러 올라간다. 아리스토텔레스는 최적의 정체를 1인 지배의 군주정, 소수 지배의 귀족정 그리고 다수 지배의 민주정으로 구분하고, 그것의 타락한 정체를 각각 참주정, 과두정, 중우정(폭민정)으로 보았다. 그는 군주정이나 귀족정과 같은 최적의 단일 정체를 희망했지만 현실적으로 불가능하다고 판단하고, 이 세 가지 최적의 정체를 화해시켜 공존할 수 있는 방법을 모색했다. 동시에 그는 부富와 빈곤, 시민적 덕과 이기심, 귀족정과 민주정을 조화시킬 수 있는 방법도 모색했다. 그는 인간의 통치가 아니라 법의 통치 안에서 중간 계층에 의존할 때 화해와 조화의 가능성이 열릴 수 있다고 생각했다. 그런데도 모든 공동체에 가장 좋은 정체란 존재하지 않는다고 전제함으로써 추상적 원리가 아니라 구체적 체제로서 혼합정체를 구상했다.

그리스의 역사학자 폴리비오스Polybios는 혼합정체의 이념을 매우 매혹적인 것으로 바꿔놓았다. 그는 군주정, 귀족정 그리고 민주정을 대표하는 정부 조직을 서로 대치시켜 경쟁하게 함으로써 균형과 안정을 이룰 수 있다고 생각했다. 그의 혁신은 이해관계를 반영하는 정부 조직을 구성하고 이를 조화시키는 데 있었다. 귀족정이 소수의 이해관계를, 민주정이 다수의 이해관계를 반영하여 서로 상반된 역학을 가지게 되면 통합의 이해관계를 갖는 군주정이 균형을 통해 정부의 수장으로서 효율성과 힘을 얻게 된다는 것이다. 물론 여기서 군주정은 오늘날의 행정부와 같은 기능을 갖게 된다.[67]

폴리비오스의 혼합정체는 정체의 순환에 대한 전략적 사고에 따른 것이다. 그에 따르면 세 가지 최적의 정체와 세 가지 타락한 정체가 서로 교차하여 진행되고 반복해 순환된다. 홍수, 역병, 기근 등으로 사회제도가 몰락하고 기술과 지식이 사라지면, 힘에 의존하는 지배자가 등장하고 원시 군주정이 나타나게 된다. 원시 군주정에서 가족과 사회관계가 발전하면서 군주정이 나타나게 되는데, 군주는 사회에서 형성된 "선과 정의, 의무의 관념"을 통해 자신의 권위를 도덕적 권위로 변형시키며 권력 기반을 "공포로부터 존경으로" 변형시킨다. 시간이 흐르면 절대적인 우월감 속에서 군주의 후손은 질투와 원한 등의 감정으로 인해 폭력적 갈등 상황으로 치닫게 되고, 점차 참주로 타락하게 된다. 참주정은 고귀하고 고상한 정신과 용기를 가진 자들이 나타나 참주를 추방함으로써 몰락하게 되고, 이후 귀족정이 수립된다. 그러나 귀족의 후손이 "시민의 자유와 평등의 개념"을 이해하지 못한 채 특권을 누리는 데 몰입하면서 귀족정은 소수 지배의 과두정으로 변질된다. 과두의 폭정에 봉기한 인민은 그들을 몰아내고 자유와 평등의 이념을 기반으로 민주정을 건설한다. 그 후 민주정의 이념이 진부해지고 뇌물로 인민에게 인기를 얻어 권력을 획득하려는 선동 정치가가 등장하게 되면 인민은 부패한다. 그러면 "폭력, 학살, 약탈의 시대가 찾아와 결국 완전한 야만의 상태로 퇴락"하게 된다. 이러한 상태의 유일한 구원자는 강력한 지도력을 갖춘 군주이며, 역사는 다시 순환하기 시작한다.

폴리비오스는 타락한 정체의 단점을 체제적으로 방지하고 최적의 정체가 갖는 장점을 제도적으로 보존하는 방식인 혼합정체가 가장 홀륭한 정체라고 여겼다. 비록 혼합정체라는 말을 사용하지는 않았으나,[68] 그는 정체 순환의 고리를 끊고 단일한 정체들의 총합을 통해 최상의 정체를 찾고자 했다. 그는 단일한 정체, 즉 "모두가 합쳐진 정체를 가장 고귀한 것으로 생각해야 한다"고 강조했다.[69] 폴리비오스가 보기에 혼합정체가 가장 잘 구현된 국가는 로마였다. 그는 고대 로마가 53년도 채 안 돼 지중해 세계를 지배하게 된 원인을 바로 이 혼합정체에서 찾았다. 그는 고대 로마의 정체를 "그것보다 더 나은 것을 찾을 수 없는 최상의 형태"라고 찬양했다.[70]

권력 기구의 관점에서 보면, 폴리비오스의 혼합정체는 콘술－원로원－인민(민회)의 조화와 협력을 통해 균형을 추구하는 것이다. 왕정은 콘술로, 귀족정은 원로원으로, 민주정은 민회로 구현되는 것이다. 그는 권력의 각 요소가 다른 요소와 "협조하거나 대립하는" 방식을 통해 외부의 위협이 있을 때는 "상호 지지하고 협동과 단결을 하며" 내부의 나태와 부패에는 "스스로 악행을 치유"한다고 보았다.[71] 이를테면 콘술이 군대를 이끌고 전쟁하러 나갈 때 식량과 의복 등 군수물자를 공급받고 공직을 지속적으로 보장받기 위해서는 원로원의 동의와 협조가 필요하며, 평화조약을 비준하거나 폐기하는 권한을 가진 인민의 동의가 필요하다. 그에게 혼합정체의 요체는 이해관계를 반영하는 권력 기구 간의 상호 견제가 아니라 권력의 분점을 통한 견제를 의미하는 것이었다.

중세에 이르러도 혼합정체에 대한 긍정적인 인식은 계속됐다. 토마스 아퀴나스나 칼뱅 같은 종교개혁가조차 혼합정체를 '전제정치를 비판하고 정치적 화합을 이룰 수 있는 바람직한 정체'로 여겼다. 이들은 특히 왕권에 대해 의회나 인민이 견제하고 왕국의 계층적 균형을 성취할 수 있는 바람직한 정체로 혼합정체를 강조했다.

혼합정체에 대한 찬미는 영국의 정체를 찬양하는 것으로 이어졌다. 근본법으로 제한된 왕권, 세습 귀족의 상원 그리고 인민이 선출하는 하원으로 이루어진 영국의 정체는 혼합정체의 좋은 본보기로 여겨졌다. 특히 영국 의회는 일종의 복합체로서 계급을 근간으로 귀족과 인민의 이해관계를 반영하는 양원제로 구성되며, 국왕에 대한 거부권을 가지고 있다. 전제정專制政은 절대 권력자 한 사람의 등장만을 의미하는 것이 아니라, 귀족이나 인민의 배타적인 권력 장악을 의미했으며, 그것은 곧 무질서 또는 무정부 상태와 동일시되었다.

따라서 혼합정체가 정체의 표준 모델로 간주되면서 권력 기구 간의 분쟁이나 권력 남용에 대한 담론이 형성되었다. 특히 제임스 1세는 혼합정체 담론에 의거하여 권력 남용의 대상이 된 반면, 찰스 1세는 혼합정체론을 근거로 자신의 왕권을 옹호했다. 그는 혼합정체에서는 권력 간의 균형에 따라 모든 입법 활동에 국왕의 동의가 필요한데, 장기의회長期議會가 이러한 권력 균형을 파괴했다고 비난했다. 왕정복고 후 앨저넌 시드니Algernon Sydney는 국왕에 의한 전제정치의 등장을 우려하며 혼합정체론을 들고 나왔다. 그는 "군주정, 귀족정, 민주정의 세 가지 단일한 종류로 구성된 정부로 좋은 정부란 세상에 전혀 없다"[72]라고 주장하며 군주의 권력 독점에 반기를 들었다.

고대의 혼합정체론을 근대에 가장 적극적으로 수용하고 발전시킨 사람은 니콜로 마키아벨리였다. 그는 아리스토텔레스처럼 부와 빈곤의 절충을 중요하게 생각했고 귀족적 경향과 인민적 경향의 조화가 정체의 안정성을 좌우하는 요체라고 파악했다. 또한 그는 폴리비오스의 혼합정체론을 수용하여 단일한 정체의 폐해와 정체 순환 그리고 혼합정체의 우월성과 유용성을 강조했다. 그는 "모든 정체는 결점투성이다. 입법자는 이러한 결점을 인식하여 한 가지 정체를 선택하지 말고 세 가지 좋은 정체의 장점을 취하여 가장 안정되고 굳건한 정체를 선택해야 한다. 만일 한 도시 안에 군주정, 귀족정, 민주정이 존재한다면 서로 견제하는 체제를 형성할 수 있다"[73]라고 주장했다.

정체 순환을 운명적이고 필연적인 것으로 보았던 폴리비오스와 달리, 마키아벨리는 정체를 인간의 노력에 따라 변경 가능하고 우연적인 것으로 파악했다. 그는 "인간 사회에서 온갖 형태의 정체는 우연히 발생하는 것"이라고 강조하면서, 운(포르투나fortuna)과 덕(비르투virtu)을 인간의 재능과 의지가 개입 가능한 것으로 보았다.[74] 그는 "인간의 자유의지가 완전히 소멸하지 않는 한, 운은 인간 행동의 절반만을 통제할 뿐"이라고 규정하고, '운'을 잘 이해하면 반역하거나 체념하지 않고 이를 변혁시킬 수 있다고 믿었다. 첨예한 이해관계의 갈등으로 인한 대립과 위기를 타협과 협력으로 전환시켜 역경을 지혜롭게 극복할 수 있는 인간의 능력이 정체 순환을 멈추게 하고 새로운 질서와 힘을 제공하기 때문이다.

이러한 의미에서 자기 자신을 실현하는 능력이자 의지인 '덕'은 혼합정체를 유지하고 수호하는 파수꾼이 된다. 따라서 덕을 지니고 성실히 발현하려는 인민이 많을수록 혼합정체는 정치적, 경제적으로 더욱

F O R : T V N A .

포르투나

로마 신화에 나오는 운의 여신으로, 그리스 신화의 티케Tyche에 해당한다. 운의 수레바퀴를 맡아 사람의 운을 결정한다고 한다. 마키아벨리는 포르투나를 인간사에 개입하는 비인간적인 힘으로 규정하고, 시대와 상황에 맞게 행동한다면 비르투virtu의 발휘를 통해 포르투나를 극복할 수 있다고 주장했다.

건실해진다. 마키아벨리는 인민에 대한 깊은 신뢰를 통해 독립적이고
자유로운 덕의 시민군을 혼합정체의 근간으로 찬양했다. 국가와 자유
를 수호하는 가장 중요한 요소는 권력이나 재산이 아니라, 공공선을
위해 헌신하는 덕의 시민군이기 때문이다.[75] 폴리비오스가 외국의 용
병제를 혐오했던 것처럼,[76] 마키아벨리는 로마 공화정처럼 용병이 아
니라 시민군이 진정한 공화국의 수호자가 될 때 개인의 자유와 국가의
존립이 확보될 수 있다고 보았다.

　마키아벨리는 이기적인 인민이 공공선에 기여하는 시민군으로 참
여하기 위해서는 여러 가지 제도적 장치(조건)가 필요하다고 생각했다.
그중 가장 중요한 것은 재산 보장이다. 시민군이 무장하기 위해서는
어느 정도 재산이 필요했다. 물론 재산은 덕성의 필요조건일 뿐이며,
조국에 대한 충성이 발현될 때 비로소 의미를 갖는다. 그러나 재산은
외부의 힘과 부패에 항거할 수 있게 만드는 조건이 된다. 따라서 농업
중심 사회에서 토지의 균등한 소유는 시민군을 유지하고 국가의 부패
를 방지하는 방패제가 된다. 마키아벨리는 고대 로마의 리키니우스-
섹스티우스 법(평민의 권익을 보호하기 위해 만든 법)과 그라쿠스 형제의 토지
개혁이 실패하면서 시민군이 붕괴하고 로마 공화국이 몰락했다는 점
을 강조했다. 토지 균분이야말로 시민을 평등하게 하며, 그 속에서 지
혜와 용기를 가진 지도자가 등장하는 기반이 조성되는 것이다.

　시민군의 참여를 위한 다른 제도적 장치는 개방형 관직 충원 제도
다. 시민군은 개방된 관직을 통해 국가에 헌신하고 자신을 실현하는
덕성을 발휘할 수 있는데, 이를 통해 국가는 권력 남용과 부패를 방지
하며 전시에는 많은 시민군을 동원할 수 있는 역량을 가지게 된다. 특

히 전시에 국가는 공적인 일에 헌신하는 인민을 통해 새로운 지도자의 등장을 고대할 수 있게 된다. 설사 인민이 부패할지라도, 훌륭한 개인의 등장은 공정한 법 집행과 사회 안정을 도모하고 법치 공화국을 수호하며 혼합정체를 확보하는 역할을 하기 때문에[77] 인민을 위한 개방적인 관직 충원은 곧 헌신적이며 훌륭한 지도자의 등장을 의미하는 것이다.

그러나 마키아벨리의 혼합정체에서 무엇보다 중요한 것은 계급 간의 '소요'와 '우연한 갈등'을 유익하게 승화시킬 수 있는 역동적인 권력 분점의 조화 체계다. 마키아벨리는 훌륭한 입법자인 리쿠르고스Lycourgos를 가진 스파르타가 아니라 로마가 지중해 세계를 제패할 수 있었던 이유를 원로원과 인민의 반목과 대립 그리고 불행 속에서도 끊임없이 개혁을 펼쳐 상호 공존을 모색하는 선선한 체제도 편입되어 노약할 수 있었던 것에서 찾았다. 그래서 마키아벨리는 오히려 "귀족과 평민 사이의 불화를 비난"하기보다 "로마에 자유를 가져오게 한 최고의 원인"으로 간주해야 한다고 지적했다.[78] 아리스토텔레스가 지적한 것처럼 마키아벨리는 정치 생활의 계급성과 계급 갈등의 필연성을 인정하고, 오히려 그것을 승화시키기 위한 제도적 보장에 관심을 기울였다. 말하자면 마키아벨리에게 계급 간의 소요가 공화정의 역동성을 일으키는 주요 요인이라면, 권력 분점의 조화는 역동성이 가능하도록 만드는 메커니즘이었다.[79]

마키아벨리는 한 계급의 권력 독점을 불가능하게 하고 권력 견제를 가능하게 하는 혼합정부에서 승화의 제도적 해결책을 찾았다.[80] 그는 덕성 있는 모든 시민이 정치권력으로 나아갈 수 있도록 균등한 기회를 보장하는 공정한 선거제도를 강조했다. 그리고 권력 남용을 일삼는 관료를 문책하며, 이에 대해 대중에게 물어볼 수 있는 고발과 기소 제도가 필요하다고 주장했다. 그러나 이보다 더 중요한 것은 극도의 위기 상황에서 짧은 일정한 기간 동안만 배타적 권력을 위임하는 임시 독재관 제도였다. 인민의 합법적 승인 아래 짧은 기간의 비상사태에 한하여 배타적 권력을 장악하는 독재관은 부패한 지배 계급을 견제하면서 계급의 극단적인 이해관계를 분출시키고 조정하는 역할을 한다. 물론 독재관을 임명하더라도 호민관, 집정관, 원로원 등은 정상 운영되며, 독재 집정관을 견제하는 역할을 한다.[81] 합법적이며 제도적인 임시 독재관 제도가 오히려 잠재적 참주의 등장을 방지하고 정치적 쇄신을 추진함으로써 공화국의 안전과 지속성을 보장한다는 것이다. 따라서 마키아벨리는 그라쿠스 형제를 제거하고 엄연한 독재관 제도를 백안시한 채 "선을 위한다는 명목으로 질서 파괴 관례"를 남겼기 때문에 로마 공화정이 몰락하게 되었다고 강조한다.[82] 여기서 마키아벨리가 강조하고자 하는 것은 독재관 제도 그 자체가 아니라 혼합정체에 대한 신뢰 그리고 갈등을 사회 동력으로 승화시킬 수 있는 권력 분점의 조화 체제적 역동성이다.[83]

혼합정체론은 마키아벨리뿐 아니라 그를 잇는 영국의 제임스 해링턴James Harrington에 의해 아메리카 식민지에 큰 영향을 끼쳤다. "마키아벨리가 폴리비오스 사상의 주요 전달자라면, 해링턴은 마키아벨리의 사상을 영국의 정치적, 법적, 역사적 용어로 해석한 사람"[84]이다. 그는 《오세아나Oceana》에서 혼합정체의 공화국을 옹호했다. 마키아벨리처럼 해링턴 역시 고대의 혼합 정부를 찬양했다. 폴리비오스가 혼합정체의 기원을 스파르타에서 찾았던 것과 달리, 해링턴은 좀 더 거슬러 올라가 고대 이스라엘 공화국이 건설될 때 역사상 처음으로 "고대의 지혜"가 등장했으며, 그리스와 로마가 이러한 지혜를 이어 나갔다고 보았다.[85] 그에 따르면 고대 이스라엘은 원로원, 행정관, 인민으로 구성된 혼합정체를 가지고 있었으며, 정부는 상원과 하원 그리고 행정부로 구성되었다. 인민은 신의 뜻에 따른 균분토지법의 실시로 경제적 기반을 갖추었고 비밀투표로 관직에 진출할 수도 있었다.

해링턴은 아리스토텔레스나 마키아벨리보다도 더욱 경제, 특히 토지와 권력의 관계에 집중했다. 당시 영국과 같은 농업 중심 사회에서 토지는 경제권력의 거의 유일한 원천으로, 모든 시민의 정치적 기반일 뿐만 아니라 부의 근원이었기 때문에 국가의 사회적 균형을 위해서는 토지의 균분이 매우 중요했다. 해링턴이 생각하는 토지 균분은 "1인 또는 소수 귀족의 토지 소유가 인민의 토지 소유보다 크지 않게" 하는 것이었다.[86] 그러나 해링턴이 관심을 쏟은 토지와 권력의 문제는 단순히 이러한 경제적 기반 문제를 넘어선다. 만일 1인의 토지 소유가 절대적으로 많아지면 그 국가는 군주정 혹은 절대군주정이 되고, 소수 귀족이 인민보다 더 많이 토지를 소유하면 혼합군주정이 되며, 인민이 소유하거나 1인 혹은 소수 귀족과 균형을 이루면 그 국가는 "폭력이 일어나지 않는 공화정이 된다"[87]는 것이다.

해링턴이 특히 토지에 관심을 기울인 이유는 영국 내전의 정치경제적 변혁 속에서 혼란의 원인이 경제권력과 정치권력 간 불일치에 있음을 인식했기 때문이다.[88] 즉 토지는 이미 국왕과 귀족의 손을 떠나 인민의 수중에 있는 반면, 정치권력은 여전히 군주가 장악하고 있기 때문이라는 것이다. 해링턴은 경제권력과 정치권력 간 불일치에서 기인하는 "혼란에 대한 유일한 대책은 변화된 사회구조의 요구와 일치하도록 정치제도를 재건하는 것"이라고 파악했다.[89] 불일치와 모순은 새로운 균형을 찾기 위한 정치적 변혁을 원하기 때문이다.

　이 같은 상황 속에서 해링턴은 정치체제의 모범을 찾으려 했고, 혼합정체가 바로 그 모범이었다. 그는 아리스토텔레스, 폴리비오스, 키케로를 잇는 혼합정체론의 계승자가 되어 정체를 1인에 의한 정체, 소수에 의한 정체, 다수에 의한 정부로 나누되, 군주정·귀족정·민주정을 이성에 의해 지배되는 정체로, 참주정·과두정·폭민정을 열정에 의해 타락한 정체라고 파악했다. 그는 고대의 입법가가 "오직 선한 정체들의 혼합으로 만들어진 또 다른 정체를 고안"했고, 이것이 "고대의 교훈"이라고 생각했다.[90] 혼합정체론에서 권력의 요소는 정의로운 상호 견제의 메커니즘을 통해 도달된다. 그것은 마치 두 명이 공정하게 하나의 케이크를 분배하는 방식과 같다. 한 명은 케이크를 자르고, 다른 한 명은 잘라진 두 개의 케이크 조각 중에서 먼저 하나를 선택한다.[91] 즉 한 명은 제안권을 갖고, 다른 한 명은 선택권을 가짐으로써 분배 결정권을 분리하여 균형을 이루는 것이다.

　해링턴의 이상적인 정체에서는 이와 동일한 방식이 적용된다. 그는 로마에서도 결정권과 선택권의 분리를 통한 균형이 이루어졌다고 생각했다. 해링턴의 로마(오세아나)는 하나의 의회 안에 원로원과 민회를 설치하는데, 원로원은 제안하고 민회는 제정하는 권력 구조를 가졌다. 해링턴은 여기서 한 걸음 더 나아가 제3의 정부 부서, 즉 집행부의 필요성을 강조한다. 제안되어 결정된 법률을 성실히 집행하는 기관인 집행부는 군주정의 요소로서 의회와 더불어 "그 정체를 완성"[92]하기 때문이다.

따라서 해링턴은 법률을 제안하는 상원, 법률을 결정하는 하원, 법률을 집행하는 행정관으로 오세아나 공화국의 정부 구조를 구성하되, 서로 견제하여 균형을 이루도록 고안했다. 상원과 하원은 동일한 인민에게서 나온다. 상원은 모든 법률에 대해 토론하지만 결정하지 않으며, 하원은 모든 토론을 청취하지만 토론에는 전혀 참여하지 않은 채 오직 결정만 한다. 오세아나 공화국의 수장은 권력 균형의 중심에서 사적인 이해관계를 떠나 오직 결정된 법률만을 성실하게 집행한다. 해링턴은 이러한 권력 균형을 통해 국가의 모든 이해관계가 반영되고 보호되며, 재능과 부를 토대로 사적 이해관계를 도모하여 결국 부패를 초래하는 경향을 방지할 수 있다고 믿었다. 그는 사적 이해관계를 통한 권력 남용과 부패를 견제하고 권력을 분리하여 정치 행위를 제한함으로써 개인과 집단의 과도한 열정을 억제하고 이성에 기초한 공화국이자 '법의 제국'을 건설할 수 있다고 생각했다.

마키아벨리와 해링턴의 혼합정체론 못지않게 아메리카 식민지에 널리 퍼진 이념은 권력분립론이었다. 혼합정체론이 고대부터 이어져 내려온 반면, 권력분립론은 17세기에 이르러 본격적으로 논의되기 시작했다.[93] 그것은 무엇보다도 권력분립을 논할 만한 시대적 상황이 전개되지 못한 탓이었다. 17세기 이전만 하더라도 정치권력은 아직 분화되지 못한 상태였다. 국왕은 행정권을 포함하여 입법권과 때로는 사법권을 가지는 포괄적 권력을 과시했다. 의회도 입법권뿐 아니라 사법권을 가졌고, 때에 따라서는 국왕 혹은 국가수반의 자문 역할로 행정권을 행사하기도 했다. 특히 영국의 장기의회는 입법권을 독점하면서도 법률을 집행하고 행정의 요직을 장악했다. 그 결과 권력 남용에 지친 수평파水平派, Levellers가 사법 기능을 포함한 입법부와 행정부의 분리를 요구하기도 했다. 행정관도 마찬가지였다. 그들은 행정권뿐 아니라 때로 치안판사로 사법권을 행사했고, 입법 과정에서 큰 목소리를 내기도 했다. 수평파조차 정부 권력의 분립을 전혀 고려하지 않았다. 따라서 17세기 이후 권력분립에 대한 담론은 '기능의 분립'보다는 '제도의 분립'으로 그 중심이 이동하기 시작했다.[94]

권력분립 문제를 본격적으로 꺼낸 사람은 존 로크였다. 그는 《정부론》에서 정부 권력의 기능을 입법권(사법권 포함)과 집행권 그리고 연합권federative power(주로 외교권)으로 구분했다.[95] 로크는 입법 우월주의를 인정하기는 했지만, 정부 권력의 모든 기능이 입법부로 편입되어야 한다고 생각하지는 않았다. 그는 법률을 제정하고 이를 집행하는 권력이 하나의 권력 기구로 통합되는 경우, 사적 이익을 위해 국가권력이 남용될 것이라고 생각했다. 따라서 입법부가 최상의 권력을 장악한다고 하더라도, 입법부 의원은 입법의 과업을 달성하면 자신이 만든 법률에 복종하는 신민으로 되돌아가 행정관이 집행하는 법률을 따라야 한다고 믿었다. 그는 법률은 즉각적이며 단기간에 제정되지만, 그 시행은 항구적 성격을 가지기 때문에 유효한 법률의 집행을 위해서는 상시적인 집행권이 필요하며, 따라서 "입법권과 집행권은 종종 분리된다"라고 주장했다.[96]

그러나 로크는 집행권과 연합권의 실질적인 분리에 대해서는 매우 부정적으로 인식했다. 집행권이 사회 구성원을 대상으로 국내법의 집행을 다루는 것이라면, 연합권은 대외적으로 국가의 모든 사람을 위해 공공의 안정과 이익을 다루는 것이다. 그러나 집행권과 달리 연합권은 미리 제정된 실정법으로 규제하기 어렵기 때문에 그 업무를 담당한 개인의 능력과 신중함에 맡길 수밖에 없다. 그러나 로크는 집행권과 연합권은 "그 자체로 구분되기는 하지만, 그것들이 분리되거나 도시의 서로 상이한 사람들에게 맡겨지는 경우란 거의 없다"라고 했다. 왜냐하면 현실적으로 국가의 무력을 분리해서 별개의 기관이나 사람에게 맡길 수는 없으며, 만일 그렇게 된다면 국가는 "조만간 무질서와 파멸을 초래할" 수도 있기 때문이다.[97]

로크보다 권력의 분립을 명확히 제시한 사람은 몽테스키외Baron de Montesquieu다.《법의 정신The Spirit of Laws》에서 그는 입법권, 만물법에 속하는 사물이 집행권, 시민법에 속하는 사법권을 구분하고, 이를 제도적으로 분리할 것을 주장했다. 입법권으로 군주나 집정관은 법률을 제정하거나 수정 또는 폐지하며, 집행권으로 외국과 선전宣戰하거나 강화講和하고 대사를 교환하며 침략을 예방하여 국가의 안전을 보장한다. 그리고 사법권으로 죄를 처벌하고 쟁송을 심판한다. 그는 입법권과 집행권이 결합되면 전체적인 법률을 만들어 그것을 폭정적으로 집행할 우려가 있으며, 사법권이 입법권 및 집행권과 결합되면 시민의 생명과 자유가 박탈될 수 있다고 경고했다.

또한 몽테스키외는 입법부를 상원과 하원으로 구분할 것을 주장했다. 그는 출생과 명예 혹은 재산 등의 조건에 따라 뛰어난 사람이 존재한다고 믿었다. 모든 사람에게 동등한 한 표씩을 인정하는 평등한 자유는 그들에게 무익하여 관심을 끌어낼 수 없으므로 그들은 입법에 참여하지 않는다. 다만 그들은 자신들의 이해관계를 반영해줄 단체를 구성할 것이다. 따라서 몽테스키외는 이들 단체와 국민을 각각 대표하는 입법부의 기구가 필요하다고 생각했다.

그러나 몽테스키외는 입법부와 사법부가 상시로 존재할 필요는 없다고 생각했다. 입법부를 상시 개회하면 자주 법률을 개폐하고 수정할 것이므로 대의원이 불편해지고, 집행권을 지나치게 번거롭게 만들뿐더러, 집행권으로 자신의 이익과 권리 행사에 관심을 기울일 것이라고 우려했다. 또한 그는 입법부에서 선출된 몇몇 사람에게 집행권을 맡기는 것도 바람직하지 않다고 지적했다. "조만간 두 권력이 결합되어"[98] 동일한 사람이 언제든 전제적 권력을 장악할 것이기 때문이다.

그러나 완전한 권력분립은 사실상 혼합정체가 아니라 단일정체를 구성하는 것과 다름없다. 완전한 권력분립은 결국 한 정부 권력의 독주와 전횡을 가져오고 다른 두 정부 권력을 종속적인 기구로 만들 것이며, 결국 정체의 불안정을 초래할 것이다. 따라서 권력분립 그 자체보다 균형정체, 즉 견제와 균형이라는 메커니즘이 더 우월한 가치를 갖는다.

예를 들어 집행부의 입법거부권은 권력분립에 위배되지만 권력 간 균형을 이루려는 더 우월한 가치에 봉사하는 것이다. 몽테스키외에 따르면, 집행권은 입법부가 전제적으로 바뀌려는 경향을 견제하기 위해 입법부를 제한하는 권한을 갖지만, 입법권은 집행권을 통제하는 권한을 가져서는 안 된다. 왜냐하면 법률의 "집행은 그 본질상 한계를 가지므로" 그것을 제한할 필요가 없으며 "집행권은 항상 일시적인 사항에 관해 행사되기 때문"이다.[99] 그러나 몽테스키외는 입법부가 집행권을 통제할 권한을 갖지는 않을지라도 집행을 감사할 권력과 능력은 갖춰야 한다고 주장했다.

권력의 견제와 균형은 입법권, 집행권, 사법권 사이에서만 중요한 것이 아니다. 몽테스키외는 입법부의 상원과 하원도 상호 견제 기능을 가지고 상대방을 구속해야 한다고 주장했다. 상원과 하원은 귀족과 인민의 각각 다른 이해관계를 대변하면서 의견을 제시하기 때문이다. 그리고 입법부가 집행권에 의해 서로 묶여 있음으로써 "이들 3권은 정지 또는 부동의 상태를 이룰 것"이고, 정체는 안정되고 인민은 자유를 누리게 될 것이다. 이는 후일 미국헌법이 제정될 때 하원과 상원의 견제와 균형에 대한 추구를 예견하는 것이었다.

또한 몽테스키외는 공화국은 작은 규모여야 한다고 생각했다. 그러나 작은 공화국은 외세의 침략에 위험하고, 큰 공화국은 내부 결힘으로 멸망할 수 있다고 파악했다. 따라서 몽테스키외는 견제와 균형의 메커니즘이 작동하는 연방적 공화정체를 권했다. 그는 "다수의 사회가 합쳐서 하나의 새로운 사회를 만드는 사회 중의 사회"를 열망했다.[100] 그에게 혼합정체는 그리스나 로마가 영화를 누릴 수 있었던 이유이자 가나안이 멸망한 이유였다. 몽테스키외의 연방적 공화정체는 후에 제임스 매디슨이 광역공화국을 토론하고 옹호하는 데 영향을 미치게 된다.

균형정체론이 경제와 권력, 인간과 권력의 문제를 다룬 것이라면, 권력분립은 정부 부서 간의 권력 문제를 다룬 것이다. 전자가 인간의 집단적 이해관계와 사회경제적 권력 양상을 어떻게 정치적 권력 구조에 반영하고 권력으로 하여금 인간의 이해관계에 조응하게 할 것인가를 다룬 것이라면, 후자는 정부 부서의 권력 남용과 권력의 기형적 축적을 방지하기 위한 것이다. 견제와 균형이 권력분립에 우선하는 것처럼, 권력 구조 자체보다 권력 구조와 사회 현실 간의 관계가 더욱 중요했다. 사실 모든 혼합정체는 내적 메커니즘에 따라서 정부 권력의 엄격한 경계를 넘어 견제와 균형을 이룬다. 혼합정체가 오랫동안 가장 바람직한 정체로 숭배되고 탐구되어온 반면, 정부 권력의 분립은 17세기 이후 등장한 혼합정체의 보조적 이념이었던 것이다.

견제와 균형을 위한
헌정체제

미국헌법은 인류 역사상 처음으로 인민주권의 이념을 구체적, 실질적
으로 성문헌법에 구현함으로써 새로운 장을 열었다. 이러한 미국헌법
에서 정부의 권위, 근간 그리고 형태와 기능을 가장 잘 보여주는 핵심
이념은 인민주권, 근본법, 혼합정체, 권력분립이다. 이 이념들은 하나
의 틀이나 사상적 흐름 속에서 발전한 것이 아니라, 개별적으로 발전
해왔다. 특히 근대에 들어와 마키아벨리 이후에야 상호 연관성을 가지
기 시작했고, 미국혁명을 겪으며 새로운 차원에서 승화되고 발전했다.

　인민주권은 이론적으로는 스위스의 법학자 엔리히 바텔에 이르러
완전한 의미로 개화했으나, 미국혁명 시기의 주 헌법에서조차 완전한
모습으로 구현되지 않았다. 사실 미국헌법에서도 완전히 구현되지 못
했는데, 그것은 민주정에 대한 깊은 불신, 즉 대중에 대한 불신 때문이
다. '대중은 언제나 선동 정치가의 전략에 농락당할 가능성이 있다'는
생각은 주권자의 자리에서 군주를 제거하고 그 자리에 인민을 올려놓
은 이후에도 계속되었다. 이런 맥락에서 균형정체는 인민주권론에 대
한 불신을 이론적으로 정당화하는 이념이면서 가장 현실적이고 실용
적인 정치 이념으로 간주되었다.

　그러나 혼합정체론이 단순히 군주정, 귀족정, 민주정의 혼합을 의미
하는 것은 아니다. 정치체제의 혼합은 가장 바람직한 정치체로 간주된

혼합정체의 형태에 의미가 있는 것이 아니라, 궁극적으로 정체 간의 조화와 균형을 통해 분점된 권력을 공유하는 데 그 가치가 있기 때문이다. 혼합정체는 부정부패와 권력 남용을 방지하며, 나아가 분점된 권력을 공유하여 조화로운 협력과 발전을 도모하는 기제로서의 역할을 담당할 때만이 의미가 있었던 것이다. 따라서 혼합정체의 이러한 기능이 제대로 발휘되기 위해서는 삼권의 견제와 균형뿐 아니라 입법부 내의 견제와 균형, 즉 상원과 하원 사이의 견제와 균형 역시 중요했다.

이러한 견제와 균형의 기능은 인간과 권력, 특히 사회경제적 권력 사이의 문제를 다루기보다는 정부 부서 간 권력 문제를 다루는 기능으로 강조점이 변화하기도 했다. 인민주권 원칙이 미국에서 국가(주)들의 헌법과 미국헌법에 구현되면서, 정부는 한 사회의 다양한 구성원, 즉 사회 계층의 다양한 이해관계를 반영하는 것이 아니라 주권자 인민의 이해관계를 반영해야 하는 것으로 강조점이 변화했다. 그러나 인민 안에 존재하는 일반인과 엘리트의 실제적 구분을 무시할 수는 없었다.

이런 점에서 혼합정체보다 권력분립이 주권자 인민의 권리와 자유를 보장하는 헌정 체제로 인식된 것은 자연스러운 결과였다. 혼합정체가 그 정체의 영구성을 도모하는 것이라면, 권력분립은 그러한 정체 안에서 살아가는 인민의 권리와 자유를 보장하는 것으로 인식되었다. 그러나 사실 분점된 권력의 공유를 통한 균형이라는 기능이 없다면 이러한 보장은 원천적으로 불가능했다. 권력분립만으로는 부정부패와 권력 남용을 방지할 수 있는 기제가 마련되지 않기 때문이었다.

이와 같은 혼합정체와 인민주권을 근본적이면서도 영구적으로 체제화하기 위해서는 근본법의 이념이 반드시 필요했다. 어떤 법보다 우선하는 법, 입법부가 통상적으로 제정하는 법보다 우선하는 법, 그리고 주권자의 일반 의지를 반영하는 법으로서의 근본법의 이념이 바로 그것이다. 이러한 근본법의 이념은 영국의 코먼로 전통 속에서 오랫동안 발전해왔다. 물론 명예혁명 이후 영국에서는 주권자인 의회 안의 군주라는 개념으로 발전함에 따라, 미국혁명이 완성되기 위해서는 인민주권의 이념을 축으로 변환되어야 할 필요가 있었다. 그리고 이제 아메리카 식민지의 역사적 경험과 의식적 노력이 펼쳐지게 된다.

제3장

아메리카 식민지의
정치 경험

아메리카 식민지는 영국의 제국주의적 통치와 간섭에도 빠르게 성장했다. 영국의 "유익한 태만salutary neglect" 정책 덕이었다. 식민지 총독은 영국에 머물면서 대신 대리인을 아메리카에 파견했고, 식민지 통치에는 별다른 관심을 두지 않았다. 또한 총독을 포함한 식민지 관료 사회와 각종 이권 관계에 뇌물 수수는 깊숙이 그리고 널리 퍼져 있었다. 이러한 부패하고 비효율적인 식민 통치는 오히려 식민지인에게 유리한 결과를 가져왔다. 영국의 중상주의적 통제와 지배에도 아메리카 식민지는 일반적으로 경제적 풍요를 누렸으며 경제적 독립을 위한 기반을 다져 나갔다.1 정치적 상황은 이보다 더 나았다. 유익한 태만 정책의 결과 가운데 가장 중요한, 그러나 의도하지 않았던 것은 식민지에 자치自治의 전통을 확고하게 세울 수 있는 기회를 던져다주었다는 것이다.

식민지 건설

아메리카 식민지는 영국의 제국주의적 통치와 간섭에도 빠르게 성장했다. 영국의 "유익한 태만salutary neglect" 정책 덕이었다. 식민지 총독은 영국에 머물면서 대신 대리인을 아메리카에 파견했고, 식민지 통치에는 별다른 관심을 두지 않았다. 또한 총독을 포함한 식민지 관료 사회와 각종 이권 관계에 뇌물 수수는 깊숙이 그리고 널리 퍼져 있었다. 이러한 부패하고 비효율적인 식민 통치는 오히려 식민지인에게 유리한 결과를 가져왔다.

영국의 중상주의적 통제와 지배에도 아메리카 식민지는 일반적으로 경제적 풍요를 누렸으며 경제적 독립을 위한 기반을 다져 나갔다.[1] 정치적 상황은 이보다 더 나았다. 유익한 태만 정책의 결과 가운데 가장 중요한, 그러나 의도하지 않았던 것은 식민지에 자치自治의 전통을 확고하게 세울 수 있는 기회를 가져다주었다는 것이다. 이론적으로 식민지는 영국의 지배 아래 있었으나, 실제로는 식민지인 스스로 조직한 정치기구를 통해 통치하는, 즉 피치자에 의한 통치를 실천하고 있었다.

그러나 자치의 전통이 단순히 정치 행태나 정치 문화에 의한 것만은 아니었다. 자치의 전통은 무엇보다도 식민지 건설을 가능하게 했던 인허장에 근거한 것이기도 했다. 초기에 인허장은 무역회사에 주어졌던 것으로, 특허장과 상호 치환 개념으로 사용되었다. 그러나 시간이 흐르면서 개인과 공동체의 권리를 보장하는 문서로 변했다. 물론 그것은 식민지인의 정치 문화와 서로 영향을 주고받은 결과이기도 했다.

아메리카 식민지가 건설되던 17세기 초에 영국을 비롯한 유럽은 사영私營 기업에 인허장 혹은 특허장을 줌으로써 해외 식민지 개척을 도모했다. 식민지 개척이라는 모험은 손해의 위험을 동반했지만, 결과적으로 사기업에 막대한 이윤을 가져왔다. 기업은 특허장에 근거하여 식민지에 상당히 자치적인 지배 구조를 지닌 조직을 발전시킴으로써 식민지인의 자율성을 보장해주고 최대의 이윤을 확보하고자 했다.

1600년 12월에 인허장을 받은 영국의 동인도회사가 대표적이었다. 동인도회사는 엘리자베스 1세가 수여한 인허장에 근거하여 "하나의 정치체이자 법인체"를 구성했다. 이에 따라 동인도회사는 총독, 부총독, 24명의 위원회 혹은 평의회를 구성했으며, 이들과 더불어 자유민(자유로운 신분의 주민 혹은 회사의 주주)이 함께하는 총회를 구성했다. 초대 총독은 인허장에 명시되었으나, 후대의 총독과 다른 관리는 총회에서 선출되었다. 총독 혹은 그의 부재시 부총독이 주재하는 총회는 식민지의 "선량한 통치를 위하여 영국의 법률에 합치되는 모든 합리적인 법률, 규약 등을 다수의 의견에 따라 제정할 수" 있는 권한을 가지고 있었다. 또한 총회는 제정된 법령을 공정하게 집행하며 "법률 위반자를 벌금과 투옥으로 처벌할 수" 있는 권한도 가지고 있었다.[2] 요컨대 영국의 동인도회사는 인허장에 근거하여 국가의 간섭에서 벗어난, 상당히 민주적인 자치권을 보유한 조직이었다. 이러한 식민지의 지배 구조는 영국의 정치 구조보다는 중세의 길드 조직을 모방한 것이었다.[3]

영국의 동인도회사는 아시아 무역에 한정된 권한만 가졌기 때문에 아메리카를 식민 경영하기 위해서는 영구적인 정착촌을 건설할 필요가 있었다. 그런데 아메리카 식민지의 인허장은 동인도회사의 인허장을 모델로 삼은 것이었고, 이로 인해 아메리카 식민지에도 자치의 전통이 깃들 수 있는 토대가 마련되었다. 또한 식민지인은 비록 아메리카에서 거주할지라도 영국에서 출생하여 거주하는 것과 동일한 자유와 권리를 누릴 수 있었다. 더욱이 영국의 중상주의적 지배와 통제가 '유익한 태만' 정책으로 흐르면서 아메리카 식민지의 자치 전통은 더욱 고양되었다.

인허장이 미국의 성문헌법으로 발전하는 데는 여러 경로가 있었다. 비록 인허장이 성문헌법의 필수 요소인 통치 구조나 권력 분배 등의 조항을 포함하고 있다 해도, 한 무역회사의 특허장 혹은 인허장은 개념상 국왕이 하사한 것이며 언제라도 취소될 수 있었다. 대표적으로, 제임스 1세는 1606년에 동인도회사의 인허장에 기록된 민주적 특징을 삭제해버렸다. 또한 1624년에는 버지니아가, 1684년에는 매사추세츠가 기업(자치)식민지corporate colony에서 왕령식민지royal colony로 바뀌었다.

또한 아메리카의 13개 식민지는 모두 일정한 시점에 건설된 것이 아니다. 1607년에 버지니아가 건설되었고, 1733년에 조지아가 건설되었다. 미국 독립 이전에 13개 식민지가 존재했다 하더라도, 1607년 이후 아메리카에 항상 13개의 식민지가 있었던 것은 아니다. 작은 식민지들이 성장하면서 보다 큰 식민지로 통합되기도 했으며, 때로는 분리되기도 했다. 예를 들어 뉴저지는 1674년에 이스트저지와 웨스트저지

1607년의 버지니아

최초의 북아메리카 영구 정착촌인 제임스타운이 1607년 버지니아 식민지에 건설되었
다. 현재 노스캐롤라이나의 로어노크 섬 등에 건설된 이전의 영국 식민지는 기근 등으
로 실패했다. 그러나 버지니아는 강력한 식민 정책의 시행과 담배 재배 정책으로 경제
적 자립을 확보함으로써 성공적으로 살아남았다.

로 분리되었다가, 1702년에 다시 하나로 통합되었다. 그리고 13개의 식민지가 건설된 이후 식민지들이 정치적 통일을 이루면서 지속적으로 존재했던 것도 아니다. 즉 1685년에 제임스 2세의 칙령에 따라 메인, 뉴햄프셔, 매사추세츠 만灣, 플리머스, 로드아일랜드, 코네티컷, 뉴욕, 이스트저지, 웨스트저지의 아홉 식민지가 뉴잉글랜드 자치령 Dominion of New England이라는 하나의 식민지로 통합되었는데, 1689년 명예혁명 이후 다시 아홉 개의 식민지로 해체되었다. 그러나 플리머스 식민지는 1691년 매사추세츠 만 식민지에 통합되었다.

한 국가의 성문헌법이 발전해 나가는 동안 아메리카 식민지는 여러 가지 우여곡절과 변화를 경험했다. 인허장은 지속적이며 영구적인 성문헌법으로 자리 잡아갔고, 종교적 성격의 서약covenant이 세속적 성격의 사회계약으로 발전했다. 또한 국왕의 자리에 자연과 국민(인민)이 놓이게 됨으로써 권리와 권력의 원천에 대한 관념이 뒤집히는 과정을 겪었다. 그리고 이해관계가 상충되는 13개의 식민지를 같은 역사적 경험을 통해 하나의 공동 운명체로 묶어내는 기나긴 과정도 겪었다.

이 장에서는 식민지에서 헌정주의가 발전해 나가는 과정을 정치적 맥락에서 살펴볼 것이다. 어떻게 인허장이 개인의 권리를 천명하고 보호하는 문서로 발전하게 되었으며, 헌법의 개념이 일반 법률보다 우월한 법으로 자리를 잡게 되었는지, 또한 분열된 식민지를 하나의 공동 운명체로 통합할 수 있었던 역사적 추동력은 무엇이었으며, 공동 운명체를 실현하기 위한 다양한 역사적 기획은 무엇이었는지 살펴보게 될 것이다.

인허장과
식민지 헌정주의

인허장은 아메리카 식민지 건설의 법적 근거를 제공하고 식민지 사회
에 기본적인 정치 질서를 부여했다. 최초의 영구 정착촌인 버지니아의
제임스타운이나 분리파 청교도인 필그림Pilgrims이 건설한 플리머스 식
민지 그리고 보스턴의 매사추세츠 만 식민지 등 북아메리카의 식민지
는 인허장에 의거하여 건설되었다. 물론 엄격한 의미에서 볼 때 인허
장은 아메리카에서 작성된 것이 아니므로 미국 역사상 최초의 성문헌
법은 아니있다. 그린데도 인허장은 후에 성문헌법으로시 긱 '국가'의
헌법과 미국헌법에 기본적인 원천을 제공했다는 점에서 매우 중요한
역사적 의의를 갖는다.

16세기에서 17세기 초, 북아메리카의 식민지 건설과 경영의 주체는
무역회사거나 법인이었다. 이들은 일종의 주식회사joint-stock company 형
태로 설립되었는데, 주주가 식민지의 건설과 경영을 위한 자금을 제공
했고, 여기서 얻은 이익금을 투자 비율에 따라 주주에게 분배했다. 예
를 들어 필그림의 경우 주식투자는 정착 비용을 충당하고 식민지 건설
과 발전에 따라 필요한 비용을 부담하기 위한 것이었다.[4] 일반적으로
주식회사는 자금을 투자하는 런던 상인으로 구성되는 "투기자adven-
turers"와 아메리카 식민지로 이주하는 13세 이상의 "개척이민자planters"
의 협약으로 이루어졌다. 개척이민자는 1주(10파운드)로 평가되었는데,

만약 어떤 개척이민자가 10파운드를 주식에 투자하였다면 배당에서 그는 20파운드의 주식을 보유하는 것으로 간주되었다. 필그림의 식민지 건설과 경영에 대한 주식투자는 7년간 지속되었다. 필그림은 7년간 개별 이익을 챙기지 않고 무역, 노동 등 각종 경제활동으로 얻은 이익을 공동의 재산으로 관리했다. 7년 후에 필그림은 런던의 투기자와 더불어 이익을 배분했다.

그러나 영국의 동인도회사처럼 무역회사의 자율성이 항상 보장되었던 것은 아니다. 제임스 1세가 아메리카의 식민 가능성을 타진하기 위해 사기업에 특허권을 내준 것은 1606년이었다. 왕권신수설王權神授說을 주장하며 절대주의 왕권을 강화하려고 노력하던 제임스 1세는 식민지 경영을 위한 인허장 문제에서도 전횡적인 조치를 취했다. 그는 기존 인허장에 있는 민주적인 성격의 내용을 삭제하고 식민지 경영에 대한 완전한 지배권을 장악하고자 했다.

제임스 1세는 북아메리카를 둘로 나누었다. 북부는 플리머스 회사가 식민지를 경영하게 하고, 남부는 런던 회사가 맡게 했다.[5] 각 식민지는 해당 식민지에 있지만 영국 국왕이 임면하는 평의회에 의해 통치되었다. 또한 식민지의 평의회는 영국에 있는 상위 평의회의 지배를 받으며, 그 평의회는 국왕이 임명하고 국왕의 명령에 따라 운영되었다. 제임스 1세는 이처럼 이중의 평의회를 통해 식민지를 직접 지배하고자 했다.

그럼에도 주목할 점은 1606년의 인허장이 시민권에 대한 식민지인의 정당한 요구를 인정했다는 것이다. 이 인허장에 따르면, 식민지 혹은 플랜테이션에 거주하는 모든 영국 신민과 그 자손은 영국의 식민지 경계 안에서 "우리 영국 국토에서 태어나고 삶을 영위하는 것과 마찬가지로, 모든 의도와 목적과 관련하여 우리의 여타 통치 지역 안에서 모든 자유, 참정권 그리고 면책권을 향유하며, 또 향유하여야 한다."[6] 이 인허장과 그 후 동일한 내용을 반복했던 여타 인허장에 근거하여 식민지인은 미국혁명 시기에 영국인으로서의 권리를 주장할 수 있게 되었다.

민주적 내용을 없애버린 1606년의 인허장과 달리, 이후의 인허장(1609, 1612)에서는 민주적 특징이 되살아났다. 새로운 인허장에 따라 최고행정관 혹은 최고경영자는 24명으로 구성되는 평의회와 함께 식민지의 행정권과 사법권을 장악했다. 또한 총회는 연 4회에 걸쳐 회의를 개최하고 식민지의 "이익과 복지"를 위해 영국의 법률에 어긋나지 않는 범위 내에서 법률을 제정할 수 있으며, 하위 법원이 담당할 수 없는 사건을 처리하게 되었다. 또한 총회는 "신중한 인물을 선출하여 결정하고" 이들에게 식민지 통치를 맡길 수 있었다. 최고행정관과 평의회에는 행정권뿐 아니라 특정의 사법권도 부여되었다. 그리고 마지막으로 인허장은 회사에 부여한 상업권을 열거하고 식민지 주민에게 영국인으로서의 모든 자유와 선거권을 부여한다는 사실을 확인해주었다.[7] 이러한 변화는 제임스 1세의 전횡에 항거했던 '시민혁명'의 결과였으며, 오래전부터 인허장을 통해 회사가 향유해왔던 자치권을 회복한 것이었다.

이 같은 인허장을 근거로 런던 회사는 민주적인 조직과 구조를 갖는 시민정체로 운영되었다. 그 결과 1619년 런던 회사는 버지니아 식민지의 제임스타운에 미국 역사상 최초로 대의기관인 하원을 설치했다.

각 플랜테이션에서는 모든 자유민이 선거로 두 명의 대표를 선출하여 하원에 보낼 수 있었다. 그리고 버지니아의 이와 같은 민주적 제도는 1621년 런던 회사의 조례에 따라 문서로 재가裁可되었다.

　이 조례가 "미국 식민지에 수여된 최초의 성문헌법"이었다.[8] 인허장은 영국 국왕이 영국에 있는 런던 회사에 수여한 것으로, 조례는 비록 영국에서 작성되어 무역회사에 수여된 것이지만, 그 수여 대상이 아메리카 식민지인이라는 점에서 1621년의 런던 회사 조례는 미국 헌정사에서 매우 중요한 의미를 갖는다.

　1621년의 조례를 통해 버지니아 식민지의 통치 구조와 방식, 권력의 배분, 의회의 구성과 권력 등이 확인되었다. 버지니아 식민지 내의 모든 정치권력은 총독과 평의회에 부여되었으며, 평의회 의원은 런던 회사에 의해 임명되었다. 하원은 각 플랜테이션에서 선출된 두 명의 대표로 구성되며, 총독 및 평의회와 함께 식민지의 일반의회 혹은 총회general assembly를 구성했다. 이 같은 권력 구조는 런던 회사의 권력 구조를 그대로 모방한 것이었다. 일반의회는 식민지의 공공복리에 대하여 자문할 수 있고, 식민지의 법률을 제정할 수 있는 권력을 가지고 있었다. 총독은 일반의회가 제정한 법률을 통제할 수 있는 거부권을 가졌는데, 이는 런던 회사의 이익을 충실히 보호하고 반영하기 위한 견제 장치였다. 또한 런던 회사의 이익을 확보하기 위해 일반의회가 제정한 모든 식민지 법률은 반드시 영국에 있는 런던 회사의 비준을 받아야 했다. 만약 런던 회사의 비준을 받지 못하면 그 법률은 효력을 발휘할 수 없었다. 한편 총독과 평의회는 연 4회의 회기를 갖는 법원으로 운영되기도 했다. 영국 코먼로의 효력은 버지니아 식민지에서도

인정되었으며, 배심재판에 대한 권리 또한 인정되었다. 요컨대 1621
년의 조례에서는 대의정부, 초기 형태의 양원제와 권력분립 등이 구현
된 권력 구조를 발견할 수 있다.

이렇게 민주적 제도가 시행됐는데도 1621년의 버지니아 인허장은
철회되고, 런던 회사는 해체되었으며, 버지니아는 왕령식민지로 귀속
되었다. 런던 회사 대신 영국 국왕이 총독을 임명하고 버지니아 식민
지에 대한 일반적인 감독권을 포함한 최종 권력을 장악했다. 그러나
런던 회사가 해체되었어도 식민지의 일반적인 권력 구조는 실제로 큰
변화 없이 존속되었다.

남부의 다른 식민지가 영주식민지proprietary colony인 경우에도 버지
니아는 이들 식민지의 권력 구조의 모델이 되었다. 예를 들어 메릴랜
드 식민지의 경우 인허장은 무역회사가 아니라 개인, 즉 볼티모어 경
Lord Baltimore이 가지고 있었다. 그는 메릴랜드 식민지의 영주로서 모든
식민지의 법률을 제정할 수 있는 절대적인 권력을 가졌으며, 또한 식
민지 관리를 임면하고 필요한 모든 법원을 구성할 수 있는 막대한 권
력을 지녔다. 그러나 1637년 볼티모어 경은 버지니아 식민지의 권력
구조를 모델로 삼아 메릴랜드의 권력 구조를 만들기 위한 조례를 제정
했다. 2년 후 메릴랜드 의회가 제정한 헌법적 법률에 의해 보다 정교
한 정부 조직이 마련되고 권력이 분배되었다.

한편 뉴잉글랜드는 버지니아와는 다른 경로를 밟았다. 버지니아 식
민지의 경우 런던 회사가 인허장을 받아 식민지를 건설했고, 식민지가
민주적 통치 구조를 마련하여 런던 회사로부터 재가를 받아 시행했다.
런던 회사의 인허장에 있는 통치 구조는 회사만을 위한 것이었고, 식

민지는 거의 동일한 통치 구조의 문서를 별도로 제정했다. 이와 달리 매사추세츠 만 식민지의 경우 회사가 대서양을 건너와 식민지를 건설했다. 회사의 인허장에 나타난 회사의 통치 구조가 곧 식민지의 통치 구조가 되었다. 또한 회사의 모든 주주, 투기자가 곧 식민지의 주민, 곧 개척이민자가 되었다. 그러나 버지니아의 경우 투기자는 개척이민자가 아니었다.

앞에서 언급한 1606년 인허장에 의해 뉴잉글랜드 역시 버지니아와 같은 처지에 놓였다. 그러나 뉴잉글랜드의 상황은 두 번째 인허장, 즉 1620년의 인허장 때문에 달라졌다. 버지니아보다 늦게 상황이 변한 것이다. 1620년에 이르러 '뉴잉글랜드 플리머스 평의회Plymouth Council for New England'라고 알려진 플리머스 회사는 런던 회사가 누렸던 것보다 확대된 권한을 인정해준 인허장을 받았다.[9] 그러나 런던 회사와 달리 플리머스 회사는 직접 식민지 개척에 힘쓰기보다는 식민지 개척을 원하는 집단을 지원함으로써 식민 경영의 이익을 확보하려고 했다.[10] 말하자면 플리머스는 전허轉許, sub-grant를 통해 식민지를 건설한 것이다.

1628년에 매사추세츠 만 회사는 영국 국왕의 인허장을 받았다. 이 인허장은 뉴잉글랜드의 세 번째 인허장으로, 1612년의 버지니아 인허장과 사실상 동일한 지배 구조를 가진 것이었다. 총독과 부총독 그리고 18명의 보조자assistants로 구성되는 평의회가 통치하는 구조인데, 이들은 회사의 자유민이 선출했다. 회사의 자유민이 선출한 대표자인 민의원과 세 기관으로 구성되는 총회General Court는 매년 네 차례 소집되는데, 영국의 법률에 위배되지 않는 한 법률제정권을 가지며 자유민 행정관리를 선출할 수 있었다.[11] 따라서 존 윈스럽John Winthrop이 실현

한 "기독교적 공화주의godly republicanism"에 의해 매사추세츠 만 식민지
는 찰스 1세의 제국에서 "자유민들이 자신들의 삶에 직접적으로 영향
력을 행사하는 관리들에 대한 최종적인 통제권을 갖는 유일한 정치
체"가 되었다.[12] 그렇지만 구조적으로는 런던 회사든 매사추세츠 만 회
사든 간에 인허장은 동일했으므로, 북아메리카에는 남부나 북부에 상
관없이 동일한 형태의 통치 구조가 자리 잡게 되었다.

그러나 버지니아와 달리 매사추세츠에서는 1636년 이후 민의원들
이 평의회에서 자신들의 목소리를 표출하기 시작했다. 평의회와 민의
원은 오랜 갈등을 겪은 후 1644년에 이르러 양원제를 발전시켰다. 또
한 총회는 사법 기능을 상실하고 총독과 평의회가 사법권을 장악했
다. 그러나 1691년에 이르러 1628년의 인허장이 취소되고 매사추세츠
식민지를 왕령 식민지로 편입하는 인허장으로 대체되었다. 이로써 총
독은 영국 국왕의 임면권 아래 들어갔고, 입법 기능과 행정 기능이 분
리되었다.

코네티컷 식민지는 매사추세츠 식민지에서 나온 자유민이 건설했
기 때문에 매사추세츠 식민지 관할로 간주되었고, 매사추세츠 총회에
서 임명한 감독관이 코네티컷에 파견되어 행정권과 사법권을 가지고
통치했다. 필요한 경우 감독관은 코네티컷 주민을 모아 총회를 개최하
기도 했다. 그러나 첫해가 지나면서 감독관이 파견되지 않는 등의 이
유로 코네티컷은 자율적으로 총회를 개최했다.

1639년 코네티컷은 '근본규칙Fundamental Orders of Connecticut'을 제정
하고 통치 구조를 갖췄다. 비록 매사추세츠를 떠나오긴 했어도 매사추
세츠의 통치 구조와 유사한 형태로 근본규칙을 마련했다. 또한 총독,

행정관평의회, 총회를 구성하고 매사추세츠의 권력 기능도 그대로 담았다.[13] 특히 행정관을 선출할 때는 서면으로 '비밀' 투표를 하여 아메리카에서 절차적 민주주의의 태동을 보여주기도 했다. 근본규칙은 정부에 권한을 부여하기도 했지만, 그 권한의 한계를 정함으로써 개인의 자유를 보호하고자 하는 노력을 보여주었다. 그리고 근본규칙은 비록 국가는 아니지만 영국이나 무역회사의 간섭 없이 자율적이고 독립적으로 자신이 속한 사회의 통치 구조를 담은 최초의 성문헌법이었다.

1662년에 코네티컷은 찰스 2세에게 청원하여 인허장을 받게 됨으로써 독립된 식민지의 위상을 갖게 되었다.[14] 이 인허장으로 1639년의 근본규칙은 폐지되었다. 그러나 인허장은 코네티컷에서 작성되었으며, 매사추세츠 식민지 총독인 존 윈스럽이 직접 이 인허장을 지참하고 영국을 방문하여 왕의 허락을 받아냈다. 인허장은 상당 부분 근본규칙의 내용을 반영하였으며, 코네티컷 주민 역시 인허장을 근본규칙의 연장으로 간주했다. 이로써 코네티컷도 기업식민지로서 매사추세츠 만 회사와 유사한 권력과 특권을 향유하게 되었다. 그러나 매사추세츠 만 회사는 런던에서 인허장을 받아 창립된 반면, 코네티컷은 아메리카에서 창립되었다는 점에서 달랐다. 그리고 1662년의 인허장으로 뉴헤이번 식민지New Haven colony가 코네티컷 식민지에 합병되었다. 코네티컷과 마찬가지로, 로드아일랜드 식민지도 1663년의 인허장에서 매사추세츠의 모델을 따랐다. 통치기구는 총독, 부총독, 보조자평의회로 구성되었고, 총회가 설치되었다.

중부는 남부나 북부와 약간 다른 길을 걸었지만 결국 유사한 통치 구조를 만들었다. 메릴랜드 식민지처럼 중부의 식민지는 인허장이 집

단이나 회사가 아닌 개인에게 수여되는 영주식민지였기 때문이다. 펜
실베이니아는 중부 식민지의 대표적인 경우다. 찰스 2세가 수여한 식
민지에 윌리엄 펜William Penn은 자신의 "신성한 실험holy experiment"을 시
도하고자 했다. 그가 고안한 통치 구조는 해링턴의 《오세아나》에서 깊
은 영향을 받았다. 총독 그리고 선출 순환에 따라 구성되는 평의회는
모든 법을 제정할 수 있는 권한을 가졌다. 1681년의 인허장에 따라 영
주인 펜은 펜실베이니아에 대한 완전한 입법권을 부여받았다.[15] 다음
해인 1682년에 퀘이커 교도였던 펜은 '펜실베이니아의 정부 형태
Frame of Government of Pennsylvania'를 작성함으로써 펜실베이니아에 종교
적 관용과 양심의 절대적 자유를 허용하고 사형死刑을 극히 제한하는
등 급진적인 생각을 실천하고자 했다. 또한 총독과 의회의 8분의 7이
승인하면 '정부 형태'를 수정할 수 있게 하였는데, 이는 헌법 수정 절
차를 규정한 최초의 성문헌법이었다.

　그러나 펜의 '정부 형태'는 영국 의회가 승인을 거부하여 얼마 못
가 그 효력을 상실했다. 수정 후 다시 작성하여 제출한 펜의 '정부 형
태'는 1693년에야 인준되었다. 1693년의 '정부 형태'에서는 총독의 권
력이 상당히 위축되었다. 평의회의 의견 없이는 총독이 공식 행위를
할 수 없을 정도였다. 3년 후인 1696년에 세 번째 '정부 형태'가 작성
되었다. 이 '정부 형태'는 의회에 보다 많은 권력을 넘기는 구조로 변
경되었으며, 입법을 하려면 평의회와 의회의 동의가 필요해졌다.

　그러나 오랜 투쟁 끝에 1701년의 인허장으로 인해 식민지 의회는
입법권을 장악했다. 1701년의 '펜실베이니아 특권헌장 혹은 자유헌장
Pennsylvania Charter of Privileges or Charter of Liberties'은 펜이 직접 작성한 것으

로, 미국혁명 시기까지 존속했다. 이 특권헌장으로 의회는 상정된 안건만을 해결하는 기관에서 벗어나 단원제 입법부를 구성하게 되었다. 반면 평의회는 영주가 임명하는 총독에게 자문만 하는 기관으로 전락했다.

1662년 5월에 네덜란드 서인도회사는 뉴네덜란드에서 뉴암스테르담, 후일 뉴욕 시를 발견했다. 그리고 1664년 영국은 네덜란드로부터 뉴네덜란드를 탈취하여 뉴욕 공작에게 하사했다. 이듬해 뉴욕에서 분리되어 뉴저지 식민지가 건설되었다. 1873년에 잠시 네덜란드가 재탈환했으나, 곧바로 이듬해에 다시 영국으로 넘어갔다. 뉴욕에서 영주는 모든 입법권을 가졌으며, 총독으로 하여금 의회를 소집하여 식민지 경영에 필요한 법률을 제정할 수 있게 했다. 그리고 뉴욕의 초대 영국 총독인 리처드 니컬스Richard Nicolls는 네덜란드의 관용 정책을 계승하여 뉴욕에 거주하는 다양한 종교적, 문화적 배경을 가진 이민자를 포용했다. 1684년 뉴욕 주민의 요구에 부응하여 소집된 뉴욕 의회는 헌법적 법률을 제정했다. 뉴욕 의회는 "자유헌장Charter of Liberties"이라는 이름으로 뉴잉글랜드에 널리 퍼진 구조를 채택했으며, 총독과 영주뿐 아니라 영국 국왕도 이를 승인했다.

식민지의 통치 구조는 영국 동인도회사의 인허장에 제시된 것과 같이, 식민 경영을 위한 무역회사의 구조를 모방한 것으로 성문헌법에서 구체화되었다. 따라서 통치 구조는 식민지 정착 이전에 이미 전개되었거나 정착 후에 곧바로 시행되었으며, 식민지 주민의 의지가 반영된 것은 아니었다. 그러나 코네티컷에서는 주민들이 자발적이며 독립적으로 자신들이 원하는 형태의 통치 구조를 인허장에 구현했고, 뉴욕에서는 식민지 주민이 통치 구조에 대해 총독에게 요구하기도 했다. 그러나 어떤 경우에도 주민이 주권적 권위를 요구하지는 않았으며, 영국의 궁극적 권위를 무시하지도 않았다. 그것은 식민 개척과 경영의 주체였던 무역회사가 주권적 존재가 아니었기 때문이기도 했다. 그러나 식민지 사회의 통치 구조를 인허장 혹은 헌법적 법률을 통해 성문화했다는 점은 성문헌법으로서의 미국헌법을 예고하는 것이었다.

1720년대 말에 이르면 북아메리카의 식민지들은 대체로 유사한 권력 구조를 가지면서 발전했다.[16] 북아메리카의 영국 식민지에는 왕령식민지, 영주식민지, 기업식민지의 세 가지 유형이 있었지만, 모든 식민지에는 총독, 평의회 그리고 자유민이 선출한 대표로 구성된 총회 혹은 의회가 있었다. 뉴햄프셔, 매사추세츠, 뉴욕, 뉴저지, 버지니아, 노스캐롤라이나, 사우스캐롤라이나와 같은 왕령식민지에서는 영국 국왕이 총독을 임명하고 총독은 평의회 의원을 임명했다. 하지만 매사추세츠 만은 자유민이 총독의 동의로 평의회 의원을 선출했다는 점에서 예외적이었다. 반면에 펜실베이니아와 메릴랜드와 같은 영주식민지에서는 영주가 영국 국왕의 승인을 받아 총독과 평의회 의원을 임명했다. 그러나 로드아일랜드와 코네티컷과 같은 기업식민지에서는 식민지 자유민이 평의회뿐 아니라 총독도 선출했다. 그러나 총독 선출은 식민지의 배타적 권한이 아니었다. 만약 영국 국왕이 거부권을 행사한다면 총독 선출은 무효가 되었다. 후에 미국혁명 과정에서 로드아일랜드는 인허장에서 총독선출거부권 등의 영국 국왕의 권력을 삭제함으로써 배타적인 주권을 확고히 했다.

이러한 식민지의 권력 구조는 중세 길드 조직의 기본적인 형태를 이어받은 것이기도 했지만, 영국의 조직 구조를 모방한 것이기도 했다. 총독은 식민지에서 국왕을 표상했다. 따라서 총독은 적어도 이론적으로는 영국 국왕처럼 막강한 권력을 보유했다. 총독을 보좌하는 평의회는 영국의 추밀원과 상원의 절충 기구로 행정, 입법, 사법 기능을 모두 가지고 있었다.[17] 평의회는 시간이 흐르면서 입법과 사법 같은 실질적인 권력보다는 총독의 자문 기능을 담당하는 기관으로 변모해갔다. 총회는 영국의 하원과 같은 성격으로, 모든 식민지에서 식민지 주민을 대표하는 기관으로 출발해 성장을 거듭했다. 모든 지역에서 총회는 입법과 재정을 관리하는 핵심 기관으로 자리를 잡아갔다. 북아메리카 식민지들은 대개 이처럼 양원제 형태를 갖추었는데, 펜실베이니아는 1702년 인허장에 따라 단원제 구조의 의회를 가지고 있었다.

여기서 특별히 지적해야 할 사항은 식민지에서 총회를 구성하는 방식, 즉 대표를 선출하는 방식이다. 영국에서는 가상적 대표 방식으로 대표를 선출했던 것과 달리, 아메리카 식민지에서는 총회를 구성할 때 실질적 대표 방식으로 대표를 선출했다. 이미 1619년 버지니아 식민지에서 민의원을 구성할 때 지역별로 두 명을 선출하여 대표로 파견했다. 매사추세츠도 이와 다르지 않았다. 이러한 대표 선출 방식은 아메리카 식민지의 자치 전통을 발전시키는 데 크게 기여했으며, 후에 영국 의회의 과세 결정에 분노하여 미국혁명을 초래하게 된 헌정적 근거가 되기도 했다.

서약의 세속화와
사회계약

북아메리카 식민지 사회를 건설하는 데 기본적인 토대와 틀을 제공한 것은 무엇보다도 인허장이었다. 인허장을 통해 유럽인은 국왕의 자비와 허락을 받고 북아메리카로 이주할 수 있었고, 식민지의 보다 민주적인 통치 구조 속에서 새로운 삶을 개척할 수 있었다. 그러나 뉴잉글랜드는 달랐다. 뉴잉글랜드에서는 그것만으론 부족했다. 인허장은 왕과 신민, 총독과 식민지 주민, 평의회와 의회(총회)라는 수직적 관계를 규정함으로써 식민 사회를 구성하였지만, 사회 구조와 권력 배분에 관해 동등한 개인 간의 협약도 필요했다. 그것은 정치적 선언 행위이기도 했지만, 무엇보다도 종교적 축복의 행위였다.

1620년 11월 11일, 런던 회사에서 특허장을 받은 필그림은 아메리카에 발을 내딛기 직전 메이플라워호에서 신성한 서약을 했다. 필그림은 런던 회사로부터 특허장을 구입했고, 허드슨 강 입구에 식민 도시를 건설할 계획이었다. 그러나 필그림이 막상 정착한 플리머스는 런던 회사의 관할 지역이 아니라 플리머스 회사의 식민 대상 지역이었다. 결국 1621년에 플리머스 식민지는 플리머스 회사로부터 인허장을 구입함으로써 식민지에 대한 법적 문제를 해결했다.[18]

그러나 필그림이 도착한 플리머스는 런던 회사의 허락을 받은 지역이 아니었으므로, 식민지에 첫발을 내딛기 전에 식민지 주민이 될 사람들 사이에는 식민지의 통치 구조에 대한 협의와 양해가 필요했다. 만약 필그림이 런던 회사의 특허장에 기록된 지정 거주 지역에 도착했다면, 그 특허장에 따라 통치 구조를 마련하여 간단히 해결될 일이었다. 그러나 그들이 도착한 지역은 특허장에 지정된 지역이 아니었으므로 배에서 내리기 전에 그 지역을 어떻게 경영하고, 통치 구조를 어떻게 만들 것인지를 먼저 해결해야만 했다. 그 결과가 '메이플라워 서약Mayflower Compact'이었다. 이 서약은 필그림(청교도)이 자신들, 즉 "성도들saints"과 청교도가 아닌 사람, 즉 기독교인을 포함한 "이방인strangers" 간에 체결한 서약이었다.[19] 좀 길지만, 그 서약을 인용해보자.

> 하느님의 이름으로, 아멘. 아래에 이름을 서명한 우리, 곧 하느님의 은총을 받아 대영국과 프랑스와 아일랜드의 경외하는 주권자이신 국왕이자 신앙의 옹호자인 제임스의 충성스러운 신하들은 하느님의 영광과 기독교 신앙의 증진 그리고 우리 국왕과 조국의 명예를 위해 버지니아 북부 지방에서 최초의 식민지를 건립하려고 항해를 시도했으나, 본 증서를 통해 우리의 좀 더 바람직한 질서 수립과 보존 그리고 전술된 목적을 촉진하기 위해 하느님과 서로의 면전에서 엄숙히 서약covenant을 체결하고 시민적 정체政體로 결속한다. 이에 기초하여 식민지의 일반적 복지를 위해 가장 적합하고 적절하다고 생각되는 정의롭고 공평한 법률과 법령과 결정, 관직을 수시로 제정하고 구성하며 조직하기로 한다. 이것을 입증하기 위해 우리는 우리의 최고 통치자 제임스 왕의 잉글랜드와 프랑스와 아일랜드 치세 18년

그리고 스코틀랜드 치세 54년, 주님 오신 후 1620년 11월 11일 케이프코드Cape Cod에서 우리 이름을 여기 서명했다.

이 서약의 마지막에 41명이 서명했다. '메이플라워 서약'을 인용하는 학자들은 흔히 '시민적 정체'를 강조하지만, 좀 더 전체적으로 살펴볼 필요가 있다.

이 문서에는 다섯 가지 중요한 요소가 담겨 있다. 첫째, 문서와 서약의 증인으로 그리고 문서의 내용을 보증하는 존재로서 '하느님'을 호명한다. 문서의 내용은 정치적이지만, 그 형식은 종교적이다. 문서는 "하느님의 이름으로" 기도하는 것과 같은 신앙의 보증을 갖는 것이다. 둘째, 이 서약의 주체에 대한 설명이다. 서약에 동참하는 집단으로 '우리'가 호명된다. "아래에 이름을 서넝한 우리"는 신의 은총 아래 서약의 준수를 맹세하는 서약의 주체다. 셋째, 이 서약이 필요한 이유, 즉 "좀 더 바람직한 질서 수립과 보존"을 설명한다. 넷째, 이 서약으로 성립된 시민 정체다. 다섯째, 이 서약을 통해 새로워진 '우리'에 대한 호명이다. 이 서약으로 '우리'는 하느님의 영광과 기독교 신앙의 증진, 영국 국왕과 조국의 명예를 위하고 또한 정의와 평등 그리고 공동체의 공동선을 위한 존재가 된다.

사실 '메이플라워 서약'의 형식은 이 서약에만 독특하게 나타나는 것이 아니다. 뉴잉글랜드와 중부의 대부분 지역, 그리고 남부의 산기슭 지역에 퍼져 있던 칼뱅주의자는 '메이플라워 서약'에 나타나는 것과 동일한 형식을 사용해 종교적 서약을 하곤 했다.[20] 예를 들어 1630년 7월 30일, 찰스타운-보스턴 교회에서도 그러했다.[21] 첫째, "예수 그리스도의 이름으로"라고 하여 예수를 호명한다. 둘째, 서약의 주체로 "아래에 이름을 서명한 우리"를 호명한다. 셋째, 이 서약이 필요한 이유, 즉 "주님께서 구원하시고 (우리를) 성스럽게 하시어 그에게로 이끄시는 우리 모두가 되게 하시기" 위한 목적을 밝힌다. 넷째, 서약은 '우리'를 "하나의 회중會衆 혹은 교회"로 새로이 만든다. 다섯째, 이 서약으로 새로운 존재로서의 우리, 즉 복음과 하느님의 명령을 따르며 서로 사랑과 존경을 하는 존재가 된다.

이와 같은 교회 서약은 사실 '메이플라워 서약'뿐만 아니라 다른 정치 서약에도 나타난다. 1636년 11월에 필그림은 당시의 법령뿐 아니라 정치 관행과 제도를 포함하는 《필그림 법령집Pilgrim Code of Law》을 만들었다. 이 법령집에는 더 이상 효력 없거나 중복되는 법령을 제외한 모든 법령을 모았다. 그리고 '메이플라워 서약'을 시작으로 칙허장과 법령을 하나의 전체 법령집으로 만들어 이를 서약하는 형식으로 구성했다. 이를 통해 필그림은 영국에서 작성된 인허장뿐 아니라 아메리카 식민지에서 작성된 다양한 법령을 편찬함으로써 자신들의 정당한 권리를 주장하고 독립적 권위를 찾고자 했다. 이 법령집의 목적은 과거와 미래의 연속선상에서 필그림 공동체를 하나의 공동체로 정의하고, 자신들의 존재를 확인하는 동시에 비전을 제시하는 것이었다.

《필그림 법령집》이 일반 정치 서약과 다른 점은 서약의 모든 요소를 가지고 있을 뿐 아니라, 정치제도의 정당성과 권력 분배 등에 관한 자세한 설명까지 포함한다는 것이다. 즉 《필그림 법령집》은 "최초의 근대적 헌법"인 동시에 "서약"이다.[22] 이 법령집에 나타나는 필그림의 서약은 자유로운 주민이 자신들의 자발적이며 독립적인 의사와 숙의熟議

를 통해 대의기관 창설에 동의하고, 이를 중심으로 정부를 조직하며, 신법에 따라 정당화되고 심판되는 권력 구조를 천명하는 것이다.

그러나 로드아일랜드 식민지의 '프로비던스 협정Providence Agreement (1637)'은 필그림의 서약처럼 그 형식을 엄격하게 따르지 않는다.[23] 눈에 띄는 변화는 서약의 증인으로서 "하느님의 이름"을 호명하지 않는다는 점이다. 즉 '프로비던스 협정'은 최초의 세속화된 서약이다. 이는 식민지 가운데 가장 먼저 종교적 관용을 인정해 다양한 종교 신자가 많았던 로드아일랜드가, 통치 구조의 서약에서도 식민지가 정치적으로 지원하는 특정 종교에서 탈피하려고 노력한 결과였다.

이 협정에서 두드러지게 나타나는 특징은 개인과 민주적 절차에 대한 존중이다. 로드아일랜드 사람들은 협정을 통해 공동체의 "공공선을 위하여 현 주민의 과반수 동의에 의해 정연하게 제정된" 모든 법률과 협약을 준수하겠다고 서약했다. '프로비던스 협정'에서는 이 서약에 서명한 사람들의 평등을 기초로 하여 다수결로 공공선을 위한 법률을 제정하고 준수하겠다고 서약한다. 이 협정은 협정의 주체인 프로비던스 주민을 단지 하나의 공동체로만 파악하지 않는다. 이 협정에서 개인은 집단에 매몰되지 않고 개별적으로 그 목소리를 낼 수 있는 주체로 파악된다.

이와 관련하여 또 다른 중요한 특징은 서약을 위한 권력의 원천을 신이나 왕이 아니라 공동체의 의지에서 찾는다는 점이다. 서약을 체결하고 이행할 수 있는 근원은 신이나 왕이 아니라 공동체와 그 구성원의 의지다. 따라서 프로비던스의 모든 법률과 협정에 대한 복종은 모든 형태의 복종, 즉 "적극적이며 소극적인 복종"까지도 포괄한다. 협정의 주체가 오로지 주민의 의지라는 점에서 '프로비던스 협정'은 "아메리카에서 최초로 주권재민의 원칙을 분명히 활용한 것"[24]이라고 할 수 있다.

서약의 세속화를 보여주는 또 하나의 특징은 '프로비던스 협정'이 정치와 종교의 분리를 분명하게 선언했다는 점이다. 이 협정은 주민들로 하여금 "오로지 시민적 사항에 관하여" 프로비던스의 법률에 복종할 것을 선언한다. 달리 말하면, 종교적 사항은 국가나 사회가 관여할 문제가 아니라는 것이다. 프로비던스를 건설한 로저 윌리엄스Roger Williams는 이렇게 강조했다. 정부는 주민이 위임한 권한 이상의 권한을 가질 수 없고, 위임한 기간 이상 오래 권한을 가질 수 없으며, 행정관은 주민의 "눈과 손 그리고 도구"일 뿐이라고 말이다.[25] 실제로 프로비던스 식민지는 아메리카에서 최초로, 그리고 313년 콘스탄티누스 대제 이후 처음으로 종교 분리의 원칙을 실천했다.

서약의 세속화를 보여주는 마지막 특징은 이 협정의 목적이 프로비던스의 '공공선'을 추구한다는 점이다. 이전의 서약은 비록 정치 서약이라 할지라도 성격상 종교 서약이기 때문에 적어도 부분적으로는 그 목적에 신의 영광과 신앙의 증진이 포함되었다. 그러나 '프로비던스 협정'에는 이러한 종교적 목적이 제외되고, 대신 공동체의 번영과 안위를 포함하는 공공선 혹은 공동선이 강조된다. 이 같은 목적의 변화는 프로비던스의 종교적 관용에서 기인한다. '프로비던스 협정'에서 공공선은 주민의 다수결로 정해지며, 법치의 추구로 이룰 수 있다고 여겨진다. 이 서약에서처럼 주민 개개인이 선하며, 공동체의 의지에 철저히 의존하는 자치정부를 추구하는 권력 구조를 가졌다고 가정할

때, 개인의 이익이나 소수 세력의 이익을 도모하는 것은 공공선에 도
달하기는커녕 정부의 부패를 조장하는 결과를 가져온다. 따라서 공공
선의 설정과 도달은 공동체에 헌신하는 주민의 다수결에 따를 수밖에
없다. 그리고 주민의 다수결은 단순히 다수의 의견이 아니라 사회의
합의를 조성하는 토대가 된다.

'프로비던스 협정'에 나타난 서약의 세속화는 "특히 강력한 종교적
헌신의 우연한 부수 효과"[26]가 아니었다. 그것은 종교개혁 이후 확산
되어온 개인주의적 경향의 결과였다. 종교에 대한 국가 혹은 정부의
간섭은 결국 신과 개인의 절대적 관계를 침해할 수 있고 개인의 종교
적 열정을 통제하는 결과를 가져올 것이라는 경험, 특히 보스턴에서
겪은 로저 윌리엄스의 경험이 크게 영향을 미친 결과였다. '프로비던
스 협정'에서 서약의 증인이자 보증인으로서 하느님의 이름이 호명되
지 않은 것은 우연이 아니라 의도적인 기획의 결과였다.

1641년에 이르면 보다 세속적인 서약이 출현한다. 당시에는 매사추
세츠 주에 속했지만 오늘날에는 메인 주에 속하는 피스케이터쿠아 강
Piscataqua River 유역에 사람들이 정착했다. 정착민 가운데 성직자가 없
었기 때문에 교회를 세울 수는 없었지만, 그들은 공동체의 질서와 통
치 구조를 분명히 하기 위해 문서로 서약을 했다.[27] 이 서약에는 '메이
플라워 서약'과 유사한 요소가 포함되어 있다. 단, 서약의 증인이자 보
증인으로서 "하느님의 이름으로" 혹은 "예수 그리스도의 이름으로"라
는 구절은 없다. 이들이 '메이플라워 서약'을 보았을 가능성은 매우 희
박하지만, 서약의 형식은 적어도 교회 서약을 통해 뉴잉글랜드 각 지
역에서 지속적으로 반복되었기 때문에 전혀 생소한 것은 아니었을 것

이다.

피스케이터쿠아 정착민은 "아래에 이름을 서명한 우리"로 서약의 주체를 호명한다. 서약의 목적은 "시민적 정부의 결핍"에 따른 "갖가지 해악과 불편"을 해결하고자 시민 정치체를 건설하려는 것이다. 이 서약에서 두드러지는 것은 신의 호명이 없을뿐더러 국왕의 존재 역시 거의 찾아볼 수 없다는 사실이다. 그들은 영국 국왕에게서 그 지역에 대한 인허장을 받은 것이 아니기 때문에 국왕의 존재는 정착과 통치의 궁극적 권위로 정의되지 않는다. 비록 영국 왕 찰스가 "우리의 주권자"로 묘사되고 정착민은 영국 법의 "은혜를 향유하며" 그 법에 복종할지라도, 그 법률이 영국 법에 위배되지 않는 한, 그리고 "우리 사회의 자유민 다수가 결정한" 법률로 인정된 경우에 한하여 그 법에 복종한다. 또한 정착민이 인정한 법률은 "국왕이 우리에 관하여 다른 명령을 내리기 전까지" 계속해서 유효함을 천명한다. '프로비던스 협정'처럼 '피스케이터쿠아 서약'에서도 다수결 원칙이 무엇보다도 중요시된다. 그것은 다수결 원칙이 공동체의 공동선을 정하고 달성하기 위한 방식으로 기능하기 때문이다.

그러나 '피스케이터쿠아 서약'이 세속적 성격을 띤다 해도 그것은 "의식적으로 의도한 최초의 세속적인 서약"[28]이라고 할 수 없다. 서약을 맺을 당시 공동체에 성직자가 없었다는 사실은 오히려 서약의 세속성을 반감시킨다. 만약 성직자가 있었다면 서약에 종교적 의미와 축복이 부여되었을지도 모른다는 추측이 더 설득력을 지니기 때문이다. 그에 비해 성직자가 있었는데도 '프로비던스 협정'에서 종교적 색채를 털어버렸다면 그것은 오히려 세속성을 드러내기 위한, 보다 정확하게 말하자면 종교 분리의 원칙을 천명하고자 하는 의식적인 의도가 있는 것이라고 할 수 있다.

서약은 신과 인간의 관계, 국가(식민지)와 교회의 관계 그리고 정부와 주민의 관계를 규정했다. 필그림을 포함한 청교도가 성서적 언어와 담론 구조를 통해 서약을 작성하고 서명했다는 것은 그리 놀라운 일이 아니다. 그러나 서약이 세속화되면서 신과 인간의 관계, 국가와 교회의 관계는 서약의 내용에서 사라졌다. 따라서 정부와 주민의 관계, 즉 주권재민의 이념이 더욱 구체적으로 드러나게 된 것은 세속화 과정의 자연스러운 결과였다.

물론 서약의 세속화는 일방적인 흐름은 아니었다. 뉴잉글랜드에서조차 식민지 경제가 발전하고 사회 계층 간의 차이가 심화되면서 긴장과 갈등도 커졌다. 특히 세대가 변화하면서 젊은 세대는 종교보다는 부의 축적이나 사회경제적 유동성과 기회에 더욱 관심을 기울였다. 기득권 세력과 종교 지도자는 젊은 세대를 위하여 '중도의 서약half-way covenant'을 창안하였고, 청교도 사회의 종교적 열정을 지키고자 노력했다.[29]

그러나 서약의 세속화 과정이 계속되면서 매사추세츠 식민지를 신정 체제로 옹호하려 했던 청교도 지도자조차 주권재민의 이념을 서서히 받아들이는 동시에 이를 확산시키게 되었다. 뉴잉글랜드의 주민은 온전한 권력을 가지고 자신들의 목사를 선택하였으나, 선택된 목사는 공동체의 주민이 아니라 하느님의 섭리와 부르심 속에서 자신의 정당성을 찾았다. 이와 마찬가지로 식민지의 관료 역시 주민이 선출했으나, 그들은 신으로부터 권력을 위임받은 것으로 자처했다. 뉴잉글랜드의 정치 구조는 "겉으론 귀족 정치였지만, 속으론 민주주의였다."[30]

뉴잉글랜드의 지도자들은 서서히 주권재민의 이념을 드러냈다. 존 코튼John Cotton은 매사추세츠 식민 사회를 민주주의 사회가 아니라 신정 체제라고 생각했지만, "모든 권력은 인민에게 있다"고 주장했다.[31] 1669년 존 데이번포트John Davenport도 인민에게서 정치권력의 원천을 찾았다. 심지어 그는 만약 정부가 주민의 조건부 신뢰를 저버린다면 주민이 주권을 되찾을 수 있다고 생각했다.[32]

미국혁명이 한창이던 1776년 1월, 매사추세츠 총회에서 주권재민의 이념이 가장 적절하게 표현되었다. "모든 정부에는 항상 어디엔가 최고의 주권적이며 절대적이고 통제할 수 없는 권력이 있다는 것이 격률이다. 그러나 이 권력은 항상 인민에게 있다. 이것은 한 사람 혹은 소수의 사람에게 결코 위임되지 않는다. 위대한 창조주는 사람에게 다른 사람을 지배하는 권위, 기간이나 정도가 정해지지 않은 무제한의 권위를 다른 사람에게 부여할 권리를 결코 주지 않았다"라고 선언했다. 그리고 왕이든 총독이든 평의회든 간에 "원래의 서약에 의해" 그들에게 위임된 권한을 남용하고 서약을 위반하면, "그들은 더 이상 신성한 문자에 의해 부여된 행정가로 간주되지 않고 공적公賊이 된다."[33]

이미 17세기 중반에 매사추세츠는 세속적 서약을 통해 강화된 주권재민의 이념에 입각하여 영국 의회의 권위를 무시하기도 했다. 1646년에 매사추세츠 총회는 '영국 밖에 거주하는 사람을 대상으로 영국 의회가 제정한 법률'에 자신들이 복종할 의무가 없다고 주장했다. 또한 1682년에 영국 의회가 무역에 세금을 부과하자, 매사추세츠의 하원은 영국 의회와 그 법률에 대하여 별다른 언급을 하지 않은 채 그와 유

사한 법률을 제정하기도 했다. 아메리카 식민지에서 제정된 서약으로
식민지와 모국의 관계는 이처럼 모호했던 것이다.[34]

한편 서약의 세속화 과정은 식민지 공동체의 구성원 자격을 변화시
키기도 했다. 모든 식민지가 비슷한 시기에 일괄적으로 변화한 것은
아니지만, 대체로 공동체 구성원의 자격은 교회 신도라는 신분에서 보
유 재산으로 변해갔다. 예를 들어 1691년에 매사추세츠에서는 참정권
의 자격 조건을 종교에서 재산으로 재조정했다.

로크나 몽테스키외 그리고 영국의 법학자 윌리엄 블랙스톤이 세상
에 나타나기 이전에 세속적 서약이 이루어졌다는 사실은 매우 중요하
다. 사회계약으로 나아가는 길을 미리 준비한 것이기 때문이다. 서약
의 증인이자 보증자로서 신의 존재는 사라졌지만, 서약의 포괄적인 형
식은 미국헌법이 제정될 때까지 존속했다. 또한 서약이 세속화되면서
통치 권위의 원천은 신이나 국왕이 아니라 공동체의 구성원이며, 그
목적은 공동체의 공공선(공동선)이라는 사실이 더욱 분명해졌다. 공동
체의 주민이 서약의 주체로 확고히 자리를 잡으면서 공공선을 정하고
그에 도달하는 방식 역시 최대한 주민의 목소리를 담는 방식, 즉 다수
결 방식으로 자리를 잡아갔다.

연합 체제와 연방주의의
식민지 기원

1643년에 뉴잉글랜드의 매사추세츠, 플리머스, 코네티컷, 뉴헤이번 식민지는 아메리칸인디언과의 전쟁으로 촉발된 위기의식 속에서 연합체를 구성했다. '뉴잉글랜드 식민지연합'이라고도 불린 '뉴잉글랜드 연합New England Confederation'은 1684년까지 존속하다가 매사추세츠의 인허장이 취소되면서 해체되었다. 41년간 뉴잉글랜드 연합은 공동의 적을 방어할 뿐만 아니라 도망 노예의 반송 등 공동의 목적과 이익에 매우 효과적으로 대처했다. 그야말로 뉴잉글랜드는 연방국가로서의 미국의 원형原型을 보여주었다.

그러나 식민지 간 연합의 역사는 1643년에서 더 거슬러 올라간다. 이미 1639년에 코네티컷은 '근본규칙'을 통해 타운 정부의 자율성을 보장하는 가운데 하트퍼드Hartford, 윈저Windsor 그리고 웨더즈필드Wethersfield 타운 간의 연합정부를 형성했다. 매사추세츠 만 식민지의 통치 방식에 불만을 품은 일단의 사람들이 코네티컷으로 이주하였으나, 토지 분쟁이 일어나자 이를 처리하기 위하여 매사추세츠는 '3월 위원회March Commission'를 조직했다. 3월 위원회는 스프링필드, 윈저, 하트퍼드, 웨더즈필드에서 각각 두 명씩 선출한 행정관으로 구성되었다. 이들은 1년간 협력하면서 코네티컷을 공동 지배했고, 토지 분쟁은 순조롭게 처리되었다. 그리고 타운은 자치 기구를 구성하여 매사추세츠의 간섭 없이 잘 지냈다.

1638년 4월에 스프링필드가 떨어져나가면서 식민 사회의 질서 유지를 위한 법률뿐 아니라 세 타운을 지속적으로 결속시킬 수 있는 연합의 원칙과 법률의 필요성이 제기되었다. 5월 29일에 수석 행정관 로저 러들로Roger Ludlow는 매사추세츠 만 식민지 총독인 존 윈스럽에게 "우리가 연합하여 함께 평화롭고 충실하게 삶을 영위하도록" 해달라고 요청하고 근본규칙의 초안을 마련했다. 그는 기존에 시행되어온 연합 원칙과 규정을 법전화했다. 청교도만을 위한 식민지라는 사실을 분명히 하는 동시에, 신神 외에 다른 권위의 원천을 상정하지 않음으로써 매사추세츠나 영국으로부터 독립성을 갖는다는 점을 분명히 했다. 또한 이전과 같이 총회에 모든 통치권을 부여하고 매년 2회의 집회를 갖는다는 것도 명시했다. 각 타운은 매년 2회에 걸쳐 두 명의 민의원 총네 명을 선출하여 코네티컷 자유민(재산 제한)이 선출한 총독과 민의원이 총회가 제정한 법률을 집행하도록 했다. 총회는 총독, 행정관, 민의원으로 구성되며, 권력분립 없이 단원제 의회로 운영되었다.

코네티컷은 후에 더 많은 타운을 연합에 편입했다. 1662년에는 해안을 따라 세이브룩Saybrook, 뉴런던New London, 페어필드Fairfield, 노워크Norwalk가 편입되었고, 곧 롱아일랜드의 이스트햄프턴East Hampton, 사우스햄프턴South Hampton이 편입되었다. 그리고 1643년에 뉴헤이번, 밀퍼드 등 여러 타운이 연합하여 구성한 뉴헤이번 (연합) 식민지가 1662년에 합류했다.[35]

1642년에는 '로드아일랜드 정부조직Organization of the Government of Rhode Island'이라는 서약을 기초하여 연합체가 조직되었다. 이 연합체

피쿼트 전쟁
1634년에서 1638년에 뉴잉글랜드 식민지와 피쿼트족 사이에 벌어진 전쟁. 코네티컷 강
계곡의 지배권을 둘러싸고 벌어진 전쟁으로, 이 기간 중에 매사추세츠 만 식민지, 플리
머스 식민지, 코네티컷 식민지, 뉴헤이번 식민지는 뉴잉글랜드 연합이라는 방위 체제를
구성했다.

는 프로비던스, 뉴포트New Port, 워릭Warwick, 포츠머스Portsmouth 혹은 포카셋Pocasset의 대표자가 모여 결성한 것으로, "아마도 미국 내 최초의 진정한 연합 체제"[36]라고 할 수 있을 것이다. 그러나 타운 혹은 플랜테이션 간의 연합체였으므로 그 법적 지위는 매우 불안했다. 1643년에 뉴잉글랜드 연합이 결성되었을 때, 연합체의 정체성과 결속력을 우려했던 로저 윌리엄스는 영국으로 건너가 인허장을 받기 위해 분투해야 했다. 1644년에 윌리엄스는 의회로부터 특허장을 받아 '프로비던스 플랜테이션'이라는 이름 아래 네 개 공동체의 연합을 공고히 할 수 있었다. 그러나 포츠머스와 뉴포트에 대한 토지 분쟁이 일어나고 영국에서 왕정복고(1660)가 이루어지면서 기존에 받은 인허장의 정당성 문제가 제기됐고, 로드아일랜드는 결국 두 번째 인허장을 획득하게 되었다. 1663년의 로드아일랜드 인허장으로 이 연합체는 연합 식민지가 되었고, 이 인허장은 미국혁명 기간 동안 약간의 수정을 거쳐 로드아일랜드의 헌법이 되었다.

이와 같이 자생적으로 발전한 타운 혹은 플랜테이션이 연합을 이루어 하나의 식민지로 성장하는 경우도 있었지만, 기존 식민지들이 공동의 적에 대항하여 안전을 도모하고자 하는 연합체도 발전하고 있었다. 그 대표적인 연합체가 1643년의 뉴잉글랜드 연합이었다. 뉴잉글랜드 남부 지역에 있던 아메리칸인디언 피쿼트족Pequot과의 전쟁(1637)에 자극받은 뉴잉글랜드 정착민은 인디언의 위협을 공동으로 방어해야 한다는 위기의식 속에 연합을 구성했다. 더구나 뉴잉글랜드는 내전에 시달리는 영국 정부로부터 아무런 도움도 기대할 수가 없었다. 네 개의 청교도 식민지로 구성된 이 연합체는 프랑스, 네덜란드, 아메리칸인디언의 위협을 공동으로 방어하고자 하는 것이 주된 목적이었지만, 이는 무역과 종교 그리고 지리적 경계로 인한 식민지 간의 갈등을 최소화하기 위한 것이기도 했다.

뉴잉글랜드 연합은 12개 조항으로 이루어진 협정을 체결했다. 이 협정으로 뉴잉글랜드 연합은 "확고하고 영구적인 우애와 친선의 연맹"이 되었다. 뉴잉글랜드 연합은 "복음의 진리와 자유를 보존하고 전파하기 위하여, 그리고 자신들의 상호 안전과 복지를 위하여, 모든 정의로운 일에 공격과 방어, 상호 자문과 성공을 거두기 위하여" 구성되었다.[37] 각 식민지에서 두 명씩 총 여덟 명의 위원으로 이뤄진 이사회를 조직하여 최소한 연 1회 집회를 의무화했고, 연합의 사무를 처리했다. 또한 연합은 적을 공동으로 방어하기 위해 각 식민지에 군인과 물자의 양을 배정할 수 있는 권한이 있었다. 16~60세의 남성 인구수에 비례하여 각 식민지가 연합의 방위비를 부담했다. 또한 연합은 다른 국가나 식민지와의 분쟁을 중재하거나 도망 노예, 도망 하인, 탈주 범죄자 등의 송환을 보장하고 아메리칸인디언과의 문제를 단속할 수 있는 권한을 가졌다. 특히 도망 노예의 송환 규정은 미국의 독립 후에 제정된 도망노예법을 예고하는 것이었다. 연합의 결정을 승인하는 데는 여덟 표 가운데 여섯 표, 즉 4분의 3표가 필요했다. 만약 통과되지 않은 의제가 생기면 각 식민지의 입법부에 상정할 수 있도록 규정되어 있었다.

뉴잉글랜드 연합은 어느 정도 목적을 성취하였지만, 연합의 결정은 권고 형태이기 때문에 매우 유약할 수밖에 없었다. 특히 가장 규모가 큰 식민지인 매사추세츠에 의해 뉴잉글랜드 연합의 결정은 자주 무시되었다. 또한 동일한 청교도 식민지였지만 종교적으로 정책 차이가 있었던 로드아일랜드와 메인의 가입을 거부하기도 했으며, 코네티컷과 뉴헤이번의 연합으로 영국이 불만을 가지면서 뉴잉글랜드 연합은 위축되기도 했다. 결국 1684년에 매사추세츠의 인허장이 취소되고 왕령 식민지가 들어서면서 뉴잉글랜드 연합은 붕괴될 수밖에 없었다. 그러나 뉴잉글랜드 연합은 상호 이익을 위해 식민지끼리 동맹을 형성한 최초의 결과물이었다.

미국헌법의 연방주의에 실질적으로 공헌한 식민지 시대의 연합 구상은 1754년 6월에 작성된 '올버니 연방구상Albany Plan of Union'이었다. 후에 프랑스–인디언 동맹전쟁French and Indian Wars이라고 불리게 되는 프랑스와의 전쟁이 예상되는 가운데, 영국은 대응책을 모색했다. 프랑스는 영국보다 아메리칸인디언과 더욱 친밀한 관계를 유지해왔고, 전쟁이 발발하면 대부분의 아메리칸인디언이 프랑스 편에 서서 싸울 것이 분명했다. 북아메리카 대륙의 패권을 두고 아메리칸인디언 부족과 맺는 동맹이 전쟁의 승패를 좌우하는 결정적 요인이 될 것으로 예상되었다. 따라서 영국은 두 가지 전략을 고려했다. 하나는 아메리칸인디언을 영국 편으로 만드는 것, 또 하나는 아메리카의 영국 식민지 간 결속을 도모하는 것이었다.

아메리칸인디언 가운데는 영국과 프랑스에 관해 전략상 중립 입장을 견지해온 집단이 있었다. 영국으로서는 그들과의 협력 관계 구축이 매우 중요했다. 이는 모호크족Mohawk, 세네카족Seneca, 카유가족Cayuga, 오논다가족Onondaga, 오네이다족Oneida, 투스카로라족Tuscarora의 여섯 부족이 공동의 방어를 목적으로 연합 세력을 구축한 이로쿼이 연맹

프랑스-인디언 동맹전쟁
1754년부터 1763년 사이에 북아메리카에서 일어난 전쟁으로, 영국 대 프랑스-인디언 동맹 사이에 벌어진 전쟁. 1756년에는 영국과 프랑스 간의 7년 전쟁으로 비화되었다. 이 전쟁에서 승리함으로써 영국의 아메리카 식민지는 애팔래치아 산맥을 넘어 미시시피 강까지로 확대되었다.

올버니 연방구상
1754년 7월에 벤저민 프랭클린이 제안한 13개 식민지의 연방체제 제안. 프랑스-인디언 동맹전쟁과 관련한 이 연방구상은 식민지 의회와 영국에 보내졌으나 거부되었다.

Iroquois Confederacy이었다.[38]

　흔히 이로쿼이 연맹은 유럽인이 아메리카에 도착하기 훨씬 이전인 12세기경에 결성된 연합 조직으로 간주된다.[39] 이로쿼이의 구술 전통에 따르면, 이로쿼이 연맹은 위대한 평화 구현자peacemaker인 데가나위다Deganawida와 그의 대변인 히아와타Hiawatha가 전해준 '위대한 평화의 법Great Law of Peace(원주민어로는 가야나샤고와Gayanashagowa)'에서 시작되었다. '위대한 평화의 법'은 구술헌법으로 후대에 문자화되었는데, 117개 조항으로 구성된다. 이 구술헌법에 따라 50명의 남성 추장으로 구성된 대평의회가 설치되었다. 이들은 정치종교적 지도자로서 여성이 이끄는 씨족을 대표하며, 클랜마더clan mother(씨족 어머니)가 이들 추장을 임면했다. 대평의회에서 추장들은 부족 간 문제와 외교 문제를 다루었지만, 중대하거나 위급한 사안일 경우 부족원에게 그 내용을 알리고 남녀 모두에게 의견을 묻는 일종의 국민투표를 실시했다. 이는 부족과 씨족 그리고 남성과 여성 사이의 권력 견제를 도모하는 민주적 절차였다. 또한 대평의회가 있지만 각 부족은 자치권과 독립성을 인정받았기 때문에 대평의회의 결정 사항에 거부권을 행사할 수 있었다. 또한 '위대한 평화의 법'은 종교의 자유뿐만 아니라 대평의회에 참석하여 구제를 요구할 권리 같은 기본권을 인정했다. 이러한 민주적 자치의 통치 형태와 기본권의 존중은 흔히 초기 농업사회에서 볼 수 있는 것으로, 이로쿼이 연맹이 사회적 이상으로서 '자율적 책임'을 중시한 결과였다.[40]

　이로쿼이 연맹과 협력 관계를 구축하기 위해 식민지 대표단은 뉴욕 식민지의 올버니에서 이로쿼이 연맹의 대표들과 협상을 벌였다. 이 협

Etow Oh Koam King of the River Nation

이로쿼이

북아메리카 원주민의 부족 연합체. 모호크, 오네이다, 오논다가, 카유가, 세네카의 다섯
부족의 연합체였으나 후에 투스카로라족이 합류했다. 프랑스-인디언 동맹전쟁 때에는
영국 편에 서서 싸웠다.

상에는 뉴햄프셔, 매사추세츠, 로드아일랜드, 코네티컷, 뉴욕, 펜실베이니아 그리고 메릴랜드 식민지가 참석했다. 그리고 벤저민 프랭클린 Benjamin Franklin이 펜실베이니아 대표로 참석했다. 당시 프랭클린은 식민지들이 연합해 상황을 돌파해야만 한다는 절실한 위기의식을 하나의 풍자화로 표현했다. 여러 토막으로 나뉜 뱀의 모습에 각 식민지의 이름을 붙여놓고 그 위에 "연합이냐, 죽음이냐"라고 적어 넣은 것이다. 그렇지만 협상은 실패로 끝났다.

그러나 이 회의에서 식민지의 연합체 구상안이 제시되었다. 프랭클린의 구상안을 비롯하여 세 개의 구상안을 신중하게 토의한 끝에, 대표들은 공동의 방위와 협력을 위해 '올버니 연방구상'을 채택하여 각 식민지와 영국 정부에 권고하기로 했다. 올버니 연방구상은 회의에 참석한 모든 대표의 만장일치로 가결되었다. 올버니 연방구상은 각 식민지의 의회와 런던에 있는 영국의 통상위원회에 발송되었다.[41] 이는 영국이 지속적으로 왕령식민지, 영주식민지, 기업식민지 간의 연합을 강조해온 요구에 대한 부분적인 대답이기도 했다.

올버니 연방구상은 아메리카 식민지의 통치 구조 유형을 모방하면서 각 식민지의 자치 전통을 존중하는 형태를 갖췄다. 올버니 연방구상에 따르면, 최고행정관으로 총괄통령을 두되, 국왕이 이를 임명한다. 대평의회라고 불리는 연방입법부는 연방의 재정을 책임지고 질서를 유지하기 위해 법률을 제정하지만, 의회와 총독의 견제라는 식민지의 통치 역학을 원용하여 총괄통령으로 하여금 모든 법률에 서명하게 하여 입법부의 권력 남용을 방지한다. 그러나 대평의회의 권력은 매우 강력했다. 대평의회는 아메리칸인디언과의 조약 작성과 체결에 관한 권한을 갖고 그들과의 무역을 통제하며, 식민지의 안전을 위해 군대, 요새, 선박 등을 건설할 수 있는 권한을 가졌다. 또한 새로운 정착촌이 국왕의 인허장을 취득할 만큼 발전할 때까지 해당 정착촌을 건설하거나 통제하며, 관세를 부과해 연방 자금을 조달할 수도 있었다. 특히 이로쿼이 연맹과 달리 각 식민지는 대평의회의 결정에 거부권을 행사할 수 없었다. 과세권 보유, 식민지의 거부권 부정 등 올버니 연방구상은 20여 년 후 미국혁명 시기에 작성될 '연합헌장'보다 훨씬 더 많은 권한을 연방의회에 부여했다.

그러나 연합헌장과 달리, 올버니 연방구상에서는 식민지의 동등성이 인정되지 않았다. 대평의회는 3년마다 각 식민지에서 선출한 대표로 구성하되, 연방에 대한 각 식민지의 재정적 공헌도에 따라 대표 수를 결정하게 했다. 인구가 적거나 영토 규모가 작은 식민지라고 하더라도 연방에 재정 지원을 많이 하면 더 많은 대표성을 인정해줌으로써 연방을 유지하고자 한 것이다. 남부 식민지의 경우도 과대 대표되었는데, 그것은 흑인 노예 수를 고려하여 평의회 의원 수를 인정하기로 했기 때문이다. 흑인 노예의 계상 방식은 한 명이 기준이 아니라, 후에 다섯 명의 흑인을 세 명으로 인정하는 미국헌법의 규정과 매우 유사한 방식으로 결정되었다. 또한 발족 이후 첫 3년간 대평의회는 매사추세츠, 버지니아, 펜실베이니아를 중심으로 운영되도록 의원 수가 배정되었는데,[42] 이는 지역 균형과 각 지역의 활성화라는 두 가지 목적을 노린 것이었다.

그러나 올버니 연방구상은 영국과 식민지 양쪽에서 모두 거부되었다. 영국은 식민지 간 협력 원칙에는 찬성했지만, 식민지가 연합하여 권력이 강화되면 프랑스와의 전쟁에서 승리하더라도 식민지와 아메리카에 대한 패권이 오히려 약화될 수 있다고 판단했다. 또한 "잠재적인 식민지 독립의 공포" 역시 무시할 수 없었다.[43] 영국은 다가올 전쟁 대비에만 철저히 관심을 갖도록 식민 정책을 추진하는 것이 바람직하다고 생각했다. 따라서 통상위원회는 올버니 연방구상을 국왕에게 보고하지 않기로 결정했다. 각 식민지는 대평의회의 과세권 등 중앙집권적 권력을 심각하게 우려했고, 연합 체제의 도입으로 식민지의 자치권이 약화될 수 있다고 판단해서 올버니 연방구상에 반대했다.

프랭클린은 올버니 연방구상을 거부한 영국과 식민지의 결정에 실망감을 감출 수 없었다. 그는 "만약 무식한 여섯 개의 야만인 부족이 연방을 위해 그와 같은 계획을 구상할 수 있는 능력을 가지고 있다면…… 그런데 연방과 같은 것이 열 개 혹은 열두 개씩 되는 영국 식민지에서 실행 불가능하다는 것은 매우 이상한 것"이라고 토로했다.[44] 그는 올버니 회의 이전에 이미 1744년과 1753년에 이로쿼이 연맹을 방문한 적이 있었으며, 그 연합 체제에 관하여 상당히 많이 알고 있었다. 1744년에 그는 이로쿼이 연맹과 버지니아 및 메릴랜드 간에 체결한 '1744년의 랭커스터 조약Lancaster Treaty of 1744'을 엮어 출간하면서, 이로쿼이 연맹을 모델로 삼아 식민지를 규합하여 하나의 국가로 통합해야 한다고 충고했던 이로쿼이 연맹 대변인의 연설을 포함하기도 했다. 1751년에는 이로쿼이 연맹을 모델로 식민지를 협박하여 통합해야 한다고 주장하는 제임스 파커James Parker의 서한을 출간했으며, 1753년에는 이로쿼이 연맹의 추모 의례에 참석하기도 했다.[45] 프랭클린의 올버니 연방구상은 명백히 이로쿼이 연맹의 영향을 받았던 것이다.[46]

사실 올버니 회의의 부수적인 결과 중 하나는 성공적인 연합체로서 이로쿼이 연맹을 직접 관찰하고 그에 대한 이해를 높일 수 있었다는 점이다.[47] 프랭클린을 비롯한 아메리카의 정치 지도자는 올버니 연방 구상을 통해 연합의 전략적 가치와 중요성을 깊이 인식하게 되었다. 이를 통해 아메리카 식민지에 공동의 적이 나타났을 때 식민지들이 어떤 방식으로 대처해야 할지 생각할 수 있었다. 실제로 1770년대에 인지세법이 모든 아메리카의 식민지들을 들끓게 했을 때, 이로쿼이 연맹이나 올버니 연방구상의 연방과 같은 초식민지적 조직을 떠올리게 된 것은 자연스러운 일이었다.

자치의 전통

아메리카 식민지의 헌정적 발전은 식민지와 모국의 관계, 식민지와 식민지의 관계 그리고 식민지 내부 집단 간의 관계라는 세 가지 차원에서 발전했다. 식민지와 모국의 관계는 인허장을 통해, 식민지 내부 집단 간의 관계는 서약을 통해, 그리고 식민지와 식민지의 관계는 여러 연방주의적 조직을 통해 발달했다. 식민지의 헌정 발전이 이처럼 세 가지 차원에서 이루어지긴 했지만, 이 셋의 관계를 규율하는 문서에서 볼 수 있는 것처럼 자치自治 전통의 발전이라는 공통점이 있었다.

물론 이러한 역사적 선례들이 지속적으로 반복되며 유사한 해결책을 마련했다고 하더라도, 그것이 필라델피아 제헌회의의 헌법 제정자들에게 직접적인 영향을 끼쳤는지는 정확하게 설명할 수 없다. 그것은 무엇보다도 헌법 제정자들이 이에 관하여 전혀 언급하지 않았기 때문이다. 더욱이 상호 방위나 복지 등과 같은 목적은 아메리카 식민지 시대에 계속해서 가시화된 주제였으며, 다양한 정착촌은 상호 간의 경쟁과 갈등 구조 속에서 변화하며 발전했다. 그럼에도 영국과의 오랜 헌정적 갈등 속에서 혁명적 정신을 단순히 추상적 이념과 서적 속에서만 찾았던 것은 분명히 아니다. 대표적으로 다방면에 해박했던 벤저민 프랭클린은 이러한 자치와 연방주의적 전통에 대해서도 깊은 식견을 가졌고, 그 지혜가 필라델피아 제헌회의에 녹아들었던 것이다.

인허장은 처음 식민지가 건설되던 시기부터 자치의 전통을 보장해주는 문서였다. 비록 영국의 정치적 상황이 변화함에 따라 인허장이 변경되거나 철회되기도 했지만, 영국인으로서의 권리를 보장해주는 문서임에는 틀림없었다. 이러한 흐름 속에서 자치의 전통이 영국 국왕이 부여한 인허장에서 무역회사가 제정한 식민지 조례로 확대되었고, 1639년의 코네티컷 근본규칙에서 볼 수 있는 것처럼 식민지인의 정치 활동에도 확산되었다.

이와 동시에 사회계약 이론이 등장하기 이전, 서약의 세속화가 빠르게 진행되었다. 1637년에 이미 '하느님의 이름'을 호명하지 않는 서약이 로드아일랜드의 프로비던스에서 나타났다. 인허장을 통해 모국인 영국에서 식민지로 자치의 전통이 이동했다면, 서약은 종교적 공동체가 세속적 공동체로 변화하는 데 중요한 역할을 담당했다. 또한 아이러니하게도 인허장이 모국과의 관계를 단절시키는 역할을 담당했다면, 서약은 종교와 정치를 분리하는 역할을 수행했다. 그리고 이 과정에서 인민주권 이념이 보다 근본적으로 정치 이데올로기 속으로 파고들었다.

그러나 이것만으로 13개의 아메리카 식민지가 하나의 정치적 공동체가 될 수는 없었다. 흔히 영국에서는 미국이 독립하는 시기를 기준으로 아메리카에 13개의 식민지가 있었다고 간주한다. 그러나 13개의 식민지가 형성되는 역사적 경로에는 크고 작은 여러 식민지와 플랜테이션 간의 합병이 있었다. 그리고 이 합병은 상호 방위와 복지라는 공동의 이익이 있었기 때문에 가능했다. 사실 식민지 시대의 연방주의적 실험은 이러한 자연스러운 노력의 결과였다. 때로는 지역 간 플랜테이션의 합병이, 때로는 아메리칸인디언과의 갈등과 전쟁의 포화 속에서 이루어진 식민지 간의 연합전선이 장차 영국과의 독립전쟁 속에서 13개 식민지의 공동 협력을 이끌어내는 데 역사적 선례가 되었다.

제4장

연합 체제의 실험

1776년 7월 4일, 북아메리카의 13개 영국 식민지는 공동으로 독립을 선언했다. 보스턴 근교에 있는 렉싱턴 Lexington과 콩코드Concord에서 메사추세츠 민병대와 영국군이 무력충돌을 일으킨 4월 19일 이후 영국과 식민지는 더 이상 화해할 수 없는 국면에 이르렀다. 같은 해 6월, 버지니아 대표인 리처드 헨리 리Richard Henry Lee는 제2차 대륙회의에서 독립선언을 제안했다. 그리고 대륙회의는 벤저민 프랭클린, 존 애덤스John Adams, 토머스 제퍼슨Thomas Jefferson 등을 포함한 '5인 위원회'에 독립선언서 기초 작업을 위임했다. 제퍼슨이 독립선언서 기초 작업을 했으며, 프랭클린과 애덤스가 몇 군데 수정하여 독립선언서 초안을 완성했다. 독립선언서는 6월 28일 대륙회의에 제출되어 토론과 약간의 수정을 거친 후 마침내 7월 4일에 채택되었다.

미국혁명

존 애덤스
미국의 제2대 대통령이자 제1대 부통령. 대륙회의 시기부터 혁명가로 활약했으며, 건국 후에는 연방파를 이끌었다. 그가 초안 작성한 1780년의 매사추세츠 헌법은 미국헌법에 큰 영향을 끼쳤다.

1776년 7월 4일, 북아메리카의 13개 영국 식민지는 공동으로 독립을 선언했다. 보스턴 근교에 있는 렉싱턴Lexington과 콩코드Concord에서 매사추세츠 민병대와 영국군이 무력충돌을 일으킨 4월 19일 이후 영국과 식민지는 더 이상 화해할 수 없는 국면에 이르렀다. 같은 해 6월, 버지니아 대표인 리처드 헨리 리Richard Henry Lee는 제2차 대류회의에서 독립선언을 제안했다. 그리고 대류회의는 벤저민 프랭클린, 존 애덤스John Adams, 토머스 제퍼슨Thomas Jefferson 등을 포함한 '5인 위원회'에 독립선언서 기초 작업을 위임했다. 제퍼슨이 독립선언서 기초 작업을 했으며, 프랭클린과 애덤스가 몇 군데 수정하여 독립선언서 초안을 완성했다. 독립선언서는 6월 28일 대류회의에 제출되어 토론과 약간의 수정을 거친 후 마침내 7월 4일에 채택되었다.

독립선언으로 치닫게 된 발단은 무엇보다도 아메리카 식민지의 혁명 정신을 촉발한 영국의 식민지 과세 정책이었다. 식민지인은 영국의 제국 정책을 보다 근본적인 헌정 문제로 인식했고, 식민지의 자치 전통과 코먼로 그리고 고대로부터 계몽사상에 이르기까지 내려오는 다양한 이념과 사상에 자극받았다. 1765년에 인지세법이 통과된 이후 영국 의회에서 식민지 과세를 목적으로 하는 법률이 통과될 때마다 식민지인의 목소리는 더욱 격앙되었고 단결은 더욱 공고해졌다. 식민지인은 "대표 없는 곳에 과세할 수 없다"는 대표 과세의 헌정 원칙을 외치며 영국인으로서의 권리를 주장했다.

1773년 12월에 일어난 보스턴 차 사건에 대한 보복으로 영국은 그 다음 해에 일련의 법을 통과시켰다. 이 일련의 법으로 보스턴 항구는 폐쇄되고 매사추세츠 식민지의 거의 모든 공직은 총독 혹은 영국 국왕에 의해 임명되게 되었다. 타운 회의town meeting는 1년에 1회로 제한됨으로써 실질적으로 없어진 것이나 다름없었다. 이는 매사추세츠의 자치 전통을 박탈하는 것이었다. 매사추세츠 식민지인뿐 아니라 다른 모든 식민지인에게 이 일련의 법은 도저히 '참을 수 없는 법Intolerable Acts'이었다.

1774년의 '참을 수 없는 법'에 분개한 식민지인은 대륙회의를 소집했다. 조지아를 제외한 12개 식민지 의회가 보낸 대표로 구성된 제1차 대륙회의는 영국 상품 불매 운동을 위한 협약을 체결하기로 결의했다. 그리고 법안 폐기 등 영국의 대응을 지켜보면서, 다음 해 5월에 다시 모여 추후 행동과 방침을 결정하기로 했다.

그러나 제2차 대륙회의가 개최되기 전인 4월 19일, 영국군과 식민지인 사이에 전투가 발생했다. 매사추세츠의 렉싱턴과 콩코드에서 발생한 교전으로 사태가 악화되면서, 1776년 7월 2일 제2차 대륙회의는 영국으로부터의 독립을 결의했다. 그리고 이틀 후 대륙회의는 독립선

The able Doctor, or America swallowing the Bitter Draught.

<u>참을 수 없는 법</u>
보스턴 차 사건에 대응하여 본보기로 매사추세츠를 처벌하고자 했던 징벌적 성격을 가진
일련의 영국 제정법(1774). 아메리카 식민지는 이 법을 참을 수 없는 법이라고 비난했다.

언서를 채택했다. 그러나 13개 식민지 전체가 하나의 국가로 독립하자
는 것이 아니었다. 대륙회의는 각 식민지가 각각 하나의 주권국가로서
독립하며, 각 식민지에 거주하는 주민은 역시 각각 그 국가의 시민이
된다는 점을 분명히 했다.

제2차 대륙회의는 독립전쟁을 효과적으로 전개하기 위해 식민지 간
협력 체제를 마련하기로 결정했다. 13개 식민지는 각각 왕이 없는 공
화국이자 주권국가로 독립을 선언하였지만, 각 국가가 개별적으로 영
국에 대응하기란 현실적으로 불가능하다는 사실은 너무나도 명백했
다. 아메리카 공화국들은 공동의 적인 영국에 대처하는 협력 체제를
갖추기로 했다. 이 협력 체제는 군사적으로 불가피한 선택이었다.

식민지 간 협력 체제는 연합헌장으로 알려진 협약으로 더욱 공고해
졌다. 독립선언서를 채택하기 약 한 달 전인 6월에 이미 연합헌장 안案
을 마련하기 위해 위원회가 구성되었다. 그러나 식민지 간의 이해관계
가 뒤엉키면서 연합헌장은 쉽게 마련되지 않았다. 1781년 3월에야 비
로소 연합헌장은 마지막 비준을 얻어 법적 효력이 발생했다. 그러나
그러는 동안에도 영국과의 전쟁은 계속되었고 식민지 간의 협력 체제
도 계속 가동되어야 했다.

더욱이 이미 1776년 1월에 뉴햄프서가 처음 독자적으로 헌법을 마
련한 것을 시작으로 사우스캐롤라이나, 버지니아 등의 식민지가 헌법
을 제정했다.[1] 이 같은 헌법 제정 움직임은 비록 13개 식민지가 함께
독립을 선언했지만, 실제로 개별적인 주권국가임을 천명하는 것이었
다. 따라서 각 식민지는 영국과의 전쟁 및 외교 문제를 해결하기 위해
상호 협력 체제를 구축하고 그에 따르고는 있지만, 새로운 협력 체제

가 자신들의 주권과 자율성을 상당 부분 침해할 것을 심각하게 우려했
다. 각 식민지는 새로운 협력 체제가 일종의 중앙집권적 기구가 되어
새로운 폭압 기구로 변질된다면, 독립은 사실상 아무런 의미도 없게
될 것이라고 생각했다. 따라서 각 식민지는 새로운 협력 체제에 혁명
전쟁을 수행하기 위해 필요한 최소한의 권한만을 부여하기로 했다.

이 과정에서 식민지 간 협력 체제는 사실상 연방정부의 역할을 수행
했다. 사실 1781년에 최종 비준된 연합헌장은 당시 제2차 대륙회의가
운영해온 협력 체제를 법률로 규정한 것에 지나지 않았기 때문에 연합
헌장이 없다는 이유로 독립전쟁과 혁명의 수행에 큰 차질이 빚어지지
는 않았다. 그러나 문제는 이것이 독립과 주권을 가진 국가들states 간
의 협력 체제라는 점이었다. 연합헌장은 단일국가의 헌법이 아니라
UN 헌장처럼 주권국가들 사이의 국가 간 규약과 같은 것이었다. 그렇
지만 연합헌장을 국제규약으로만 단정적으로 규정할 수도 없다. 왜냐
하면 단일한 국가nation로서 미국의 역사적 기원이 '연합된 아메리카
국가들'에 있고, 공동의 독립선언과 혁명의 역사적 경험이 오늘의 미
국을 형성하기 때문이다. 이를테면 '연합된 아메리카 국가들'도 오늘
날 미국의 영문 명칭인 United States of America를 사용했다.

따라서 이와 같은 역사적 단절성과 연속성을 동시에 고려하여, 아메
리카 국가들 간의 협력 체제는 미국연합Confederation이라고 한다. 그리
고 1787년 미국헌법이 제정된 이후의 미국 체제는 미국연방Union이라
고 한다. 미국은 '미국'이라는 동일한 명칭 아래 연속성을 가지면서도
동시에 연합과 연방이라는 상이한 명칭 아래 단절성을 가지는 것이다.
이러한 이유로 초기 미국의 헌정사를 살펴볼 때, 아메리카 식민지는

각각 헌법을 제정하여 개별적으로 주권국가가 되었다가 1787년에 필라델피아에서 연방 체제를 갖춘 단일한 국가의 헌법을 제정했지만, 미국의 역사는 1776년의 독립선언에서부터 시작되는 것으로 파악하는 것이다.

이 장에서는 미국의 연속성과 단절성을 살펴보려고 한다. 이를 위해 연합헌장의 제정 과정과 내용을 중심으로 연합 체제를 살펴보면서 미국연방으로 나아가게 된 역사적 이유를 찾아볼 것이다. 흔히 미국연합은 무능했으며 비효율적이었다고 비난받지만, 미국연방의 전신이었다는 점에서 미국헌법에 직접적으로나 간섭석으로 엄청난 유산을 남겨 준 것 역시 사실이다. 그리고 이 장의 후반부에서는 연합 체제를 구성한 각 국가state의 헌법 구조와 역사적 경험을 살펴보게 될 것이다. 각국가의 헌법은 1787년의 미국헌법에 많은 자양분을 공급했고, 국가들의 역사적 경험은 연방정부에 실질적인 권력을 부여했다. '국가'들의 헌법에서 추상적이었던 헌정 원리가 실질적인 정치 현실에의 적용을 염두에 두지 않은 채 입에 발린 소리로만 찬양되다가 미국헌법에 와서 비로소 그 결실을 맺기도 했다.

미국연합의
창설과 무능

1776년 6월에 대륙회의는 독립선언서를 기초하기 위한 위원회를 구성한 다음 날, 13개 아메리카 식민지의 협력 체제 창설안※ 작성을 위해 식민지당 한 명씩 총 13명의 대표로 위원회를 구성했다. 이는 6월 7일에 리처드 헨리 리가 제출한 결의안에 따른 것이었다. 버지니아 출신인 헨리 리는 미국의 독립을 요구하는 한편 "연합한 식민지들은 자유로운 독립국가이며 마땅히 이 같은 국가들states이 되어야 한다"라고 선언하고,[2] 13개 주권국가의 결속을 다지고 가장 효과적인 공동 방위의 조치로 국제적 협력 체제 구축을 제안했다.

약 한 달 후인 7월 12일, '13인 위원회'는 신속하게 움직여 국제적 협력 체제 창설안을 제출했다. 이 체제는 "아메리카 국가들의 자유, 주권, 독립을 보장하기 위한 연합"으로 명명되었다. 16개월 후인 1777년 11월 15일, 제2차 대륙회의는 약 1년간의 토론을 거쳐 협력 체제 창설 수정안을 '연합헌장Articles of Confederation and Perpetual Union'이라고 명명하고, 승인을 위해 각 식민지에 송부했다. 버지니아가 1777년 12월 16일에 처음 연합헌장을 비준한 이후, 1781년 3월 1일에 메릴랜드가 마지막으로 비준을 마침으로써 마침내 연합헌장의 효력이 발생했다.

연합헌장 안을 마련하는 데 16개월이나 소요된 것은 무엇보다도 국가들의 주권 문제와 이와 관련된 여러 정치적 문제가 해결되지 않았기 때문이다.[3] 물론 독립전쟁 때문에 각 국가의 대표가 회의에 제대로 참석하지 못했거나, 전쟁으로 인해 논의의 우선순위에서 밀린 탓도 있었다. 그러나 각 국가의 주권 인정 문제, 미국연합 정부의 권한 문제, 사법부 설치 문제, 각 국가의 영토 확장 문제, 미국연합에 대한 각 국가의 부담금 문제, 애팔래치아 산맥 서쪽 지역에 대한 각 국가의 이해 문제 등 정치적 어려움이 산적해 있었다. 국가들 사이의 상호 이해와 타협을 거쳐 아메리카 국가들은 연합헌장 제2조의 "각 국가는 자신의 주권, 자유, 독립 그리고 이 연합에 의해 회기 중 '연합회의 안의 국가들states 연합'에 명시적으로 위임되지 않은 모든 권한, 관할권 그리고 권리를 보유한다"[4]라는 내용에 최종 합의했다. 아메리카 국가들에게 미국연합은 하나의 국가가 아니었다. 연합헌장 제3조에서 선언한 것처럼 하나의 "확고한 우의友誼 연맹"이었다.[5] 따라서 미국연합은 제한된 권한을 갖는 일종의 국제조직이었고, 각 국가의 국민에게 직접 권한을 행사할 수 없었다. 반면 미국연합의 각 국가는 위임한 권한 외의 나머지 모든 권한을 보유하게 되었다. 이러한 헌정 구조는 특히 메릴랜드와 같은 작은 주의 주장으로 후일 미국연방헌법 수정 조항 제10조에 잔존하게 되었다.

미국연합의 체제는 미국연합 국가들의 주권을 최대한 존중하면서 운영되었다. 각 국가는 단원제인 미국연합 회의에 두 명에서 일곱 명까지 대표를 파견할 수 있었으나 각 국가의 인구, 영토 혹은 부富의 크기에 관계없이 국가당 한 표가 할당되어 동등하게 대표되었다. 대표는 각 국가의 입법부가 개별적으로 선출 방식을 정하여 선출하게 되었고, 임기는 1년이지만 6년 기간 동안 3년 이상 연합회의에 봉직할 수 없었다. 또한 대표는 각 국가의 의회에서 하달한 훈령을 반드시 준수해야 할 뿐만 아니라 언제나 출신 국가의 소환에 응해야 했다. 연합회의의 의원은 각 국가의 입법부에 종속되므로 각 국가의 이익을 대변할 수밖에 없었다.[6] 그들에게는 출신 국가의 이익을 초월하여 미국연합 전체의 이익을 고려할 수 있는 조건이 구조적으로 주어지지 않았다.

참여 국가들의 주권을 존중하기 위해 1국가 1표제를 선택한 연합회의에서 정책 결정은 단순 다수결이 아니라 절대다수제로 이루어졌다. 즉 연합회의 법률 제정은 13개국 중 과반수인 7개국의 찬성이 아니라 9개국의 찬성이 있어야 했다. 더욱이 연합헌장의 수정 등 주요 결정 사안은 만장일치로 의결하기로 했다. 만약 한 국가라도 반대한다면 어떤 수정도 불가능했다. 이러한 절대다수제와 만장일치제는 미국연합의 효과적인 운영과 발전을 저해하는 큰 장애 요인이었다.[7] 사실 1787년의 필라델피아 제헌회의 소집으로 치닫게 된 가장 중요한 요인 중 하나는 바로 미국연합의 자체적인 헌정적 교정 능력의 결여였던 것이다.

연합헌장에 의해 연합회의는 국제관계와 관련된 다양한 권한을 위임받았다. 연합회의는 미국연합 내부 국가들 간의 관계에서나 외부 국가들과의 관계에서 모두 독점적이고 배타적인 권한을 가졌다. 연합헌장 제6조에서 선언한 것처럼 미국연합 소속 국가들은 '연합회의 국가들'의 동의 없이는 "어떤 국왕이나 제후 혹은 국가와도 대사를 파견하거나 받아들이지 않고 어떠한 회의, 합의, 동맹, 조약을 체결"할 수 없으며 미국연합 내 국가들끼리도 "조약이나 연맹 혹은 동맹을 체결"할 수 없었다.[8] 또한 연합회의는 전쟁선포권과 평화조약체결권, 조약 및 동맹 체결권, 인디언 교섭권뿐만 아니라 미국연합 내에서의 화폐주조권, 차입권, 국가 간 분쟁 해결권, 우편체계 수립권 등을 가지고 있었다.

이러한 권한을 가졌음에도 미국연합의 권한에는 구조적으로 결정적인 결함이 있었다. 세금징세권과 통상규제권이 결여돼 있었기 때문에 연합회의의 기능은 실질적으로 무력했다. 연합회의는 각 국가의 주민을 대상으로 직접 과세할 수 없었고, 다만 각 국가의 토지와 재산에 근거하여 필요한 지원금을 요청할 수 있었다. 그러나 각 국가의 자금 제공은 의무 사항이 아니었기 때문에 연합회의는 늘 자금 부족으로 힘들어했다. 화폐주조권이 있었던 연합회의는 지폐를 발행했지만, 화폐의 근간이 되는 자금 보유에 대한 불신으로 연합정부의 화폐는 평가절하 되었다. 특히 1779년에는 연합정부 지폐의 평가절하로 지폐 인쇄가 중단되기도 했다. 1779년 4월, 전쟁 중이던 조지 워싱턴 총사령관은 당시 연합회의 의장이었던 존 제이에게 "돈을 가득 실은 마차 한 대로 마차 한 대 분량의 식량을 겨우 구입할 수 있을 뿐"이라며 불평을 터뜨렸다. 이에 제이는 미국연합 국가들에게 4500만 달러를 요청했으나, 국가들은 군사 자금을 전혀 지원해주지 않았다. 특히 1781년 10월 요크타운 전투의 승리는 오히려 미국연합 체제에 대한 회의를 불러왔다. 미국연합 국가들은 영국을 상대로 결정적인 승리를 거둔 상황인 만큼 공동의 방위를 위한 할당액 납부를 더욱 주저할 수밖에 없었다. 연합회의의 취약한 재정 상태는 통치권의 무능을 가져왔고, 결국 필라델피아 제헌회의를 불러오게 되었다.

또한 미국연합은 외국과의 통상이나 미국연합 국가들 사이의 통상에 대해 어떤 통제도 할 수 없었다. 미국연합 국가들은 각기 제 나름의

대외관계를 통해 통상을 규제하였는데, 때로는
전쟁을 하기 위해 큰 부채를 짊어지기도 했다. 전
쟁이 끝나가면서 어떤 국가들은 부채를 상환했
으나 어떤 국가들은 그렇지 못했다. 미국연
합 국가들에게 절대적으로 재정을 의존할
수밖에 없었던 연합회의도 전쟁 부채로
재정 파탄을 겪으며 위기 상태에 봉착했
다. 전쟁비용으로 인한 재정 부실 상태에
서 미국연합 국가들과 연합회의를 구원
할 능력이 있는 강력한 중앙정부가 요청
될 수밖에 없었다.

조지 워싱턴
미국의 초대 대통령. 버지니아 출신의 혁명가이
며 대륙군의 총사령관. 군주제 건설을 위한 쿠데
타 제의에도 전혀 흔들리지 않고 공화국의 이념
을 지켰다.

더욱이 연합회의는 스스로 제정한 법
률을 미국연합 국가들에게 강제할 권한을 가지고 있지 않았다. 연합회
의의 법률을 준수할 것인지의 여부는 전적으로 주권을 가진 각 국가들
의 의지에 따라 결정되었다. 연합회의의 권한은 국가들의 시혜 앞에
놓여 있었다. 연합회의의 실효적 통치권은 상당히 위축되거나 유명무
실할 수밖에 없었다.

이러한 구조적 결함을 수정하려는 노력은 연합헌장이 효력을 발생
하기도 전인 1781년 3월 1일에 이미 시작되었다.[9] 미국연합의 재정적
근거를 마련하기 위해 연합회의는 연합헌장의 효력이 발생하기 수주
일 전에 연합회의가 수입 물품에 5퍼센트의 관세를 부과할 수 있도록
하는 수정안을 각 국가에 발송했다. 그러나 재정적으로 극도의 어려
움을 겪던 로드아일랜드는 수입 물품 과세안을 절대로 수용할 수 없

었다.

미국연합의 재정난은 특히 봉급을 제대로 받지 못한 대륙군에 불만과 동요를 불러왔다. 일부 대륙군이 반란을 일으킬 것이라는 소문도 돌았다. 이에 1783년 4월 연합회의는 재정난을 타개하고 분노하는 대륙군을 진정시키기 위해 일련의 재정안을 제시했다. 이는 미국연합에 의한 관세를 허용하되 25년 동안만 한시적으로 실시하고, 징세의 투명성을 확보하기 위해 각 국가가 임명한 관리가 징세한다는 것이었다. 동시에 연합회의는 연합헌장 제8조를 수정하여 보다 간편한 세수 확보를 위해 각 국가의 토지 평가액 기준이 아니라 흑인을 5분의 3으로 계산하는 인구수를 기준으로 각 국가에 과세를 할당하는 방식으로 변경할 것을 요구했다. 1786년 5월, 사우스캐롤라이나의 찰스 핑크니 Charles Pinckney가 연합헌장의 수정안을 연합회의에 제출했다. 이 수정안은 연합회의에 대외통상과 주간통상에 관한 통제권을 부여하고 각 국가에는 자금을 징수할 수 있는 권한을 부여하는 것이었다.

그러나 앞서 설명한 대로 연합헌장을 수정하기 위해서는 만장일치가 필요했다. 연합회의에 관세 등의 강제적이며 직접적인 과세권을 부과하는 등의 제안은 혁명 당시에는 중앙집권적 권력을 가지고 있지 않았지만 훗날 과세권으로 중앙집권적 권력의 확대를 꿈꾸는 로드아일랜드와 같은 국가들의 반대에 봉착했다. 로드아일랜드는 수입 물품

찰스 핑크니
사우스캐롤라이나 출신의 혁명가이자 정치인. 필라델피아 제헌회의의 최연소(24세) 대표로 핑크니 안을 제출하는 등 열성적으로 참여했다. 후에 사우스캐롤라이나 주지사를 역임했다.

에 부과하는 관세에 관한 권한이 없다면 중앙집권적 권력 확대라는 꿈을 실현하지 못할 것이라고 생각했던 것이다. 이는 단순히 배타적인 주권의 실천이라기보다는 전쟁으로 인한 혹독한 어려움을 보여주는 것이었다. 로드아일랜드뿐 아니라 미국연합의 다른 국가들도 "전쟁으로 피폐해진 국민에게서 세금을 징수하고 인력을 소집하며 군수품을 조달"하는 데 큰 어려움을 겪고 있었던 것이다.[10]

또한 중앙정부에 해당하는 연합회의가 대외통상권, 주간통상권, 과세권 등을 가지게 된다면, 미국연합 정부는 영국 정부처럼 전제적인 정부로 변하고 연합회의가 일반 시민을 상대로 직접 폭정을 휘두를 수 있을 것이라는 우려가 제기되었다. 1785년 9월, 루퍼스 킹Rufus King은 연합헌장을 수정하려는 매사추세츠 입법부의 안이 제출되자 "많고 중요한 어려운 점이 예견된다"면서 미국연합은 "지금보다 덜 공화적이 될 것"이라고 비판했다.[11] 강력한 중앙정부의 존재는 영국의 전제주의적 횡포를 상기시키는 것이었고 공화국의 이상을 좌절시키는 것으로 간주되었다.

결국 연합헌장에서는 독자적인 최고행정관이나 행정부를 설치하지 않았다. 그러나 이 점 또한 미국혁명이 진행되면서 연합회의의 중요한 구조적 결점으로 드러났다. 연합헌장에는 행정 부서의 구성을 명시한 조항조차 없었다. 행정 업무는 연합회의가 전적으로 관할하도록 규정되었다. 말하자면 연합회의는 'Congress'라고 명명되었지만 단순 입법부만은 아니었다. 행정권과 입법권을 가진 국가들의 회의체였다. 연합회의가 회기 중이 아닌 때에는 국제위원회가 연합회의의 이름으로 행정 업무를 담당했다. 하지만 연합회의가 회기 중일 때 국제위원회는 어떤 권한도 가질 수 없었다. 그리고 연합헌장 제9조는 연합회의에 미국연합의 "일반적 업무를 관리하기 위하여 필요한 위원회와 공무원"을 임명할 수 있도록 권한을 부여했다.[12] 이 위원회는 오늘날 의회의 위원회뿐 아니라 행정 부서의 역할을 담당할 것으로 기대되었다.

미국연합에는 오늘날과 같은 대통령이 없었다. 물론 연합회의에 '프레지던트'라고 불리는 직책은 있었다. 그러나 그 직책은 대통령이 아니라 연합회의를 주재하는 의장에 불과했다. 그의 공식 직위 명칭은 '미국 대통령President of the Untied States of America'이 아니라 '미국 연합회의 의장President of the United States in Congress Assembled'이었다. 따라서 연합헌장의 효력이 발생한 이후 선출된 최초의 연합회의 의장인 메릴랜드 출신의 존 핸슨John Hanson 혹은 대륙회의 의장인 버지니아 출신의 페이턴 랜돌프Peyton Randolph는 우리가 아는 그런 미국 대통령이 아니다.

연합회의 의장은 각 국가가 파견한 대표들 중 한 사람이었다. 연합회의에서 각 국가는 동등하게 한 표씩 갖는다. 따라서 연합회의 의장이더라도 그의 국가는 연합회의에서 한 표만 투표할 수 있기 때문에 다른 대표들과 상의하여 한 표를 함께 행사해야 했다. 다만 의장은 투표 결과가 가부동수일 때 결정투표를 던질 수 있었다. 그의 임기는 1년 단임으로, 3년의 기간 중 1년 이상을 초과할 수 없었다.

그러나 연합회의 의장의 역할은 연합헌장 제9조에서 규정된 연합회의를 주재하는 데에만 국한되지 않았다. 우선 연합회의 의장은 실질적으로 여러 행정 업무를 관장하는 "사실상 국가의 행정수장"이었다.[13] 의장은 일종의 국가수반으로서 대외적으로는 연합회의를 대표했다. 그는 외국 대표와 외교관 등을 접견하고 그들과 교신하며 협조했다.

이러한 연합회의 의장의 행정 역할은 연합회의 산하에
행정 부서가 만들어지면서 점차 감소했다. 그런데
도 이 같은 연합회의 의장의 국가수반으로서의 면모
는 훗날 미국 대통령의 역할에 어느 정도 영향
을 미쳤다.[14]

　사실 연합회의 의장은 일반적으로 저명하
고 널리 존경받는 인물이라 국내외적으로 큰
정치적 영향력을 가지고 있었다. 예를 들어
독립선언서에 자신의 이름을 가장 크게 서명
한 매사추세츠의 존 핸콕John Hancock과 페이
턴 랜돌프는 대류회의를 포함하여 두 번에

알렉산더 해밀턴
미국의 초대 재무장관. 독립전쟁 시기에는 부
관으로 조지 워싱턴을 보좌했고, 필라델피아
제헌회의에서 강력한 대통령제를 주장했다.

걸쳐 의장으로 선출되었다. 초대 재무장관이 되는 알렉산더 해밀턴
Alexander Hamilton은 연합회의 의장이 미국연합 국가들의 최고행정관보
다 훨씬 뛰어나다고 평가했다.

　그러나 1781년의 요크타운 전투 이후 전쟁이 미국의 승리로 굳어지
고 막바지로 치달으면서, 연합회의 의장의 중요성과 이에 대한 관심은
매우 빠르게 시들어갔다. 각 국가에서 파견된 대표들이 연합회의에 불
참하는 사례가 점차 증가하기 시작했을 뿐만 아니라, 연합회의 의장
역시 개인적인 사정 등을 들어가며 불참하기 시작하여 개회를 위한 정
족수도 채우기 어려워졌다. 존 핸슨은 연합회의 의장직 사임을 원했으
나 정족수를 채워야 해서 하는 수 없이 필라델피아에 머무르며 소일했
다. 1784년에 리처드 헨리 리는 연합회의 의장으로 선출되었지만 고
향에 머물면서 연합회의 업무를 보았고, 다음 해 존 핸콕은 연합회의

요크타운 전투
미국 독립전쟁의 결정적인 전환점이 된 전투. 1781년 10월 19일, 버지니아의 요크타운
에서 조지 워싱턴이 지휘하는 대륙군은 로샹보 장군이 이끄는 프랑스군의 도움을 받아
승리를 거두었다. 영국의 콘윌리스 장군이 항복하면서 독립전쟁은 실질적으로 종식되
었다.

에 불참했음에도 의장으로 선출되어 이에 강한 불만을 토로하기도 했다. 의장의 리더십을 상실한 연합회의는 더욱 더 무력해졌다.

이제 대륙회의(연합회의) 산하에 있던 위원회의 역할과 기능에 대해 살펴보자. 대륙회의의 가장 중요한 역할은 두말할 나위 없이 전쟁을 성공으로 이끄는 것이었다. 미국연합에는 체계적인 행정부가 없었기 때문에 이 모든 일은 전적으로 위원회가 처리하고 운영해야 했다. 이미 1775년에 대륙회의는 원활한 혁명전쟁을 수행하기 위해 제반 행정을 담당하는 여러 위원회를 설치하기 시작했다. 위원회들은 초석硝石, 소금, 화약, 고기, 군복 등 군수물자의 공급뿐 아니라 뉴욕의 허드슨 강가에 방어진을 구축하기도 했고, 영국 함대의 포획 전략을 모색하기도 했다. 또한 어떤 위원회는 스파이 조직을 만들어서 적진에 침투하기도 했고, 군인과 의료진을 양성하고 파견하기도 했다.

그러나 위원회의 중심 행정은 역시 비효율적이었다. 한 명의 연합회의 의원이 수많은 임시 위원회에 소속되어 별개의 업무를 동시에 처리해야 했다. 후에 제2대 대통령이 되는 존 애덤스는 80~90개의 위원회에 소속되어 "너무 바쁜 나머지 정신이 없을 정도"라고 불평을 터뜨렸다. 또한 위원회는 행정 업무를 담당하지만 업무 결정권이 없기 때문에 언제나 연합회의의 결정을 기다려야만 했다. 때로 연합회의는 위원회가 올린 보고서의 세부 내용까지 검토한 후에야 결정을 내렸는데, 사안이 시급하거나 말거나 상관이 없었다. 이 같은 장시간의 검토와 토론이 효율적이고 신속한 업무 처리를 가로막았음은 틀림없는 사실이다.

위원회는 임시 조직의 형태로 구성되어 운영되었다. 또한 연합회의 대표의 임기가 1년이었기 때문에 1년마다 위원장은 물론 위원 구성마저도 일관성 없이 변동되었다. 따라서 일관성 있는 정책 수행을 기대하는 것은 거의 불가능했다. 그렇다고 해서 자주 변동되는 위원들로 구성된 임시 위원회가 특정 업무에 매진한 것도 아니었다. 하나의 사안을 가지고도 여러 위원회가 만들어져 업무를 할당받았다. 예를 들어 1775년 10월 5일에 군수물자를 가득 실은 영국 선박 두 척이 영국에서 퀘벡으로 간다는 첩보를 입수한 대륙회의는 선박 나포 계획을 한 위원회에 맡겼다가 또 다른 위원회에 그 계획의 실행을 일임했다. 이런 상황에서 위원 간의 개인적 갈등, 시기, 편협성, 편견 등으로 위원회 활동은 위축되거나 차질과 혼선을 빚었다. 미국연합의 "행정 업무는 효율성과 신속성이 없었을 뿐 아니라 일관성도 없었다." [15]

이러한 문제를 타개하기 위해 미국연합은 특정 업무에 관련된 여러 임시 위원회를 하나의 상설 위원회로 통합했다. 1775년 9월에는 통상위원회가 상설 위원회로 출범했다. 또한 1775년 9월에 조직된 임시 위원회였던 기밀위원회는 그해 11월에 통신위원회(나중에는 기밀통신위원회)로 바뀌었다가 후에 상설 위원회인 외무위원회(1777년 4월 17일 개칭)가 되어 발전했다. 그리고 영국 선박 나포를 추진했던 위원회는 1775년 10월에 해군위원회로 상설화되었다. 그러나 위원회의 상설화에도 행정 업무의 효율성은 크게 개선되지 않았다. 상설 위원회 역시 임시 위원회와 마찬가지로 연합회의에 보고해야 했으며, 회의의 결정이 내려온 후에야 업무를 추진할 수 있었기 때문이다.

결국 미국연합은 특정 행정 업무에 관하여 연합회의의 검토와 결정을 기다릴 필요 없이 추진할 수 있는 포괄적 권한을 갖는 행정 부서를 조직하기로 결정했다. 물론 상설화된 행정 부서의 존재가 장관 개인에게 지나치게 많은 권력을 부여하게 될 것이며, 전제적 권력 남용으로 부패할 수도 있다는 우려와 반대가 전혀 없었던 것은 아니었다. 그러나 복잡하고 시급한 행정 문제 처리를 위해 행정 부서가 절실히 필요하다는 판단은 행정부 창설의 설득력 있는 근거가 되었다.

중요한 행정 부서 가운데 하나가 외무부였다. 오늘날 국무부의 전신前身인 이 부서는 통신위원회에서 시작해 발전했는데, 혁명 초기에 통신위원회는 벤저민 프랭클린, 토머스 제퍼슨, 존 제이, 존 디킨슨, 리처드 모리스 등 혁명의 주도적 인물로 구성되었다. 혁명 초기에 이 위원회는 영국의 친미파와 주요 정보를 교환하고 해외 정보원을 모집하여 첩보 활동을 진행했을 뿐만 아니라, 무기 수입을 위해 은밀히 외교를 펼치기도 했고 프랑스와 에스파냐가 미국의 입장을 지지하도록 호소하는 등 혁혁한 공을 세웠다. 그러나 혁명이 진척되고 위원회 소속 위원들이 여타 위원회 활동으로 분주해지면서 위원회의 활동은 저하되었다. 외무위원회였던 시절에는 한때 위원 수가 한 명으로까지 축소되기도 했다.[16] 그러나 1780년에 외무위원회 위원인 제임스 러벌James Lovell이 일상적인 외교 활동을 지속적으로 추진하기 위해 행정 부서로 재구성할 필요가 있음을 역설했고, 존 제이는 하나의 기밀 정보가 20개의 상설 위원회만큼 가치가 있다는 주장을 펼치면서 외무위원회의 확대를 주장했다.

마침내 1781년 2월 6일에 외무부가 창설되었다. 그러나 여름이 다 가도록 연합회의 내부의 당파 갈등으로 인해 외무부 장관에 적합한 인물을 찾지 못했고, 결국 출범이 연기되었다. 8월에 이르러 연합회의는 뉴욕 출신의 로버트 리빙스턴Robert Livingston을 외무장관으로 임명하고, 효율적인 외교 정책을 희망했다. 존 애덤스는 리빙스턴이 외무부에 "질서와 일관성 그리고 적극성"을 가져올 것이라고 기대했다.

그러나 외무부의 효율성은 신속하게 증대되지 않았다. 무엇보다도 리빙스턴의 친프랑스 성향이 프랑스가 미국의 외교 정책에 지나치게 개입하도록 방치한다는 비난의 빌미를 제공했고, 그에 대한 불신과 비난은 외무부의 활동을 크게 제약했다. 연합회의 내부의 당파 갈등은 이러한 불신을 더욱 조장했다. 1783년 6월, 리빙스턴은 뉴욕 사법부의 최고위직인 대법관이 되기 위해 장관직을 사임했다. 따라서 한동안 외무장관직은 공석이 되었다.

1785년 초에 이르러 존 제이가 초당파적 환영을 받으면서 외무장관으로 임명되었지만, 비효율적인 외무부 행정은 개선되지 않았다. 리빙스턴이 직면했던 것처럼 제이도 똑같은 구조적 한계와 결함을 겪어야 했다. 연합회의는 전쟁선포권과 평화조약체결권, 조약 및 동맹 체결권 등을 보유하고 있었지만, 이것을 실제로 현실화할 수 있는 인력, 재정, 자원, 미국연합 국가들에 대한 강제력 등이 없었다. 이러한 결함에서 나오는 실효적 외교 능력의 한계와 무능력 때문에 제이는 영국, 프랑스, 에스파냐를 비롯한 여러 나라와 외교를 펼치는 데 큰 제약을 받았다.

그러나 이러한 근본적이고 구조적인 제약 속에서도 제이는 외무 행정을 장악함으로써 큰 활약을 펼쳤다. 그는 관련 공무원에 대한 배타적 권한을 요구하여 이를 받아냄으로써 연합회의를 거치지 않고도 모든 외무 관련 통신을 직접 접수하고 해외 첩보원을 직접 통솔하는 권한을 행사했다. 또한 네덜란드, 스웨덴, 프로이센 등과 통상조약을 체결하고, 프랑스 제국과 통상에 관한 영사협정을 맺었으며, 에스파냐로부터 미국인의 미시시피 강 항해권을 보장받았다. 이와 같은 제이의 성공적인 활동은 그의 외교 능력뿐 아니라, 연합회의의 간섭을 배제하고 자유롭고 책임감 있게 활동할 수 있었던 조건에서 기인하는 것이기도 했다.[17]

그의 외교적 성과는 한 명의 행정관이 전적인 권한과 책임감을 가지고 추진하는 행정 체제가 얼마나 중요한가를 단적으로 보여주는 사례라고 할 수 있다. 제이는 연합헌장의 허약성을 신랄하게 비판하고 강력한 중앙정부의 필요성을 역설함으로써[18] 1787년의 미국연방헌법을 옹호했다. 특히 그는 미국연방헌법의 비준 과정에서 연방헌법의 필요성과 정당성을 주장하는 제임스 매디슨, 알렉산더 해밀턴과 함께 연방주의 옹호 대열에 합세했다.

재무장관을 역임했던 로버트 모리스Robert Morris의 경험도 제이의 외무장관 경험과 유사했다. 1781년 5월, 펜실베이니아 출신의 모리스는 재무장관직을 수락하면서 붕괴된 신용제도와 부채 상환 문제에 심혈을 기울이며 미국연합에 대한 경제적 신뢰성을 구축했다. 이를 위해 그는 임명권을 제외한 재무 공무원에 대한 전권을 포함해 재무 행정에 대한 포괄적이고도 배타적인 권한을 부여받았다. 적절한 인물을 찾지 못해 해군장관도 겸하게 된 모리스는 이러한 배타적 권한 때문에 과두정치를 획책한다거나 공화국 정신에 부합하지 않는다는 비난을 들어야 했다.

그러나 모리스는 과감하게 재정 정책을 실천해 나갔다. 우선 북미은행Bank of North America 창설을 제안했고, 연합회의는 북미은행의 은행권이 미국연합 전역에서 통용될 수 있도록 했다. 북미은행 설립 반대 의견도 있었지만 모리스의 제안은 비교적 효과적으로 나타났다. 북미은행의 은행권은 대륙군의 봉급으로 지불되었고, 과세와 일반 상거래 교환수단으로서 비교적 안정적으로 유통되었다. 또한 군수물자를 조달할 때도 재무부와 입찰 계약을 맺도록 추진함으로써 그동안 미국연합을 괴롭혀온 부정부패, 군수물자의 공급 지연과 낭비를 없앨 수 있는 좋은 계기가 되었다. 대륙군 총사령관 워싱턴이 군수물자와 관련한 모리스의 재부 정책을 크게 환영한 것은 당연한 일이었다.

그러나 모리스의 재정 확충 노력은 완전한 성공을 거두지는 못했다. 인플레이션이 계속되었고, 미국연합 국가들은 계속되는 전쟁에 여전히 비협조적이었다. 심지어 연합회의는 미국연합 국가들에게서 재정적 도움을 확보하기 위해 징발 체제를 도입했으나, 미국연합 국가들은 배당된 금액조차 제대로 납부하지 않았다. 어떤 세입제도도 제대로 갖출 수 없는 미국연합의 정치 및 재정 구조 속에서 모리스는 더 이상 자신이 할 수 있는 일이 없다고 판단하여 1784년 3월에 사임했다.

존 제이나 모리스처럼 능력이 뛰어난 인물조차 연합헌장의 구조적 결함을 극복할 수 없었다. 미국연합 국가들은 연합회의의 권력이 확장되어 자신들의 주권을 침해할까 봐 두려워했다. 만장일치로 주요 안건을 해결해야 했던 연합회의는 비효율적이었고 현실을 타개할 힘조차 없었다. 전쟁선포권, 조약체결권, 화폐주조권, 아메리칸인디언 문제 감독권 등 연합회의의 권력은 거의 대부분 대외적인 것이었고, 이마저도 효율적으로 집행할 수 없었다.

특히 에스파냐와의 외교 마찰은 미국연합을 불안과 위기 속으로 몰아넣었다. 영국과 맺은 파리 조약으로 미국연합은 미시시피 강 항해권을 보장받았으며, 북위 31도를 에스파냐와 미국의 경계선으로 하는 강화 조건을 수용했다. 그러나 1784년 이후 루이지애나에 있는 에스파냐의 관리들은 파리 조약의 강화 조건을 무시했다. 그들은 미시시피 강 하류에서 미국 선박의 항해를 허용하지 않았고, 미국과 에스파냐의 국경이 북위 31도가 아니라 32도 28분이라고 주장했다.

에스파냐가 이렇게 나오자 미국연합은 지역적 갈등으로 분열되었다. 미시시피 강을 중심으로 하는 서부가 발전하여 정치경제적으로 경쟁자로 부상할 것을 두려워한 북동부 지역은 에스파냐의 주장을 그대로 수용하고자 했다. 그러나 경제적 이익을 우선시했던 서부인은 미국연합이 충분한 정치경제적 안전을 보장해줄 수 없다면 미국연합에서 탈퇴하여 서부 지역에 새로운 독립국가를 건설할 수도 있다는 의사를 공공연히 밝혔다. 무능하고 미약한 연합회의는 지역 간, 그리고 미국연합 국가 간의 정치경제적 갈등을 외교적으로 중재할 수도, 무력으로 진압할 수도 없는 위기 상황에 직면하게 되었다.

미국에는 강력한 정치 지도자와 강한 행정부를 가진 국가 체제가 필요하다는 정치적 각성이 일어났다. 무엇보다도 연합회의의 무능한 역사를 성찰하고 미국연합 국가들의 주권을 제한해야 한다는 공동 의식과 합의가 필요했다. 이러한 위기의식과 공동 의식을 결정적으로 강화한 것은 1785년 8월의 셰이즈의 반란Shays' Rebellion이었다. 사실 1780년대 후반 내내 뉴잉글랜드에서는 불만에 가득 찬 농민이 크고 작은 반란을 일으키곤 했다. 그러나 대륙군 대령 출신인 대니얼 셰이즈Daniel

아나폴리스 회의
1786년 메릴랜드의 아나폴리스에서 개최된 회의. 버지니아의 초청으로 연합헌장의 결
합을 논의하고 국가 간의 통상 발전을 토의하기 위해 모였으나 개최 목적을 성취하지
못했다. 그 대신에, 다음 해인 1787년에 펜실베이니아의 필라델피아에서 제헌회의를 개
최하기로 의견을 모았다.

Shays가 주동하여 일으킨 반란은 세금 경감, 채무 지불 연기 등을 주장하면서 미국혁명을 지지했던 세력으로부터 이탈했다는 점에서 중요했다.

셰이즈의 반란이 더 중요한 점은 반란이 일어나기 1년 전인 1786년에 메릴랜드의 아나폴리스Annapolis에서 강력한 중앙정부를 희망하며 회의가 개최되었다는 사실 때문이다. 아나폴리스 회의는 과세권 결여 등 연합헌장의 근본적인 결함을 철저히 검토하고 주간통상州間通商의 발전을 도모하기 위해 알렉산더 해밀턴과 제임스 매디슨이 추진한 회의였다. 비록 5개 국가만이 아나폴리스 회의에 대표를 파견했지만, 아나폴리스 회의는 다음 해 필라델피아에서 모든 국가의 대표가 참석하는 회의를 개최하자는 데 의견을 모았다. 이러한 상황에서 일어난 셰이즈의 반란은 강력한 중앙정부의 필요성에 대해 무관심했던 이들의 경각심을 일깨우는 자극제가 되었다. 오랫동안 강력한 중앙정부의 필요성을 역설해온 조지 워싱턴은 미국헌법의 아버지 제임스 매디슨에게 미국이 무질서와 혼란 속으로 빠져들고 있다며 주의를 환기시키고, 유일한 희망은 다가올 필라델피아 회의에서 "자유롭고 역동적인 헌법"을 제정하는 일이라고 주장했다.[19] 모든 공직에서 은퇴하겠다던 워싱턴은 필라델피아 제헌회의에 기꺼이 참석하겠다고 결의를 다졌다.

국가state의 헌법 :
성문헌법, 제헌회의 그리고
헌법의 비준

1776년 7월 4일 13개의 북아메리카의 영국 식민지는 공동으로 독립을 선언했다. 같은 해 6월에 열린 제2차 대륙회의에서는 독립선언서 기초 작업을 벤저민 프랭클린, 존 애덤스, 토머스 제퍼슨을 포함한 5인 위원회에 위임했다. 제퍼슨이 독립선언서를 기초했으며, 프랭클린과 애덤스가 몇 군데 수정하여 독립선언서 초안을 완성했다. 독립선언서는 6월 28일 대륙회의에 제출되어 토론과 약간의 수정을 거쳐 마침내 7월 4일에 채택되었다.

독립선언서에서는 13개 식민지가 모국인 영국과 모든 정치적 관계를 단절하고 "자유로운 독립국가들states"임을 선포했다. 흔히 잘못 아는 사실이 있는데, 독립선언서는 '미국'이 단일국가로 독립을 선포한 문서가 아니다. 미국의 독립선언은 "13개 아메리카 연합 국가들의 만장일치 선언"이었다.[20] 미국의 독립선언 이전에 이미 미국연합의 각 국가에서는 인민주권 원칙에 입각한 제헌 작업이 진행되고 있었다. 혁명 기간 동안 총 17개의 헌법이 제정되었다.

큰 틀에서 보면 미국연합 국가들의 헌법은 식민지의 정치적 전통에서 크게 벗어나지 않았다. 사실 미국의 시작을 이야기할 때 종교적 박해를 피해 아메리카로 건너온 청교도의 이미지를 지나치게 강조하기 때문에 식민지의 정치 구조뿐 아니라 미국연합 국가들의 정치 구조가 얼마나 모국인 영국의 정치 구조와 닮았는지를 잊어버릴 때가 많다. 1620년에 매사추세츠의 플리머스로 건너온 필그림이라는 급진 청교도를 제외하면, 사실상 청교도라고 하더라도 영국과 단절하기는커녕 지속적으로 영국과의 돈독한 관계를 유지해왔다. 영국 국교와 분리를 주장하지 않는다고 해서 흔히 그들은 비분리주의자라고 불린다. 그들은 자신들을 영국인으로 간주했고, 아메리카 식민지 곳곳에 영국 출발지 이름을 붙였으며, 가능한 한 영국의 사회와 정치 체제를 이식移植하려고 했다. 명예혁명 이후 영국과의 유대는 더욱 심화되었다.

따라서 그들이 세운 식민지의 정치체제는 영국의 정치체제와 매우 흡사했다.[21] 그들은 몽테스키외처럼 영국의 정치체제를 "최고의 완성"에 도달한 것으로 칭송했으며, 고전적인 정치철학 문제, 즉 정체순환론政體循環論 문제를 해결한 것으로 이해했다. 그들은 영국의 정치체제가 군주정, 귀족정, 민주정의 세 가지 요소를 동시에 갖춤으로써 정체 순환의 고리를 단절시켰다고 믿었다. 그들은 영국 국왕이 군주정을, 상원이 세습에 의해 종신으로 직위가 보장되는 귀족정을, 하원이 국민이 직접 선출한 사람들로서 민주정을 실현했으며, 나아가 이들 세 가지 정치체제 요소가 상호 견제와 균형을 이룸으로써 부패와 타락이 없는, 즉 순환하지 않는 정치체제를 건설했다고 믿었다.

따라서 북아메리카의 식민지인은 영국의 통치 체제와 유사한 영구적인 정치체제를 건설하기를 희망했다. 실제로 각 식민지에는 영국 국왕이 임명하는 총독, 대부분의 경우 총독이 임명하는 상원(혹은 집행평의회) 그리고 식민지인이 직접 선출하는 하원이라는 식민지 정치체제가 자리를 잡았다. 물론 식민지의 상원 의원은 귀족이 아니었으나 일반 시민에 비해 매우 부유했고 영국의 귀족 문화를 지속적으로 수입하고 탐닉하는 부류였다. 이와 같은 '총독—상원—하원'의 정치 구조는 아메리카 식민지인의 혼합정부적 희망이 실현된 것이기도 했지만, 영국 정부의 '유익한 태만' 정책의 결과이기도 했다.

영국 국왕처럼, 식민지 총독은 실로 막강한 권력을 가지고 있었다. 우선 총독에게는 입법부에 대한 절대적이고 우월적인 지위가 부여되었다. 그는 모든 법률안에 대해 절대거부권을 가지고 있었다. 절대거부권은 입법부의 재의권再議權을 인정하지 않기 때문에 일단 총독이 절대거부권을 행사하면 그 법률안은 어떤 경우에도 법률이 될 수 없었다. 그뿐 아니라 총독은 언제든지 입법부를 휴회하거나 해산할 수 있었다. 또한 법원개설권과 법관임명권도 가지고 있었으며, 식민지 군軍의 통수권자이기도 했다. 그는 군대를 소집하고 지휘하며 계엄을 시행할 수도 있었다. 게다가 언론검열권, 사면권, 회사설립권 등 폭넓은 행정권도 가지고 있었다. 요컨대 영국 식민지의 총독은 행정, 입법, 사법 모두에 광범위하게 행사하는 대권적大權的 권력을 보유했던 것이다.

그러나 식민지 총독이 실제 정치에서 이 같은 막강한 권력을 손쉽게 행사할 수는 없었다. 영국 의회가 스튜어트 왕가의 국왕에게 했던 것처럼, 특히 재정 법안에 대한 배타적 권력을 장악한 식민지 의회가 총독의 권력을 실질적으로 잠식했기 때문이다. 영국 국왕은 전쟁선포권을 가지고 있었지만 전쟁을 성공적으로 수행하기 위해서는 의회의 지원과 협조가 절대적으로 필요했다. 의회는 전쟁 수행에 관한 재정 지원을 결정하는 재정 법안에 대해 배타적 권리를 가지고 있었고, 영국 국왕은 지속적으로 전쟁 자금을 조달하기 위해 의회를 설득해야만 했다. 영국 국왕이 의회 지도자에게 정부 계약, 특혜 등의 실질적인 뇌물을 주었던 것처럼, 식민지 총독도 막강한 권력을 행사하기 위해서는 식민지 의회의 유력인사에게 뇌물을 주거나 정치 거래에 기대지 않으면 안 되었다.

이 과정에서 총독은 부정부패의 온상으로 간주되었다. 더욱이 대부분의 식민지 총독은 공금을 횡령하거나 해적 행위를 눈감아주는 대가로 뇌물을 받아 챙겼으며, 때로는 영국에 머문 채 부재 총독으로 세월을 보내며 부총독에게 식민지 업무를 내맡겼다. 또한 총독은 식민지의 이익보다 영국의 이익을 우선시했기 때문에 식민지인의 눈에는 식민지의 이익에 반하는 이질적이고 부정한 인물로 간주되었다.

따라서 총독과 식민지 의회가 자주 갈등을 빚었다는 사실은 그리 놀라운 일이 아니다.[22] 특히 영국은 식민지의 지역 행정을 위해 영구적인 세입원을 찾아 재정적으로 자립성을 갖추기를 희망했고, 총독은 이러한 본국의 열망에 부응하고자 노력했다. 그러나 식민지 의회는 재정 법안에 대한 배타적 권력으로 총독의 막강한 권력을 실질적으로 제한했을 뿐만 아니라, 영국의 이익에 봉사하고자 하는 총독의 희망을 좌절시켰으며, 자율적이며 독립적인 식민지과세권을 옹호하기 위해 필사의 노력을 기울였다. 따라서 식민지 시대에 오랫동안 식민지 의회는 식민지인의 자유와 권리의 수호자로 인식되었다.

더욱이 명예혁명 이후 영국에서는 정치체제가 변화하기 시작했다. 앞에서 설명한 대로, 명예혁명으로 의회가 실질적인 권력을 장악하자 존 로크, 윌리엄 블랙스턴 등은 의회 우월주의를 위한 헌정 이론을 제시하고, 이를 정당화했다. 영국의 주권은 단순히 국왕이 아니라 '의회

안의 국왕'에게 있는 것으로 규정되고 해석됨으로써 의회의 주권적 지
위가 강화되었다.

이러한 의회 우월주의는 1763년 이후 나타난 헌정 논쟁과 미국혁명
과정에서 더욱 강화되었다. 헌정 논쟁을 불러일으킨 일련의 과세와 징
벌적 법률은 식민지 의회의 위상을 더욱 높여주었다. 식민지 의회는
총독뿐 아니라 영국 국왕과 영국 의회의 전제주의적 탄압에 맞서 식민
지인의 자유와 권리를 수호하는 주체로 떠올랐다. 식민지 의회는 부당
한 중앙정부와 행정권으로부터 식민지의 민주적 전통과 영국 '고래古
來의 헌법'을 수호하는 것으로 여겨졌다. 따라서 미국혁명 기간 중에
제정된 미국연합 국가들의 헌법이 행정권을 최대한 제한하면서 입법
권을 최대한 확대하려는 경향을 띠게 된 것은 자연스러운 결과였다.

독립선언서가 채택되기 훨씬 이전인 1776년 1월 5일, 뉴햄프셔는
미국연합 국가 가운데 최초로 헌법을 제정했다.[23] 영국과 북아메리카
식민지 사이에 전쟁이 시작되자, 1775년 6월 뉴햄프셔 총독인 존 웬트
워스Sir. John Wentworth는 식민지에서 도망쳤다. 이에 따라 뉴햄프셔 정
부는 혼란에 빠졌고, 대륙회의에 이 같은 긴급 상황을 어떻게 타개할
것인지 자문을 구했다.

대륙회의는 뉴햄프셔뿐 아니라 다른 식민지에도 긴급 상황을 타개
하기 위해 필요한 조치를 취할 것을 권고했다. 즉 대륙회의는 각 식민
지에 "인민의 완전하고 자유로운 대의代議"에 근거한 인민의 대표자들
이 "만약 그들이 판단하기에 필요하다면…… 인민의 행복을 가장 잘
가져올 수 있고 그 지역에 평화와 건전한 질서를 가장 효과적으로 보
장할 수 있는 정부 형태를 수립할" 것을 권했다.[24] 대륙회의의 권고에

따라 뉴햄프셔 의회는 즉각 헌법을 제정하고 정부를 구성했다. 이 헌법은 미국의 독립전쟁을 종식시킨 파리 조약이 체결된 후인 1784년까지 사용되었다.

그리고 사우스캐롤라이나, 버지니아, 뉴저지가 그 뒤를 따랐다. 사우스캐롤라이나는 3월 26일, 버지니아는 6월 29일, 뉴저지는 7월 2일에 각각 헌법을 제정했다. 이들 국가의 헌법 제정 역시 미국의 독립선언 이전에 이루어졌다. 그해 12월까지 10개 국가가 헌법을 제정했고, 이듬해인 1777년에는 조지아와 뉴욕이 헌법을 제정했다. 그리고 1778년에는 사우스캐롤라이나가, 1784년에는 뉴햄프셔가 임시 헌법을 수정하고 영구적인 헌법을 채택했다. 매사추세츠는 여러 어려움을 겪은 후 1780년에야 헌법을 제정했다. 따라서 1770년대는 아메리카에서 헌법 제정이 폭발한 시기였다.

미국연합 국가들의 헌법은 다양한 형태를 띠었다. 로드아일랜드와 코네티컷은 식민지 인허장을 거의 그대로 유지하면서 헌법을 제정했다. 로드아일랜드와 코네티컷은 영국 국왕과 관련된 모든 부분을 삭제하는 등 불가피한 부분만 수정함으로써 주권이 인민에게 있다고 선언했다. 1776년 5월, 로드아일랜드는 일반의회에서 일종의 독립선언으로 간주될 수 있는 법을 제정하고 정치적 정체성을 변경했다. 이 법을 통해 로드아일랜드는 영국 국왕의 이름이 아니라 "로드아일랜드와 프로비던스 플랜테이션들의 영국 식민지 회사와 최고행정관의 이름으로 명실상부하게 법인이며 정치체"가 되었음을 결의했다.[25]

코네티컷은 독립선언서가 채택된 이후인 10월에 인허장을 헌법으로 삼았다. 코네티컷은 로드아일랜드보다 한걸음 더 나아가 명시적인 입법을 통해 이를 분명히 했다. 1776년 10월, 코네티컷은 인허장에 대한 충성이 "영국 국왕에 대한 이 국가의 절대적 독립과 모순되지 않는 한, 이 국가의 시민정부 형태는 영국 국왕 찰스 2세가 하사한 인허장에 의해 수립된 것과 동일하게 계속된다"라고 밝혔다.[26] 이 법률 제정으로 인허장은 정부 형태를 변화시키지 않고도 손쉽게 코네티컷의 헌법이 되었다.

코네티컷과 로드아일랜드가 인허장을 헌법화한 것은 제헌의 중요성을 몰랐다거나 도외시했기 때문이 아니었다. 실제로 두 국가 모두 타운 단위에서 헌법 제정에 대한 요구가 있었다.[27] 그러나 다른 식민지와 달리 코네티컷과 로드아일랜드에는 각각 1662년과 1663년에 영국 국왕으로부터 하사받은 인허장이 1776년까지도 여전히 유효한 상태에 있었다. 또한 그 인허장에 의거하여 국민이 선출한 하원은 직접 총독(최고행정관)을 선출할 수 있는 권한을 보유하고 있었으므로 다른 식민지보다 민주적인 정치 구조를 가지고 있었다. 따라서 혁명 당시, 코네티컷과 로드아일랜드는 자신들의 정부 형태와 구성이 영국 국왕이 아니라 인민의 동의에서 유래한다고 생각했다. 더구나 1662년의 코네티컷 인허장은 1639년에 영국 국왕의 허가 없이 거주민이 채택한 근본 질서와 주요 사항이 동일했다.[28]

그러나 코네티컷과 로드아일랜드를 제외한 나머지 국가는 인허장과 전혀 다른 형태의 헌법을 제정했다. 제헌 과정에서 가장 중요한 관심사 중 하나는 '주권재민의 원칙을 어떻게 구체적으로 실천하느냐'였다. 특히 헌법 제정과 정부 구조 면에서 실천 문제가 핵심 사항이었다. 주권자인 인민은 헌법 제정자로서 역할을 해야 하는데, 구체적으로 인민이 제헌 과정에서 어떤 역할을 수행해야 하는지는 분명하지 않았다. 또한 헌법에서 정부 구조를 어떻게 규정해야 주권자인 인민의 자유와 권리를 보호하고 이에 봉사할 수 있는지도 분명하지 않았다.

미국연합 국가들은 헌법을 제정하면서 무엇보다 헌법 제정의 권력이 인민에게 있음을 천명했다. 1776년 1월 5일 뉴햄프셔 성문헌법이 인민 대표에 의해 표결에 부쳐져 가결되었지만, 그들의 제헌 권한은 인민에게서 위임받은 권한임을 분명히 밝혔다. 뉴햄프셔의 헌법은 "우리, 뉴햄프셔 인민의 자유로운 투표에 의해 선택되고 임명되었으며, 인민으로부터 위임되고 권한을 받은 뉴햄프셔 의회의 의원들……"에 의해 제정되었음을 분명히 선언했다.[29] 1776년의 노스캐롤라이나 헌법은 뉴햄프셔보다 더욱 분명하게 주권재민의 원칙을 표명했다. 노스캐롤라이나 헌법은 "모든 정치적 권력이 오직 인민에게 있으며, 인민으로부터 유래한다"라고 선언했다.[30]

그러나 주권재민을 헌법의 서문이나 한 조항에서 선언하는 것만으로는 부족했다. 헌법 제정의 주체가 국민이라고 하더라도, 의회가 제정한 일반 법률과 인민이 제정한 헌법의 차이가 분명하지 않았던 것이다. 뉴햄프셔 헌법의 제정 과정에서 볼 수 있듯이, 의회는 일반 법률을 제정하는 것과 동일한 방법으로 헌법을 채택했다. 그렇기 때문에 뉴햄프셔 헌법의 서문은 비록 인민에게서 위임받은 사실을 거론하지만, 일반 법률의 시작과 동일한 형식으로 시작한다.

더욱이 뉴햄프셔 헌법은 코네티컷이나 로드아일랜드의 인허장과 마찬가지로 임시적 성격을 가지고 있었다. 뉴햄프셔 헌법은 본 헌법이 모국인 영국과 화해할 때까지 유효하다는 전제를 달고 있었다. 혁명이 진행 중이었기 때문이다. 이후에 제정된 사우스캐롤라이나, 노스캐롤라이나, 뉴저지의 헌법도 마찬가지로 임시 헌법을 채택했다. 뉴저지는 1776년 7월에 영국과 화해하는 경우 뉴저지의 헌법은 무효화되고, "그렇지 않으면 계속 확고하며 신성불가침하다"고 선언했다.[31]

혁명이 진전되고 미국의 독립이 보다 구체화되면서, 1776년 5월에 대륙회의는 각 식민지에 독자적인 헌법을 제정하라고 촉구했다. 이 헌법은 영국 국왕으로부터의 독립을 의미하고 군주제의 해체를 의미할 뿐만 아니라 국가의 주인, 즉 주권자를 국왕에서 국민으로 옮겨놓는 혁명적 변화를 상징하는 것이었다. 5월 10일, 대륙회의는 "사태의 긴급성 때문에" 각 식민지에서는 빨리 정부를 세울 것을 종용했다. 그리고 5일 후에는 주권재민 원칙에 근거한 헌법을 제정하라고 요청했다. 대륙회의는 아메리카에서 영국 국왕의 이름으로 행해지던 "모든 종류의 권위적 행사는 완전히 금지"되며 "식민지 인민의 권위의 이름으로…… 모든 통치 권력"의 행사가 이루어져야 한다고 선언했다.[32] 이제 영국과 아메리카 식민지 사이의 화해는 불가능해졌다.

미국의 독립이 분명해지면서 미국연합 국가들은 영구적인 헌법 제정을 고려하기 시작했다. 버지니아도 대륙회의 대표에게 미국의 독립을 지지하라고 지시한 후 헌법 제정에 착수하기 위해 헌법초안위원회를 구성했다. 6월 29일, 헌법과 권리장전이 만장일치로 통과되었다. 그러나 버지니아 헌법 역시 일반 법률의 입법 과정과 동일한 방식으로 제정되었다. 5월 15일 대륙회의의 권고를 수용해, 뉴저지도 7월 2일에 일반 법률의 입법 방식으로 헌법을 제정했다.

비록 미국연합 국가들이 성문헌법을 통해 주권재민의 원칙은 선언했지만, 일반 입법 방식에 따라 제정된 헌법은 그 영구성이나 법적 구속력이 아무래도 취약할 수밖에 없었다. 헌법이 인민의 헌법제정권을 선언할지라도, 의회가 원한다면 언제든지 일반 입법 방식에 따라 제정된 헌법을 인민의 이름으로 다시 제정하거나 개정할 수 있을 것이다. 또한 일반 입법 방식에 따라 제정된 헌법과 일반 법률 간의 근본적인 차이가 분명하지 않아 일반 법률에 대한 헌법의 구속력을 강제하거나 유지하는 데 현실적으로 어려움이 발생할 수 있었다.

사실 이 같은 문제는 영국에서라면 있을 수 없는 것이었다. 영국 의회는 '의회 안의 군주'라는 형태를 빌려 주권자로 군림했기 때문이다. 마그나카르타 이후, 특히 영국 내전을 거치면서 의회는 국민의 수호자로 자처했고, 영국의 헌법을 구성하는 것으로 간주되는 권리청원(1628), 인신보호법(1679), 권리장전(1689)은 실제로 모두 의회가 제정한 법이었다. 의회 우월주의를 이론적으로 체계화한 법학자 윌리엄 블랙스톤은 "헌법 혹은 통치 구조"의 법과 "법체계" 사이에는 실질적인 차이가 없다고 강조했다.[33] 주권자인 의회는 일반 법률뿐 아니라 (불문)헌법(의 한 부분)을 제정할 수 있었기 때문이다.

그러나 미국에서는 주권자가 인민이었다. 따라서 의회의 선언만으로 어떤 법은 헌법이 되고, 어떤 법은 일반 법률이 될 수 없었다. 주권재민의 혁명 원리는 헌법과 일반 법률에 대한 첨예한 구분을 가능하게 했으며, 바로 이것이 영국의 헌정주의에서 벗어나 미국의 독자적인 헌정주의를 가능하게 했다.[34] 예를 들어 영국 의회가 제정한 인지세법(1765)의 경우 영국에서는 합법적이며 합헌적일 수 있지만, 미국에서는 합법적일 수는 있지만 합헌적이지는 않았다. 국민의 대표자인 의회가 제정한 일반 법률과 주권자인 인민이 제정한 헌법은 근본적으로 차이가 있어야 했다. 달리 말하면, 의회가 자신의 이해관계에 따라 헌법을 개폐하거나 개정할 수 없도록 하는 제도적 장치가 필요했다.

따라서 미국연합 국가들은 헌법이 비록 일반 입법 방식에 따라 제정되었지만, 일반 법률과 근본적으로 차이가 있다는 점을 강조하고자 했다. 그 방법 가운데 하나는 헌법의 특정 조항이 입법부에 의해서조차 변경될 수 없다는 점을 명시하는 것이었다. 델라웨어는 1776년 헌법 제30조에서 "권리선언과 근본적인 규칙" 그리고 특정 몇몇 조항은 어떠한 경우에도 침해될 수 없다고 선언했다.[35] 뉴저지는 배심 받을 권리, 의회의 구성, 공직 임기 등에 관한 조항(제18조와 제19조)은 의회가 변경하거나 폐기할 수 없다고 선언했다. 또한 버지니아와 같은 국가는 권리장전을 헌법 서문에 위치시키고 번경히거나 폐기할 수 없다고 밝혔다. 이와 같이 미국연합 국가들은 일반 입법에 우월한 헌법 조항을 선언함으로써 의회의 침해 가능성을 사전에 방지하고자 했다. 그러나 일부 헌법 조항의 우월성 혹은 변경 불가능성을 헌법에서 선언하는 것만으로는 헌법이 일반 법률에 우선하는 것이며, 헌법의 제정자는 의회가 아니라 인민임을 명백히 보여줄 수 없었다.

따라서 헌법의 신성함을 확보할 수 있는 확실한 제도적 방법이 필요했으며, 그 결과 헌법 제정만을 목적으로 하는 제헌회의가 개최되었다.[36] 펜실베이니아와 델라웨어에서 비슷한 시기에 요구하여 제헌회의 개최가 성사되었는데, 두 국가 모두 혁명파patriots보다는 오히려 (영국에 대한) 충성파loyalists가 적잖은 세력을 형성한 지역이었다. 1776년 펜실베이니아의 혁명파는 독립선언이 목전에 임박한 상황에서 펼쳐진 5

월 선거에서조차 의회의 다수를 확보하지 못했다. 혁명파는 5월 15일
에 있었던 대륙회의의 헌법 제정 권고를 불리한 상황을 타개하는 명분
으로 활용하면서, 제헌회의 소집을 요구했다. 제헌회의 대표를 선출하
는 선거권이 독립전쟁을 수행하는 민병대의 성인 남성에게까지 확대
되면서, 혁명파의 승리가 비로소 가시화되었다. 충성파가 상당한 정치
적 영향력을 가지고 있던 델라웨어의 경우 독립선언이 전환점으로 작
용했다. 델라웨어의 혁명파는 7월 27일에 제헌회의 대표의 선거권을
미국연합의 독립을 지지한다는 선서를 한 성인 남성에게로 제한함으
로써 승리를 가시화하는 데 성공했다.

펜실베이니아와 델라웨어는 일반의회의 당파적 구성으로는 주도권
을 장악할 수 없다는 판단 아래 제헌회의를 타개책으로 활용한 것이
다. 9월 2일에 델라웨어에서 제헌회의가 개최되었다. 델라웨어 제헌
회의는 매우 빠른 속도로 움직였다. 펜실베이니아의 권리선언과 메릴
랜드의 권리선언을 토대로 하여 권리선언 초안을 만든 후, 11일에 이
를 통과시켰다. 9일 후인 21일에 제헌회의는 전체 회의를 열어 헌법을
가결하였으며, 헌법 제정을 마친 후 해산했다. 제헌회의 의원이었던
토머스 매킨Thomas McKean은 "우리에게는 입법권이 부여되지 않았다"
[37]라면서 제헌회의 해산을 정당화했다.

펜실베이니아는 델라웨어보다 앞선 7월 15일에 96명으로 구성된
제헌회의를 개최했다. 펜실베이니아 제헌회의는 버지니아의 권리장
전을 많이 참고하면서 권리선언 초안을 작성하여 통과시켰다. 그리고
헌법안을 논의하여 마침내 9월 28일에 헌법 최종안을 통과시켰다. 제
헌회의를 먼저 개최했던 펜실베이니아는 헌법안을 심사숙고하는 과

정에서 델라웨어보다 7일 늦게 헌법을 제정했다. 따라서 펜실베이니아는 헌법 제정만을 위한 회의, 즉 제헌회의를 최초로 소집한 국가였으며, 델라웨어는 헌법 제정의 유일한 업무를 무사히 완료한 후 제헌회의를 해산한 최초의 국가가 되었다. 제헌회의의 구성은 일반 입법과 헌법 제정을 분명히 구분했다는 점에서 "근대 헌정주의의 실질적 발전을 향한 위대한 진보"[38]였다.

그러나 인민주권의 혁명 원리가 현실 정치에서 헌법으로 완성되기 위해서는 또 다른 제도적 변혁이 필요했다. 제헌회의에 의한 헌법 제정과는 별도로, 제헌회의에서 제정된 헌법에 대한 인민의 비준은 인민의 최종적인 의사를 묻는 절차로서 반드시 거쳐야 했다. 이미 1776년 6월에 뉴욕에서 헌법 제정에 관한 절차가 논의되는 가운데, 인민에 의한 비준의 필요성이 제기되었다. 뉴욕 시와 인근의 장인 및 직공은 헌법제정권이 "일반 주민"에게 있다고 주장하고, 그 권리는 법적 권리거나 특권이 아니라 "하느님이 그들에게 부여한 권리"로서, 제정된 헌법이 "그들의 이해관계와 일치하는지를 판단하고 그 헌법을 수용할지 아니면 거부할지를 결정하는" 권리임을 밝혔다.[39] 그러나 인민 비준의 요구는 실현되지 않았다. 영국의 점령 아래 있던 뉴욕 시는 군사적 안전에만 관심을 가지고 있었고, 1777년 3월에야 비로소 의회가 헌법을 통과시켰다.

인민에 의한 헌법 비준이 완성되기 위해서는 1780년 매사추세츠에서 헌법 비준이 통과되기를 기다려야 했다. 1776년 초에 매사추세츠 일반의회는 과도정부로서의 역할을 자청하면서 헌법 제정은 아직 시기상조라고 선언했다. 그러나 시민정부의 회복을 위한 헌법 제정에 대한 요구가 높아지면서, 1777년 5월에 매사추세츠 의회는 헌법 제정과 일반 입법 활동을 위한 의회 선거를 개최하기로 결정했다. 이 결정은 헌법안에 대한 인민의 비준, 즉 국민의 3분의 2가 찬성하면 헌법이 비준된다는 내용이 포함되어 있었다. 헌법 비준은 21세 이상의 자유로운 성인 남성에 국한되었으며 재산 제한은 없었다.

1778년 3월, 제정된 헌법은 국민 비준 투표에 회부되었다. 타운별로 실시된 비준 투표에서 매사추세츠는 헌법 조문별로 의견을 제시했고 비준 의사를 밝혔다. 하지만 매사추세츠 헌법은 비준에 실패했다. 비준 찬성이 2083표였으며, 반대는 9972표였다.[40] 의회의 의석 배분 방식에 가장 많은 불만을 가졌던 매사추세츠 국민은 헌법에 권리선언이 없다는 것, 재산 제한이 지나치게 높게 설정되었다는 것, 흑인이나 인디언의 선거권을 박탈했다는 것 등에 대하여 반발했다.[41]

매사추세츠의 헌법 제정 시도는 실패했고, 매사추세츠는 다시 헌법 제정 작업을 시작해야 했다. 헌법 비준이 실패하자 일반의회는 국민에게 새로운 헌법 제정의 필요성을 물었다. 동시에 일반의회는 제헌회의를 구성하고, 제헌회의에 헌법 제정 작업을 일임할 것인지도 물었다. 이번에는 모든 성인 남성이 아니라 의원을 선출할 수 있는 성인 남성, 즉 재산 제한을 둔 성인 남성에게 물었다. 1779년 4월, 타운별로 실시된 투표에서 찬성표가 과반수를 넘었다. 이에 따라 "서양사에서 최초로 진정한 제헌회의"[42]가 소집되어 헌법이 제정되었다.

1780년 3월, 매사추세츠는 수정된 헌법을 비준에 회부했다. 그리고 국민의 이해와 지지를 받기 위해 헌법 조문에 대한 간단한 설명을 덧붙였다. 이번에도 국민은 개인별로 비준 투표를 하고, 헌법 조문에 대

해 의사를 표명했다. 그리고 제헌회의는 비준 결과를 검토한 후, 1780
년 10월 25일 마침내 헌법이 효력을 가지게 되었음을 선언했다.

이제 제헌회의와 비준이 공식적인 헌법 제정 절차로서 분명한 선례
를 가지게 되었다. 1787년 필라델피아에서 개최된 제헌회의도 이와
같은 방식으로 진행될 것이었다. 매사추세츠 제헌회의가 국민에게 헌
법 비준을 받은 것처럼, 필라델피아 제헌회의 역시 비준을 받기 위해
각 국가에 미국헌법을 보내게 될 것이다. 제헌회의 구성과 헌법 비준
이라는 절차를 통해 현실 정치 속에서 인민주권의 혁명 원리를 헌법에
실현할 뿐만 아니라, 일반 법률에 대한 헌법의 제도적 우월성을 분명
히 하게 되었다. 또한 헌법을 제정한 국민이 일반 법률을 제정하는 입
법부보다 우월하다는 사실을 제도적으로 과시하게 되었다.

국가의 헌법과
권력 구조

인민주권의 혁명 원리를 실현하기 위한 헌법 제정의 제도적 장치가 제
헌회의와 비준이라고 한다면, 권력분립과 균형정부는 인민주권 원리
를 실현하기 위한 헌법의 구조적 장치였다. 국민이 주권자인 이상, 어
느 권력 기구와 부서도 최종적이며 최고의 권력을 가질 수는 없었다.
또한 정부는 주권자인 국민의 권리와 자유 그리고 복지를 위해 작동해
야 하고, 국민을 위한 존재여야 했다. 이를 위하여 정부의 어느 부서도
최종적인 권한을 가질 수 없도록 권력을 나누고 서로 견제하기 위한
구상이 헌법에 담겼다. 주권자의 궁극적인 의사가 담긴 헌법에는 정부
의 권력 기구와 부서를 복종시키며 국민을 위한 종복으로서의 권력 구
조가 필요했다.

　미국연합 국가들은 혁명을 통해 영국 국왕을 제거하고 주권자인 인
민을 위해 권력 남용을 방지하고자 했다. 특히 식민지에서 경험한 국
왕과 총독의 권력 남용을 제도적으로 철저하게 차단하고자 했다. 이를
위해서 미국연합 국가들은 누구보다도 몽테스키외의 교훈에 따라 권
력분립의 원칙을 헌법에 구현하고자 했다. 1776년의 메릴랜드 헌법은
제6조에서 "정부의 입법부, 행정부, 사법부는 영구적으로 분리되어야
하며 상호 구별되어야 한다"라고 선언했다.[43] 이와 유사하게 1776년의
버지니아 헌법도 "입법부, 행정부, 사법부는 분리되며 구별되어야 한

다"라고 천명하고, "어느 부서도 타 부서에 정당하게 속한 권한을 행사할 수 없으며, 어느 누구도 이 부서 가운데 한 부서 이상의 권한을 행사할 수 없다"라고 선언했다.[44] 이외에도 미국연합 국가들 대부분의 헌법에는 권력분립의 원리가 확고하게 명시되었다.

그러나 이 같은 권력분립 선언에도 헌법 속에 담긴 권력은 정부의 3부에 균형 있게 분리되지 못했다. 영국 국왕의 압제에 분노한 미국연합 국가들은 무엇보다도 권력을 남용하기 쉬운 최고행정관의 권한을 대폭 축소했다. 최고행정관에게 주었던 '대권大權'의 대부분을 박탈하고 오로지 법률을 성실히 집행하는 행정권만을 남겨두고자 했다. 토머스 제퍼슨은 1776년의 버지니아 헌법을 구상하면서 최고행정관의 의회 출석과 의회 회기에 관한 권한, 전쟁선포권과 조약체결권, 화폐주조권, 법원설치권, 사면권 등을 박탈해야 한다고 주장했다.[45]

최고행정부 대신 입법부가 막대한 권력을 떠안게 되었다. 우선 미국연합 내 많은 국가들의 입법부는 최고행정관을 선출할 권리를 부여받았다. 뉴햄프셔, 뉴욕 그리고 매사추세츠에서만 인민이 최고행정관을 직접 선출했다. 뉴햄프셔와 매사추세츠의 경우 어느 후보도 과반수 득표를 얻지 못한다면 입법부에 의해 최종 결정이 이루어진다. 그리고 펜실베이니아에서는 입법부와 국민이 선출한 '최고국무회의'가 공동으로 최고행정관을 선출했다.

미국연합 국가들에 따라 '거버너governor' 혹은 '프레지던트president'라고 불린 최고행정관은 일반적으로 1인이며, 임기는 1년이고 단임이었다. 특히 조지아는 3년 동안 1년 이상 최고행정관직을 맡지 못하도록 규정함으로써 가장 제한적인 임기 조항을 가지고 있었다. 이렇게 최고행정관의 매우 짧은 단임에 대한 헌법 규정은 식민 시대에 경험했던 강력한 행정부의 권력 남용에 대한 혐오와 공포 때문이었다.

최고행정관은 "입법부의 피조물"이었다. 즉 국정에 대한 비전과 정책을 관철하는 정치 주체라기보다 입법부의 법률을 그대로 시행하는 집행자였다. 제퍼슨이 적절히 평가했듯이, 최고행정관은 행정 업무의 "관리자"[46]에 불과했다. 입법부는 최상의 정부 조직이었지만, 최고행정관은 입법부의 종속 기구였다. 펜실베이니아는 "최고행정관governor 직을 사실상 제거해버림"[47]으로써 입법 우월주의의 극단적인 면을 보여주었다. 펜실베이니아에서 최고행정관은 1년 단임의 '최고국무회의 의장president'이었으며, 헌법상 행정권은 최고행정관과 최고국무회의에 있었다.

그나마 최고행정관에게 부여된 미약한 권력마저도 일종의 집행평의회executive council 혹은 국무회의council of state와 공유해야 했다.[48] 국무회의는 영국의 추밀원과 식민지 총독 정부에서 기원한 기관으로, 주요 정책에 관하여 최고행정관에게 권고와 동의를 해주는 통치 기관이었다. 국무회의는 로드아일랜드, 코네티컷, 뉴욕을 제외한 나머지 미국 연합 국가들에 설치되었다. 입법부가 국무회의 의원을 선출한다는 점에서 국무회의는 행정부에 대한 입법부의 견제 기관이었다. 그러나 국가 정책을 최고행정관과 함께 결정하고 집행한다는 점에서 국무회의는 행정부의 일부이기도 했다. 이런 까닭에 버지니아의 최고행정관이었던 에드먼드 랜돌프Edmund Randolph는 자신을 "행정부의 한 구성원"으로 정의했고, 어느 유명한 미국의 혁명사가는 최고행정관을 "집행위원회 의장에 불과하다"고 평가했다.

최고행정관의 가장 중요한 역할은 입법부가 제정한 법률을 집행하는 것이었다. 따라서 최고행정관이 법안거부권을 갖는다는 것은 당연히 있을 수 없는 일로 간주되었다. 한때 식민지 총독은 영국 국왕의 대리인으로서 법률안거부권을 보유한 적이 있었다. 그리고 실제로 사우스캐롤라이나는 최고행정관에게 법률안거부권을 부여했으나, 공화국의 이상에 걸맞지 않는다는 이유로 이를 폐기했다.

예외적으로 뉴욕과 매사추세츠는 최고행정관에게 제한적 법률안거부권을 부여했다.[49] 그러나 이들 공화국에서조차 법률안거부권이 행사되었더라도 의회 양원의 3분의 2가 찬성하면 해당 법률을 재의결할 수 있었다. 매사추세츠에서는 최고행정관이 홀로 법률안거부권을 행사하도록 규정했던 반면, 뉴욕에서는 개정평의회를 두어 최고행정관과 함께 거부권을 행사하도록 했다. 뉴욕의 최고행정관은 개정평의회의 한 구성원으로 참여하지만 표결권을 갖지 못했고, 가부 동수를 이룰 때에만 결정투표권을 행사할 수 있었다.

이와 비슷한 논리로 미국연합 내 어느 국가에서도 '입법부의 피조물'인 최고행정관에게 의회해산권을 부여하지 않았다. 공화국의 이상理想 아래, 최고행정관의 헌정적 임무는 법률을 온전히 집행하는 것이었기 때문이다. 이와 동시에 식민지 시대에 입법부의 해산을 강요했던 영국의 압제 경험은 최고행정관에게 의회해산권을 부여하는 것을 불가능하게 했다.

미국연합의 모든 국가에서 의회의 회기는 헌법 혹은 법률에 의해 규정되어 엄격히 준수되었다. 예외적으로 뉴욕의 최고행정관은 1년에 60일을 넘지 않는 한도 내에서 입법부의 정회를 요구할 수 있었다. 그러나 최고행정관이 의회 회기에 간섭할 수 있는 여지는 전혀 없었다. 다만 최고행정관은 주요 현안을 해결하기 위해 특별회기로 의회의 개회를 요구할 수 있었다.

최고행정관의 임명권 역시 입법부에 의해 크게 잠식되었다. 총독이 사적인 이익과 편의를 위해 임명권을 남용했던 식민지 시대의 경험 때문에 최고행정관의 임명권은 입법부의 감시와 견제 대상이 아닐 수 없었다. 최고행정관에게만 임명권을 부여한 매사추세츠만이 유일하게 예외였다. 일반적으로는 입법부가 임명권을 배타적으로 행사하거나 입법부가 주로 행사하면서 최고행정관과 국무회의가 공동으로 행사하기도 했다. 심지어 조지아의 경우, 국민이 모든 공직자를 선출했다. 뉴욕의 경우 임명권은 임명평의회에 부여되었는데, 임명평의회는 최고행정관과 더불어 해마다 의회가 선출하는 네 명의 상원 의원으로 구성되었다.

군통수권 역시 예외는 아니었다. 혁명 초기에 미국연합 국가들은 직접 전쟁을 하거나 그 위험 속에 있었다. 따라서 군통수권을 최고행정관에게 부여하는 것은 자연스러운 결정이었다. 그러나 미국연합 국가들은 개인에게 군통수권을 배타적으로 부여하는 것은 독재 혹은 군주정으로 나아가는 길을 허용하는 것과 다름없다고 생각했다. 따라서 최고행정관은 국무회의와 합동으로 군통수권을 행사해야만 했다. 다만 혁명 초기에 국토를 피로 진하게 물들인 뉴욕에서만 예외적으로 최고행정관에게 배타적이고 완전한 군통수권을 부여했다.

이에 비하여 최고행정관에게 사면권은 꽤 허용되었다. 뉴욕, 메릴랜드, 사우스캐롤라이나는 최고행정관에게 사면권을 부여했다. 하지만

버지니아와 조지아는 사면권을 입법부의 수중에 두었다. 나머지 미국
연합 국가들의 경우 사면권은 국무회의의 동의를 얻어 최고행정관이
행사할 수 있었다. 그러나 사면권은 일상적으로 사용되는 권력이 아니
었으며, 입법부를 견제하거나 제한하는 권력도 아니었다. 더욱이 사면
권은 최고행정관이 행정을 주도적으로 처리하는 데 그리 유용한 권력
도 아니었다.

미국연합 국가들은 입법부 우월주의의 권력 구조를 가지고 있었다.
각 국가의 최고행정관은 입법부에 심각하게 의존했을 뿐만 아니라, 입
법부를 견제할 수 있는 어떤 권력도 가지고 있지 않았다. 견제와 균형
이라는 헌정 원리는 입법부와 행정부(최고행정관) 간의 관계에는 적용되
지 않았다. 입법부의 만능 권력에 대한 견제는 하원에 대한 상원의 견
제 정도에 그쳤다. 그러나 양원이 아닌 경우, 즉 단원제를 채택한 국가
에서는 그러한 견제마저 존재하지 않았다.

또한 최고행정관에게 부여된 권력조차 온전히 부여된 배타적인 권
력이 아니었다. 최고행정관은 입법부의 통제 그리고 경우에 따라서는
국무회의의 권고와 동의를 받아야 했다. 혁명과 독립전쟁을 실질적으
로 수행해야 했던 최고행정관에게 군통수권조차 전적으로 주어지지
않았다. '미국연방헌법의 아버지'라고 불리게 되는 제임스 매디슨은
이러한 상황에서 미국연합 국가들의 최고행정관은 입법부가 제정한
법률의 "암호 해독자보다 조금 나을 뿐"이라고 빈정거렸다.

이러한 전반적인 추세 속에서 뉴욕과 매사추세츠는 예외였다. 두 공
화국은 미국연합의 다른 국가들에 비하여 최고행정관에게 보다 자율
적이며 광범위한 권한을 부여했다. 뉴욕의 경우에는 전쟁의 참혹한 재

난을 직접 경험했기 때문이고, 매사추세츠는 다른 국가들보다 뒤늦은
1780년에야 헌법을 제정함으로써 혁명의 추이에 대한 비판적 인식을
헌법에 담을 수 있었기 때문이다.[50]

매사추세츠나 뉴욕의 최고행정관은 미국연합의 다른 국가들에서와
달랐다. '입법부의 피조물'이 아니었으며, 권력의 원천은 입법부가 아
니라 국민이었다. 특히 1777년의 뉴욕 헌법은 국민이 최고행정관을
직접 선출하도록 규정했다. 더욱이 뉴욕의 최고행정관은 3년의 임기
를 누렸고, 무제한 연임이 가능했다. 또한 입법부의 부당한 압력과 영
향력에서 근원적으로 벗어나 있었다. 또한 매사추세츠를 포함한 다른
국가와 달리, 뉴욕에는 원천적으로 국무회의가 없었으므로 최고행정
관은 국무회의의 일상적인 간섭에서 벗어나 독립적으로 행정을 처리
할 수 있었다.

그렇지만 뉴욕의 최고행정관 역시 근본적으로는 법의 집행자였다.
따라서 "최선을 다하여 법률이 집행되도록 유의해야" 할 책무가 부여
되었으며, 뉴욕 "국가의 상황"에 관하여 입법부에 보고할 책무가 있었
다. 뉴욕 헌법에 제시된 최고행정관의 법 집행자로서의 책무는 후일
미국헌법(제2조 제3절)에 거의 그대로 옮겨졌다.

그러나 뉴욕의 최고행정관에게 완전히 독립적인 권력이 주어진 것
은 아니었다. 최고행정관의 공직임명권은 임명평의회의 '권고와 동
의'를 거쳐야 했다. 그런데도 미국연합의 다른 국가들과 비교해볼 때
뉴욕의 최고행정관이 공직 임명 과정에서 입법부에 종속되어 있지 않
았다는 사실은 적극적으로 평가되어야 한다. 최고행정관이 '권고와
동의'라는 입법부의 견제를 받도록 했던 뉴욕의 임명제도는 후일 미국

헌법(제2조 제2절)에 실린 상원의 '권고와 동의'를 의무화한 임명 방식의 선례라고 할 수 있다.

뉴욕과 더불어 매사추세츠 역시 입법부 우월주의에 입각한 정부 운영의 비효율성을 개선하고자 했다. 이를 위해서 매사추세츠는 무엇보다도 주권재민의 원리를 더욱 구체적으로 실천하고 국민에게 직접 헌법 비준을 요구했다. 그러나 그 결과는 참담했다. 1778년 매사추세츠 헌법안이 제정돼 비준을 위한 투표에 부쳐졌으나 강력한 행정부에 대한 두려움 때문에 국민은 비준을 거부했다.

1780년에 이르러 그 두려움이 사라진 후에야 매사추세츠 공화국 국민은 강력한 행정부를 두는 데 찬성했다. 그렇다고 해서 매사추세츠 국민이 최고행정관에게 절대적 법률안거부권을 부여할 정도로 강력한 행정부를 지지했던 것은 아니다. 1780년에 매사추세츠 헌법의 실질적인 기초자였던 존 애덤스는 입법부의 막강한 권력과 간섭에서 자신을 보호하기 위해 최고행정관에게 절대적인 법률안거부권이 부여되어야 한다고 역설했다. 그러나 애덤스의 제안은 받아들여지지 않았다. 그 대신 매사추세츠 제헌회의 대표들은 의회 양원의 3분의 2가 찬성할 경우 해당 법안을 재의결할 수 있게 하는 타협안을 지지했다. 이러한 타협의 결과는 미국헌법(제1조 제7절)의 내용과 근본적으로 별다른 차이가 없다.

이제 국민과 최고행정관의 관계는 달라지기 시작했다. '입법부의 피조물'로만 간주되던 최고행정관이 매사추세츠 제헌회의를 거치면서 '전체 국민의 유일한 대표자'로서 상징화되기 시작한 것이다. 입법부는 의회 선거구로 구분된 국민의 일부가 선출하지만, 최고행정관은 전

체 국민이 직접 선출하는 유일한 대표자였기 때문이다. 절대적 법률안
거부권 등의 강력한 권한을 최고행정관에게 부여해야 한다는 애덤스
의 제안도 바로 이 논리에 입각하여 제시된 것이다.

　뉴욕과 매사추세츠의 헌법 제정 과정을 거치면서, 바람직한 정부 형
태는 입법부 우월주의에 기초한 정부에서 균형정부로 옮겨가고 있었
다. 이러한 전환은 기본적으로 입법부 중심 정부 운영의 비효율성과
권력 남용에서 기인한 것이다. 의회의 회기는 1년 내내 지속되지 않았
으며, 특히 1년 임기(사우스캐롤라이나는 2년)였던 하원의 구성원은 계속 바
뀌었다. 더욱이 혁명과 전쟁으로 인해 의회는 정해진 일정을 준수할
수 없었다. 때로 의회는 다른 곳으로 피신하여 지정된 장소가 아닌 곳
에서 속개해야 했다. 심지어 개회 자체가 무산되기도 했다. 안정성과
연속성을 상실한 의회가 지속적으로 국정에 참여하며 최고행정관을
견제하거나 통제하기란 그리 쉬운 일이 아니었다.

　그러나 최고행정관은 헌법상 권력은 미약했지만 혁명과 전쟁으로
긴박한 현실 정치에서는 종종 강력한 권한과 책임을 갖기도 했다. 특
히 전쟁이 남부에서 벌어지면서, 남부에 위치한 미국연합 국가들은 최
고행정관에게 포괄적인 비상대권非常大權을 부여했다. 1777년 2월, 조
지아 의회는 최고행정관에게 "모든 행정 통치권"을 부여했다. 1년 후
조지아는 최고행정관이 필요하다고 판단하면 국무회의의 조언 없이
가장 적절한 것으로 판단되는 정책을 수행해도 좋다는 포괄적인 권한
까지 위임했다. 또한 1780년에 사우스캐롤라이나 입법부는 "재판 없
이 사형하는 것을 제외하고 공공선을 위해 필요한 모든 일을 할 수 있
는" 포괄적인 권한을 최고행정관에게 부여하기도 했다.

그러나 최고행정관이 단순히 시대 상황에서 도움을 받은 것만은 아니다. 사실 그들은 입법부의 법률을 그대로 추종했던 '피조물'이 아니었다. 그들 중 상당수는 전국적으로 가장 덕망 있고 뛰어난 인물이었으며, 어려운 여건 속에서도 훌륭하게 국정을 운영했다. 뉴욕의 조지 클린턴George Clinton, 매사추세츠의 존 핸콕과 제임스 보도인James Bodoin, 코네티컷의 조너선 트럼벌Jonathan Trumbull, 펜실베이니아의 벤저민 프랭클린, 조지프 리드Joseph Reed 그리고 존 디킨슨John Dickinson, 뉴저지의 윌리엄 리빙스턴William Livingston, 메릴랜드의 토머스 존슨Thomas Johnson, 버지니아의 패트릭 헨리Patrick Henry와 벤저민 해리슨Benjamin Harrison, 사우스캐롤라이나의 존 러틀리지John Rutledge 등 많은 유능한 최고행정관이 활약했다.

이 가운데 가장 주목할 만한 인물은 뉴욕의 조지 클린턴이다. 후일 제퍼슨과 매디슨 대통령 시절에 부통령을 지내기도 했던 클린턴은 뉴욕 헌법이 제정된 1777년부터 1795년까지 무려 18년간 최고행정관을 역임했다.[51] 뉴욕 국민에 의해 여섯 차례나 최고행정관으로 선출된 클린턴은 과감하게 입법부를 견제했다. 그는 혁명 기간 중에 무려 61개의 법률안을 거부했다. 클린턴은 너무 바쁘고 도와주는 사람이 없어 "친구들에게 편지를 쓸 시간조차 없다"라고 불평하기도 했지만, 역설적이게도 그 정도로 열심히 최고행정관 업무를 추진했다.

워싱턴과 절친한 친구 사이기도 했던 클린턴

존 러틀리지
미국 독립선언서의 서명자, 제2대 연방대법원 대법원장. 1776년의 사우스캐롤라이나 헌법 제정에 크게 기여했으며, 필라델피아 제헌회의에서 남부의 입장을 옹호했다.

은 대륙군과 긴밀한 협력을 통해 혁명전쟁을 이끌었다. 클린턴은 최고
행정관으로서 자신에게 부여된 헌법상 책무인 대외(외교)관계를 성공적
으로 수행해냈다. 연합회의 입장에서도 국가수반으로서의 최고행정
관은 가장 적절한 협력 상대자였다. 대부분의 최고행정관은 클린턴처
럼 대륙군에 복무한 경험이 있거나 각 공화국의 대표로서 연합회의에
참여한 경력이 있는 국가적인 인물이었다. 이러한 점에서 최고행정관
은 배타적인 주권 수호 문제로 분열되었던 미국연합 국가들을 연결해
주는 역동적인 동맥動脈이기도 했다.

뉴욕의 클린턴처럼 미국연합 국가들의 몇몇 최고행정관은 1년 임기
를 마친 후에도 여러 차례 재선되거나 연임했다. 혁명전쟁이 진행되는
동안 미국연합 국가들의 최고행정관은 주로 개인적인 명망과 능력이
뛰어나 선출되었다. 그리고 재선은 곧 그들의 우수한 행정 능력을 다
시 한 번 확인해주는 것이었다. 뉴저지의 리빙스턴과 코네티컷의 트럼
벌도 혁명 기간 내내 최고행정관 자리를 지켰으며, 유능한 정치인은 3
년 혹은 6년씩 최고행정관을 역임했다. 12년간 15명의 최고행정관이
존재했던 조지아의 경우가 오히려 예외적이었다.

이런 유능한 최고행정관은 행정부에 대한 국민의 공포와 혐오감을
제거하는 데 현저하게 공헌했다. 전시 기간에 특히 막강한 권한이 주
어졌지만, 그들은 대체로 그 권한을 남용하지 않고 절제했다. 또한 그
들은 혁명전쟁을 성공적으로 수행하는 리더십을 발휘함으로써 역사
적 소임을 다했고, 1인의 최고행정관을 두는 것에 대해 긍정적 인식을
심어주었다. 따라서 헌법을 개정하거나 뒤늦게 헌법을 제정하는 경우,
최고행정관의 독립성과 효율성에 대한 국민의 긍정적 태도가 자연스

럽게 반영되었다. 그리고 그 행정권은 입법부의 견제권력으로서, 그리고 균형정부의 이상을 실현하는 권력으로서 간주되기 시작했다.

혁명전쟁의 혼란과 위기 속에서 몇몇 최고행정관은 강력한 행정수반의 필요성을 정당화하는 좋은 사례가 되었다. 헌법상 한계가 있었지만, 그들은 때로 입법부의 강력한 지지 속에서 일관성 있게 효율적인 국정을 추진했다. 각 국가의 헌법이 규정하는 것과 달리, 현실에서 최고행정관은 단순히 '입법부의 피조물'이 아니었다. 위기와 혼란을 거듭하는 상황 속에서 그들은 입법부를 대신하여 국가에 정치적 지속성과 안전성을 제공하는 희망의 닻이었다. 동시에 미국연합 국가들을 하나의 정치적, 역사적 단위로 묶어주는 연합의 연결고리로 작용했다. 만일 연합 차원에서 가공할 만한 위험과 위기가 도래하면 미국연합은 미국연합 국가들의 최고행정관과 같은 강력한 리더십을 요청하게 될 터였다.

입법부 중심에서
행정부 중심으로

모국인 영국과의 갈등은 13개의 아메리카 식민지가 연합 체제를 이루어 통합할 수 있는 절호의 기회가 되었다. 건설의 이유나 과정이 제각기 달랐던 식민지는 지역적으로 상호 협조해야 할 상황은 있었지만, 13개의 전체 식민지가 함께 정치적, 군사적으로 하나의 통합된 체제를 갖춰야 할 이유는 없었다. 식민지의 인허장은 성격상 서로 달랐고, 정치체제는 유사했지만 동일하지 않았다. 이런 점에서 영국과의 헌정적 갈등은 새로운 헌정 구조를 공동으로 모색할 수 있는 기회를 가져다주었다.

영국 국왕의 주권적 권위를 부정한 이후 아메리카 식민지는 미국연합을 결성하는 한편, 각자 주권국가로서 헌법을 제정했다. 이론상 인민이 국가의 주인이 되었으나, 실제로 미국연합 정부나 연합국가들의 정부는 입법부 중심의 체제를 마련했다. 또한 인민주권의 혁명 원리를 갖췄으나, 실제로 모든 시민이 참정권을 향유했던 것도 아니다. 메릴랜드, 버지니아, 매사추세츠에서는 많은 재산을 가진 사람에 한하여 참정권이 부여된 반면, 펜실베이니아, 뉴저지, 뉴햄프셔에서는 비교적 적은 재산을 가진 사람에게도 참정권이 부여되었다. 펜실베이니아에서는 한동안 재산 보유에 관계없이 보편 참정권이 인정되었으며, 뉴저지에서는 일정 재산을 갖추면 여성에게도 참정권이 부여되었다.[52]

그러나 인민주권 원리의 실질적 구현보다 더 중요했던 것은 입법부 중심의 권력 구조였다. 양원제든 단원제든, 뉴욕과 매사추세츠를 제외한 미국연합 국가들 대부분은 입법부에 거대한 권력을 부여했다. 이는 식민지의 경험에 따른 결과였다. 영국 국왕과 식민지 총독의 권력 남용과 부정부패에 대한 식민지인의 혐오감은 헌법에 미약한 행정부와 강력한 입법부의 권력 구조를 갖는 정부 형태를 규정하도록 했다. 국가(주) 차원에서 입법부는 거의 모든 권력을 장악했고, 최고행정관은 '입법부의 피조물'에 지나지 않았다. 입법부는 국민의 직접 선출로 권위를 인정받았으며, 최고행정관은 입법부가 제정한 법률을 집행하기만 하면 충분한 것으로 간주되었다.

그러나 독립전쟁과 혁명이 진행되면서 현실은 강력한 지도력을 필요로 했다. 미국연합에서도 위원회보다는 행정 부서의 적극적이며 책임성 있는 활동이 더욱 필요했다. 또한 국가(주)의 정부에서도 최고행정관의 능력과 헌신적인 노력이 더욱 더 절실히 요구되었다. 이에 따라 행정부에 대한 혐오가 사라지고 행정부의 중요성이 강화된 이후 균형 있는 권력 구조가 출현하게 되었다. 다른 국가들보다 늦게 헌법을 제정한 뉴욕과 매사추세츠가 입법부와 행정부 간의 비교적 균형 있는 권력 구조를 가지게 된 것은 바로 이러한 이유에서였다.

그러나 연합헌장의 수정은 쉽지 않았다. 연합헌장을 수정하기 위해서는 13개 국가의 만장일치가 필요했다. 이해관계가 서로 복잡하게 얽혀 있었기 때문에 연합헌장의 수정은 쉽게 해결되지 않았다. 실제로 여러 차례 연합헌장을 수정하려고 노력했으나 그때마다 실패를 거듭했다. 드디어 1787년 5월 필라델피아에서 연합헌장을 수정할 기회가 왔고, 13개의 국가는 연합헌장의 근본적인 결함을 교정하고자 했다.

11개 '국가'의 최초 헌법에 따른 입법부의 구성, 하원과 상원

* 인허장을 헌법으로 한 '국가'는 제외

	하원 명칭	의원 수 할당	자격	선거 주기	선거 방식	선거인 자격
뉴햄프셔	House of Representatives	인구비례	개신교인, 1년 거주, 재산 제한	1년	투표	21세 남성, 인두세 납세자
매사추세츠	House of Representatives	인구비례	1년 거주, 재산 제한	1년	투표	21세 남성, 재산 제한
뉴욕	Assembly	총 70명을 인구비례로 할당	제한 없음	1년	투표	6개월 거주, 21세 남성, 재산 제한
뉴저지	General Assembly	카운티당 3명	거주자, 재산 제한	1년	투표	1년 거주, 재산 제한
펜실베이니아	House of Representatives	카운티당 6명, 필라델피아 시 6명	2년 거주, 7년 중 4년 이하의 의원직 수행	1년	투표	21세 자유민, 1년 거주, 재산 제한
델라웨어	House of Assembly	카운티당 3명	제한 없음	1년	투표	자유민
메릴랜드	House of Delegates	카운티당 4명 특정 도시당 2명	제한 없음	1년	구두투표 viva voce	21세 자유민, 재산 제한, 1년 거주
버지니아	House of Delegates	카운티당 2명 특정 도시당 1명	거주자, 자유민	1년	투표	현존 거주민
노스캐롤라이나	House of Commons	카운티당 2명 특정 도시당 1명	1년 거주, 재산 제한	1년	투표	21세 자유민, 1년 거주
사우스캐롤라이나	House of Representatives	인구비례	개신교인, 재산 제한	2년	투표	자유민 백인, 1년 거주, 재산 제한
조지아	House of Assembly	인구비례	개신교인, 1년 거주, 재산 제한	1년	투표	21세 남성 백인, 재산 제한, 6개월 거주

	상원 명칭	의원 수 할당	자격	선거 주기	선거 방식	선거인 자격
뉴햄프셔	Senate	총 21명, 선거구 인구비례	개신교인, 7년 거주, 재산 제한	1년	투표	하원 선거인
매사추세츠	Senate	총 40명, 선거구 인구비례	5년 거주, 재산 제한	1년	투표	하원 선거인
뉴욕	Senate	총 24명, 선거구 인구비례	자영민 freeholder	4년 1/4씩 1년 복무	투표	자영민, 재산 제한
뉴저지	Legislative Council	카운티당 1명	1년 거주, 재산 제한	1년	투표	1년 거주, 재산 제한
펜실베이니아	없음(첫 번째 헌법) 1790년 헌법-양원제	—	—	—	—	—
델라웨어	Council 혹은 Legislative Council	총 9명, 카운티당 3명	자영민, 25세	3년 1/3씩 1년 복무	투표	현존 자유민
메릴랜드	Senate	총 15명, 서부 9명, 동부 6명	25세, 3년 거주, 제한 없음	5년	구두투표 viva voce	하원 선거인이 선출한 상원 선거인단
버지니아	Senate	총 24명, 선거구당 1명	거주자, 지유민, 25세	4년, 1/4씩 1년 복무	투표	현존 거주민
노스캐롤라이나	Senate	카운티당 1명	1년 거주, 재산 제한	1년	투표	21세 자유민, 1년 거주, 재산 제한
사우스캐롤라이나	Senate	선거구당 1명 혹은 2명	개신교인, 30세, 5년 거주, 재산 제한	2년	투표	하원 선거인
조지아	없음(첫 번째 헌법) 1789년 헌법-양원제	—	—	—	—	—

11개 '국가'의 최초 헌법에 따른 최고행정관의 구성

* 인허장을 헌법으로 한 '국가'는 제외

	최고행정관 명칭	자격	선거 주기	선거 방식	선거인 자격
뉴햄프셔	President	개신교인, 7년 거주, 재산 제한	1년	투표	상하원 선거인
매사추세츠	Governor	개신교인 선언, 7년 거주, 재산 제한	1년	투표	상하원 선거인
뉴욕	Governor	제한 없음	3년	투표	상원 선거인
뉴저지	Governor & President of the Council	제한 없음	1년	상하 양원의 합동 투표	상하원 의원
펜실베이니아	President	제한 없음	1년	하원과 국무회의 합동 투표	하원 의원과 국무회의 의원
델라웨어	President	제한 없음 임기 후 3년간 자격 박탈	3년	상하 양원의 합동 투표	상하원 의원
메릴랜드	Governor	지혜와 경험 그리고 덕성을 갖춘 자	1년	상하 양원의 합동 투표 유고시, 동일 방식으로 선출	상하원 의원
버지니아	Governor	제한 없음 3년 이상 연임 불가 임기 후 4년간 자격 박탈	1년	상하 양원의 합동 투표	상하원 의원
노스캐롤라이나	Governor	5년 거주, 30세, 자영민, 재산 제한 6년간 3년 이상 재임 금지	1년	상하 양원의 합동 투표	상하원 의원
사우스캐롤라이나	Governor	개신교인, 10년 거주, 재산 제한,	2년	상하 양원의 합동 투표	상하원 의원
조지아	Governor	제한 없음 3년 중 1년 이상 재임 금지	1년	하원 선거	하원 의원

제5장

필라델피아 제헌회의와
미국헌법의 제정

1 25일 제헌회의는 펜실베이니아의 필라델피아에
는 인디펜던스 홀에서 개최되었다. 영국의 식민지
서 독립한 미국연합 국가는 모두 13개국이었지만,
드아일랜드가 불참하여 12개 국가가 참석했다. 이 회의는 원래 연합헌장을 수정하기
해 소집되었으나, 결과적으로 연합헌장과 다른 새로운 헌법을 제정했다. 필라델피아
의는 연합회의에 전혀 부여되지 않았던 과업을 수행한 것이다. 그러나 연합회의는 필

델피아 회의에서 제안된 미국헌법을 기꺼이 수용했고, 비준을 위해 미국연합 국가들에 미국헌법을 발송했으며, 권력을 미국 연방정부에 기꺼이 이양했다.
국은 더 이상 주권국가들이 모인 국제조직이 아니라, 명실상부한 중앙정부를 가진 하나의 국가가 되었다.

제헌회의 대표들

1787년, 총 55명의 대표가 필라델피아에 모여 미국헌법을 제정했다. 5월 25일 제헌회의는 펜실베이니아의 필라델피아에 있는 인디펜던스 홀에서 개최되었다. 영국의 식민지에서 독립한 미국연합 국가는 모두 13개국이었지만, 로드아일랜드가 불참하여 12개 국가가 참석했다. 이 회의는 원래 연합헌장을 수정하기 위해 소집되었으나, 결과적으로 연합헌장과 다른 새로운 헌법을 제정했다. 필라델피아 회의는 연합회의에 전혀 부여되지 않았던 과업을 수행한 것이다.[1] 그러나 연합회의는 필라델피아 회의에서 제안된 미국헌법을 기꺼이 수용했고, 비준을 위해 미국연합 국가들에 미국헌법을 발송했으며, 권력을 미국 연방정부에 기꺼이 이양했다. 미국은 더 이상 주권국가들이 모인 국제조직이 아니라, 명실상부한 중앙정부를 가진 하나의 국가가 되었다.

필라델피아 제헌회의는 연합회의의 표결 방식과 마찬가지로 국가별 한 표로 동등하게 대표되었다. 어떤 경우 한 국가에서 두 명의 대표가 참석하기도 했고, 그보다 많은 수의 대표가 참석하기도 했다. 또한 제헌회의 기간 중에도 대표들은 질병이나 개인적인 불만과 사업, 출신국가의 공무 등으로 인해 고향으로 되돌아가기도 했고, 또 마음을 바꾸어 다시 참석하기도 했다. 그러나 기본적으로 국가의 크기와 재산혹은 인구수와 상관없이 미국연합 국가들은 동등하다는 인식이 제헌

필라델피아 제헌회의
1787년 5월에서 9월까지 펜실베이니아의 필라델피아에서 개최된 미국 연방헌법의 제
헌회의. 연합헌장의 수정을 위해 모였으나 새로운 헌법을 제정했다. 불법성 논란이 있
으나, 각 국가의 비준을 통해 헌법의 정당성을 확보했다.

회의가 끝날 때까지, 그리고 미국헌법이 비준될 때까지 오랫동안 남아 있었으며, 심지어 미국내전이 종식될 때까지도 남아 있었다.[2]

연합회의와 달리 필라델피아 제헌회의에서는 헌법의 근본적인 원천을 미국 국민에게서 찾았다. 연합회의는 미국연합 국가들이 그 원천이었으나, 미국연방은 "연합한 국가들의 국민"을 주권자로 삼았다. 따라서 연합헌장을 수정하기 위해서는 만장일치의 표결을 요구했던 연합회의와 달리, 필라델피아 제헌회의는 다수결 방식을 채택하여 진행되었다.

필라델피아 제헌회의에 참석한 대표들 가운데는 독립전쟁에 직접 참가한 세대도 있었지만, 그렇지 않은 새로운 세대도 있었다. 총 55명의 제헌회의 대표 가운데 절반에도 못 미치는 21명만이 혁명전쟁에 참가했으며, 이 중 여덟 명은 독립선언서에 서명한 인물이었다. 대표들 가운데 벤저민 프랭클린은 81세로 최고령자였다. 그러나 초기에 미국혁명을 이끌었던 독립전쟁 세대인 매사추세츠의 새뮤얼 애덤스Samuel Adams, 버지니아의 패트릭 헨리와 헨리 리, 뉴욕의 조지 클린턴 등은 필라델피아 제헌회의의 목적에 동조하지 않았으며, 따라서 제헌회의 참석도 거부했다.

제헌회의 대표의 평균 나이는 43세로 대체로 젊었다. 그들 가운데 주도적 인물이자 '미국헌법의 아버지'인 제임스 매디슨은 36세였고, 대통령제의 탄생과 관련하여 적극 참여한 찰스 핑크니는 29세, 제임스 윌슨James Wilson은 36세, 구버뇌 모리스Gouverneur Morris는 35세였다. 그러나 이들은 정치적 경륜이 전혀 없는 초보가 아니었다. 대표들 가운데 42명이 연합회의에 국가 대표로 참가한 경력이 있었고, 상당수의 대표는 이미 출신 국가의 헌법 제정에 깊이 관여한 경험이 있었다. 이들은 미국연합의 무능한 체제에 거침없는 비판을 가하고, 강력한 중앙정부의 필요성을 열렬히 지지했다.

이들이 필라델피아에서 이룬 업적은 어느 미국 헌정사가가 평가했듯이 가히 "기적"이었다.[3] 인류 역사상 전혀 존재하지 않았던 정치체제를 처음으로 고안했다는 점에서 이들의 업적은 기적이었다. 동시에 이들이 소망했듯이 평화적으로 13개의 주권국가를 통합한 후 주권을 연방 체제로 분할하되, 미국헌법을 연방 '최고의 법'으로 만들고, 강력한 중앙정부와 행정부를 설치하면서도 권력 간 균형으로 독재의 출현을 방지하고 권력 남용을 견제했다. 동시에 헌법의 수정 과정을 헌법 안에 포함함으로써 평화적으로 헌법 변경이 가능하도록 하고, 바람직한 정치체제의 모델로서 전 세계적으로 성공한 리더십을 발휘함으로써 인류사에 공헌했다는 것은 일종의 기적이었다.

이러한 기적을 가능하게 했던 것은 그들이 근대 헌정 이론에 정통하고 놀라운 지적 능력의 소유자이기도 했지만, 정치적 이해관계를 넘어설 수 있는 용기와 지혜를 가진 사람들이었기 때문이다. 그들은 항상 구체적인 사안을 원리원칙에 비추어 성찰할 수 있는 원칙주의자이며, 무엇보다도 미국혁명의 원리였던 자유, 생명, 행복 추구가 보장되고 실현되는 정치체제를 염원했던 이상주의자였다. 그와 동시에 필라델피아의 '기적'은 그들이 자신들의 역사를 현실 정치의 지혜로 승화시킬 수 있는 양보와 타협이 가능한 유연한 사고 그리고 실용적인 통찰력을 겸비한 지성을 갖추었기 때문에 가능했다.

물론 필라델피아에서 보여준 양보와 타협은 놀라운 지성의 결과이기도 했지만, 국가적 위기라는 시대 상황의 결과이기도 했다. 그들은 필라델피아 제헌회의를 큰 불상사 없이 성공적으로 마침으로써 강력한 중앙정부를 건설해야 한다는 절체절명의 시대정신과 위기의식을 가지고 있었다. 독립전쟁이 막바지로 치닫고 혁명이 무르익으면서 미국연합 국가들 사이의 그리고 지역 간의 상충되는 이해관계 그리고 내부적인 소요와 반란으로 미국연합이 와해될 수 있다는 위기감이 팽배해 있었다. 이러한 위기의식 속에서 필라델피아 대표들은 미국연합 국가들의 주권 문제, 의회의 대표 비례 문제, 노예제 문제 등을 논의하며 기꺼이 양보하고 타협했던 것이다.

이 장에서는 타협과 양보 그리고 선택을 중심으로 미국헌법의 제정 과정을 검토하고자 한다. 여기서 주의할 점은 미국의 헌정 체제가 대통령이 중심이 되는 정치체제가 아니라는 점이다. 단적으로 설명하면, 제임스 매디슨이 '헌법의 아버지'라고 불리는 까닭은 그가 대통령의 탄생에 결정적인 역할을 담당해서가 아니다. 대통령의 탄생이라는 관점에서 보면, 그는 사실 미미하거나 비판적인 입장에 있었다. 그러나 그는 입법부, 행정부, 사법부 간의 권력분립과 견제와 균형의 원칙에 근거한 균형헌법을 제정하는 데 가장 근본적이고 영향력 있는 산파 역할을 담당했다. 따라서 미국의 정치체제를 대통령 중심제로 파악하는 것은 비교헌법학적인 관점에서 보면 옳지만, 미국 헌정 체제의 정수를 심층적으로 이해하는 관점은 아니다.

미국헌법은 입법부, 행정부, 사법부의 3부로 구성되며, 이 장에서는 주로 대통령의 탄생과 연방의회의 권한 재구성 그리고 사법부의 탄생을 살펴볼 것이다.[4] 미국연방의 대통령은 연합회의의 의장과 질적으로

다른 정치적 행위자로서 미국헌법에서 처음 출현한 반면, 연방의회는
연방주의적 성격을 가졌는데도 연합회의의 여러 특징을 이어받으며
구성되었다. 그리고 연방사법부는 미국헌법에 이르러 연방 조직을 갖
추면서 처음 출현한 정치제도였다. 이 장에서는 이러한 필라델피아의
기적이 어떻게 이루어지고 구조화되었는지 살펴보자.

필라델피아로
가는 길

필라델피아로 가는 길은 대체로 네 가지의 지적 흐름 속에서 조성되었다. 첫 번째 흐름은 고전고대의 전통이다. 고전고대의 세계로부터 공화국의 이상, 혼합정부와 균형정부의 이상, 자연법과 자연권의 이념, 권력분립의 원칙 등이 면면히 흘러내려 미국혁명의 헌정 담론 속으로 들어왔다. 두 번째와 세 번째 흐름은 영국의 헌정 전통과 아메리카 식민지의 자치 전통이다. 영국이 '유익한 태만' 정책을 펼치는 가운데 영국의 '고래古來의 헌법', 코먼로와 근본법의 전통, '영국인으로서의 권리', 법치주의의 이상, 의회 우월주의의 헌정주의가 아메리카화하여 성숙했다. 이와 동시에 인허장에 의거한 혼합정부적 통치 체제의 발전과 서약의 세속화를 통해 아메리카의 자치적 전통이 형성되었다. 마지막으로 미국혁명의 지적 분위기와 경험 속에서 헌정 구조와 통치 방식에 대한 현실적인 이념과 제안이 실험되고 축적되었다.

필라델피아로 가는 구체적이며 직접적인 흐름은 특히 1780년대 후반에 나타난 '연합회의의 무능과 비효율성', '미국연합 국가들의 과도한 권한' 그리고 미국연합과 개별 국가들의 '입법부가 가지는 과도한 권한'에 의해 재촉되었다. 이 세 가지 요소는 개별적으로 작용했다기보다는 서로 연관되어 상황을 악화하는 경향이 있었다. 미국연합 국가들의 과도한 권한은 각 입법부에 권력이 지나치게 집중된 결과이기도 했고, 연합회의에 실질적인 권한이 제대로 부여되지 않은 결과이기도 했다. 또한 미국연합 국가들의 과도한 권한은 연합회의의 무능과 비효율성을 실제로 조장하는 메커니즘으로 작용했고, 연합회의와 미국연합 국가들의 행정권을 무력화하는 것으로 기능했다. 따라서 미국연합 국가들의 권한과 입법부의 권한을 축소하는 대신 연합회의와 행정부의 권한을 확대하는 해결 방안은 미국연합 체제의 총체적인 구조적 헌정 변화를 요구할 수밖에 없었다.

영국과의 독립전쟁은 종식되었으나 미국혁명은 여전히 미완 상태였다. 군주제를 폐지하고 공화정을 건설했으나 신생 공화국은 아직 걸음조차 제대로 걷지 못하고 있었다. 대내적으로는 경제공황으로 들끓었고, 대외적으로는 영국 및 에스파냐와의 분쟁은 해결의 실마리조차 찾을 수 없었다. 파리 조약(1783)의 체결로 영국과는 평화 관계를 회복했지만, 그 외의 국제 분쟁은 여전히 해결되지 않은 채 계속되었다. 게다가 파리 조약 후에도 영국은 오대호 주변에 여전히 군대를 주둔시켰고, 징발해간 노예에 대해 변상하지 않고 있었으며, 북부 국경 문제로 미국과 계속 갈등을 일으키고 있었다. 미국연합은 존 애덤스를 공사로 임명하여 영국에 보냈으나 별다른 성과를 거두지 못했다.

또한 영국으로부터 플로리다를 양도받은 에스파냐는 미국과 국경 문제로 갈등을 빚으며 미시시피 강 항해권을 제한하려고 했다. 미국은 플로리다를 에스파냐 영토로 인정하는 대신 20년간 미시시피 강 항해권을 인정받는 데 합의했다. 그러나 남부의 국가들은 막대한 경제적 이권이 결부된 미시시피 강 항해권을 포기할 수 없다며 조약 비준을 거부했다. 오히려 남부의 국가들은 미국연합에서 탈퇴하겠다고 협박하고 자신들의 이해관계를 관철하기 위해 노력하고 있었다.

대외 문제뿐 아니라 미국연합 국가들 사이에서도 미국연합의 무능과 비효율성 때문에 정치사회적 위기가 심화되고 있었다. 엄청난 부채를 짊어진 연합회의는 상환 능력이 없었다. 전쟁이 끝난 후 미국연합 국가들이 연합회의에 자발적으로 자금을 지원해줄 것이라는 기대는 더욱 희박해졌다. 그러나 전시에 발행한 공채의 상환 시기는 점점 다가와 연합회의의 목을 죄었고, 밀린 봉급을 받지 못한 제대 군인들은 오랫동안 찌든 가난 때문에 반란 대열에 가담하기 시작했다.

이러한 어려운 경제 상황 속에서 버지니아와 메릴랜드 간에 상호 협력이 필요한 문제가 발생했다. 버지니아와 메릴랜드는 포토맥 강과 체사피크 만을 국가 간 경계로 삼고 있었는데, 포토맥 강에서 외국 선박이 관세를 지불하지 않고 적하하거나 하역하는 것이 목격된 것이다. 이런 문제는 혁명 전이라면 영국의 관할이었으나, 이제 국가 사이의 공동 수로 문제로서 미국연합 의회가 규제해야 하는 일이었다. 이에 버지니아와 메릴랜드는 1777년에 판무관을 임명하여 이를 논의했으나 아무런 성과가 없자,[5] 1785년에 다시 논의하기로 했다.

그해 3월 말에 포토맥 강의 국경 문제를 논의하기 위해 버지니아를 방문한 메릴랜드 대표단은 뜻밖에도 조지 워싱턴의 저택, 즉 마운트버논에서 회합을 갖게 되었다. 버지니아 최고행정관의 실수로 버지니아 대표단에 모임 일정이 전달되지 않아 회합이 거의 결렬될 위기 상황에서 워싱턴이 세 명의 메릴랜드 대표와 일부 버지니아 대표를 초청하여 겨우 회의가 성사된 것이다.[6] "마운트버논 협의Mount Vernon Conference"라고 불리는 이 회합에서 버지니아와 메릴랜드는 여러 면에서 성과 있는 결과를 도출했다. 그들은 포토맥 강을 양국 시민에게 개방하는 공동 수로로 설정하고 각종 수로 시설을 공동으로 건설하며 해적 행위 등에 공동으로 방위할 것 등을 약속했다. 버지니아와 메릴랜드는 이 협정을 비준했다.[7] 연합헌장의 규정에 따라 이 국가 간 협정은 연합회의의 인준을 받아야만 했다. 그러나 버지니아와 메릴랜드는 인준을 받는 데 실패했다. 그러자 협정 비준을 위해 노력했던 제임스 매디슨은 버지니아 의회로 하여금 메릴랜드의 아나폴리스에서 마운트버논 협의와 유사한, 그러나 미국연합 전역에 걸친 통상과 협력 그리고 미국연합 국가들의 "공동 이익과 그들의 영구적인 화합"[8]을 위한 회의 개최를 결의하게 했다.

   마운트버논 협의에서 어느 정도 성과를 얻은 매디슨은 아나폴리스 회의에서도 성과를 얻을 수 있을 것으로 기대했다. 그러나 '아나폴리스 회의'는 실망스러웠다. 9개국에서 대표단을 선출했으나, 4개국 대표단은 회의 일정에 맞춰 도착하지 않았다. 결국 5개국에서 선출된 12명의 대표만이 참석했기 때문에 실질적인 논의와 협의는 불가능했다. 9월 11일부터 나흘간 개최된 이 회의에서 뉴욕 대표 알렉산더 해밀턴은 다음 해 5월에 미국연합의 모든 국가 대표가 필라델피아에 모여서 "연방의 위급한 상황을 타개하기 위해 연방정부의 헌법을 제출하는" 방법을 논의하자고 제안했다. 비록 해밀턴의 제안이 만장일치로 채택되긴 했지만, 연합회의는 냉랭한 반응을 보였다.

   영국과의 전쟁에서 승리가 확실해진 이후, 연합의 차원이나 미국연합 국가들 차원에서 지방 편협주의는 뚜렷하게 나타나고 있었다. 연합의 문제는 악화되고 있었지만, 각 국가는 연합회의에 분담금을 제대로 납부하지 않는 것은 물론, 아나폴리스 회의 등과 같은 연합 차원의 문제에도 점차 관심을 갖지 않게 되었다. 미국연합 국가들의 입법부 역시 각 국가가 당면한 국가적인 문제보다 각 선거구의 지방 문제에 더욱 몰두했다. 다들 자신들의 이익을 최대화할 수 있는 문제에만 골몰했다. 농민과 채무자는 낮은 세금과 화폐 발행을 요구하는 한편, 상인과 채권자는 고율의 토지세와 농산물의 가격 통제, 수입 물품에 대한 관세 보호 등을 요구했다. 제임스 매디슨은 미국연합 국가들의 입법부에 "지방 편협성"이 만연하여 "공동체의 총체적인 이익"을 파괴하고 있다고 심각하게 우려하면서 그들이 "국민의 대표"이기는커녕 자신들의 이익에만 몰두하는 "사적인 개인 모임"에 불과하다고 비난했다.[9] 매디슨은 공공선의 향상을 도모해야 할 공화주의적 정신과 책임감이 상실될 것을 두려워하며, 입법부가 개별 선거구가 아닌 전체 이익의 향상을 도모할 수 있는 정치 구조를 갖기를 희망했다.

또한 미국이 "민주독재"의 수렁 속으로 빠져들어가면서 공화국을 제대로 유지하는 일은 점차 어려워졌다.[10] 혁명의 열기 속에서 정치에 대한 국민의 관심과 참여는 급속도로 높아졌다. 각 국가의 입법부 의원 수가 대폭 증가했으며, 이에 따라 식민지 시대보다 경제적으로 부유하지 않은 사람이나 교육 수준이 높지 않은 사람도 의회에 진출하게 되었다. 의회 회기는 일반에 공개되었으며, 신문은 의회의 논의 내용을 계속해서 보도했다. 각 국가의 수도도 대서양 해안에서 내륙으로 이동함으로써 각 국가의 주민에게 보다 가까이 다가갔다. 뉴욕에서는 뉴욕 시에서 올버니로, 펜실베이니아에서는 필라델피아에서 랭커스터 Lancaster로, 버지니아에서는 윌리엄스버그에서 리치먼드Richmond로, 사우스캐롤라이나에서는 찰스턴에서 컬럼비아Columbia로, 조지아에서는 서배너에서 오거스타Augusta로 수도를 옮겼다.

그러나 이 같은 민주적 흐름 속에서도 과도한 민주주의는 사익보다 공익을 우선하는 미국혁명의 공화적 정신을 파괴하고 있었다. 많은 사람이 "공화국 시민에게 필요한 덕성, 즉 사회적 호의와 봉공 정신"을 상실하고 사적인 이익을 과도하게 추구하는 한편, 합법적인 권위를 거부하고 자연스러운 사회적 위계를 무시하게 되면서 공화적인 질서가 붕괴되고 있었다.[11] 1780년대 후반, 뉴저지의 최고행정관이었던 윌리엄 리빙스턴은 "공화 정부를 시행하는 데 필요한 덕"을 더 이상 미국 사회에서 찾아볼 수 없다고 하면서 독립과 혁명을 위해 흘린 엄청난 희생을 생각해보면 현재 "우리의 상황이 진정으로 개탄스럽다"라고 토로했다.[12]

1786년, 미국 사회는 경제적으로도 급격히 악화되고 있었다. 로드아일랜드가 발행한 지폐는 15분의 1 가치로 평가절하 되었다. 이뿐만이 아니었다. 버지니아, 메릴랜드, 뉴햄프셔, 델라웨어 등지에서 작은 반란과 폭동이 발생했으며, 심지어 노스캐롤라이나에서는 프랭클린 공화국State of Franklin을 세우려는 분리 운동까지 일어났다.

그리고 아나폴리스 회의가 개최되기 직전, 매사추세츠의 노샘프턴Northampton에서 미국혁명의 전쟁 영웅이었던 데니얼 셰이즈Daniel Shays 대령을 중심으로 반란이 일어났다. 셰이즈의 반란으로 조지 워싱턴을 비롯한 혁명 지도자들 사이에 공포와 위기의식이 확산되었다. 2000～3000명 정도의 무장한 불평분자가 반란군을 조직했다. 아직 그들은 무엇을 할지 분명한 계획을 가지고 있지 않았다. 그러나 당시 미국연

합의 전쟁장관이었던 헨리 녹스Henry Knox는 약 1만 2000~1만 5000명
의 반란자가 결집하여 보스턴을 거쳐 매사추세츠 은행을 강탈하고 뉴
햄프셔와 로드아일랜드에서 추가 반란군을 규합하여 남하할 것이라
고 과장하여 경고했다. 녹스의 보고서는 워싱턴을 비롯한 여러 혁명
지도자에게 회람되고, 급기야 강력한 중앙정부의 필요성이 긴급한 국
가 과제로 부상했다.

셰이즈의 반란 덕분에 필라델피아 회의는 갑자기 불가피한 회의로
격상되었다. 셰이즈의 반란 소식이 들려오기 전에는 겨우 미국연합의
7개 국가만이 참여 의사를 밝혔다. 그러나 셰이즈의 반란 이후인 1787
년 2월 21일, 마침내 연합회의는 필라델피아 회의 소집을 승인하고 미
국연합 국가들에게 참여를 권고했다. 이 권고는 강제적인 것이 아니었
다. 그러나 미국연합의 다른 5개국도 기꺼이 대표를 파견하겠다고 밝
혔다. 미국 사회의 혼란과 위기는 강력한 중앙정부와 위대한 지도자를
요구하였으며, 이러한 시대적 소명은 필라델피아 제헌회의에서 이루
어졌다.

워싱턴이 의장으로서 주재한 필라델피아 제헌회의는 크게 일곱 시
기로 구분된다. 첫 번째 시기는 개회 후 회의 진행 규정을 결정한 시기
다. 원래 아나폴리스 회의의 제안에 따르면 1787년 5월 14일에 회의가
열릴 예정이었다. 그러나 그날은 버지니아와 펜실베이니아 대표만이
참석했다. 국가별 대표 선출이 지체되는 등의 이유로 대표들이 아직
도착하지 않아 개회 성원이 충족되지 않았다. 그래서 회의는 7개 국가
의 대표가 참석한 5월 25일에야 열릴 수 있었다. 그다음 주 월요일인 5
월 28일과 29일에는 회의를 어떻게 진행할 것인지에 대한 토의와 결

정이 이루어졌다. 허심탄회하게 의견을 개진하고 국민의 오해를 차단하기 위해 회의 내용을 기밀로 한다는 진행 규정이 결정되었다.

두 번째 시기는 전원위원회全院委員會, Committee of the Whole의 시기로, 5월 29일부터 6월 19일에 해당한다. 이 시기에는 여러 가지 헌법안이 제시되었다. 대표적인 헌법안으로는 버지니아의 제임스 매디슨이 작성하고 에드먼드 랜돌프가 제헌회의에 제출한 '버지니아 안案'과 사우스캐롤라이나의 찰스 핑크니가 작성하여 제출한 '핑크니 안' 그리고 뉴저지의 윌리엄 패터슨William Paterson이 제출한 '뉴저지 안' 등이 있었다. 버지니아 안과 핑크니 안은 5월 29일에 제출된 반면, 버지니아 안에 자극받은 뉴저지 안은 6월 15일에 제출되었다.

매디슨이 작성한 버지니아 안이 미국연방헌법의 토대와 골격을 제공했기 때문에 일반적으로 매디슨을 '미국헌법의 아버지'라고 부른다. 버지니아 안은 연방의 우월성을 기초로 하여 세 부서로 이뤄진 정부 형태를 제안했다. 그러나 버지니아 안은 의회 우월주의에 입각한 것으로, 혁명 초기에 일반적이었던 미국연합 국가들의 헌법을 대폭 수용한 것이었다. 버지니아 안에 따르면, 양원제의 입법부는 모두 인구 비례로 구성되는데, 입법부는 입법권뿐 아니라 외교 정책을 수행하고 판사를 포함한 공직임명권을 가지며 행정수반을 선출한다. 제출된 버지니아 안에는 행정수반의 인원수, 권한, 임기 등이 명확하게 밝혀져 있지 않았다. 대통령의 권한 중 법률안거부권과 관련하여 버지니아 안은 예외적으로 다소 명확한 입장을 가지고 있었다. 버지니아 안은 뉴욕 헌법과 유사하게 개정평의회를 두고 법률안을 거부할 수 있도록 하고, 개정평의회에는 행정수반과 일정 수의 연방법관이 참여하도록 했다. 요컨대 대통령제의 탄생과 관련해 살펴본다면 버지니아 안은 직접적으로 큰 의미가 없다.

버지니아 안이 지리적으로 규모가 큰 국가의 이해를 반영하는 안이었다면, 뉴저지 안은 규모가 작은 국가의 이해를 반영한 것이었다. 뉴저지 안은 새로운 형태의 헌법안을 제시했다기보다는 연합헌장을 수정하여 만든 것이었다. 뉴저지 안은 양원제가 아닌 단원제 그리고 인구비례가 아닌 국가별 동등 대표 원칙에 따라 1표씩 부여되는 정치체제를 제안했다. 그리고 뉴저지 안은 복수의 최고행정관을 제안하면서 미국연합처럼 복수의 위원회를 중심으로 하는 행정부를 구상했다. 최고행정관은 단임으로 입법부에서 선출하며, 미국연합 국가들의 최고행정관 과반수의 요구에 따라 입법부를 해임할 수 있게 했다.

대통령제의 탄생과 관련하여 버지니아 안과 뉴저지 안보다 훨씬 더 중요한 것은 핑크니 안이다. 대통령제의 주요 구조는 핑크니 안에서 유래했다. 핑크니 안은 주로 뉴욕 헌법과 매사추세츠 헌법에서 기본 아이디어를 얻었다. 세 부서의 정부 형태를 지향하는 핑크니 안은 행정수반을 1인으로 하되, 7년의 임기를 갖도록 하고, 의회 양원의 합동투표로 선출하는 방식을 제시했다. 핑크니 안의 행정수반은 입법부가 제정한 법률을 수행하며 연방의 상황을 수시로 입법부에 알리고 입법부에 법률을 권고할 수 있는 책무가 있다. 또한 공직임명권과 정직권停職權 그리고 군통수권을 가지며, 여러 행정 부서의 장에게서 조언을 받을 수 있다. 그리고 뉴욕 헌법과 마찬가지로, 행정수반이 일원으로 참여하는 개정평의회를 두어 법률안거부권을 행사하도록 했다.

이러한 내용을 골자로 하는 핑크니 안은 대통령 부분에서 미국연방헌법의 제정에 큰 영향력을 발휘했다. 핑크니 안은 처음 제출했을 때부터 미국연방헌법이 최종적으로 마련되기까지, 그리고 헌법 서문에서 마지막 조항에 이르기까지 좋은 기초 자료가 되었다. 특히 대통령제에 관하여 핑크니 안은 버지니아 안보다 훨씬 더 광범위하게 실질적인 영향을 끼쳤다. 그러나 전원위원회는 버지니아 안을 토대로 토론을 진행하며 헌법 초안을 만들어 나갔다.

6월 18일, 알렉산더 해밀턴은 버지니아 안보다 더 강력한 중앙집권형 정부 형태인 '해밀턴 안'을 구두로 제시했다. 해밀턴은 영국의 정치체제를 가장 훌륭한 것으로 이해하여 이와 유사한 체제를 제안했다. 해밀턴 안의 대통령과 상원 의원은 국민이 선택한 선거인이 선출하며, 상원은 선전포고와 외교부, 재정부, 전쟁부 장관을 승인하는 권력을 독점적으로 가진다. 하원은 3년 임기로 국민이 신출한다. 또한 주 최고행정관은 식민지 시대의 총독과 다름없는 권한을 행사하지만, 연방정부의 임명을 받으며, 연방사법부는 주 의회가 제정한 법을 폐기할 수 있는 권한을 갖는다. 더욱이 "거버너governor"라고 부르는 미국연방의 최고행정관은 절대적인 법률거부권을 가진다.

이렇게 해밀턴이 중앙집권형 정부를 제시한 것은 무엇보다도 일반 국민과 국가(주)에 대한 불신에서 비롯했다. 그는 일반 국민이 직접 관여할 수 있는 국가(주)는 국가의 "일반 복지보다도 특정 관심사를 선호하게 될 것"이라고 생각했으며, 국가(주)의 주권을 인정해주면 국가는 언제나 연방정부를 지배하고자 하는 경향을 가지게 될 것이라고 생각했다. 그는 결국 국민이 주권국가들의 연합 체제에 싫증을 낼 것이라고 주장했다.

세 번째 시기는 제1차 축조심의逐條審議 시기로, 6월 20일부터 7월 26일까지다. 이 시기에는 전원위원회에서 결정된 내용을 조항별로 토론했다. 이 기간에 연방의회의 구성에 관한 중요한 타협이 이루어졌다. 상원은 기존의 미국연합 체제에서 인정했던 것처럼 국가별로 동등하게 두 명의 대표를 선출하여 구성하되, 상원 의원은 개별적으로 투표하고 하원은 새로운 형태, 즉 인구에 비례한 의석수에 따라 대표를 선출하여 구성한다는 내용의 타협이었다. 연합회의의 구성 방식과 비교한다면, 이는 인구수가 많은 큰 국가의 이해관계가 더 많이 반영된 것이라고 할 수 있다. 그러나 연합회의가 국제적이었던 반면, 연방의회는 연방적federal인 동시에 국가적national이었다.

네 번째 시기는 세부항목위원회Committee of Detail 시기로, 7월 26일부터 8월 6일까지다. 이 시기에는 다섯 명으로 구성된 세부항목위원회가 제헌회의의 결정 내용을 토대로 하는 헌법안과 결의안 등을 가지고 통치 구조안을 작성했다. 이 통치 구조안은 최종적인 헌법안과는 상당히 달랐지만, 기본 틀을 제공했다는 점에서 중요한 역사적 의미가 있다.

특히 행정수반과 관련하여 세부항목위원회는 세 가지 중요한 결정을 했다. 첫째, 행정수반을 '대통령president'이라는 이름으로 호칭하기로 했다. 이후 행정수반에 관련한 거의 모든 논의는 대통령이라는 이름으로 이루어졌다. 둘째, 대통령에게 행정권을 부여한다는 것을 분명히 했다. 대통령은 입법부로부터 행정권을 위임받는 것이 아니라, 헌법 자체로부터 행정권을 부여받음으로써 헌법상 대통령의 독립성을 보장했다. 이제 헌법에 명시되는 대통령의 모든 권한은 헌법에서 유래하는 것이므로, 헌법을 개정하지 않는 한 대통령의 권한은 침해받지 않는다. 셋째, 대통령에게 일반론적으로 권한을 부여하지 않고 포괄적이면서도 명확하게 열거하여 권한을 부여하기로 했다. 이전에는 행정수반의 권한을 '연방법률을 집행할 권한'이라는 식으로 일반적으로 규정했지만, 세부항목위원회는 대통령이 가지는 권력의 한계를 분명히 하면서도 포괄적으로 부여하려고 했다.

다섯 번째 시기는 제2차 축조심의 시기로, 8월 7일부터 8월 31일까지다. 이 시기에는 세부항목위원회가 제출한 헌법 초안을 토대로 조문별로 토론과 검토를 거쳤다.

여섯 번째 시기는 연기안건위원회Committee on Postponed Matters 시기로, 8월 31일부터 9월 8일까지다. 이 위원회는 미국연합 국가들의 대표 1인씩으로 구성되었는데, 위원들 중 과반수는 구버뇌 모리스, 제임스 매디슨 등과 같이 대통령의 강력한 권한을 지지하는 사람들이었다. 이 위원회에서는 축조심의 과정에서 논란이 거듭되어 결론에 도달하지 못했던 쟁점을 중심으로 토론하고 결정을 내렸다.

연기안건위원회에서 결정한 사항 중 가장 중요한 것은 대통령 선출 방식이다. 이것은 축조심의 과정에서 이미 결정된 것으로, 연기안건위원회에는 상정되지 않은 사항이었다. 그러나 구버뇌 모리스는 위원회의 직권으로 이를 상정하고 논의하여 결정했다. 이전에 결정된 안은 입법부가 7년 단임의 임기를 가지는 대통령을 선출하는 것이었지만, 연기안건위원회는 오늘날 우리가 알고 있는 선거인단에 의한 대통령 선출 방식을 채택했다. 대통령을 입법부가 선출하는 경우 대통령이 입법부에 종속되지 않을까 하는 두려움 그리고 대통령이 입법부를 제대로 견제할 수 있을까 하는 염려가 대두되었기 때문이다.

이와 동시에 연기안건위원회는 대통령의 임기를 7년에서 4년으로 변경하고 연임이 가능하도록 했다. 원래 축조심의 과정에서 대통령의 임기를 7년 단임으로 한 것은 대통령에 대한 입법부의 영향을 최소화하기 위한 방안이었다. 그러나 대통령 선출 방식을 선거인단 선출 방식으로 변경함으로써 대통령에 대한 입법부의 영향을 원천적으로 배제할 수 있게 되었기 때문에 임기를 단축하고 연임이 가능하도록 함으로써 대통령의 책임성을 증대시켰다. 그리고 대통령이 될 수 있는 자격을 결정했다. 또한 연기안건위원회는 국무회의 설치 조항을 삭제했다. 국무회의가 대통령의 효과적인 국정 운영에 걸림돌이 될 수 있다는 판단 때문이었다. 대통령은 필요하다면 언제든지 행정 부서의 장으로부터 관련 업무에 대한 의견을 청취할 수 있기 때문에 굳이 국무회의를 설치할 필요가 없다는 것이었다.

연기안건위원회에 회부된 대통령 관련 안건은 대통령의 탄핵, 계승, 조약 체결, 대사와 법관의 임명에 관한 것이었다. 탄핵 심판은 연방대법원에서 하기로 했던 것을 연방상원으로 변경했으며, 탄핵 사유에서 '부정부패'라는 용어를 삭제했다. 또한 상원이 담당하기로 했던 조약 체결은 대통령이 할 수 있도록 하는 대신 상원 의원 3분의 2의 조언을 들어야 하는 조건을 달았다. 대사와 법관 임명 역시 의회가 아니라 대통령이 할 수 있도록 변경하면서 상원의 동의를 구하도록 규정했다.

마지막 시기는 최종 조정기로, 9월 9일부터 9월 17일까지다. 이 기간에는 문체위원회Committee of Style를 두어[13] 미국연방헌법의 최종 문안을 교정하는 한편, 조항 배치 순서를 최종적으로 결정했다. 헌법 조문의 문장 구조를 정교하게 다듬고 중복되는 구문을 수정했다. 또 위원회는 헌법 수정 절차 등 미결 사항을 마무리 지었다. 그러고 나서 문체위원회는 9월 12일 제헌회의에 최종 보고서를 제출했다.

대통령의 권한과 관련하여 문체위원회가 실질적으로 변경한 부분은 법률안거부권에 관한 것이었다. 문체위원회는 대통령이 거부한 법률안에 대하여 의회 양원이 재의결할 수 있는 정족수를 4분의 3에서 3분의 2로 하향 조정함으로써 과도한 대통령 권한을 축소했다.

마침내 9월 17일에 각국 대표는 미국연방헌법에 서명했다. 이는 이틀 전의 최종 투표 결과에 따른 것이었다. 서명일에 42명의 대표가 참석했지만 이 중 세 명이 서명을 거부하고 나머지 39명이 서명했다. 그리고 헌법은 비준을 위해 각 국가에 발송되었다. 13개 국가 중 3분의 2에 해당하는 미국연합 9개국이 비준하게 되면 헌법이 효력을 발휘할 수 있었다. 그해 12월 7일에 델라웨이가 비준한 것을 시작으로 뉴햄프셔가 1788년 6월 21일에 아홉 번째로 비준을 마쳤다.

비로소 미국연방헌법이 발효되었다. 이로써 연방헌법을 비준한 미국연합의 국가state는 미국연방의 한 주州, state로 편입되었다. 미국의 영구적 생존 여부를 결정할 국가였던 버지니아와 뉴욕은 뒤늦게 열 번째와 열한 번째로 1788년 6월 25일과 7월 26일에 비준을 마쳤다. 이제 미국연방헌법과 대통령제는 역사 속에서 견고하게 발전하는 일만 남았다.

대통령의 탄생

이제 필라델피아 제헌회의에서 대통령제가 구체적으로 어떻게 창안되었는지 살펴볼 차례다. 제헌회의 대표들 앞에 놓인 역사적 사례는 군주정, 공화정, 민주정이었다. 그들은 식민지 시대에 자유와 권리를 억압하고 박탈한 국왕의 권력 남용과 폐해를 경험했다. 따라서 그들은 군주제로 회귀할 의사가 전혀 없었다.

그들은 인민주권의 원칙을 신뢰했다. 그러나 인민주권을 현실 정치에 그대로 실천할 만한 용기는 없었다. 모든 국민에게 참정권을 부여하고, 이들이 공직에 나가게 할 수는 없었다. 시민혁명을 이끌었던 그들의 눈에도 노예와 여성은 참정권을 가지고 독립적으로 정치적 의사를 피력할 만큼 성숙한 인간이 아니었다. 여성은 미국 사회의 시민이었지만 그 사회를 구성한다는 점에서 시민이었을 뿐, 참정권과 공직참여권을 향유할 만한 존재는 아니었다. 독립선언서에는 "모든 인간은 태어나면서 평등하다"라고 말했지만, 그것은 추상적이며 이상적 의미에서 '출생'시의 평등일 뿐이었다. 현실은 달랐다.

제헌회의 대표들은 공화제를 선호했다. 그들은 현실 정치에서 외부의 강압에 좌우되지 않고 정치적 견해를 피력할 수 있는 시민에게만 참정권과 공직참여권을 부여함으로써 공화국을 건설하고자 했다. 그들은 자신의 덕virtu으로 헛된 권력 욕망을 억누르며 공공 이익을 위하여 헌신할 수 있다고 판단되는 시민만이 정치에 참여할 수 있다고 생각했다. 따라서 이를 위해 일정 정도 이상의 재산을 소유해야 한다는 자격 조건을 내걸었다.

이러한 공화제를 옹호하는 제헌회의 대표들에게 '군주제'란 허용될 수 없는 것이었다. 미국혁명을 거치면서 그들은 이상적으로 반反군주제 정서와 정치사상을 강화해왔다. 그러나 미국연합 국가들이 보여준 것처럼 입법부 중심의 국정 운영은 비효율적이며 비효과적이었다. 각국의 최고행정관이 보여준 리더십은 이를 잘 반증해 보여주었다. 동시에 미국연합은 구조적으로나 현실 정치에서 내내 문제뿐 아니라 내외 문제에도 미약하고 무기력하다는 것을 여실히 보여주었다. 제헌회의 대표들은 군주는 아니되 군주처럼 강한 리더십을 가지고 미국연합의 공동 이익을 적극적으로 대변하며 이를 추구할 수 있는 지도자가 필요하다고 생각했다. 그러나 미국연합 국가들을 강력하게 묶어줄 정치체제조차 명확히 구상하지 못한 상황에서 행정수반에 대한 명확한 구상을 가지기란 현실적으로 불가능했다. 따라서 구체적인 구상은 필라델피아 제헌회의를 진행하면서 떠오를 수밖에 없었다.

1인의 행정수반
|

필라델피아 제헌회의가 개최되기 이전, 미국에는 행정수반에 관한 두 가지 상이한 전통이 있었다. 하나는 1인의 최고행정관과 그에게 권고와 동의를 해주는 집행평의회 혹은 국무회의로 구성되는 통치 형태다.

이 전통은 영국의 식민지 시기와 미국 독립 이후 미국연합 국가들의 개별적인 정부 형태에서 찾아볼 수 있다. 식민지 총독이든 미국연합의 최고행정관이든 행정수반은 1인이다. 두 시기에 행정수반은 집행평의회 혹은 국무회의의 자문과 통제를 받아야 했다. 또 하나의 전통은 미국연합 시기에 만들어진 것으로, 입법부가 다수의 위원회 혹은 행정 부서를 구성하고 그 장을 임명하여 특정 행정 업무를 담당하도록 유보적 권한을 부여하면서 이를 통제하는 방식이다.

제헌회의 대표들은 이 같은 전통을 고려하면서 새로운 통치 체제를 구상했다. 제헌회의가 개회되자마자, 5월 29일에 에드먼드 랜돌프는 매디슨이 작성한 버지니아 안을 제출했다. 버지니아 안은 '전국적인 행정수반'을 설치한다고 했으나,[14] 1인의 행정수반을 둘 것인지 혹은 복수의 행정수반을 둘 것인지에 대해서는 분명히 밝히지 않았다. 같은 날, 찰스 핑크니가 제출한 헌법안에서는 '대통령'이라는 공식 명칭 아래 1인의 행정수반을 둘 것을 제안했다. 핑크니 안은 여러 행정 부서의 장들로 구성되는 국무회의를 두고, 행정 부서의 장들로부터 조언을 들을 수 있는 권리를 행정수반에게 부여했다. 이 안은 기존의 미국연합 국가들의 일반적인 행정 체제에 근거하되 독립성을 부여하는 것이었다.

그러나 복수의 행정수반을 두는 제안이 생각보다 유력했다. 복수의 행정수반을 지지했던 대표적인 인물은 벤저민 프랭클린이었다. 1775년에 제2차 대륙회의에서 연합헌장 초안이 마련될 때 이미 그는 12명으로 구성되는 평의회를 설치하고 연합회의 휴회시 행정을 담당하도록 하는 안을 제시한 적이 있었다. 그리고 1776년에 그는 총독직을 폐기하고 12명으로 구성되는 "최고국무회의"를 설치하는 펜실베이니아 헌법을 강력하게 지지했다.[15] 이 헌법에 따르면, 의회는 12명의 위원 가운데 최고행정관을 선출한다.

프랭클린은 이러한 헌법 구상을 필라델피아 제헌회의에서도 강력히 주장했다. 그는 한 명의 행정수반은 언제나 자신의 권력을 강화하는 경향이 있고 종국에는 군주제를 야기하는 병폐가 있다고 지적했다. 그에 비해 복수의 행정수반을 두면 군주제의 위험이 없을 뿐만 아니라 정책의 변화가 적어 일관성과 예측성이 높으며, 질병이나 사망 같은 유고시에도 손쉽게 세승 문제를 해결할 수 있다고 주장했다.

이 같은 복수의 행정수반 제안을 지지했던 이들은 입법부 우월주의자였다. 코네티컷의 로저 셔먼Roger Sherman은 행정수반을 미국연합의 의장처럼 "입법부의 의지를 실천에 옮기는" 집행자에 불과한 존재로서 "입법부에 의해 임명되고 입법부에 대해서만 책임을 지는" 수동적인 기관으로 파악했다.[16] 법률의 성공적 집행 문제를 가장 잘 판단할 수 있는 것은 해당 법률을 제정했던 입법부다. 따라서 셔먼은 입법부의 필요에 따라 행정수반의 수를 결정하도록 입법부에 행정수반의 구성 문제를 일임하자고 제의했다. 다시 말해, 셔먼의 주장은 기존 미국연합의 행정 체제를 그대로 유지하자는 것이었다.

복수의 행정수반 제안은 무엇보다도 군주제 맹아론자들이 옹호했다. 당시 버지니아의 최고행정관이었던 에드먼드 랜돌프는 1인의 행정수반이란 "군주제의 맹아萌芽"[17]이기 때문에 사실상 왕과 다름없다고 비판했다. 대신 그는 3인의 행정수반을 제시했다. 1인의 행정수반보다 3인의 행정수반이 군주제의 위험을 피할 수 있을 뿐 아니라, 입법부가 직접적으로 행정수반에게 영향력을 행사하기 더 어렵기 때문에 행정수반의 독립성을 더 많이 확보할 수 있다고 설명했다.

3인의 행정수반 제안은 지리적 권력분배론으로 뒷받침되었다. 플라톤의 정치학에 따르면, 좋은 국가란 시민 상호 간에 면식面識이 가능한 공동체여야 한다. 그런데 미국은 광대한 지리적 영토를 가지고 있기 때문에 근본적인 결함을 가지고 있다. 그래서 펜실베이니아의 최고행정관과 델라웨어의 최고행정관을 역임한 델라웨어의 존 디킨슨John Dickinson은 미국을 북부, 중부, 남부 세 지역으로 구분하여 지역별로 행정수반을 선출하는 방식을 주장했다. 랜돌프도 동의한 것처럼, 지역마다 각자 이해관계가 있기 때문에 국민의 의사를 반영하는 데에는 3인의 행정수반이 바람직하다는 것이었다.

그러나 지리적 권력분배론은 즉시 비판받았다. 사우스캐롤라이나의 피어스 버틀러Pierce Butler는 랜돌프와 디킨슨이 주장하는 것처럼 세 명이든 혹은 그 이상으로 구성되는 복수의 행정수반은 출신 지역의 이해관계를 위해 서로 다투게 될 것이라고 지적했다. 특히 전쟁 중 군사전략에 문제가 생긴다면 복수의 행정수반은 서로 자신의 출신 지역을 방어하기 위해 혼란을 일으키게 되고, "특별히 불행한" 결과를 초래할 것이라고 경고했다.[18] 이러한 논리에 입각해서 버틀러는 1인의 행정수반을 지지했다.

펜실베이니아의 제임스 윌슨도 이에 가세했다. 그는 제헌회의가 개회한 직후인 6월 1일, 행정수반을 1인으로 해야 한다는 의견을 처음으로 제기했다. 복수의 행정수반이 동등한 권한을 가질 경우 중재할 상위권자가 존재하지 않게 된다. 윌슨은 그들이 통제할 수 없는 폭력의

권력투쟁 속으로 빠져들어가게 될 것이라고 경고했다. 그렇게 되면
행정이 중단될 것이며 그 폐해가 다른 정부 부서로 확산될 것이 분명
하다. 만약 복수의 행정수반이 가지는 권한이 동등하지 않다면 그것은
1인의 행정수반을 설치하는 것과 다름없으며, 결국 복수의 행정수반
을 주장하는 근거를 사실상 포기하는 것이다. 가장 강력한 권한을 보
유한 1인이 곧 실질적인 행정수반이 되기 때문이다. 또한 그는 만약
행정수반을 홀수가 아닌 짝수로 둔다면, 결정권자의 부재로 인한 문제
가 발생할 경우 치유책이 없을 것이라고 설명했다.

　복수의 행정수반에 대한 보다 적극적인 비판은 행정효율론이었다.
후일 제2대 연방대법원장이 되는 사우스캐롤라이나의 존 러틀리지는
행정수반에게 전쟁과 강화에 관한 권한까지 부여할 수는 없지만 행정
수반을 1인으로 하자는 주장을 지지했다. 행정수반이 1인일 때 "가장
책임감을 가질 것이고 공무를 가장 잘 집행할 것"[19]이기 때문이라는
것이다. 윌슨도 이에 동의했다. 그는 행정수반이 1인일 때 그 직무에
최대한의 열정과 추진력을 쏟을 것이라고 주장했다. 당시 미국연합 국
가들의 최고행정관이 1인이라는 현실 상황 역시 이러한 행정효율론을
뒷받침해주었다.

　1인의 행정수반에 관한 가장 강력한 옹호론은 정치적 책임론이었
다. 윌슨은 1인의 행정수반이 군주제의 맹아가 아니라, 오히려 "독재
에 대한 가장 훌륭한 안전장치"가 될 수 있다고 반격했다. 그는 행정
수반이 1인이라고 해서 모두 왕은 아니라고 전제하고, 영국의 모델이
미국에 적합하지 않기 때문에 거기에 매달리지 말아야 한다고 지적했
다. 윌슨은 "의회 권력을 통제하기 위해서는 그것을 분할해야 한다.

그러나 행정부를 통제하기 위해서는 그것을 통합해야 한다"라고 역설했다. 그러고 나서 그는 "세 명보다 한 명이 더 책임을 잘 질 수 있을 것이다"라고 단언했다. 세 명보다는 한 명일 때 책임 소재가 더 명확하게 드러나기 때문이다.[20] 행정수반을 1인으로 하자는 윌슨의 제안은 6월 4일에 7 대 3으로 통과되었다. 그 후 행정수반 인원 문제는 여러 차례 제기되었다. 그러나 기존의 논의에서 벗어나지 못했으며 6월 4일의 결정은 번복되지 않았다.

사실 행정수반 인원에 관한 논쟁은 세대 논쟁이라는 성격이 짙게 깔려 있었다. 윌슨의 제안에 반대한 대표들의 평균 연령은 약 54세였다. 복수의 행정수반을 주장했던 주요 인물은 프랭클린(81세), 디킨슨(54세), 셔먼(61세) 등으로 영국의 식민 통치와 총독의 학정을 뼈저리게 경험한 이들이었다. 반면 윌슨의 제안을 지지했던 주요 인물들의 평균 연령은 41세였다. 1인의 행정수반을 지지한 윌슨(44세), 핑크니(29세), 러틀리지(47세) 등은 1770년대와 1780년대에 정치 경력이 절정에 달했던 이들이었다. 결국 1인의 행정수반 제안이 채택됨으로써 젊은 세대가 승리한 셈이었다. 복수의 행정수반을 주장하던 세대와 시대가 이제 사라지고 있었다.

1인의 행정수반으로 결정한 이유는 군주제의 위험성보다 행정의 일관성, 신속성, 추진력을 더 중요한 가치로 생각했기 때문이다. 그러나 행정의 리더십보다 더 중요했던 것은 책임정치의 실현이었다. 복수의 행정수반보다 1인의 행정수반이 국정에 대한, 국민에 대한 책임감을 갖는 제도로서 더 바람직한 것으로 간주되었던 것이다. 행정수반의 책임성 확보는 올바르고 효율적인 행정 업무의 자극제이기도 했지만, 독재 출현의 예방책이기도 했던 것이다.

국무회의의 필요성과 폐지
|

행정수반의 인원을 둘러싼 논쟁을 끝낸 필라델피아 제헌회의는 자연
스럽게 국무회의 설치 문제를 놓고 논의를 시작했다. 전통적으로 식민
지 시대와 미국연합 시대에 집행평의회 혹은 국무회의는 최고행정관
의 권력을 견제하는 기구로 작동해왔기 때문에 국무회의는 대통령의
권력과 그 한계를 어떻게 설정할 것인가와 관련해 자연히 거론될 수밖
에 없는 문제였다.

   결론적으로 말하면, 미국연방헌법에서 국무회의를 없
앤 것은 놀라운 일이다. 그것은 국무회의 혹은 집행
평의회의 전통적인 권력 견제 기능 때문이다. 미국
독립선언, 미국헌법의 권리장전, 프랑스의 권리선언
등에 크게 영향을 미쳤던 '버지니아 권리선언'
의 기초자였던 조지 메이슨George Mason은 버지
니아 대표로서 필라델피아 제헌회의에 참석했다.
그는 미국연방헌법에 국무회의가 없다는 사실
에 대해 "정상적인 정부라면 어디에서도 볼 수
없는 일"이라며 신랄하게 비난했다.

   식민지 시대에 집행평의회는 총독의 권위주
의적 권력을 감시하고 견제하는 기구였다. 총독

조지 메이슨
버지니아 출신의 정치가. 제임스 매
디슨과 더불어 '미국헌법 권리장전의
아버지'라고 불린다. 1776년에 자연
권, 인민주권, 신앙의 자유 등을 선언
한 최초의 근대적 권리장전인 '버지
니아 권리선언'의 초안을 작성했다.

은 공직 임명 등 주요 국정 문제를 결정할 때 집행평의회의 동의를 받아야만 했다. 물론 집행평의회의 평의원은 총독이 추천하여 영국 국왕이 임명하게 되어 있었다. 그러나 실제로 총독은 효과적인 통치를 위해서 좋든 싫든 통치 지역의 유력자에게 도움을 받아야만 했다. 따라서 실제로 총독의 추천권은 크게 제한을 받았다. 더욱이 일반적으로 평의원은 종신직이었기 때문에 총독이 바뀌어도 평의원은 바뀌지 않았다. 따라서 집행평의회는 총독의 이해와 상관없이 식민지의 이해를 반영하는 기관으로 인식되었다.

이러한 이유 때문에 아메리카 국가들이 영국에서 독립한 후에도 집행평의회가 국무회의로 계속 존치되었다는 것은 그리 놀라운 일이 아니다. 버지니아의 최고행정관은 여덟 명으로 구성되는 국무회의의 동의가 없다면 어떤 행정 업무도 할 수 없도록 헌법에 규정되어 있었다. 이 국무회의는 최고행정관이 임명하는 것이 아니라 의회 양원이 공동으로 투표하여 선출하게 되어 있었다. 또한 의회는 필요할 때마다 국무회의의 조언과 회의록을 보고받을 수 있었다. 말하자면 국무회의는 최고행정관의 권력을 통제하고, 의회는 국무회의를 감시하는 방식으로 입법부 우월주의를 실현하고 있었던 것이다.

사실 식민지 시대의 집행평의회가 총독에게 권고와 동의를 해주는 행정 기능만 담당했던 것은 아니다. 경우에 따라 집행평의회는 의회의 상원으로 기능했을 뿐만 아니라, 민사 사건에서는 최고법원으로서 사법 기능까지 담당했다. 따라서 '입법부 우월주의'라는 표현은 당시의 관점에서 보면 명확히 들어맞는 것은 아니다. 또한 1777년 조지아 헌법에 따르면, 국무회의는 의회가 통과시킨 모든 법률에 관하여 "정독과 조언"을 하게 되어 있었다. 독립 후에도 국무회의의 기능이 행정 기능에만 한정되었던 것은 아닌 것이다.

버지니아와 조지아뿐 아니라 대부분의 미국연합 국가에 국무회의가 설치되어 있었다. 최고행정관의 권한이 가장 강력했던 뉴욕에서조차 헌법적으로 이러한 견제 체제가 갖춰져 있었다. 앞에서 설명한 대로, 뉴욕의 최고행정관은 임명시에는 임명평의회 그리고 법률안거부권 행사시에는 개정평의회의 견제와 통제를 받아야 했다. 비록 개정평의회 의장일지라도 그는 가부 동수인 경우에만 표결에 참여할 수 있었다.

이와 같이 정치적으로 중대한 국무회의의 설치안이 제헌회의 초기에 제시되었다. 핑크니 안에서는 행정 부서의 장관들로 구성되는 국무회의를 설치하고 대통령에게 국무회의의 조언을 구할 수 있는 권한을 부여했다. 그러나 핑크니 안의 국무회의는 이전의 전통과 달리 대통령의 권한을 견제하는 기관이 아니었다. 그것은 대통령을 보좌하는 성격을 가진 것이었다.

버지니아 안에서는 국무회의가 아닌 개정평의회 형태로 제시되었다. 버지니아 안은 행정수반과 연방사법부의 적정 인원으로 개정평의회를 구성하여 연방의회가 제정한 모든 법률을 심의할 수 있도록 했다. 연방의회가 재의결하지 않는다면 개정평의회의 결정이 최종 결정이 된다. 물론 핑크니 안에서도 개정평의회를 두지만, 그 구성은 달랐다. 대통령을 비롯하여 외무부, 전쟁부, 재무부, 해군부 장관으로 구성하거나 대통령과 이들 부처 가운데 2개 부처의 장관으로 구성하도록 하는 안이 제시되었다. 제안된 개정평의회는 대통령의 법률안거부권을 제한한다는 점에서는 전통적이었다. 그러나 비록 뉴욕의 선례가 있긴 하지만, 이들 개정평의회는 입법부의 입법권을 제한한다는 점에서 주목할 만한 것이었다.

필라델피아 제헌회의에서 국무회의가 처음으로 논의된 것은 개최된 지 약 3개월이 지난 8월 18일이었다. 올리버 엘즈워스Oliver Ellsworth는 핑크니 안에서 제시된 것과 유사한 구조의 국무회의를 설치하자고 주장했다. 그는 상원 의장, 연방대법원장, 행정 부서의 장관으로 구성되는 국무회의를 두되, 대통령에게 최종 결정을 전달하는 것이 아니라 조언을 주는 형태로 하자고 제안했다.[21]

이틀 후 제임스 윌슨이 이와 유사한 제안을 했다. 윌슨은 공무 집행 시 대통령을 보좌하기 위한 국무회의를 설치하자고 제안했다. 윌슨의 국무회의는 연방대법원장을 비롯하여 내무부, 통상부, 외무부, 전쟁부, 해군부 장관 그리고 국무회의 비서이며 대통령의 공식 비서인 국무장관으로 구성된다. 때로 대통령은 안건을 국무회의에 상정할 수 있으며, 국무회의도 대통령에게 의견을 요구할 수 있다. 대통령은 스스로 판단하여 그 의견을 따를 수도 있으며, 만약 적절하지 않다고 생각되면 따르지 않을 수도 있다. 핑크니는 윌슨의 제안에 동의했다. 그리고 이틀 후 러틀리지도 이와 유사한 구성의 국무회의 설치를 주장했다. 그는 윌슨의 제안에 상원 의장과 하원 의장을 추가하는 추밀원을 주장했다. 그리고 러틀리지 역시 대통령에게 스스로 판단하여 국무회의 의견의 수용 여부를 결정할 수 있는 자율권을 부여했다.

국무회의 설치 문제는 결정을 보지 못한 채 연기안건위원회로 넘어갔다. 그런데 놀랍게도 연기안건위원회는 국무회의 설치 조항 자체를 삭제해버렸다. 대통령의 정책 결정을 구속하지 못한다면 굳이 국무회의가 있을 필요가 없다는 것이었다. 필요하다면 대통령은 각 행정 부서의 장으로부터 해당 행정 업무에 관한 의견을 서면으로 청취할 수 있고, 그것만으로 충분하다고 여긴 것이다. 따라서 연기안건위원회는 국무회의 설치 대신 대통령의 서면 의견 청취 권한에 관한 조항을 삽입했다.

연기안건위원회의 결정은 일부 제헌회의 대표를 당혹스럽게 했다. 대통령의 의견 청취 조항에 대하여 조지 메이슨은 "가장 독재적인 정부도 결코 감행하지 않는 실험"[22]이라고 맹렬하게 비난했다. 그는 대통령에 대한 견제 기구로서 국무회의가 반드시 있어야 한다고 주장했다. 그는 미국을 세 지역으로 구분하되 동부, 중부, 남부에서 각각 상원 의원과 동일한 임기를 지닌 2인을 선출하여 6인의 국무회의를 실시해야 한다고 제안했다. 벤저민 프랭클린도 이에 합세했다. 프랭클린은 1인의 행정수반을 지나치게 맹신한다고 경고하면서, 수많은 악질적인 총독이 존재했던 식민지 시대를 상기시켰다. 그는 "국무회의는 나쁜 대통령에게는 견제 기구로, 좋은 대통령에게는 안도安堵의 기구가 될 것"[23]이라고 역설했다.

젊은 세대의 반격이 시작됐다. 구버뇌 모리스는 연기안건위원회에서 국무회의 설치 문제가 충분히 논의되었다고 전제하고, 견제 기구로서 국무회의가 현실적으로는 무의미하다고 설명했다. "대통령은 자신의 나쁜 정책에 동의하도록 국무회의를 설득할 것"[24]이고, 결국 국무회의는 그 정책을 묵인해주게 될 것이기 때문이라고 했다. 그리고 제임스 윌슨은 임명 동의 문제에 관하여 국무회의보다는 상원이 바람직하다는 대안을 제시했다.

메이슨의 제안은 표결에 붙여졌다. 3 대 8로 부결되었다. 그리고 연기안건위원회의 제안이 상정되었다. 10 대 1로 절대다수가 찬성했다. 제헌회의 대표들은 굳이 국무회의라는 번거로운 형식을 빌려 대통령이 조언을 받아야 할 필요가 없다고 생각했다. 필요하다면 각 행정 부서의 장관으로부터 의견을 구하면 될 것이었다. 또한 그들은 국무회의가 대통령을 현실적으로 견제할 수 없다고 판단했다. 국무회의를 구성하는 행정 부서의 장관은 대통령이 임명하는 대통령의 사람이므로, 그들이 국무회의에서 대통령의 결정에 맞서지 못할 것은 명백했다. 제헌회의 대표들이 국무회의 설치를 거부한 것은 형식보다는 실용을 선택한 결과였다.

대통령 선출 방식
|

미국혁명으로 미국인의 정치적 지위는 국왕의 신민臣民에서 미국의 시민市民으로 변화되었다. 그러나 주권재민의 헌정 원리를 실현한다 할지라도, 최고행정관을 반드시 국민이 직접 선출해야 할 이유는 없었다. 필요하다면 최고행정관을 간접적으로 선출할 수도 있고, 특정 기관에 일임할 수도 있기 때문이었다. 특히 국민의 정치 수준이 현저히 낮다고 인식되면, 국민이 최고행정관을 직접 선출해야 한다는 주장은 더욱 더 지지를 받기 어려웠다.

식민지 시기에는 영국 국왕이 각 식민지의 최고행정관인 총독을 임명했다. 미국혁명 시기에 거의 대부분의 식민지에서 최고행정관은 입법부가 선출했다. 그렇다고 해서 식민지 시기에는 영국 국왕이 주권을 보유하고 있었고, 혁명 시기에는 입법부가 주권을 가지고 있었던 것은 아니다. 영국의 주권은 단순히 국왕이 아니라 '의회 안의 군주'에게 있었다. 언뜻 보면 국왕이 주권을 보유한 것처럼 보이지만, 이 말은 군주를 통제하는 의회가 실질적으로 주권을 보유한다는 뜻이다. 의회 만능주의의 주권적 표현인 셈이다. 그런데도 식민지의 통치권은 전적으로 영국 국왕의 대권大權에 속했다. 그런 까닭에 국왕은 식민지 총독의 임명권을 배타적으로 행사할 수 있었다.

혁명 시기의 미국에서 입법부가 우월주의를 구가했다고 하더라도 입법부가 주권을 가지고 있었던 것은 아니다. 혁명은 영국 국왕의 대리자인 총독을 현실 정치와 헌법에서 제거한 후, 그 권력을 입법부에 부여했다. 식민지 시기에 입법부는 미국인의 자유와 권리를 수호하는 기관으로 간주되었다. 입법부는 국민을 대신해서 행정부의 권력 남용과 권리 침해를 주시하며 유사시에는 행정부의 권력을 통제하거나 박탈할 것으로 기대되었다. 곧 입법부는 국민의 수호자였다.

이러한 맥락에서 필라델피아 제헌회의에 제시된 버지니아 안과 핑크니 안이 모두 입법부를 행정수반의 선출 기관으로 제시한 것은 전혀 놀라운 일이 아니다. 버지니아 안은 행정수반의 구성 인원을 분명히 하지는 않지만 입법부에서 선출한다는 것은 분명히 했다. 행정수반 선출 문제에 대해 버지니아 안은 작은 국가의 이해관계를 대변했던 뉴저지 안과 일치했다. 그리고 핑크니 안은 1인의 행정수반을 의회 양원의 합동 투표로 1년마다 선출하는 안을 제시했다.

대부분의 미국연합 국가들은 입법부에서 최고행정관을 선출하고 있었다. 제헌회의에 참석했던 12개 국가 가운데 단지 4개국, 즉 뉴햄프셔, 코네티컷, 매사추세츠, 뉴욕만이 직접이든 간접이든 국민에 의한 선출 방식을 채택했다. 달리 말하면, 미국연합의 남부 국가들은 모두 입법부에 의한 최고행정관 선출 방식을 채택하고 있었다. 따라서 최고행정관 선출 방식에 대한 논쟁은 주로 남부와 북부의 대결 양상으로 번져갔다.

입법부가 선출하는 방식은 혁명 시대의 전반적인 흐름을 그대로 수용하는 것이었으나, 여러 가지 문제점을 안고 있었다. 앞서 지적한 대로, 혁명과 전쟁이 계속되면서 입법부의 과도한 권력 집중과 리더십 결여 문제가 드러나기 시작한 것이다. 더욱이 입법부는 성격상 1년 내내 항구적으로 개회하는 것이 아니기 때문에 긴급한 주요 현안이 휴회 중에 발생할 때는 신속하게 대처할 수 없었다.

필라델피아 제헌회의에서 더 중요하게 떠오른 문제점은 바로 행정수반의 독립성 문제였다. 만약 입법부가 행정수반을 선출한다면 '입법부의 피조물'인 행정수반은 입법부의 영향에 민감하게 반응할 것이고, 그렇게 되면 책임감을 가지고 독립적으로 국정을 추진하기 어려울 것이다. 더욱이 그렇게 선출된 행정수반은 입법부의 권력 남용을 억제하며 견제하기도 매우 어려울 것이다. 자신을 선출해준 입법부에 대해 아무래도 호의적인 태도를 취하게 될 것이고, 심지어 입법부의 폐해를 묵인할 수도 있었다.

만약 행정수반의 연임이 입법부의 결정에 달렸다면, 행정수반이 입법부의 권력 남용을 견제하기란 거의 불가능할 것이다. 오히려 행정수반은 자신의 연임을 위하여 입법부의 이익에 적극 부응할 것이다. 그렇게 되면 행정수반은 입법부의 권력 남용을 견제하기는커녕, 오히려 이를 조장하며 확대 재생산하는 결과가 야기될 것이다.

제헌회의 대표들이 특히 염려했던 부분은 행정수반의 임명권이었다. 행정수반은 입법부의 지지를 얻어내기 위해 자신의 임명권을 악용하며, 결국에는 입법부를 부패시킬 것이다. 권력분립의 원칙을 엄격하게 신뢰했던 제헌회의 의원에게 입법부 의원의 행정부 관리직 겸직은 권력 부패의 대표적인 사례였다.[25] 설사 입법부 의원이 행정 부서의 직책을 겸하지 않더라도 행정수반은 의원의 정치적 지지자에게 매직賣職함으로써 의원의 이익을 보장해주고, 이에 대한 답례로 해당 의원은 행정수반을 지지하게 될 것이다. 조지 메이슨이 지적한 대로, 연임이 허용되는 한 행정수반은 "연임을 위해 입법부와 밀통하려는 유혹"을 떨쳐버릴 수 없을 것이다.

이러한 이유로 대부분의 제헌회의 대표는 입법부가 행정수반을 선출해야 한다면, 행정수반의 임기를 가능한 한 길게 허용하면서 연임은 허용하지 말아야 한다고 의견을 모았다. 연임이 불가능한 행정수반은 설사 입법부가 자신을 선출했더라도 입법부의 압력에 구속되지 않고 독립성을 유지하면서 입법부의 권력 남용을 견제할 수 있을 것이라고 생각했다.

그러나 행정수반이 진정으로 유능한 인물이라면 어떻게 해야 하는가? 그에게 행정수반을 계속 맡길 수 있어야 하는데, 헌법으로 연임을 제한한다면 불가능할 것이다. 달리 말하면, 입법부에 의한 행정수반 선출 방식이 제헌회의 대표들을 만족시키지 못한 가장 중요한 이유 가

운데 하나는 바로 헌법 제정 이유 그 자체였다. 미국연합의 비효율성
과 무능에 실망하여 국정의 효율성과 신속성 그리고 체제 수립을 성취
하고자 했던 제헌의 목적 그 자체를 충족시킬 수 없게 되는 것이었다.
특히 젊은 제헌회의 대표들은 이러한 선택을 받아들일 수 없었다.

필라델피아 제헌회의 대표들은 국민에 의한 선출 방식도 신중히 검
토했다. 제헌회의가 개회한 지 얼마 되지 않은 6월 1일, 제임스 윌슨은
국민이 직접 행정수반을 선출하자고 제안했다. 그는 뉴욕과 매사추세
츠에서는 국민에 의한 선출 방식이 "편리할 뿐 아니라 성공적인 방식"
이라고 강조했다.[26] 당연히 국민 선출 방식은 입법부의 영향을 배제하
면서 행정수반의 독립성을 확보하는 데 가장 확실한 방법이었다. 그러
나 윌슨이 말한 행정수반의 독립성은 오히려 독재를 방치하는 것일 수
있다는 비판이 즉시 제기되었다. 행정수반은 입법부의 의지를 실행에
옮기는 기관인데, 행정수반이 입법부에서 독립해 있다면 어떻게 입법
부의 의지를 제대로 실행하겠느냐는 반문이었다. 그래서 셔먼은 행정
수반은 입법부가 선출해야 한다는 입장을 지지하고, "입법부에 대한
행정수반의 독립은 독재의 가장 중요한 본질"이라고 역설했다.[27]

행정수반의 국민 직선 방식이 갖는 더욱 중요한 단점은 행정수반 후
보자에 대한 공정한 평가의 문제였다. 후보자가 전국적인 명망이 있어
서 전 국민이 그의 장점과 단점을 공정하게 평가할 수만 있다면 큰 문
제가 없을 것이다. 그러나 후보자가 출신 지역에만 조금 알려졌을 뿐
전국적인 지명도가 없다면, 선거가 임박했을 때 국민 전체가 그를 제
대로 평가한 후 지지하거나 반대하기란 매우 어려울 수밖에 없다. 필
라델피아 제헌회의 대표들은 '지금은 혁명으로 전국적인 지명도를 얻

은 정치인이 꽤 있지만, 앞으로는 그리 많지 않을 것'이라고 예상했다.

이러한 예상에 근거한다면 전 국민에 의한 선출 방식은 제대로 된 후보 검증 없이 행정수반을 선출하는 것과 다름없었다. 이럴 경우 국민은 후보자의 진면목을 판단하여 결정하기보다는 후보자의 가공된 이미지에 의해 좌우될 것이다. 지역적 후보 역시 이러한 결함을 악용하여 포퓰리즘적인 선거 전략을 펼칠 것이 너무나도 분명했다. 제헌회의 대표들은 선동가에게 국가 행정을 맡길 수는 없다고 생각했다.

지역적 후보의 등장은 곧 후보 난립으로 이어지고, 결국 국민의 과반수 지지도 얻지 못한 대통령의 등장을 의미할 수 있다. 이럴 경우 대통령은 다양한, 심지어 서로 상충되는 이해관계를 가진 지역 간 갈등을 화해시키는 데 어려움을 겪을 것이다. 이런 대통령 밑에서 국가는 갈등하고 분열하게 될 것이 분명했다.

더욱이 국민이 직접 선출하는 방식은 인구가 많은 국가에게 보다 유리했다. 국민 직선 방식에서 정치적 영향력은 인구수와 비례해 확대될 수밖에 없다. 당시 펜실베이니아는 델라웨어보다 인구가 10배 정도 많았다. 또한 가장 큰 세 국가, 즉 매사추세츠, 펜실베이니아, 버지니아의 총인구는 나머지 10개 국가의 총인구에 버금갔다. 국민 직선 방식은 제헌회의 대표들에게 큰 국가의 정치적 영향력을 지나치게 비대하게 만드는 방식으로 비쳐졌다.

따라서 코네티컷과 같이 인구수가 적은 국가는 당연히 국민 직선 방식보다는 입법부에 의한 선출 방식을 선호했다. 그리고 작은 국가는 기본적으로 인구가 많건 적건 상관없이 동등한 주권국가임을 강조했다. 그러나 만약 입법부가 인구수에 비례하여 선출된 의원으로 구성된다면, 입법부 선출 방식도 선호할 만한 방식일 수 없었다. 그러므로 작은 국가는 입법부의 구성 방식을 결정한 후에 대통령 선출 방식을 결정하려고 했다.

6월 15일, 작은 국가의 이익을 대변하는 헌법안이 제출되었다. 뉴저지의 윌리엄 패터슨이 제출한 이 안은 통상적으로 뉴저지 안으로 불린다. 그리고 7월 중순에 가서야 비로소 큰 국가와 작은 국가 사이의 타협이 이루어졌다. 즉 하원은 인구비례로 선출하며 상원은 국가(주)별로 두 명을 선출하여 구성하는 것으로, 하원의 선출 방식은 버지니아 안을 따르고 상원의 선출 방식은 뉴저지 안을 따르기로 한 셈이었다.

입법부 구성 방식이 결정됨에 따라 대통령 선출 방식에 관한 논의가 재개되었다. 국민 직선 방식과 입법부 선출 방식의 장단점이 또다시 반복되면서 제헌회의는 공전했다.

여기서 돌파구로 제시된 것이 선거인단 선출 방식이었다. 이 방식은 제임스 윌슨이 국민 직선 방식의 전망이 불투명해지자 이미 6월 2일에 제시했던 대안이었다.[28] 7월 19일, 제3대 연방대법원장이 되는 코네티컷의 올리버 엘즈워스가 이 방식을 다시 제시했다. 그는 거주민 수에 따라 선거인단을 배분하는 방식을 제안했다. 인구 10만 명 이하의 국가에는 한 명의 선거인, 10만 명에서 30만 명인 국가에는 두 명의 선거인 그리고 30만 명 이상인 국가에는 세 명의 선거인을 배정하는 것으로, 선거인은 각 국가의 입법부에서 선출하는 방식이었다. 이 제안은 6대 3으로 통과되었다.

그런데 각 국가의 인구수에 따라 선거인 수를 배정하는 제안과 관련하여, 선거인 구성 비율이 다시 쟁점으로 등장했다. 엘즈워스의 제안

은 실제로 인구가 정체되지 않고 끊임없이 변화하고 성장하기 때문에
선거인 구성 비율을 고정할 수 없다는 데 문제가 있었다. 사우스캐롤
라이나와 같은 몇몇 국가는 빠른 속도로 인구가 늘고 있었다. 작은 국
가인 델라웨어와 뉴저지가 입장을 바꾸면서 논의는 원점으로 되돌아
갔다.

7월 24일, 뉴저지의 윌리엄 휴스턴William Houston은 또다시 연방입법
부에 의한 선출 방식을 제안했다. 대통령 선출이라는 하나의 목적을
위해 광대한 지역에 펼쳐진 각 국가에서 선거인들을 불러 모은다는 것
은 극도로 불편할 뿐 아니라 비경제적이라는 것이었다.[29] 휴스턴은 이
런 경우 능력 있는 사람이 선거인으로 입후보하지 않아 제대로 된 선
거를 치를 수 없을 것이라고 변명을 늘어놓았다. 작은 국가의 이익을
대변한 휴스턴의 제안은 7 대 4로 통과되었다.

8월 24일, 러틀리지는 입법부에 의한 선출 방식을 지지하는 한편,
상하 양원의 합동 표결로 대통령을 선출하자는 수정안을 제시했다.[30]
상하 양원이 개별 표결로 선출하는 경우에는 상원에서 동등대표권을
가진 작은 국가의 입장이 강화되지만, 합동 표결로 하는 경우에는 작
은 국가의 영향력이 현저히 줄어들게 될 것이다. 매디슨은 가장 큰 국
가와 가장 작은 국가의 인구 비율이 10 대 1이지만, 합동 표결로 하는
경우에는 4 대 1로 감소한다고 설명하면서 "대통령은 국가들이 아니
라 국민을 위해 행동해야 하는 만큼" 러틀리지의 수정안이 "분명히 불
합리한 것은 아닐 것"이라고 강조하며 이 수정안을 지지했다.[31] 이 수
정안은 7 대 4로 통과되었다.

그러나 곧바로 작은 국가인 뉴저지의 조너선 데이턴Jonathan Dayton이

상하 양원의 합동 표결로 하되, 각 국가는 1표씩 갖는다는 수정안을 제시했다. 이 수정안은 곧바로 회부되어 5 대 6으로 부결되었다. 비록 부결되었지만, 이로써 사실상 논쟁은 원점으로 돌아간 셈이었다. 큰 국가는 인구수를 반영하는 안을 선호하고 작은 국가는 주권국가임을 고려하여 1표씩 동등하게 대표되는 방식을 선호하는 입장에서 조금도 변한 것이 없었다.

결국 대통령 선출 방식은 결정되지 못하고 연기안건위원회로 넘어갔다. 연기안건위원회는 국가별로 한 명씩, 총 11명의 위원으로 구성되었다. 따라서 미국연합의 각 국가가 동등하게 대표된 연기안건위원회에서는 작은 국가의 입장이 더 많이 반영될 것으로 예상되었다.

마침내 9월 4일, 연기안건위원회는 선거인단 선출 방식을 타협안으로 제출했다. 선거인은 각 국가의 입법부가 결정하는 방식에 따라 선출하되, 각 국가는 상하 양원의 의석수에 해당하는 수만큼 선출한다. 만일 대통령 후보가 과반수를 득표하지 못했을 경우에는 상원이 대통령을 결정한다. 이와 같은 타협안은 선거인단의 총수를 산출하는 데 상하 양원의 의석수를 반영함으로써 인구수가 큰 국가의 이익을 반영하는 한편, 어느 후보도 과반수를 득표하지 못한 경우에는 각 국가가 동등하게 대표되는 상원에 일임함으로써 작은 국가의 이익을 반영하는 것이었다.

이러한 타협안은 큰 국가는 큰 국가대로, 작은 국가는 작은 국가대로 만족시켜주었다. 타협안에 근거한 대통령 선출이 자신들에게 이로울 것이라고 생각했기 때문이다. 이들은 앞서 지적한 것처럼, 앞으로는 혁명 시대만큼 전국적인 지명도의 인물이 그리 많지 않을 것이라고 예상했다. 이러한 예상은 곧 선거인단 투표에서 대통령이 결정되지 않고 상원으로 넘어가 최종 결정될 것이라는 상상과 결부되었다. 버지니아의 조지 메이슨은 아마 "스물 가운데 열아홉"은 그렇게 될 것이라고 말했다.[32]

이 점을 고려하여 연기안건위원회는 선거인단의 투표 방식을 특이한 방식으로 제안했다. 선거인은 두 표를 갖는데, 최소한 한 표는 반드시 자기 국가가 아닌 다른 국가 출신의 후보자에게 행사하도록 규정했다. 이는 전국적 인물이 부재한 상황뿐 아니라 자기 국가 출신 후보에게 편파적으로 유리하게 할 수 있는 정실주의를 회피할 목적으로 마련된 것이었다. 이 제안은 특히 작은 국가를 안심시키는 데 기여했다.

그런데 이러한 타협안에 따라 선거를 치르면 과반수를 득표하는 후보자가 복수로 나올 수 있다. 선거인 한 명에게 두 표를 부여했으므로 실질적으로 과반수는 전체 표의 4분의 1에 해당하기 때문이다. 따라서 논리상 복수의 후보자가 과반수를 득표할 수 있다. 혹은 복수의 후보자가 얻은 득표수가 같을 수도 있다. 연기안건위원회는 이러한 경우에도 상원에 최종결정권을 부여했다. 그러나 상원의 결정이 모든 후보자를 대상으로 하는 것은 아니다. 후보 난립을 방지하기 위해 선거인단 투표에서 최고 득표를 얻은 5인을 대상으로 상원이 최종 결정하도록 했다.

연기안건위원회의 타협안을 수정하려는 시도가 있었지만 모두 실패로 끝났다. 다만 9월 6일, 코네티컷의 로저 셔먼은 필요한 경우 대통령의 최종결정권을 상원이 아니라 하원에 두자고 제안했다. 이때 각 국가는 1표씩 갖도록 허용되었다. 좀 더 국민의 목소리에 가까운 최종 결정을 내리려는 시도였다. 서먼의 제안은 10 대 1로 통과되었다.

누가 대통령을 선출할 것인가? 대통령 선출 권력은 대통령의 권한에 막대한 영향력을 행사할 수 있는 권력일 수 있다. 따라서 대통령 선출 권력을 입법부든 국민이든 누구에게 맡기든지 상관없이, 그것은 대통령의 효율성과 독립성을 위해서 바람직하지 않았다. 국민은 하나의 단위가 아니라 국가 단위로 구성되었기 때문에 국민직선제를 채택할 경우, 대통령 선출에서는 인구수가 많은 국가가 작은 국가에 비해 인구비례만큼 더 실질적인 영향력을 미치게 될 것이기 때문이었다. 인구수가 적은 국가는 이를 경계하지 않을 수 없었다. 선거인단 투표 방식은 이러한 이해관계의 타협으로 도출된 것이었다. 제헌회의 대표들은 이 방식을 "완벽하게 새로운" 창안이라고 자랑스러워했다. 미국은 완전한 단일국가도 아니며 완전한 연합국가도 아니다. 미국은 이러한 구조적 다양성을 새로운 방식을 통해 승화시킨 것이다.

대통령의 임기와 재임
|

어느 경우에도 대통령은 군주가 아니다. 주권재민을 실현한 공화국에서는 국민이 왕이다. 대통령은 군주인 국민의 종복에 지나지 않는다. 그런데도 대통령은 공화국에서 어느 누구보다도 가장 막강한 권한을 가진다. 비록 그 막강한 권한은 주권자인 국민에게서 나오지만, 국민은 대통령의 권력 앞에서 너무나도 무력하다. 그래서 국민은 언제나 대통령이 '군주(제왕적 대통령)'로 변할 수 있다는 두려움과 염려를 버릴

수 없다.

이러한 '선출 군주'의 공포는 필라델피아 제헌회의 대표들에게 특히 각별했다. 영국인으로서의 권리를 요구하다가 종국에는 혁명의 길로 치달을 수밖에 없었던 그들에게 선출 군주의 공포는 구체적이고 현실적인 것이었다. 그들은 식민지 시대의 영국 국왕과 총독뿐 아니라 혁명 이후의 최고행정관에 대해서도 선출 군주의 공포를 떠올렸다.

그 결과 3개국을 제외한 미국연합의 모든 국가에서 최고행정관의 임기는 1년이었다. 13개 국가 가운데 뉴욕과 델라웨어의 최고행정관은 3년 임기였고, 사우스캐롤라이나에서는 2년 임기였다. 더욱이 델라웨어와 사우스캐롤라이나의 최고행정관은 순환직이었다. 델라웨어에서는 3년 임기 후 3년간은 자격이 박탈되었고, 사우스캐롤라이나에서는 2년 임기 후 최고행정관이 되기 위해서는 4년을 기다려야 했다. 또 버지니아와 메릴랜드에서는 1년 임기를 3년간 연임한 후에는 4년을 기다려야 했다. 노스캐롤라이나에서는 6년 가운데 3년 이상은 최고행정관을 역임할 수 없었다. 오로지 뉴욕에서만 3년 임기를 제한 없이 연임할 수 있었다. 미국 연합회의 의장인 프레지던트도 일반적인 미국연합 국가들과 유사했다. 의장은 3년 기간 중 1년 이상을 역임할 수 없었다.

따라서 필라델피아 제헌회의의 토론 과정에서 최고행정관의 적정 임기로서 1년이 거론되지 않은 것은 사실 놀라운 것이다. 물론 핑크니 안은 최고행정관을 의회 양원이 매년 선출한다고 제시했으나, 버지니아 안이 제헌회의의 주요 논의 대상으로 결정되면서 핑크니 안은 고려 대상으로 간주되었다. 버지니아 안은 처음 제출될 때 최고행정관의 임기를 공백으로 두었다.

6월 1일, 버지니아 안의 해당 조항이 상정되자 펜실베이니아의 제임스 윌슨은 최고행정관의 임기를 3년으로 하고 재임이 가능해야 한다고 주장했다. 그 후 최고행정관의 임기는 2년, 3년, 4년, 6년 그리고 7년을 선택적으로 오가며 논의되었다. 재임 문제도 마찬가지였다. 재임 허용과 불허를 오가며 논의가 반복되었다.

필라델피아 제헌회의에서 대통령의 임기와 재임 문제는 사실상 독립적인 쟁점이 아니었다. 이 논제는 보다 큰 논제, 즉 '누가 대통령을 선출할 것인가'라는 선출 권력의 문제와 연동되어 있었다.[33] 만일 입법부가 대통령을 선출하게 된다면, 대통령의 임기를 장기로 하되 재임은 허용하지 않는다. 만일 국민이나 선거인단이 대통령을 선출하게 된다면, 그 임기는 단기로 하면서 재임을 허용한다. 여기서 요체는 임기 혹은 재임 가능성이 아니었다. 대통령의 임기와 재임 문제는 대통령의 독립성과 책임정치의 실현 여부에 달려 있었다.

제헌회의는 일단 대통령을 입법부가 선출한다는 전제 아래, 임기를 7년으로 하고 재임을 허용하지 않기로 결정했다. 필라델피아 제헌회의의 초두에 조지 메이슨이 지적한 것처럼,[34] 만일 재임을 허용하면 대통령은 재임을 위해 입법부와 공모할 수도 있을 것이며, 입법부는 현직 대통령이 무능하고 부적절한 인물이어도 권력 유지를 위해 흑색선전과 감언이설을 늘어놓을 수도 있을 것이었다.

7월 10일, 제헌회의가 선거인단 선출 방식으로 변경하면서 재임이 허용되었다. 임기도 7년에서 6년으로 변경되었다. 빈번한 선거는 비경제적일 뿐만 아니라 미국은 지리적으로 너무 광대해서 선거인을 자주 선출해 보낼 수 없다는 이유에서였다.

그러나 7월 24일, 입법부에 의한 선출 방식이 다시 채택되었다. 임기와 재임 문제가 다시 불거졌다. 대통령의 독립성을 위해 임기를 장기간 보장하자는 의견이 속출했다. 예를 들어 매사추세츠의 엘브리지 게리Elbridge Gerry는 대통령의 "임기가 길면 길수록, (입법부에 대한) 종속은 더욱 더 없어질 것"이라고 하면서 "10년, 15년 혹은 심지어 20년"까지도 좋겠다고 말했다.[35] 이에 불만을 품은 매사추세츠의 루퍼스 킹은 임기를 아예 20년으로 하자고 비웃으면서 "왕자의 반평생" 정도는 되어야 할 것이라고 비꼬았다.[36] 7월 26일, 대통령의 임기를 7년에 재임 불허로 결정하면서 논의는 제자리로 돌아왔다.

9월 4일, 연기안건위원회는 선거인단 선출 방식을 제안하면서 재임을 허용하는 4년 임기 안을 내놓았다. 이튿 후 7년 안과 6년 안이 제시되었지만 부결되었다. 그러고 나서 연기안건위원회의 안이 마침내 10대 1로 가결되었다. 4년 임기와 재임 허용 제안이 가결되게 된 데는 대통령의 독립성 못지않게 행정의 효율성도 중요한 고려 사항이었다. 재임을 허용하지 말아야 한다는 제헌회의 초기의 주장에 대해 로저 셔먼은 단임만 허용한다는 것은 결국 대통령의 "직무를 수행하기에 가장 적합한 사람을 내팽개치는 것"과 같다고 비판했다.[37] 제헌회의 대표들은 전국에서 가장 유능한 인물이 최고행정관이 되기를 기대했다. 그리고 그들은 가능하면 유능한 인물이 오랫동안 재임할 수 있게 함으로써 국가 행정의 효율성과 효과를 극대화하려고 했다.

책임정치의 구현 역시 대통령의 임기와 재임 문제를 좌우하는 또 하나의 결정적인 요소였다. 무능하고 비효율적인 인물이 장기간 대통령직에 있다면 그것 역시 난감한 문제가 아닐 수 없다. 행정의 무능과 비효율이 대통령의 탄핵 사유는 아니다. 오히려 그렇기 때문에 제헌회의 대표들은 이러한 상황을 고려하여 대통령의 임기를 장기로 결정하는 것을 꺼려했다. 만약 현직 대통령이 무능하고 비효율적이라면 가능한 한 빨리 새로운 인물로 바꿔야 하기 때문이다. 대통령의 재임 여부는 결국 대통령 자신이 이룩한 성과에 대해 책임을 묻는 국민의 결정에 달린 것이다. 제헌회의 대표들은 대통령이 무능한 경우를 고려하여 가능한 한 임기를 짧게 하는 한편, 유능한 경우에는 제한 없이 계속해서 대통령직을 보유할 수 있게 하는 책임정치제도를 구현하고자 했다.

미국혁명과 대통령제

|

대통령제는 미국혁명에 대한 반성에서 탄생했다. 미국혁명은 북아메리카의 영국 식민지에서 영국 국왕을 몰아내고 식민지 의회가 정치권력을 장악함으로써 시작되었다. 각 식민지 의회는 영국 국왕과 총독의 권위주의적 정치 구조를 청산하고 공화정부를 건설했다. 이와 동시에 신생 공화국들은 공동의 적에 효과적으로 대항하기 위해 미국연합 아래 결집했다. 대륙군을 창설했으며, 대외관계를 전적으로 책임질 연합헌장도 제정했다. 그러나 혁명전쟁에서 미국의 승리가 뚜렷해짐에 따라 미국연합의 무능과 비효율성은 더욱 잘 드러났다. 강력한 권한이 부여되고 이에 대해 책임을 지는 권력 구조와 행정 체제가 부재하면서 미국연합은 각 공화국의 냉대를 받았다. 결국 셰이즈의 반란 등으로

대내외적 위기에 봉착하면서 미국의 혁명가들은 미국연합의 혁명적 변혁을 요구하게 되었다.

미국연합의 각 국가에서도 심각한 문제가 드러났다. 그동안 국가들은 1인 군주제의 폭압으로 인한 혐오 때문에 최고행정관의 권력을 축소하고 입법부 우월주의를 추구했다. 그러나 혁명과 전쟁을 수행하면서 각 국가는 효율적인 행정부와 강력한 리더십의 중요성을 깨닫게 되었다. 각 공화국의 헌법은 최고행정관의 권한을 엄격하게 통제했지만, 현실은 최고행정관의 강력한 리더십에 의존할 수밖에 없었다.

필라델피아 제헌회의는 주권국가들의 연합체였던 미국연합을 파기하고 새로운 형태의 연방국가를 창출했다. 미국연방헌법 아래서 미국연합 국가들은 더 이상 주권국가가 아니라 한 연방국가의 주州가 되었으며, '연방'이라는 정치적 수사修辭를 통해 일종의 단일국가로 변형되었다. 그리고 '프레지던트'는 더 이상 연합회의를 주재하는 의장이 아니라, 한 국가의 최고행정관인 대통령으로 변모했다.

이 과정에서 균형정부의 이상理想이 뚜렷이 부상했다. 입법부 우월주의에 종속되었던 견제와 균형의 헌정 원리가 가장 중요한 권력 구조의 원칙으로 떠올랐다. 혁명 초기에 견제와 균형의 원리는 기껏해야 최고행정관의 권력을 견제하거나 상원으로 하여금 하원을 견제하는 정도의 의미밖에 갖지 못했다. 그러나 필라델피아 제헌회의에서 견제와 균형의 원리는 입법부와 사법부 그리고 행정부를 상호 관계 짓는 주요한 방식으로 자리를 잡게 되었다. 요컨대 대통령제는 균형정부의 이상을 실현한 삼각형 권력 구조의 한 축이었다.

대통령으로 호명될 최고행정관은 더 이상 '입법부의 피조물'이 아

니었다. 대통령은 입법부의 권한 침해에 대해 자신의 권한을 수호할
만큼 강하고, 입법부의 권력 남용과 부정부패를 견제할 만큼 강력하게
제도화되었다. 연방 차원에서 유능하며 효율적인 행정부의 필요성은
행정부의 독립성과 더불어 대통령제를 산출할 정치 문화를 형성했다.

그러나 필라델피아 제헌회의 대표들이 기꺼이 타협하지 않았다면
대통령제는 유산流産되고 말았을 것이다. 특히 대통령 선출 주체를 결
정하는 문제에서 제헌회의 대표들은 연방의회의 구성 문제로 격돌하
였던 것과 같은 양상을 보였다. 인구수가 큰 국가는 국민 직선 방식을
선호했고, 인구수가 적은 국가는 입법부 선출 방식을 선호했다. 연방
의회의 구성 문제가 '대타협'으로 해결된 것과 같이, 대통령 선출 방식
도 연방의회의 구성 방식을 원용함으로써 해결의 실마리를 찾게 되었
다. 각 국가(주)의 동등 대표를 인정하는 상원의 의석수와 각 국가(주)의
인구수에 비례하여 구성하는 하원의 의석수를 합산한 수를 각 국가(주)
가 선출할 수 있는 선거인 수로 결정했던 것이다.

연방입법부의 권력 :
강화와 제한

필라델피아 제헌회의에서 입법부의 헌법적 권한과 관련하여 헌법 제
정자들은 아이러니한 상황에 놓여 있었다. 그들은 연합회의가 보여준
무력한 입법부의 권한을 국가 차원에서 강화하는 한편, 미국연합 국가
들의 헌법에 나타난 지나치게 강력한 입법부의 권력을 제한함으로써
통치권의 균형을 이루고자 했다. 이것은 연합헌장의 치명적인 단점을
보완하는 것인 동시에, 국가state와 연방의 관계를 재설정하고자 하는
것이었다.

입법부의 권력 강화: 대의적 모델 대 심의적 모델
|

필라델피아 제헌회의 대표들은 무엇보다도 '국가(州)와 연방의 관계'
에 대한 회의(議會)의 성격을 대의적代議的 모델에서 심의적審議的 모델로
변경하고자 했다.[38] 연합헌장에 근거한 연합회의는 대의적 모델에 근
거한 것으로, 미국연합이 국가에 종속되는 권력 구조를 가지고 있었
다. 미국연합은 근본적으로 주권을 가진 13개 국가가 모인 연합체, 즉
국제연합UN과 유사한 일종의 국제 정치체였다. 따라서 연합회의에서
각 국가는 국토나 인구 혹은 경제력에 상관없이 1표씩 할당되어 동등

하게 대표되었다. 그리고 국가 대표는 당연히 출신 국가의 의사를 대변하는 존재여야 했다. 달리 말하면 국가 대표는 미국연합 전체의 이익보다는 출신 국가의 이익을 대변해야 했고, 연합회의에서 출신 국가(의 의회)의 결정 사항을 그대로 전달하거나 수행하는 대변자여야 했다.

미국연합의 대의적 성격은 국가 대표의 정치적 조건에 의해 더욱 강화되었다. 각 국가는 연합회의에 두 명에서 일곱 명까지 파견할 수 있지만, 그 대표들은 각자가 아니라 집단으로만 한 표를 가지기 때문에 개별적인 의사 표현은 원칙적으로 봉쇄되어 있었다. 예를 들어 1776년에 독립선언을 할 때도 각 국가의 의회가 독립선언에 대해 나름대로 입장을 결정하여 대륙회의에 참석하는 대표에게 훈령을 전달하면, 그 대표는 대륙회의에서 그 입장을 그대로 대변했던 것이다. 이와 같은 대륙회의의 대의적 성격은 사실상 연합회의에서도 그대로 지속되었다. 또한 미국연합 대표의 선출 방식과 봉급 역시 출신 국가의 결정에 종속되었다. 특히 대표가 출신 국가의 훈령에 어긋나는 언행을 하면, 그들은 언제든지 소환될 수 있는 미약한 존재였다.

따라서 필라델피아에서는 연방의원에 관하여 가능한 한 대의적 모델에서 벗어나 심의적 모델을 취하고자 했다. 필라델피아 제헌회의 대표들은 연방의원이 출신 국가(주)의 훈령을 그대로 추종하지 않고 독립적이며 능동적으로 활동할 수 있게 함으로써 출신 국가(주)보다는 미국연방 전체의 이익을 고려하여 결정에 임할 수 있는 헌정 구조를 만들고자 했다. 그러기 위해서는 대의적 모델 구조를 쇄신할 필요가 있었다.

필라델피아 대표들은 입법부의 대의적 성격을 강화하는 동시에 국가에 대한 연방입법부의 권력을 강화하고자 했다. 이러한 추세는 무기력했던 연합회의를 경험한 헌법 제정자들의 자연스러운 반응이었다. 연합회의는 전쟁 선포와 평화조약을 체결할 권한, 해상에서 강제 나포할 수 있는 권한, 미국연합의 신용으로 금전을 차입하거나 화폐를 발행할 권한 등을 가지고 있었으나, 이런 권한을 사용하기 위해서는 미국연합 국가들의 3분의 2, 즉 9개 국가의 동의가 필요했다. 절대다수의 원칙은 사실상 연합회의를 불구로 만들었다.

또한 연합회의는 독자의 재정적 원천이 없었으므로 재정 확보를 위해서는 전적으로 미국연합 국가들에 의존할 수밖에 없었다. 연합회의는 개인에 대해서는 어떠한 직접적인 권한도 보유하고 있지 않기 때문에 개인에게 세금을 부과할 수는 없었다. 국가들은 다른 국가에서 들어오는 물건에 일종의 관세처럼 세금을 부과했지만, 연합회의에는 주간통상에 관한 권한이 전혀 없었다. 국가들의 이러한 세금은 미국 전체의 경제 발전을 저해했다. 더욱이 빈약한 재정 상황을 타개하기 위해 연합헌장의 수정안이 제출된다 하더라도 국가들의 만장일치가 필요했다. 실제로 5퍼센트의 부과금을 징수할 수 있는 권한을 미국연합에 부여하고자 했던 연합헌장 수정안은 1781년에는 로드아일랜드의 반대로, 1783년에는 뉴욕의 반대로 실패하고 말았다.

따라서 필라델피아에서 헌법안을 제출했을 때, 헌법 제정자들은 연합회의의 구조적 약점을 보완하고 새로운 권한을 부여하고자 했다. 1787년 5월 29일에 에드먼드 랜돌프가 제출한 버지니아 안은 연합회의를 재구조화한 연방의회의 청사진을 제시했다. 즉 "연방입법부는 국가들이 개별적으로 무능력한 모든 경우 혹은 미국의 화합이 개별 입법부의 권한 행사에 의해 중단되는 경우에 입법할 수 있도록 미국연합에 의해 연합회의에 부여된 입법적 권리를 향유할 수 있다"라고 선언한 것이다.[39] 또한 버지니아 안은 미국헌법에 모순되는 국가의 법률에 대해 연방입법부가 거부권을 행사할 수 있게 하고, 어느 국가라 하더라도 미국헌법 아래 연방입법부가 "그 의무를 성실히 수행하지 않는 연방 일원에게 연방의 무력을 행사할 수 있는" 권한을 가진다는 것을 분명히 했다.[40]

이러한 국가주의적 내용의 버지니아 안은 기존에 국제기구 형태였던 미국연합 체제를 사실상 완전히 개조하는 것이었다. 언뜻 보기에 버지니아 안의 연방입법부 권한 조항은 연합회의가 현재 보유한 권한을 연방입법부가 계속 보유하는 것처럼 보였다. 국가 사이의 영토 분쟁이나 대외관계 등에서 국가들의 무능력은 이미 자명했고, 지금까지 이와 같은 분야에서 국가들이 연합회의에 의지해온 것은 사실이었다. 그러나 버지니아 안은 사실상 국가들의 주권을 박탈하는 것과 다름없었다. 연방정부는 연방 입법을 중단하지 않고도 각 국가에게 강제할 수 있는 권력을 보유하게 되었고, 국가의 '무능력'과 연방 입법의 '중단' 여부를 판단하는 기관은 결국 연방정부가 될 것이기 때문이었다. 더 이상 국가는 주권을 가진 정치체가 아니며, 연방정부에 종속되는 자치체 정도로 격하될 것이었다.

버지니아 안의 국가주의적 성향은 미국연합의 국제기구적 성격을 강조하는 제헌회의 대표들에게 저항을 불러왔다. 5월 31일, 해당 조항을 축조심의 하면서 찰스 핑크니와 존 러틀리지는 연방입법부의 권한이 포괄적이지 않고 구체적으로 부여되어야 한다고 생각해 "권한의 엄밀한 열거"를 주장했다.[41] 버틀러Butler도 연방입법부의 국가주의적 권력이 "국가들의 권력을 박탈하게" 될 것이라고 우려했다.[42] 이에 랜돌프는 버지니아 안에 대한 자신의 의도는 국가(주)의 권한을 침해하거나 연방입법부에 무한한 권력을 부여하려는 것이 아니라고 해명했다. 그러나 버지니아 안의 작성자인 제임스 매디슨은 연방입법부의 권한에 대해 상반된 견해를 피력했다. 그는 "연방입법부에 의해 행사될 필요가 있는 권한의 열거와 한정을 지지하는" 한편, 이와 동시에 이것의 "실행 가능성에 대해 회의하고" 있음을 피력했다. 연방입법부의 권한을 분명히 열거하고 한정시키는 일은 바람직하지만, 현실 정치에서 이것이 실제로 가능할지 회의가 든다는 것이었다. 더욱이 매디슨은 최종적으로 자신의 마음이 어떻게 될지는 모르겠다며, 자신의 "희망은 변화하지 않았지만 의구심은 더욱 커지고 있다"고 밝혔다. 매디슨의 솔직한 설득에 힘입어 필라델피아 제헌회의는 국가들이 무능력한 경우와 미국연방의 화합을 위한 경우에 한하여 연방입법부에 일반적 권한을 부여하기로 했다.

그러나 무력 사용을 명시한 부분에 대해서는 결정이 유보되었다. 매디슨조차 나태한 국가에 대한 무력 사용은 처벌이라기보다 "전쟁 선포"와 같다고 토로했다. 무력 사용은 결국 국가들이 지금껏 맺어온 "이전의 모든 서약의 해소"를 의미할 수 있기 때문에 연방 차원에서 본다면 연방의 "자기 파멸을 제공하는 것"과 다름없다고 판단했다. 이에 대해서는 결정이 연기되었지만, 더 이상은 논의되지 않을 것이었다.

버지니아 안이 연합헌장을 개혁하는 것이었다면, 뉴저지 안은 연합헌장을 수정하기 위한 것이었다. 뉴저지 안에서는 연방정부의 재정적 수입을 보장하는 여러 권한을 연방입법부에 부여했다. 뉴저지 안에 따르면, 연방입법부는 세입을 확보하기 위해 "적절하고도 편리하다"고 판단되는 연방의 목적에 따라 수입 물품에 관세를 부과하고, 우표를 발행하여 우편료를 징수하며, 이에 관하여 법률을 제정하고, 적절하다고 판단되는 방식으로 변경하거나 개정하며, 또한 외국과의 통상 및 국가(주) 간의 통상에 대한 법률을 제정할 수 있었다. 뉴저지 안이 채택된다면 미국연합에 결여되었던 재정적 토대와 법률개정권을 확보할 수 있게 될 것이다. 그러나 이와 같은 법률을 위반할 경우 뉴저지 안은 "국가의 코먼로 사법부에 의해 재판을 받아야 한다"[43]고 규정함으로써 여전히 연방보다는 국가의 우월적 위상을 강조했다. 필라델피아 제헌회의에서는 뉴저지 안을 고려하면서도 주로 버지니아 안을 중심으로 논의가 진행되었다.

찰스 핑크니의 미국헌법 안 역시 뉴저지 안처럼 연합헌장을 수정하는 수준에서 제시되었다. 핑크니 안에서는 연방의회에 양원의 투표에 의해 행정수반을 선출하는 권한뿐 아니라, 통상을 규제하고 부과금을 징수할 수 있는 배타적 권한, 우편국을 건설할 권한, 반역죄를 규정할 배타적 권한, 해사海事법원을 각 국가에 설치할 배타적 권한, 화폐를 주조하고 그 가치를 조정할 배타적 권한 등을 부여했다. 특히 연방정부의 재정적 기반 확보를 위해 각 국가에 부담액 징수를 강제할 수 있는 수단을 정당화했다. 그러나 핑크니 안에서 가장 중요한 부분은 "각 국가(주)는 (헌법에 의해) 명시적으로 위임하지 않은 권리를 보유한다"고 함으로써[44] 헌법에 따른 연방정부의 권한이 제한적이며 열거적 성격을 가진다는 점을 분명히 했다.

연방의회의 권한에 관하여 구체적으로 열거함으로써 권한 부여를 명확히 하는 동시에 권한의 한계를 설정하고자 하는 노력은 5인으로 구성된 세부항목위원회에서 나타났다. 세부항목위원회는 뉴저지 안과 핑크니 안 그리고 연합헌장을 부분적으로 참고하면서 연방의회의 권한을 열거했다. 8월 6일에 제출된 세부항목위원회의 보고서에는 연방의회가 미국헌법에서 부여받게 될 권한이 기록돼 있었다.

이러한 과정을 통해 연방의회의 권한은 연합회의의 권한과 달리 상대적으로 보다 폭넓으며 제한받지 않게 되었다. 무엇보다도 연방의회는 국가의 자발적 지원에 의존해야만 했던 종속성에서 탈피할 수 있었다. 연방의회는 재정 확충을 위해 국가(주)의 자발적 징발에 의존하지 않고도 직접 과세할 수 있는 권한을 확보하게 되었으며, 국가(주)의 병력 제공에 의존하지 않고도 연방정부가 활용할 수 있는 육군과 해군을 둘 수 있게 되었다. 또한 연방의회는 국가(주) 간 통상이나 외국 혹은 인디언과의 통상을 규제할 수 있게 되었다. 더욱이 이러한 권한은 연방정부에만 배타적으로 부여된 권한이었으며, 국가(주)의 동의를 구하지 않아도 되었기 때문에 연방정부는 국가(주)의 간섭을 받지 않고 자율적으로 법을 제정하고 집행할 수 있게 되었다.

여기에서 덧붙여야 하는 사실은 연합회의가 가지고 있던 모든 권한이 연방의회로 그대로 전속된 것이 아니라는 점이다. 미국연합 정부에는 사실상 독립적인 행정부와 사법부가 결여되어 있었기 때문에 미국헌법의 제정으로 3부가 설치되면서 연합회의에 집중되었던 권한이 연방입법부뿐 아니라 연방행정부와 연방사법부로 옮겨졌다. 예를 들어 연합회의가 회기 중이 아닐 때 행정부 역할을 할 수 있도록 권한이 부여된 '국제위원회'는 연방행정부의 설치로 폐지되었으며, 외교 사절을 임명하는 권한은 비록 상원의 인준을 받아야 하지만 행정수반에게 부여되었고, 국가(㈜) 간 경계 분쟁은 연방사법부가 해결하도록 조정되었다.

상원과 하원: 민주주의 대 국가(㈜)의 주권
|

연합회의와 달리 연방의회에 보다 많은 권한이 배타적으로 부여되면서 강력해진 권한에 대한 견제 문제가 중요하게 대두되었다. 사실 이미 필라델피아 제헌회의에 참석하기 전에 연방입법부의 권력이 강화될 것이라는 사실은 예상되었고, 그에 따라 권력 강화에 대한 견제 방법 역시 필라델피아 제헌회의 이전에 모색되었다. 그리고 견제의 가장 바람직한 방법으로 양원제 설치가 검토되었다. 식민지 시대와 미국연합 시대에 대부분의 식민지와 국가에서는 단원제가 아닌 양원제를 실시하고 있었으므로 양원제를 통한 입법부 권력의 상호 견제는 그리 놀라운 일이 아니다.

필라델피아 제헌회의의 초두에 제시된 버지니아 안에서는 연방입법부를 양원제로 구성하는 계획을 제시했다. 1787년 5월 29일, 버지니아 대표인 랜돌프는 "연방입법부는 양원으로 구성"하고, 하원과 상원의 의석수는 "각 국가(㈜)의 자유로운 주민 수 또는 (각 국가의 연방) 분담금의 할당액"[45]에 따라 결정하자고 제안했다. 그는 하원은 연방 각 국가(㈜)의 국민이 선출하며, 상원은 하원 의원이 각 국가(㈜)의 입법부가 추천한 사람들 가운데 선출하는 방식으로 구성하자는 안을 제시했다. 즉 하원은 국민이 직선하지만, 상원은 간선으로 이루어지는 것이다.

버지니아 안은 무엇보다도 인민주권의 혁명 원칙을 실현하는 동시에, 연방정부의 헌정적 원천이 국가들states이 아닌 국민people임을 분명히 하려는 목적에서 하원의 국민 직선 방식을 옹호했다. 5월 31일에 축조심의를 했고, 6월 29일에 하원 의원의 국민 직선 방식에 대해 동의했는데, 하원을 인구비례로 국민이 직접 선출한다는 원칙에 대해서는 이미 오래전 헌법 제정자들 사이에 공감대가 형성되어 있었다. 물론 국민 직선 방식에 대한 저항이 전혀 없었던 것은 아니다. 셔먼과 게리는 혁명 시기의 경험에서 볼 수 있는 것처럼 국민은 선동가에 의해 쉽게 잘못 인도될 수 있기 때문에 하원을 인구비례로 국민이 직접 선출할 것이 아니라 국가 의회가 선출해야 한다는 점을 강조하면서 "민주주의의 과잉"을 경계했다.[46] 그러나 매디슨은 최근 국가 정부들이 과도하게 민주적이었다는 사실을 인정하면서도 "우리는 계층에 상관없이 모든 인민의 권리를 섬겨야 한다"라고 주장하면서, 하원이 "정부의 민주주의 원칙의 위대한 보고寶庫"가 되어야 한다고 역설했다.[47] 이에 제임스 윌슨은 정부의 민주주의 원칙을 옹호하면서 "어떤 정부도 국민의 신뢰 없이는 오랫동안 존속할 수 없다"[48]라고 주장함으로써 민주주의의 가치가 번영의 문제가 아니라 생존의 문제임을 강조했다. 민주주의 원칙에 근거하여 하원을 구성한다는 제안은 기존 연합회의의 선출 방식과는 전혀 다른 것이었다. 연합회의는 각 국가의 입법부가 선출하여 파견한 대표들의 회의였다. 그러나 연방의 하원은 각 국가 주민의 명실상부한 대표였다.

인민주권의 실현이라는 이상에는 부합하지만, 하원 의원을 선출하는 국민은 선동정치에 휘둘릴 가능성이 있었고, 그 결과 하원은 타락한 정치배로 채워질 수 있었다. 민주적 하원에 대한 불신은 근본적으로 국민에 대한 불신이라기보다는 국민을 혹세무민하는 부자富者에 대한 불신이었다. 구버뇌 모리스는 부자에 대한 불신을 숨김없이 토로했다. 부자는 자신의 이익을 위해 국민을 선동한다. 더욱이 미국처럼 광대한 지역인 경우, 멀리 떨어진 지역에 사는 주민은 소통하기 어렵기 때문에 더욱 더 부자의 선동에 빠지기 쉽다. 이런 지역의 주민은 부유하고 지식이 많은 사람에게 잘 속는 "얼뜨기"가 될 수 있다. 국민이 직접 선출한 하원은 장점이 있지만, 선동정치가의 정략과 모략에 약할 수 있기 때문에 하원을 적절하게 견제하면서 국가를 슬기롭게 지도할 수 있는 지혜로운 사람이 필요했다. 국민의 권리 "침해에 대한 유일한 안전장치는 그들을 모든 방면에서 지켜줄 수 있도록 제도화된, 선택되고 현명한 일단의 사람"이다.[49] 이들은 상원에서 하원의 "경솔, 변덕 그리고 무절제"를 견제하게 될 것이다.[50] 따라서 모리스는 상원이 부자의 선동정치로부터 국민과 하원을 수호할 수 있을 것이라고 신뢰했다. 민주적 하원의 방종을 귀족적 상원의 지혜로 견제하고자 하는 것이다.

그렇다고 해서 헌법 제정자들에게 양원제가 상원이 하원을 일방적으로 수호해주는 구조로 이해된 것은 아니었다. 모리스 자신이 인정한 것처럼 상원은 귀족적 성향을 갖는 소수의 사람이며, 이들은 부자에 의해 선동되는 사람이 아니라 부자 자신이다. 그는 "부자는 자신의 지배를 구축하고, 나머지 사람들을 노예화하려고 노력할 것"이며, 사실 "그들은 항상 그래왔다. 그들은 항상 그럴 것"이라고 우려를 쏟아냈다.[51] 따라서 대체로 부자로 구성되는 상원을 견제하지 않은 채 방치할 수는 없다. 이를 위해서는 "하나의 이해가 다른 이해에 반드시 대항하도록" 양원을 구성함으로써 양원이 가진 악덕을 서로 견제하여 통제하고, "능력과 덕"이 서로 발휘될 수 있도록 구조를 갖춰야 하는 것이다. 이러한 맥락에서 상호 견제하게 하는 상원과 하원으로 구성되는 양원제는 모리스에게 "귀족적 이해와 인민적 이해를 결합시키면서도 분리시킴"으로써 "상호 견제와 안전"을 추구하는 절묘한 정부 형태였다.[52] 따라서 연방 차원에서 양원제의 도입은 거의 의문시되지 않고 받아들여졌다.

그러나 하원의 선출 방식과 달리 상원의 선출 방식은 심각한 문제를 야기했다. 하원뿐 아니라 상원 역시 인구비례 방식으로 구성된다면, 연방에 참여하는 가 국가의 주권이 완전히 무시될 것이기 때문이었다. 주권을 가진 국가는 그 인구나 영토의 크기와 상관없이 동등해야 한다. 그런데 인구비례에 의한 양원의 구성 방식은 주권의 절대성을 도외시하는 것이다. 더욱이 연합회의는 양원을 인구비례로 구성하지 않고 국가를 단위로 구성하였기 때문에 미국연합(연합회의)과 미국연방(연방의회) 사이의 연속성 문제를 야기했다. 상원의 선출 방식에 대한 갈등은 표면적으로는 인구나 영토가 '작은 국가' 대 '큰 국가'의 갈등이었지만, 이념적으로는 '주권의 민주성' 대 '주권의 절대성'의 갈등이었다.

상원의 선출 방식은 상원의 크기(의석수)와 연계되어 논의되었다. 만약 상원을 인구비례로 선출한다면 상원의 크기는 커야만 했다. 인구가 가장 적은 국가가 한 명의 상원 의원을 선출한다고 가정할 때 인구비례에 따라 상원의 의석수를 계산하면 80석에서 100석이 될 것으로 예상되었다.[53] 이에 따라 하원의 크기도 커질 것이 분명했다. 이러한 양원의 크기는 당시 미국으로서는 운영하기에 매우 부담스러운 비현실적인 규모였다. 따라서 인구비례에 의한 양원 구성은 현실적으로 불가능하다고 판단되었다.

5월 29일에 랜돌프가 제출한 버지니아 안은 간접적인 인구비례로 선출하여 구성하는 방식을 제시했다. 버지니아 안에 따르면 상원은 각 국가의 입법부가 추천한 적정한 수의 사람들 가운데 인구비례로 하원이 선출한다. 5월 31일, 민주주의 실현에 가장 열정적이었던 제임스 윌슨은 이러한 버지니아 안에 대해 하원처럼 상원도 인구비례로 국민이 직접 선출해야 하고, 그 선거는 독립적으로 실시해야 한다고 주장했다.[54] 그러나 작은 주를 대변하는 셔먼은 각 국가의 입법부가 상원 의원을 선출하되, 국가를 대표하는 한 명의 상원 의원을 각각 선출하자는 의견을 개진했다. 윌슨과 셔먼의 의견은 민주주의의 실현과 국가의 절대적 주권 옹호라는 첨예한 대립을 예고하는 것이었다. 이러한 대립 속에서 버지니아 안이 부결되었고, 새로운 상원 구성 방식을 모색해야만 했다.

사우스캐롤라이나의 찰스 핑크니는 인구비례 선거 방식과 국가 균등비례 방식의 타협안을 제시했다. 6월 7일에 그는 규모에 따라 국가를 세 등급으로 나누고, 이에 따라 상원 의원의 의석을 배정하는 방법을 제안했다.[55] 국가의 규모가 가장 큰 제1등급에는 세 명을 할당하고, 그다음 제2등급에는 두 명을, 그리고 가장 작은 제3등급에는 한 명을 할당하는 것이다. 핑크니의 제안은 인구비례에 따라 구성되는 상원보다는 규모가 작아서 현실 정치에서 운영 가능한 범위일 뿐만 아니라,

규모가 큰 국가와 작은 국가 사이의 간극을 가능한 한 최대한 좁힐 수
있는 제안이었다. 그러나 핑크니의 제안은 바로 투표에 붙여지지 않고
계속 논의되었다.

작은 국가들은 국가의 균등비례 방식에 의한 상원 구성 방식을 끈질
기게 요구했다. 6월 9일, 뉴저지의 데이비드 브리얼리David Brearly는 인
구비례 방식의 불공정성에 대해 신랄하게 비판했다. 그는 우선 각 주
권국가에 한 표씩 할당했던 연합회의 방식, 즉 균등비례 방식이 미국
연합을 구성할 당시 힘겹게 논란을 겪으면서도 갈등을 올바르게 해결
했던 방식이었음을 상기시켰다. 그리고 나서 인구비례 방식이 표면상
공정하게 보이지만 이를 "심층적으로 검토해보면 불공평하고 불공정
하다"고 주장했다.[56] 브리얼리는 13개 국가 중 매사추세츠, 펜실베이니
아, 버지니아가 큰 국가(㈜)에 해당하는데, 인구비례로 상원을 구성하
면 버지니아가 의석 16석을 차지하고 조지아가 1석을 받게 됨으로써
결국 상원에서 "큰 국가가 항상 자신의 입장을 관철할 것"이 분명하다
고 주장했다.[57] 브리얼리는 연방정부에 권한과 안정성을 부여하기 위
하여 필라델피아에 왔는데, 국가 간 불균형을 조장하는 인구비례 방식
은 오히려 상원에서 투표의 공정성과 평등을 파괴하는 것이라고 주장
했다. 같은 뉴저지의 윌리엄 패터슨도 인구비례 방식은 "보다 작은 국
가의 존립을 침해하는 것"이라고 경고했다.[58]

브리얼리는 민주주의 원칙을 극단적으로 적용함으로써 상원의 구
성 방식에 대한 민주주의 원칙의 부당성을 역설적으로 강조했다. 그는
모든 기존 국가의 경계선을 완전히 무시하고 미국 전체에 인구비례를
적용해 "13개의 동등한 지역구"로 새롭게 구분지은 다음, 그 지역구에

서 각각의 상원 의원을 선출해야 하지 않겠느냐고 역설적으로 반문했다.[59] 브리얼리는 현실 정치에서 민주주의 원칙이 절대적 기준이 아님을 강조했다.

더 나아가 패터슨은 필라델피아 제헌회의가 연합헌장의 수정이라는 목적 아래 개최되었음을 상기시키면서, 연합헌장이 필라델피아 회의의 모든 논의에 정당한 근거가 되어야 한다고 주장했다. 그는 연합헌장의 범위 내에서 논의가 이루어져야 하며, 연합헌장이 명시하는 연합회의 국가 간 동등 대표성은 계속해서 존중되어야 한다는 주장을 펼쳤다. 그렇게 하지 않는다면 자신들을 대표로 선출하여 파견한 국민이 필라델피아 회의의 "권력 남용"을 비난할 것임을 경고했다.[60]

이에 윌슨은 민주주의적 주장을 더욱 밀어붙였다. 그는 "모든 권위는 인민에게서 나오며, 동등한 수의 인민은 동등한 수의 대표를 가져야 하고, 인민의 수가 다르면 대표의 수도 달라야 한다"라고 주장하고, 이러한 민주주의 원칙이 "당시의 위급한 상황 때문에" 미국연합을 만드는 과정에서 "부당하게 침해되었다"고 주장했다.[61] 윌슨은 개인이 큰 국가 출신이든 작은 국가 출신이든 상관없이 평등하다는 신념 아래 민주주의 원칙을 상원의 구성 방식에도 철저하게 적용해야 한다고 주장했다.

상원의 구성 방식을 놓고 첨예하게 대립하는 가운데, 코네티컷의 로저 셔먼은 후에 "코네티컷 타협Connecticut Compromise"이라고 불리는 제안을 제시했다. 6월 11일 그는 하원은 인구비례로 구성하되, 상원은 국가의 균등비례로 구성하자는 제안을 제시했다. 그리고 연합회의에서처럼 각 국가는 상원에서 1표씩 보유하되, 국가의 사정에 따라 여러 명의 대표를 파견할 수 있게 하자고 했다.[62] 물론 셔먼의 제안 역시 비민주적이라는 이유로 큰 국가 출신 대표들의 신랄한 비난을 받았다. 큰 국가의 대표들은 여전히 인구비례에 의한 상원 구성을 주장했다. 국가 균등비례에 의한 상원 구성 제안은 6 대 5로 거부되고, 인구비례에 의한 구성 제안은 6 대 5로 승인되었다. 다섯 표에 가담한 국가는 코네티컷, 뉴욕, 뉴저지, 델라웨어, 메릴랜드였다.

이에 6월 15일 패터슨은 연방의회를 양원제가 아닌 단원제로 하고, 연합회의처럼 국가의 균등비례로 연방입법부를 구성하자는 주장을 다시 펼쳤다. 그러나 6월 21일에 필라델피아 제헌회의는 연방입법부를 양원제로 한다는 의견을 투표를 통해 다시 확인했다. 필라델피아 제헌회의는 공전하고 있었다.

6월 29일에 이르러 셔먼의 제안을 지지하는 의견이 미국연방의 정체성과 관련하여 제시되었다. 후일 제3대 연방대법원장이 되는 코네티컷의 올리버 엘즈워스는 국가의 균등비례를 옹호하면서 입법부 구성 문제에 대해 타협할 것을 종용했다. 그는 자신의 의견이 "상원에 관하여 타협의 기초가 되기를 희망"하고 "우리는 부분적으로 국가주의적이며, 부분적으로 연방주의적"이라고 선언한 후 "하원에서의 인구비례 대표 방식은 국가주의적 원칙에 따른 것이며, 작은 국가에 대해 큰 국가를 보호하는 것이다. 발언권의 평등은 연방주의적 원칙에 따른 것이며, 큰 국가에 대해 작은 국가를 보호하기 위해 필요한 것이다"라고 주장했다.[63] 국가의 균등비례 방식이라는 연합회의의 구성 방식을 감안한다면, 셔먼의 제안은 분명 타협이라고 말할 수 있었다. 필라델피아 제헌회의가 무산될 것을 염려하면서, 엘즈워스는 "일반적으로

중도적 인물이 아니지만, 그는 아무것도 성취하지 못하는 것보다 우리
가 할 수 있는 선한 일의 절반을 하는 것을 선호할" 수밖에 없다고 토
로했다.[64] 이에 대해 윌슨은 "생득적生得的이고 논박의 여지가 전혀 없
으며 양도할 수 없는 인간의 권리"가 국가의 "인위적인 체제"보다 더
중요하다고 주장하면서 인구비례에 의한 상원 구성을 포기하지 않았
다.[65] 그러자 엘즈워스는 "지붕을 수리"하기 위한 회의가 "건물의 토
대를 완전히 파괴한다"고 비난하며 필라델피아 제헌회의의 필요성과
합법성을 문제시했다.[66]

이에 윌슨은 새로운 타협안을 제시했다. 그는 모든 국가가 상원에서
한 표를 가지지만, 인구 10만 명당 추가로 한 표를 더 받을 수 있는 안
을 내놓았다. 그리고 국가의 주권과 관련되는 문제에 관해서는 모든
국가가 동등한 표를 가지며, 예산과 같은 문제일 경우 앞에서 설명한
인구비례로 투표를 한다는 것이었다.[67] 연방정부의 재정은 각 국가가
결국 부富 혹은 인구수에 따라 부담하게 될 것이 분명하기 때문에, 예
산 문제 같은 경우에는 국가의 균등비례로 결정지을 수 없다는 것이었
다. 매디슨처럼 윌슨의 제안에 동조하는 대표도 있었지만, 매사추세츠
의 루퍼스 킹은 "사악한 대표 원칙"이라고 비난했고, 뉴저지의 조너선
데이턴은 이중적인 "양서류 괴물"이라고 비난했다.[68]

상원의 구성 문제는 더 이상 타협점을 찾을 수 없어 전체 회의에서
다룰 수가 없었다. 필라델피아 제헌회의는 소위원회를 구성해서 효과
적으로 해결하고자 했다.[69] 7월 2일에 벤저민 프랭클린의 제안으로 국
가별 대표 한 명씩으로 구성되는 11인 위원회가 구성되었다. 그러나
여전히 타협점을 찾을 수 없었다. 7월 5일, 이번에는 5인 위원회가 구

성되었다. 또다시 실패했다. 7월 9일, 또 다른 11인 위원회가 구성되었다. 이번에도 실패했다. 7월 14일에 핑크니는 국가(州)의 규모에 따라 등급을 나누어 총 36명으로 구성되는 상원 구성 방식을 다시 제안했다. 이것 역시 양측을 만족시키는 데는 실패했다. 7월 16일에 작은 국가를 대변하는 패터슨은 급기야 "타협의 가능성이 전혀 없다. 작은 국가의 입장은 확고하다"라면서 필라델피아 제헌회의의 기밀주의 원칙을 폐기하고 유권자에게 물어보자고 제의했다.[70]

필라델피아 제헌회의가 무산될 가능성이 뚜렷해지자, 7월 17일에 매디슨은 국가의 균등비례로 상원을 구성하는 안을 "비록 불완전하고 바람직하지 않지만"[71] 수용하는 것으로 큰 국가들의 의견을 모았다. 균등비례 원칙을 수용하지 않는 한, 작은 국가들이 만족하지 않을 것은 너무나 분명했다. 큰 국가들은 필라델피아 제헌회의가 무산되는 것보다 차라리 양보하는 편이 낫다고 판단했다. 미국헌법 제5조에 명시된 것처럼, 큰 국가들은 "어느 주도 그 주의 동의 없이는 상원에서의 균등한 투표권을 박탈당하지 아니한다"는 데 동의했다.

상원의 구성 방식에 대한 논쟁은 필라델피아 제헌회의에서 가장 중요하고 가장 첨예하게 대립했던 논쟁이었으며, 그런 까닭에 이에 대한 해결은 "대타협"에 의해 이루어졌다. 상원의 구성 방식 논쟁으로 필라델피아 제헌회의가 무산될지도 모른다는 위기의식은 결국 큰 국가들의 양보를 가능하게 했다. 그러나 연합회의에서 연방의회로의 전환을 보다 큰 관점에서 보면 로저 셔먼이 제시한 것처럼, 이것은 국가들의 균등대표 원칙에서 인구비례 원칙과 균등비례 원칙의 공존으로 나아간 두 원칙 간 타협의 결과였다. 또 다른 관점에서 보면 이 변화는 민주주의 원리와 국가주권의 균등 원칙이 타협한 결과였다. 인민주권 혹은 민주주의라는 추상적 혁명 원리가 주권을 가진 국가로 성장한 식민지의 역사적 혁명 원리를 만나 현실 정치에서 타협했던 것이다.

연방사법부의 출현 :
필요성, 독립성 그리고
사법심사권

필라델피아 제헌회의에서 사법부는 행정부나 입법부만큼 주목을 끌지 못했다. 행정부나 입법부에 비하면 사법부에 대한 논의는 거의 없다고 할 정도였다. 행정부, 입법부, 사법부의 3권이 반드시 분리되어야 한다고 생각하면서도, 필라델피아 제헌회의에서는 사법부에 관해 상대적으로 관심이 적었다. 중요한 사항인데도 논의가 적었던 것은 사법부의 권한이나 법관의 선출 등에 대해서 헌법 제정자들의 합의의 범위가 비교적 넓었기 때문이다.

미국연합의 각 국가에는 독립된 사법부가 있었으나, 미국연합에는 이렇다 할 독립적인 사법부가 없었다. 다만 미국연합에는 동일한 원칙에 의해 국가 간 해사海事 문제를 다루는 해사법원이 있었다. 이는 독립전쟁을 공동으로 수행하면서 외교권과 공동방위권을 갖게 된 것에서 기인했다. 또한 이것은 식민지 시절, 영국 해사법원High Court of Admiralty의 위임을 받은 아메리카 식민지의 해사법원Vice-Admiralty Court에서 해상법을 일관성 있게 운영하기 위해 설립한 제도를 이어받은 것이었다.

그러나 영국에서 독립한 후에 미국연합의 각 국가는 해사법원을 설치하여 다양한 권한을 부여했다. 대륙회의에서도 각 해사법원이 일관성 없는 결정을 내려 혼란에 빠질 것을 걱정하여 1777년에는 각 국가의 해사법원에서 해사 사건을 항소할 수 있는 위원회를 설치했다. 그

리고 연합헌장에서는 해사 사건을 다루는 위원회를 보다 발전시켜 해
사법원을 설치하였으며, 각 국가의 해사법원에서 항소할 수 있게 했
다.[72] 연합헌장 제9조에 따르면, 연합회의는 "공해상에서 벌어진 해적
과 중죄 사건"을 재판하기 위한 법원을 설치할 수 있으며, 모든 포획
사건의 항소를 다룰 법원을 설치할 수 있었다.[73]

필라델피아 제헌회의에서 일종의 국제조직이 아니라 하나의 국가
형태로서의 미국을 논의하면서, 강력한 중앙정부이자 공화정부인 연
방정부에 사법권을 설치하는 것은 대부분의 대표에게 당연한 것으로
여겨졌다. 5월 29일 필라델피아 제헌회의가 시작되자마자 제출된 버
지니아 안에서 "연방입법부가 하나 혹은 그 이상의 최고법원 그리고
하급법원으로 구성되는 연방사법부를 설치한다"라는 조항이 제시되
었다.[74] 물론 이 제안에 맞서 연방정부에는 연방법원이 전혀 필요 없다
는 주장도 있었다. 6월 5일, 로저 셔먼은 고비용의 "사치성"을 이유로
연방대법원을 포함한 일련의 연방법원 설치를 반대했다.[75] 그는 기존
의 주 법원만으로도 충분히 사건을 모두 처리할 수 있다고 믿었다.

후일 연방대법원 대법관에 임명된 존 러틀리지는 셔먼의 주장에서
조금 물러나, 연방대법원 설치는 의미 있지만 하급법원까지 설치할 필
요는 없다고 주장했다. 그의 제안은 연방대법원만 설치하자는 것이었
다. 그의 제안에 대한 표결은 찬성 5표와 반대 4표로 나뉘었고, 2개 국
가의 대표가 찬성과 반대로 나뉘어 해당 국가가 최종 표결을 표시할
수 없는 상황이 되었다. 러틀리지의 제안에 대해 결정이 내려지지 않
자 곧바로 윌슨과 매디슨은 연방의회에 연방법원을 설치할 수 있는 권
한을 주는 것이며, 반드시 설치하라는 명령을 의미하는 것은 아니라는

설명으로 대표들을 설득했다. 또한 그들은 정부의 3부 구조를 떠올리며 "만약 연방입법부가 있다면, 연방사법부도 반드시 있어야 한다"[76]라는 디킨슨의 주장을 반복했다. 이에 매사추세츠의 루퍼스 킹은 연방하급법원을 설치하는 것이 설치하지 않아서 발생할 수 있는 상소 사건보다 무한정 비용이 드는 것은 아니라고 주장했다. 정부의 3부 구조와 법원의 유지비를 심각하게 고려한 제헌회의 대표들은 찬성 8표와 반대 2표 그리고 최종 표결에 합의하지 못한 1표로 연방하급법원의 설치를 최종적으로 지지했다. 이에 따라 연방법원은 연방법과 미국 시민의 권리, 미국에서 저지른 외국인의 범죄를 다루기 위해 대법원과 몇몇 하급법원을 설치하게 되었다.

연방사법부 설치 문제보다도 제헌회의 대표들의 관심을 끈 것은 연방법관의 임명 방식이었다. 연방법관 임용에 관하여 행정수반이 임명하는 안과 입법부가 선출해야 한다는 안이 대립했다. 논의의 근간이 된 버지니아 안에서는 일단 입법부가 연방법관을 선출하는 안을 제시했다. 이 안에 대하여 윌슨은 반대 입장을 분명히 했다. 그는 역사의 경험이 입법부의 여러 사람이 임명에 관여하는 것은 부적절하다는 것을 보여주기 때문에 "단 하나의 책임 있는 사람"이 법관을 임명하는 것이 바람직하다는 입장을 펼쳤다. 입법부가 법관을 임명하는 경우 "결탁, 편파성, 음모가 필연적인 결과"가 될 것이라는 윌슨의 경고에도, 러틀리지는 그의 주장에 대해 "지나치게 군주제로 기우는 성향"이 있다고 비난하며 이를 격렬히 반대했다.[77] 벤저민 프랭클린은 법률가가 최고의 법률가를 법관으로 선출하는 스코틀랜드의 사례를 자세히 설명하며 제3의 방법도 있다는 점을 언급했다. 매디슨은 행정수반이 임명하는 것보다 상원이 법관 임명 업무를 맡는 것이 낫다고 주장했다. 그는 상원은 하원보다 의원 수가 많지 않아 결탁과 편파성이 훨씬 적을 것이며, 임명 과정에서 신중한 판단을 내릴 수 있을 것이라고 믿었던 것이다.

이후 연방법관의 임용 문제는 7월 18일에 다시 논의되었지만, 행정수반 임명안보다 상원 선출안이 보다 큰 설득력을 가지면서 전개되었다. 행정수반 임명안은 무엇보다도 법관 임명에 대한 책임 소재를 분명히 할 수 있다는 점에서 설득력을 지녔다. 그러나 행정수반이 연방법관을 임명한다면 특정 지역 출신 법관이 두드러지게 많이 임용되는 쏠림 현상이 나타날 수 있으며, 행정수반의 탄핵 재판에 연방법관이 관여하게 됨으로써 행정수반과 연방(대법원)법관의 정치적 결탁이 우려되었다. 이에 반해 상원의 선출안은 상원 의원 수가 많기 때문에 행정수반보다는 상원 의원과 결탁할 수 있는 가능성이 훨씬 적고, 상원이 행정수반보다 "더 많은 인재에 대한 보다 폭넓은 정보"를 가지고 신중하게 결정할 수 있기 때문에 보다 적합한 인물을 법관으로 임용할 수 있다는 것이다.[78]

이에 따라 행정수반에 의한 연방법관 임명안은 부결되었다. 부결을 두려워한 윌슨은 행정수반이 임명하고 상원이 임명에 동의하는 고럼 Ghorum의 제안을 차선책으로 제시했다. 이 방식은 140년 이상 매사추세츠에서 실행되어온 법관 임용 방식이었다. 6월 5일에 매디슨은 입장을 바꾸어 고럼의 제안을 지지하면서 "행정수반에 책임"을 묻는 동시에 "행정수반에 의한 부주의한 혹은 타락한 지명에 대하여 상원이 제공하는 안전보장"을 확보할 수 있을 것이라고 설명했다.[79] 그러나 이러한 타협안, 즉 행정수반 임명과 상원 동의안은 찬성 4표와 반대 4표로 부결되었다. 매디슨이 상원의 동의를 단순다수제가 아닌 절대다수제(3분의 2표)로 하자고 제의하면서 7월 21일에 다시 논의되었지만, 대표들의 호의적인 관심을 얻는 데는 실패했다. 연방법관의 상원 임명안은 이제 세부항목위원회로 넘겨졌다.

그러나 세부항목위원회는 연방법관의 상원 임명안을 삭제하고[80] 연방법관을 연방 공무원의 한 부류로 분류한 후 대통령이 임명하고 상원이 임명안에 동의하는 조항[81] 안에 포함했다. 세부항목위원회가 왜 이런 결정을 내렸는지는 분명하지 않다. 다민 상원의 동의가 실제로 대통령의 임명안이 유발할 수 있는 우려를 없애줄 것이라 믿고, 대통령의 권한을 강화하는 방향에서 정리한 것으로 보인다.

연방법관의 종신 임기에 관해서는 필라델피아 제헌회의에서 이미 결정되었다. 식민지 시대에는 법관이 영국 국왕의 의향에 따라 법관직을 유지할 수 있었다. 만약 주권자인 영국 국왕이 사망하면, 그가 임명했던 법관의 임기는 종료되었다. 법관의 임기는 국왕이 신민에게 하사하는 일종의 은사였기 때문이다. 그러나 명예혁명 이후 1701년의 왕위계승법에 따라 법관은 성실히 직무를 수행하는 한 법관직을 유지할 수 있게 되었고, 법관의 해임과 급료 결정은 반드시 의회의 승인을 받도록 했다. "이러한 법관의 신분 보장은 국왕의 자의적 권력에서 법관을 보호하고 독립시키고자 한 영국 의회의 승리였다. 이는 사법부 장악을 통해 행정부의 권력 집중화를 입법으로 금지하는 동시에, 입법부의 권력을 강화하려는 정치적 전략의 결과였다."[82]

법관의 신분 보장은 미국혁명의 이념과 더불어 아메리카 국가들에도 뿌리를 내렸다. 미국의 독립선언서는 법관의 신분상 독립성을 훼손한 영국 국왕 조지 3세의 전제적 억압을 비난했다. 독립선언서는 조지 3세가 법관의 임기 및 급료의 액수와 지불을 자의적으로 통제함으로써 식민지의 법관을 "국왕 자신의 의사에만 의존하도록 만들었다"고 불평을 터뜨렸다.[83] 혁명의 열기 속에서 버지니아, 메릴랜드, 매사추세츠 등의 미국연합 국가들은 헌법을 제정하면서 법관을 종신직으로 만듦으로써 사법부의 독립성을 확보했다.

따라서 필라델피아 제헌회의에서 사법부의 독립성을 확보하는 하나의 방법으로 종신직 연방법관을 고려한 것은 더할 나위 없이 자연스러운 결과였다. 7월 18일, 일단 연방법원 설치가 어느 정도 당연한 것으로 간주되자, 제헌회의 대표들은 법관이 "성실히 직무를 이행하는 한, 그 직을 보유"하며 "고정된 보수"를 받게 된다는 사안을 만장일치로 가결했다.[84]

이와 동시에 보수를 인상하는 경우는 예외로 하자는 제안이 논의되었다. 매디슨은 보수 인상을 허용하면 사법부가 보수 인상 권한을 가진 입법부의 환심을 사려고 노력할 것이라고 경고했다. 그는 만약 입법부 주요 인사들의 이해관계가 사건에 연루되어 사법부의 판결을 기다리고 있다면, 법관이 난처한 상황에 빠질 것이라고 지적했다. 따라서 법관의 보수를 표준적인 소맥 가격이나 영구적인 가치로 계산하여 보장해주어야 한다고 주장했다. 그러나 모리스는 화폐가치는 변동하기 마련이고, 법관의 "보수 금액은 항상 생활방식이나 스타일에 따라 규정된다"고 지적하면서, 법관의 추가 업무로 인한 추가 보상이 필요해질 때가 있으므로 보수 인상을 금지해서는 안 된다고 주장했다.[85] 결국 보수 인상이 법관에게 악영향을 미쳐 사법부의 독립성을 훼손하는 것은 아니기 때문에 보수 인상 금지는 제외하도록 했다.

사법부의 독립성을 보다 강력하게 지지한 것은 다름 아닌 사법심사였다. 필라델피아 제헌회의에서 사법심사가 문자 그대로 언급된 적은 없다. 그러나 개정평의회 설치 문제에 관한 헌법 제정자들의 논의를 살펴보면, 간접적으로 사법심사에 대해 어떻게 생각했는지를 살펴볼 수 있다. 5월 29일에 제시된 버지니아 안은 연방사법부를 조직하고 직무를 성실히 이행하는 한, 종신으로 그 직책을 유지하는 법관들로 구성하도록 했다. "적설한 수의 연방법관"과 행정수반이 개정평의회를 구성하여 연방의회와 국가의회의 법률안을 심사할 수 있게 하고, 연방의회와 국가의회는 일정 조건에 따라 거부된 법률안을 재의再議할 수 있게 했다. 개정평의회 설치를 주장하는 대표들은 개정평의회를 거의 만능인 입법부의 권력에 대하여 두 부서가 연합한 적절한 견제라고 자평했다.

그러나 많은 헌법 제정자들은 개정평의회 제안에 반대했다. 그들은 법안이 입법화되기 전에 법안을 심사하는 것은 행정수반의 권한으로서 정치적 기능이며, 사법부의 권한은 아니라고 판단하고 법률안의 심사 과정에 사법부의 참여를 배제하고자 했다. 6월 4일, 게리는 법률을 해석하는 권력은 해당 법률의 "합헌성을 결정하는 권력"과 관련될 수밖에 없다는 점을 지적하고, 실제로 어떤 주에서는 법관이 헌법에 위배된다고 하여 해당 법률을 폐기한 적이 있으며, 이러한 위헌 판결의 관례는 일반적으로 인정되었다고 지적했다.[86] 헌법 제정자들은 사전에 사법심사를 거부하는 대신 입법이 이루어지고 정책이 실행된 이후

에 법률의 위헌성을 심사할 수 있는 (사후) 사법심사 권한을 간접적으로
인정했다.

이후 입법 과정에 대한 법관의 참여를 거부하는 의견이 반복되었다.
루퍼스 킹도 법관은 법률이 제정되는 과정에 참여하지 않아야 입법 과
정에서 발생할 수 있는 편견에서 벗어나 자유롭게 법률을 해석할 수
있다고 주장했다. 7월 21일에는 칼렙 스트롱Caleb Strong도 게리의 의견
에 동의하면서, 법률을 제정하는 권력과 법률을 해석하는 권력은 구분
되어야 한다고 주장했다. 루터 마틴Luther Martin은 행정수반과 법관이
함께하는 개정평의회의 발상은 "위험한 혁신"이며, 여기서 얻을 수 있
는 것은 아무것도 없다고 비판했다. 그는 법률이 사건으로 법원에 올
라오면 법관은 해당 "법률의 합헌성"을 다루게 될 것이며, 만약 개정
평의회에서 행정수반과 이를 함께 다룬다면 동일한 법률에 대해 위헌
이라고 판결하게 되어 "이중 부정"의 권한을 가지게 될 수도 있을 것
이라고 지적했다.[87] 그는 이렇게 되면 연방법원은 국민의 신뢰를 상실
하게 될 것이라고 경고했다. 8월 15일에 핑크니, 셔먼, 윌리엄슨 역시
입법 업무에 법관이 참여하는 것은 권력분립의 침해에 해당하므로 이
를 허용해서는 안 된다는 견해를 반복했다. 이 과정에서 개정평의회
설치 안은 폐기되었으며, 간접적으로 연방사법부의 사법심사권이 자
연스럽게 논의되고 정당화되었다.

떠오르는 태양

미국헌법의 제정 과정은 한편으로 타협의 과정이기도 했지만, 다른 한편으로는 갈등을 드러낸 과정이기도 했다. 영국 국왕과 식민지 총독의 혹독한 폭정을 경험한 과거 지향적 구세대는 국무회의를 통해 최고행정관을 동제하고 건제하기를 기대했다. 그러나 혁명기에 각 공화국 최고행정관의 리더십을 경험하고 정치 경력의 절정에 도달한 미래 지향적 신세대는 국무회의의 비실용성을 강조하고 최고행정관의 독립성을 확보함으로써 효율적이며 효과적인 국정 운영을 희망했다. 신세대 대표는 국무회의 설치 대신 역설적으로 복수의 최고행정관보다는 1인의 최고행정관을 둠으로써 대통령의 책임정치를 구현하고자 했다.

갈등과 타협은 연방입법부의 구성, 특히 상원의 구성 문제에서 더욱 구체적으로 드러났다. 사실 필라델피아 제헌회의에서 가장 격렬하고도 첨예한 갈등을 빚은 문제는 바로 상원의 구성 문제였다. 연합회의에 비해 연방의회는 더 많고 포괄적인 권력을 가지게 될 것이고, 권력분립 원칙이 있지만 여전히 입법부는 정부의 중심이기 때문에 무엇보다도 필라델피아 제헌회의에서 가장 초미의 관심사는 입법부의 권력 문제일 수밖에 없었다. 또한 이 때문에 입법부가 제대로 구성되지 않으면 연방정부, 나아가 미국연방의 건설은 실제로 기대할 수 없었다. 연방의회의 하원에서는 인구비례 원칙이, 상원에서는 국가(주)의 균등비례 원칙이 실현됨으로써 미국의 정체성이 부분적으로는 국가주의, 부분적으로는 연방주의라는 사실이 분명해졌다.

필라델피아 제헌회의가 전체적으로는 첨예한 갈등 속에 있었지만 타협이 가능했던 것은 당면한 정치 현실을 바라보는 헌법 제정자들의 실용적인 인식과 관점 덕분이었다. 이들은 자신의 의견을 강조하기 위해서 상대방 주장의 근거를 신랄하게 비난하기도 했다. 심지어 제임스 윌슨은 필라델피아에서 "혁명의 성공은 (연합)회의의 헌법이 아닌 다른 원인들에 기인한 것"[88]이라고 하면서 독립을 성공적으로 성취한 연합회의의 역사적 공헌을 백안시하기도 했다. 그러나 헌법 제정자들은 여러 차례에 걸쳐 위원회를 구성해 이견에 관한 합의를 도출하기 위해 최선을 다했고, 필라델피아 제헌회의의 목적에 합치하는 언행의 범주에서 벗어나지 않았다. 또한 작은 국가들은 필라델피아 제헌회의가 개최된 초기부터 상원의 구성 문제에 대해 전혀 양보하지 않았고 입장을 굽히지도 않았다. 그런데도 큰 틀에서 보면 하원의 구성이 인구비례로 구성되었다는 점에서, 더 나아가 인민에 근거하여 인민으로부터 권력을 위임받은 정부를 구성했다는 점에서, 미국연방 정부는 미국연합 정부와 질적으로 근본적인 차이가 있었다. 이런 점에서 이미 작은 국가들은 큰 양보를 한 것이며, 큰 국가들이 이 점을 크게 인정한 것이다.

그러나 타협과 양보라고 해서 원칙의 왜곡이나 포기를 의미하는 것은 아니다. 오히려 필라델피아 헌법 제정자들은 주어진 상황과 지적 흐름 그리고 역사적 경험을 통해 새로운 헌법을 만들었다. 그들은 헌법의 기존 개념, 즉 정부와 권력 구조의 조직 문서나 개인의 자유와 권리에 대한 보장 문서를 넘어서 헌법의 새로운 개념, 즉 정부 권력을 체제적으로 제한하는 문서를 창조했다. 이를 통해 그들은 인민이 국가의 주인이 되는 인민주권의 원리를 실현했을 뿐만 아니라, 3부가 독립되면서도 일정 부분의 권력의 분점을 통해 공유함으로써 상호 견제하고 궁극적으로 균형을 이루도록 했다. 또한 그들은 13개 국가로부터 하나의 국가를 창출함으로써 13개의 주권을 단일 주권으로 통합하는 동시에, 연방정부와 주 정부가 동일한 주권에 근거하여 정부 권력을 나누어 가지게 했다. 이러한 연방주의의 창안은 연방정부와 주 정부에 각각 독립된 권한을 부여하는 동시에, 일부 사안에 대해서는 함께 권한을 갖는 방식을 통해 상호 견제와 균형을 이루도록 했다. 그러나 이러한 미국헌법의 헌정 원리가 제대로 정착되기 위해서는 미국헌법에 대한 사법심사의 전통이 확고하게 자리를 잡아야 했다.[89] 미국헌법이 연방의회의 일반 제정법과 주 의회의 제정법보다 우월하다는 것이 분명하게 천명되고 미국의 근본법으로 제대로 작동되어야 했기 때문이다.

세대 간의 갈등, 큰 국가와 작은 국가 사이에 갈등이 있었지만, 미국헌법은 구세대와 신세대, 큰 국가와 작은 국가 모두의 축복을 받았다. 제헌회의가 개최된 지 약 3개월 반이 지난 9월 17일, 제헌회의에 참가했던 대표 42명 중 39명이 미국연방헌법에 서명했다. 그러나 세 명의 대표는 끝내 서명을 거부했다. 권리장전이 포함되어 있지 않다는 이유 때문이었다. 구세대의 대표 인물 격이었던 벤저민 프랭클린은 미국헌법의 탄생에 한없는 축복의 기원을 올렸다. 그는 제헌회의에 참가하여 토론을 벌이면서 의장의 좌석 뒤로 떨어지는 태양을 보곤 했다고 말하면서, 지금 바라보는 태양은 "지는 태양이 아니라 떠오르는 태양"[90]임이 확실하다고 역설했다. 그래서 행복하다는 프랭클린의 마지막 축복은 필라델피아 제헌회의에 참가한 대표들의 기대를 부풀게 했다.

입법부의 권한 비교: 연합회의와 연방의회

(기준: 미국헌법 제1조 제8절, 단서 조항은 삭제: 진한 글씨체는 새로운 권한)

	미국연방의회의 권한
1	미국의 채무를 지불하고, 공동 방위와 일반 복지를 위하여 **조세 · 관세 · 간접세 및 소비세를 부과, 징수**한다.
2	미국의 신용으로 금전을 차입한다.
3	**외국과 주 상호 간 그리고 인디언 부족과의 통상을 규율한다.**
4	**미국 전체에 공통되는 균일한 귀화 규정과 파산에 대한 균일한 법률을 제정한다.**
5	화폐를 주조하고 그 화폐와 외국 화폐의 가치를 규율하며, 도량형의 기준을 정한다.
6	**미국의 유가증권과 통화 위조에 관한 벌칙을 정한다.**
7	**우체국과 우편도로를 건설한다.**
8	**저작자와 발명자에게 그들의 저술과 발명에 대한 독점권을 일정 기간 보유하게 함으로써 과학과 유용한 기술의 발달을 촉진한다.**
9	**연방대법원 아래에 하급법원을 조직한다.**
10	공해에서 범한 해적 행위와 그 밖의 중죄 그리고 국제법에 위배되는 범죄를 정의하고, 이를 처벌한다.
11	전쟁을 포고하고 나포허가장을 수여하고 지상과 해상에서의 나포에 관한 규칙을 정한다.
12	**육군을 편성하고 이를 지원한다.**
13	해군을 창설하고 이를 유지한다.
14	육 · 해군의 통수와 규율에 관한 규칙을 정한다.
15	연방의 법률을 집행하고 반란을 진압하고 침략을 격퇴하기 위하여 민병대의 소집에 관한 규칙을 정한다.
16	민병대의 조직 · 무장 및 훈련에 관한 규칙과 민병 가운데 연방 군무에 복무하는 자를 다스리는 규칙을 정한다.
17	**특정한 주가 미국에 양도하고, 연방의회가 이를 수령함으로써 미국 정부의 소재지가 되는 지역(1제곱마일을 초과하지 못함)에 대해서는 어떠한 사항을 막론하고 독점적인 입법권을 행사하며,** 요새 · 무기고 · 조병창 · 조선소 및 기타 필요한 구조물을 건설하기 위하여 주 의회의 승인을 얻어 구입한 모든 장소에 대해서도 이와 똑같은 권한을 행사한다.
18	**위에 기술한 권한과 이 헌법에 의해 미국 정부 또는 그 부처 또는 그 공무원에게 부여한 모든 기타 권한을 행사하는 데 필요하고 적절한 모든 법률을 제정한다.**

필라델피아 제헌회의 일정

연도	월, 일	시기	내용	비고
1786	9월 11~14일	아나폴리스 회의 (메릴랜드 주)	필라델피아 회의 개최(연합헌장 개정) 필요성 주장	
1787	2월 21일	개정 승인	연합회의의 연합헌장 개정 승인	
	5월 14일	개회 예정일	성원 미달로 연기	
	5월 25일	개회	조지 워싱턴을 제헌회의 의장으로 선출	7개 주 대표 참석
	5월 28~29일	회의 진행 규정	제헌회의 진행 절차 규정	
	5월 29일~6월 19일	전원위원회 시기	헌법안 제출과 논의 버지니아 안(5월 29일), 핑크니 안(5월 29일), 뉴저지 안(6월 15일), 해밀턴 안(6월 18일)	
	6월 20일~7월 26일	제1차 축조심의 시기	조문별 심의, 부서 이름 결정	
	7월 26일~8월 6일	세부항목위원회 시기	통치구조안 작성	
	8월 7~31일	제2차 축조심의 시기	조문별 심의	
	8월 31일~9월 8일	연기안건위원회 시기	연기된 안건 심의	
	9월 9~17일	문체위원회 시기 (최종 조정기)	최종 헌법 문안 협의와 작성	
	9월 17일	헌법안 서명	대표 55명 가운데 45명 참석 3명은 서명 거부	
1787~ 1790	12월 7일~5월 29일	헌법 비준 시기	최초 비준: 델라웨어 최종 비준: 로드아일랜드	

제6장

미국헌법의 비준과 권리장전의 탄생

미국연합의 단점을 뼈저리게 느끼던 연방주의자는 재빨리 움직였고, 비준 과정 초기에는 별다른 저항 없이 순조롭게 미국헌법의 비준이 가결되었다. 델라웨어는 12월 7일에 비준을 통과시켜 미국헌법을 처음으로 비준한 주가 되었다. 펜실베이니아가 델라웨어의 뒤를 이었다. 필라델피아 제헌회의가 개최된 주인 펜실베이니아는 연합회의에서 미국헌법을 각 주로 발송하기 이전에 이미 비준회의 개최일을 정했지만, 비준 반대자의 지연 술책과 제2차 제헌회의 개최 주장으로 비준 결정이 늦춰졌다. 12월 12일. 델라웨어와 펜실베이니아의 뒤를 이어 12월 18일에는 뉴저지, 1788년 1월 2일에는 조지아 그리고 1월 9일에는 코네티컷이 비준을 승인했다.

미국헌법의 결함

1787년 9월 17일, 헌법 제정자들이 미국헌법에 서명하였을 때 미국헌법의 비준 과정이 그리 순탄하지는 않을 것으로 예견되었다. 필라델피아 제헌회의에 적극적으로 참여하였지만 세 명의 대표가 서명을 거부하였기 때문이다. 9월 12일, 버지니아 대표인 조지 메이슨은 미국헌법의 서문에 권리장전이 포함되어야 한다고 발의했다. 그러나 메이슨의 발의는 불필요하다는 이유로 거부되었고, 결국 메이슨과 두 명의 제헌회의 대표는 서명을 거부했다.

각 주의 비준회의는 권리장전의 불비不備를 간과할 수 없었다. 미국헌법의 비준을 반대하는 반연방주의자들anti-federalists은 미국헌법에 권리장전이 제대로 갖추어져 있지 않다는 이유로 필라델피아 제헌회의의 결과를 무력화하고, 제2차 제헌회의를 개최해야 한다고 주장하기까지 했다. 이러한 상황에서 연방주의자들federalists은 미국헌법의 비준을 확보할 수 있는 수단과 방법을 모색하기 시작했고, 그 결과 미국헌법의 본질을 크게 훼손하지 않는 범위 내에서 미국헌법의 수정, 즉 권리장전을 삽입하게 되었다.

그러나 모든 주의 비준회의에서 권리장전의 삽입을 요구했던 것은 아니다. 9월 17일에 서명한 미국헌법은 일단 연합회의에 보내졌고, 여기서 미국헌법이 헌법 비준을 위해 각 주로 발송되었다. 각 주는 미국헌법의 비준을 위해 주 의회와는 별도로 비준회의를 구성해야 했고, 이를 위해서 비준회의 선거가 치러졌다. 비준회의 선거를 통해서 권리장전의 불비 문제는 정치 쟁점으로 등장했다.

미국연합의 단점을 뼈저리게 느끼던 연방주의자는 재빨리 움직였고, 비준 과정 초기에는 별다른 저항 없이 순조롭게 미국헌법의 비준이 가결되었다. 델라웨어는 12월 7일에 비준을 통과시켜 미국헌법을 처음으로 비준한 주가 되었다. 펜실베이니아가 델라웨어의 뒤를 이었다. 필라델피아 제헌회의가 개최된 주인 펜실베이니아는 연합회의에서 미국헌법을 각 주로 발송하기 이전에 이미 비준회의 개최일을 정했지만, 비준 반대자의 지연 술책과 제2차 제헌회의 개최 주장으로 비준 결정이 늦춰졌다(12월 12일). 델라웨어와 펜실베이니아의 뒤를 이어 12월 18일에는 뉴저지, 1788년 1월 2일에는 조지아 그리고 1월 9일에는 코네티컷이 비준을 승인했다.

그러나 전체적인 흐름을 고려한다면, 비준회의를 주도한 것은 연방주의자가 아니라 반연방주의자였다. "연방주의자는 권리장전의 중요성을 인식하는 데 실패했고 여론을 잘못 판단함으로써 비준 투쟁의 시작부터 수세에 몰려 있었다."[1] 미국헌법의 비준은 그리 쉽게 성취될 수 있는 성질의 것이 아니었다. "사실 연방주의자가 권리장전 수정 조항에 대한 반대 입장을 포기한 후에야 미국헌법의 비준이 확실시되었다. 권리장전 쟁점에 관하여 더욱 흥미로우며 더욱 더 영향력을 가지고 있었던 것은 반연방주의자의 논설이었다."[2]

매사추세츠 비준회의에서 반연방주의자 혹은 비준 반대 세력은 매우 강력했다. 1788년 1월 1일에 소집된 매사추세츠 비준회의에서는 한 달이 넘도록 정치 논쟁으로 갈등을 빚었다. 비준회의에서는 권리장전의 필요성 혹은 적어도 적절성이 널리 받아들여졌다. 보스턴 대학살을 정치화하는 데 성공한 새뮤얼 애덤스와 독립선언서 서명시 대륙회의 의장이었던 존 핸콕은 권리장전의 필요성을 역설하며 반연방주의를 이끌었으며, 비준 반대 세력은 매우 조직적으로 움직였다. 반연방주의자는 미국헌법을 먼저 수정한 후에 비준을 논의하자고 요구하거나 헌법 수정을 비준 조건으로 제시해야 한다고 주장하기도 했다. 이에 대해 연방주의자는 있는 그대로 수정 없이 미국헌법을 비준하거나 거부하라고 강경한 입장을 고수했다.

비준회의가 공전하자 비준회의 의장이었던 핸콕과 애덤스는 타협안을 제시했다. 핸콕은 "많은 선량한 (매사추세츠) 공화국 국민의 공포심을 제거하고 우려를 잠재우기 위해"[3] 비준회의가 일련의 헌법 수정 조항을 권고할 것을 제안했다. 이에 애덤스도 동의하며 타협을 지지했다. 마침내 2월 6일, 이 타협안에 근거하여 매사추세츠 비준회의는 가까스로 187 대 168의 표결로 비준을 통과시켰다.

매사추세츠 타협안은 이후 비준 문제를 다룰 다른 주에도 큰 영향을 미쳤다. 뉴햄프셔뿐 아니라 버지니아나 뉴욕과 같이 지역적으로나 정치적으로 큰 영향력을 가진 주에서도 매사추세츠 타협안과 유사한 타협안이 채택됨으로써 미국헌법이 비준되었다. 이들 주에서는 그 나름대로 헌법 수정 조항을 권고하기로 하고 비준을 성사시킬 수 있었다. 물론 노스캐롤라이나에서는 반연방주의 영향이 강력하여 권리장전 문제가 실질적으로 해결될 때까지 비준을 거부하기로 했다. 미국이 분열하지 않고 온전히 역사의 길을 함께 걷기 위해서는 권리장전 삽입 문제가 해결되어야 했다.

권리장전 문제는 제1차 연방의회에서 '미국헌법의 아버지'라고 불리는 제임스 매디슨의 주도 아래 해결되었다. 대부분의 양원 의원은 비준회의의 권고를 수용할 수밖에 없었으며, 결국 권리장전의 필요성에 동의했다. 매디슨은 연방하원에 일련의 헌법 수정 조항을 제출했으며, 하원과 상원의 심의를 통해 12개의 헌법 수정 조항이 각 주에 보내졌고, 수정 조항의 비준을 요청했다.

12개의 수정 조항 가운데 두 개는 결국 비준되지 못했고, 10개의 수정 조항만이 미국헌법의 말미에 첨가되었다. 비준되지 못한 수정 조항 가운데 하나는 연방하원의 의원 수와 할당 문제를 다룬 것이며, 나머지 하나는 연방의원의 급여 인상에 관한 연방의회의 권한을 다룬 것이다. 후자의 수정 조항은 후일 비준되어 헌법 수정 조항 제27조로 빛을 보았지만, 전자의 수정 조항은 결국 비준되지 못했다. 그러나 전체적으로 보면 이 두 조항은 비록 권리장전의 이름 아래 연방의회에 제안되었을지라도, 성격상 권리장전의 범주에 포함될 만한 것은 아니었다.

이 장에서는 미국헌법이 비준되기 위한 조건이었던 권리장전의 제정 배경과 그 과정을 살펴봄으로써 권리장전과 나아가 미국헌법의 성격을 살펴보려고 한다. 메이슨, 애덤스 등 반연방주의자가 미국헌법의 비준을 거부하고 권리장전의 삽입을 주장한 근거와 역사적 배경은 무엇인가, 매디슨 등의 연방주의자가 결국 권리장전을 수용한 정치적 동기와 이유는 무엇이었는가, 권리장전은 어떤 헌정적 의미가 있는가 등을 살펴볼 것이다. 또한 권리장전이 현재의 상태, 즉 미국헌법의 서두에 첨가되거나 본문에 삽입되지 않고 말미에 수정 조항으로 첨가되게

된 이유 등도 살펴볼 것이다. 이를 통해 권리장전의 특성뿐 아니라 미
국헌법의 고유한 특성과 역사적 경험을 깊이 이해하게 될 것이다.

권리장전은
필요한가?

미국헌법은 기본적으로 연방주의자의 작품이었다. 그들은 미국헌법에 권리장전이 불필요하다고 믿었다. 그들은 권리장전으로 금하거나 제한해야 할 권력을 연방정부에 부여하지 않았다고 생각했고, 미국헌법에 권리장전 조항을 삽입하여 권리를 열거함으로써 오히려 열거하지 못한 다른 권리를 무시하거나 부정하는 결과가 초래될까 봐 걱정했다. 그러나 반연방주의자는 미국헌법에 의해 연방정부가 막강한 권력을 갖게 되었으므로 개인의 자유와 권리에 대한 침해 가능성을 우려하지 않을 수 없었다.

필라델피아 제헌회의에서 누구보다도 권리장전의 필요성을 역설한 사람은 조지 메이슨이었다. 1787년 9월 12일 메이슨은 미국헌법 서문에 권리장전을 마련하라고 주장하면서 "주 권리선언의 도움을 받는다면 몇 시간 안에 (권리장전) 안이 마련될 것"이라고 자신했다. 매사추세츠의 엘브리지 게리도 이에 동의했다. 그러나 로저 셔먼은 개인의 권리를 보장하는 일이 필요하지만 "주의 권리장전 선언은 이 헌법으로 폐지된 것이 아니며, 여전히 유효하므로 충분하다"[4]라며 권리장전의 필요성을 거부했다. 셔먼은 주의 권리장전이 연방정부의 권력 남용을 충분히 제어해줄 것이라고 믿었다.

그러나 메이슨은 미국헌법과 연방 법률의 최고성 조항Supremacy

Clause을 상기하며 "연방의 법률이 주의 권리장전보다 우월해질 것"⁵이기 때문에 연방 차원에서 권리장전이 필요하다고 역설했다. 연방 법률의 최고성에 대한 메이슨의 판단은 옳았다. 그러나 그의 주장은 제헌회의에서 큰 설득력을 얻지 못했고, 권리장전 작성을 위한 위원회 구성에 관한 메이슨과 게리의 제안은 만장일치(10 대 0)로 부결되었다. 메이슨의 제안에 반대 입장을 표명했던 매디슨은 후에 메이슨이 권리장전의 불비를 미국헌법의 "치명적 결함"⁶으로 판단했다고 회상했다.

필라델피아 제헌회의의 마지막 날 전날인 9월 15일에도 메이슨은 권리장전 문제가 얼마나 중대한 문제인지를 분명히 밝혔다. 그는 미국헌법에 권리장전이 없을 뿐 아니라 연방 법률이 주의 헌법과 법률보다 우월하며 "개별 주의 권리선언이 전혀 안전을 제공해줄 수 없기" 때문에 "심지어 국민은 코먼로의 향유조차 보장받을" 수 없다고 불만을 터뜨렸다.⁷ 같은 날, 게리도 다시 한 번 권리장전의 직접적인 명시를 시도했다. 그는 민사소송에서의 배심을 보장하는 제안을 제출했으나 또다시 부결되었다. 그 전날인 14일에 핑크니와 게리는 공동으로 언론의 자유를 보장하는 안을 제출했다. "언론의 자유는 신성하게 준수된다."⁸ 그러나 셔먼이 "연방의회의 권한은 언론에 미치지 않는다"라고 설명하면서 이 조항처럼 열거 권력을 가진 정부 아래서는 특정 자유를 보장하는 조항이 "필요 없다"라고 주장하자 이 안 역시 부결되었다.⁹

그러나 권리의 명시적 선언을 통한 권리보장은 이미 8월 20일에 필라델피아 제헌회의에 제출되었다. 사우스캐롤라이나 대표인 찰스 핑크니는 제헌회의에 13개의 "잡다한 제안을 제출했다."¹⁰ 핑크니의 제안 가운데 인신보호영장의 보장과 같은 조항은 헌법 본문 안으로 포함되기도 했지만, 언론의 자유를 보장하고 군대의 평상시 사유지 숙영을 금하는 등의 권리보장 제안은 아무런 토론 없이 세부항목위원회로 넘어갔다. 그리고 세부항목위원회의 논의 속에서 사라져버렸던 것이다.

메이슨과 게리 그리고 버지니아 출신의 에드먼드 랜돌프는 미국헌법에 서명하기를 거부했다. 랜돌프는 제헌회의가 개최되자마자 버지니아 안을 제출한 인물이다. 그러나 랜돌프는 권리장전을 포함한 헌법 수정을 위해 제2차 제헌회의를 개최해야 한다고 주장했다. 게리는 연방상원의 귀족주의적 성격과 연방행정부의 중앙집권적 통상권한이 수성되어야 한다고 믿었다. 그러나 그는 무엇보다도 민사소송에서 배심제 보장이 결여되었다는 점과 '필요하고도 적절한 조항'으로 연방의회가 실질적으로 무제한의 권력을 가지게 될 것을 우려했다. 그는 연방의회와 관련하여 "시민의 권리가 불안해지지만 않는다면" 미국헌법을 지지할 수도 있다는 입장을 견지했다.[11] 결국 권리장전의 명시적 선언은 무시되었고, 필라델피아 제헌회의에 직접 참석하여 큰 역할을 담당했지만, 이들은 미국헌법의 비준을 반대하기에 이르렀다.

사실 제헌회의에서 권리장전의 명시적 선언을 주장하는 사람은 극소수였다. 제헌회의를 주도했던 매디슨은 권리장전 문제에 대해 제헌회의 기간 동안 침묵했다. 그러나 몇몇 학자가 비난한 것과는 달리, 매디슨을 포함한 연방주의자가 제헌회의의 장기화에 따라 인내력 부족으로 조속한 종결을 희망했기 때문에 권리장전 문제를 무시했던 것은 아니다.[12] 연방주의자는 권리장전 문제를 놓고 직접적으로 비중 있게 대응하지는 않았지만, 그들의 상대적 침묵은 대체로 네 가지 이유 혹은 반론 때문이었다.[13]

첫 번째 이유는 연방체제하의 주의 본질에 관한 것이다. 그들은 개인의 자유를 지키는 데는 연방보다 주가 더 낫다고 판단했다. 제임스 윌슨은 주의 목적 중 하나는 "개인의 권리를 수호하는 것"이라고 주장했다.[14] 동일한 이유에서 서먼은 주의 권리선언이 미국헌법에 의해 폐지되지 않았을 뿐만 아니라, 주가 개인의 자유를 수호해줄 것이기 때문에, 주의 권리장전이 "여전히 유효하므로 충분하다"고 말한 적이 있다. 주에 의해 권리가 충분히 보장되는 상태라면 굳이 연방 차원에서 권리보장을 할 필요가 없다는 것이다. 계속되는 권리선언 요구에 서먼이 "불필요하다"고 단언한 것은 제헌회의 대표들 사이에서 자유의 수호자로서 주에 대한 인식이 팽배해 있었기 때문이다.

두 번째 이유는 연방정부의 본질, 특히 제한정부로서의 성격에 관한 것이다. 매디슨은 연방정부가 무제한의 권력을 부여받았다고 생각하지 않았다. 미국헌법 비준 후에 그는 "문제의 권리는 연방 권력이 부여되는 방식에 의해 유보된다"고 주장했다.[15] 또한 연방정부에 부여한 권리 가운데 권력 남용으로 개인의 자유를 침해할 가능성이 있는 경우에는 명시적으로 권력의 한계를 정함으로써 제한정부의 성격을 분명히 하고자 했다. 반란이나 침략을 제외하고는 인신보호영장의 정지를 금한다거나, 평상시에 사유지에서 군대의 숙영을 금지하는 조항이 바로 그러한 예다. 제한정부의 성격을 보장하기 위해서, 권리장전의 조항이 "하나도 없다고 하는 미국헌법에 24개의 권리장전 요소"[16]가 이미 들어 있었던 것이다.

세 번째 이유는 자유와 권리의 완전한 열거가 현실적으로 불가능하기 때문에, 불완전한 혹은 제한적인 열거 행위 그 자체가 오히려 권리의 축소를 의미한다는 것이다. 개인의 모든 자유와 권리를 헌법에 열거하는 것은 사실상 불가능하고, 권리장전에 열거되지 못한 모든 권리는 포기되는 결과, 즉 연방정부의 권한으로 부여하는 결과를 가져올 수 있다. 따라서 제임스 윌슨은 펜실베이니아 비준회의에서 누가 "감히 모든 권리를 완전히 열거하는 일"에 책임을 질 것인가를 묻고 나서, "만약 열거가 완전하지 않다면, 분명히 명시되지 않은 모든 것은 의도적으로 생략된 것이라고 간주하게 될 것"이며 연방정부가 권력을 남용하게 될 것이라고 경고했다. 따라서 그는 권리장전이 "불필요할 뿐만 아니라 적절하지도 않다"고 주장했다.[17]

마지막 네 번째 이유는 연방정부의 공화적 성격에 관한 것이다. 영국과 아메리카 식민지의 역사적 경험에 따르면, 권리장전은 구조적으로 권리를 침해하는 권력자, 특히 영국 국왕의 존재를 전제할 때 필요했다. 그러나 영국과 달리 미국에는 국왕이라는 존재가 없다. 후일 제3대 연방대법원장이 되는 올리버 엘즈워스는 미국 헌법이 근거하는 헌정 이론 자체가 권리장전의 필요성을 이미 배제하고 있다고 주장했다. 엘즈워스는 국민이 국왕으로부터 권리장전을 쟁취해야 하는 영국과 달리 미국에서는 정부가 국민으로부터 기원하는 것으로 간주되며, 정부가 가진 모든 권력은 국민이 부여한 것이기 때문에 권리장전이 "중요하지 않다"고 주장했다.[18] 또한 후일 연방대법원 대법관이 되는 제임스 아이어델은 영국에서는 국왕이 국민의 자유를 침해하기 때문에 권리장전이 필요하지만, 미국에서는 권리를 침해

제임스 아이어델
초대 연방대법원 대법관 6인 가운데 한 사람. 노스캐롤라이나 출신의 혁명가이자 정치인. 아메리카 식민지에 대한 영국 의회의 우월적 권위를 부정했다.

할 국왕이 존재하지 않으므로 원천적으로 권리의 침해는 불가능하다
고 주장했다. 영국과 달리 미국은 국민이 주권자이며, 국민에게서 모
든 권력이 나오기 때문에 미국헌법에 의해 연방정부에 부여된 권력을
제외한 모든 권력은 여전히 국민에게 유보되어 있다. 아이어델은 연방
정부가 "어떤 점에서도 (미국헌법에 의한) 정부 조직의 한계를 넘어 한 발
짝도 더 나아갈 수 없는" 것과 같으며 "아메리카에 국왕을 강요할" 수
는 없다고 강조했다.[19] 따라서 그는 미국에서는 연방정부의 권력 남용
은 물론, 개인의 자유에 대한 국왕의 침해를 우려할 이유가 없기 때문
에 권리장전이 필요 없다고 주장했다.

물론 이 같은 권리장전 불비에 대한 해명에 대해 대부분의 연방주의
자가 모두 공유한 것은 아니다. 시간의 흐름에 따라 해명의 강조점이
달라지기도 했고, 불필요성에 집착한 경우도 있었다. 또한 연방주의자
마다 각자 제 나름의 강조점과 특이한 주장이 펼쳐지기도 했다.

누구보다도 권리장전의 구비 요구에 대해 강력하고 체계적인 반대
입장을 견지하고 논리를 펼친 사람은 뉴욕 대표인 알렉산더 해밀턴이
었다. 《연방주의론Federalist Papers》 제84번에서 그는 권리장전의 불비에
대하여 뉴욕 비준회의에서 펼쳐진 공방을 충분히 감안해 미국헌법을
옹호했다. 당시 뉴욕의 헌법에는 권리장전이 없었기 때문에 반연방주
의자의 주장은 양날의 칼과도 같았다. 권리장전의 불비로 인해 뉴욕의
반연방주의자가 미국헌법에 대하여 전개하는 비판은 곧바로 뉴욕 헌
법에 대한 비판으로 이어질 수밖에 없었다. 그러나 반연방주의자는 새
로 제정된 미국헌법에는 반대하면서도 끊임없이 뉴욕 헌법을 찬양했
다. 반연방주의자는 뉴욕 헌법과 미국헌법의 구조적 특성과 성격을 분

리하여 미국헌법의 권리장전 불비를 비판했다.

해밀턴은 뉴욕의 반연방주의자의 논리를 두 가지로 요약했다. "하나는, 권리장전이 뉴욕 헌법의 앞에 덧붙여져 있지 않지만 그 본문 내에 특정한 특권과 권리에 대한 조항을 포함하고 있으므로 실제로는 권리장전이 존재하는 것과 같다는 것이다. 다른 하나는, 헌법에는 실제로 표현되어 있지 않지만, 그런데도 여러 다른 권리를 보장하는 영국의 관습법과 제정법을 최대한 채택하고 있다는 것이다."[20]

특정 권리에 대한 헌법상 보장과 관련하여 해밀턴은 뉴욕 헌법과 마찬가지로 미국헌법에도 동일한 형태로 특정 권리가 보장되어 있음을 지적하면서 반연방주의자의 주장이 근거가 없다는 사실을 강조했다. 해밀턴은 정부의 구조와 상관없이 여러 헌법 조항을 지적했다. 그는 탄핵으로 공직 면직과 미래의 공직 지격 박탈 그 이상을 처벌할 수 없다는 것(제1조 제3절 제7항), 특별한 경우를 제외하고는 인신보호영장의 정지를 금지할 수 없다는 것(제1조 제9절 제2항), 재판에 의하지 않은 처벌법: 사권박탈법 또는 소급법을 입법할 수 없다는 것(제1조 제9절 제3항), 귀족 칭호를 수여할 수 없다는 것(제1조 제9절 제8항), 탄핵 사건을 제외한 모든 사건의 재판에 대해 배심제를 보장한다는 것(제3조 제2절 제3항), 연방정부에 대한 반역죄는 미국에 한하며 주에는 해당하지 않는다는 것(제3절 제1항), 연방의회가 반역죄 형벌의 선고권을 가지고 있다는 것(제3조 제3절 제2항) 등을 강조했다.

해밀턴은 인신보호영장의 보장과 소급법 및 귀족 칭호 금지 조항은 "뉴욕 헌법에는 없는 조항"으로, 미국헌법이 뉴욕 헌법보다 개인의 자유와 권리를 더 보장하는 것이라고 강조했다. 그는 자의적인 불법 감금을 "독재가 선호하는 가장 강력한 수단"으로 평가하고, 영국의 위대한 법학자 윌리엄 블랙스톤의 말을 인용하여 "국가 전체를 통해 폭정에 대한 경종을 울려야 하는 만큼 가장 악랄하고 비열한 독재행위"라고 정의했다. 그러나 해밀턴은 비밀리에 감금하여 인신의 자유를 박탈하는 불법 행위를 "전횡적인 정부의 더 위험한 수단"으로 파악했다.[21] 따라서 해밀턴은 미국헌법이 전횡적인 전제정부의 흉악한 수단을 억제하기 위한 수단으로 소급처벌법을 금지하고 인신보호영장을 제대로 보장하였다는 점에서 뉴욕 헌법보다 더 진일보했다고 평가했다.

또한 해밀턴은 뉴욕 헌법이 관습법과 제정법을 포함한다고 하는 주장에 대하여 헌법의 본질을 설명하면서 대응했다. 그는 입법부의 입법에 의해 관습법과 제정법은 언제든지 수정될 수 있다는 점을 강조했다. 만약 의회가 원하는 방식으로 관습법과 제정법을 수정한다면, 아무리 관습법과 제정법이 권리를 보장한다고 하더라도 그것은 의회의 자비 아래에 있는 것과 같다. 문제는 의회에 대한 통제다. 다른 관점에서 말하자면, 그것은 관습법과 제정법이 지금껏 보장하고 인정해온 권리를 어떻게 보장해줄 수 있을 것인가의 문제다. 따라서 해밀턴은 이런 오랜 권리의 보장이 체계적으로 이루어지는 헌법이어야 제대로 된 헌법이라는 점을 지적했다.

그런데 국민이 모든 권리를 보유한 미국은 영국과 다르다. 영국의 권리장전은 "군주에게 양도되지 않은 권리의 유보"를 천명하고 개인의 자유와 권리를 보장하려는 것이다. 그러나 미국에서는 헌법에 모든 권리의 유보만을 천명하면 된다. "우리 미국 국민은 우리와 우리의 후손에게 자유의 축복을 확보하기 위하여 이 미국헌법을 제정한다." 이와 같은 미국헌법의 전문 때문에 해밀턴은 아메리카 "여러 주의 권리 장전에서 두드러지는 수많은 금언보다 우리의 새 헌법은 이와 같이 더욱 더 시민의 권리를 인정하고 있다"라고 자랑스럽게 말했다.[22]

따라서 해밀턴은 권리장전의 구비는 "제안된 헌법에 불필요한 것일 뿐 아니라 심지어 위험하기까지" 한 것임을 강력하게 역설한다. 해밀턴은 헌법에 명시될 권리장전이 "인정되지 않는 권한에 대한 다양한 예외를 포함하게 되며, 바로 그 때문에 인정되는 것 이상의 권력을 (정부가) 주장하게 되는 구실을 제공하게 될 것"이라고 경고했다.[23] 예를 들어 출판의 권리에 관하여 정부는 제한할 권한이 없다. 즉 미국헌법은 출판에 관한 어떤 권력도 연방정부에 부여하지 않았는데, 왜 출판의 권리가 제한되지 않아야 한다고 선언해야 하는가? 뒤집어 말하자면, 출판의 권리가 제한되지 않아야 한다고 선언하는 것은 미국헌법이 연방정부에 어느 측면에선가 출판의 권리를 제한할 수 있는 권한을 명백히 주었기 때문이라는 해석이 가능하게 된다. 따라서 해밀턴은 권리장전이 마치 연방정부에 부여하지 않은 권한의 남용에 대해 대비하는 것과 다름없다고 주장하고, 이는 불합리하다고 강조했다.

더 나아가 해밀턴은 미국헌법의 본질이 개인의 자유와 권리를 보장하는 것이라고 강조했다. 그는 영국에서는 대헌장, 권리청원, 권리장전 등이 헌법 문서로서 헌법을 구성하지만, 미국 "헌법은 그 자체로…… 모든 합리적인 의미에서, 그리고 모든 유용한 목적에서 하나의 권리장전이다"라고 설명했다. 미국헌법은 국민의 정치적 특권을 규정하고 선포하고, 공공안전에 대한 예방책을 강구하며, 개인적이고 사적인 영역에서 면제와 소송 절차의 방식을 정의하는 등 국민의 자유와 권리를 보호하기 위한 것이라는 것이다. 따라서 해밀턴에게 권리장전에 관한 논의는 단지 용어와 명목상의 의미에서만 행해지는 것이며, 실질적인 것과는 아무런 관계가 없다는 것이 명백했다.[24]

필라델피아 제헌회의의 논의 과정에서 권리장전의 불비가 이미 지적된 적이 있었으나, 연방주의자는 이 문제를 심각하게 고려하지 않았다. 권리장전의 불비 등의 이유로 미국헌법에 서명을 거부한 게리, 랜돌프 등의 헌법 제정자들이 있었지만, 연방주의자는 이를 구조적인 결함의 문제라기보다 개인적인 의견의 문제로 파악했다. 그러나 미국헌법이 공개되고 비준을 위해 주로 넘어가면서 반연방주의자의 비판은 점차 거세졌다. 초기 비준 시기에는 제기되지 않았던 비판이 등장하고 체계화되었다. 따라서 연방주의자는 양 측면에서 공격을 방어해야 했다. 바로 미국헌법은 권리장전과 다름없다는 것과 권리장전이 필요 없다는 것이었다. 전자가 미국헌법의 구조와 성격에 기인하는 것이라면, 후자는 미국헌법이 구현하는 헌정 체제에 기인하는 것이었다. 연방주의자의 관점에서 볼 때 전자가 권리장전의 불필요성을 보여주는 것이라면, 후자는 열거된 권리장전의 위험성을 보여주는 것이었다.

주 비준회의와 권리장전의 정치적 필요성

권리장전의 필요성에 관한 이론과 주장이 어떠한 것이었든지 상관없이 연방주의자는 주 비준회의에서 처음부터 수세에 몰리면서 반연방주의자와 타협 가능성을 모색해야만 했다. 델라웨어, 펜실베이니아, 뉴저지, 조지아, 코네티컷 등의 주 비준회의에서 연방주의자는 미국헌법이 쉽게 비준될 것이라고 낙관적으로 바라보았다. 그들은 반연방주의자를 무지하며 근시안적인 정치배로 비난했다.

그러니 매사추세츠 주의 비준회의는 상황을 역전시켰다. 1788년 1월에 개최된 매사추세츠 주 비준회의는 연방주의자에게 미국헌법의 제정 자체가 무산될 수도 있다는 위기의식을 가져다주었다. 매사추세츠 주민은 비준회의 대표에게 만약 헌법에 권리장전이 갖춰지지 않는다면 미국헌법의 비준을 거부할 것을 강력하게 요구했다. 더욱이 매사추세츠 주 비준회의는 반연방주의자의 주도로 진행되었다. 비준회의 의장은 반연방주의자였던 존 핸콕이었고, 회의장은 반연방주의자였던 새뮤얼 애덤스가 주도했다.

연방주의자는 타협 외에 다른 방법을 찾을 수가 없었다. 그들은 미국헌법의 비준과 동시에 일련의 헌법 수정 조항을 작성하여 연방의회에 권고하는 방안(권고안 비준)을 제안했다. 존 핸콕을 통해 타협이 타진되었다. 그러나 애덤스는 연방주의자의 제안에 대한 역제안을 제시했

다. 그의 역제안은 미국헌법의 서두에 권리장전을 첨가하는 동시에 매
사추세츠 주 비준회의를 열어 헌법을 비준하자는 것이었다. 말하자면
그의 역제안은 권리장전의 구비를 미국헌법 비준의 필요조건으로 하
자는 것(조건부 비준안)이었다. 애덤스의 역제안[25]은 실제로 미국헌법의
비준을 거의 불가능하게 만들 수 있는 엄청나게 파괴적인 전략이었다.
만약 한 주가 조건부 비준을 한 후, 다른 주가 또 다른 조항을 포함한
헌법으로 조건부 비준을 하게 되면, 이미 비준한 주에서는 새로운 헌
법, 즉 수정 조항이 추가된 헌법을 또다시 비준해야 하는 상황이 발생
하기 때문이다. 이러한 상황이 여러 주에 걸쳐 반복되면 비준이 완결
되지 못하는 상황도 도래할 수 있었다. 달리 말하면 애덤스의 조건부
비준안은 실제로 미국헌법의 신중한 비준을 위한 전략이 아니라 비준
자체를 무력화하는 전략이었다.

조건부 비준 전략에 겁을 먹은 연방주의자는 온건한 반연방주의자
를 설득하여 권고안 비준이 가결되도록 힘을 모았다. 결국 애덤스의
조건부 비준안은 충분한 지지를 얻지 못하고 부결되었다. 187 대 168
로 연방주의자는 미국헌법의 비준이라는 승리를 쟁취했지만, 그것은
힘겨운 승리였다. 10명의 입장 변화로 가까스로 승리를 쟁취할 수 있
었기 때문이다.

매사추세츠에서의 경험은 앞으로 다른 주의 비준회의에서도 험난
한 역경이 있을 것임을 보여주는 것이었다. 그러나 매사추세츠 주의
타협은 다른 주의 비준회의에서 쉽게 수용할 수 있는 성질의 것이 아
니었다. 무엇보다도 연방주의자에게는 헌법 수정 조항 권고안을 포함
한 미국헌법의 비준이 미국헌법의 고유성과 완결성을 침해하는 것으

로 인식되었고, 반연방주의자에게는 확
실한 헌법 수정이 보장되지 않는 조건
하에서 헌법을 비준해주는 것이었기 때
문이다. 이러한 맥락에서 에드먼드 랜
돌프는 매사추세츠 주의 타협을 "하찮
은 속임수"라고 평가절하 하고 타협될
수 없는 것을 한데 섞은 "물과 우유"라
고 비판했다.[26]

매사추세츠처럼 뉴욕과 버지니아의
상황도 그리 좋은 편은 아니었다. 특히
뉴욕에서 로버트 예이츠Robert Yates는 브
루투스Brutus라는 필명으로 미국헌법 비
준을 반대하는 일련의 글을 〈뉴욕 저
널〉과 같은 신문에 발표했다.[27] 1787년
10월부터 1788년 4월에 이르기까지 예
이츠는 카이사르에 대항하여 로마 공화
정을 옹호했던 브루투스의 이름을 빌려

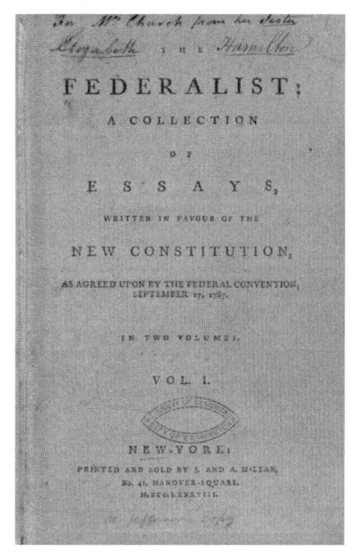

《연방주의론》
미국헌법의 비준을 옹호하기 위해서 알렉산더
해밀턴, 제임스 매디슨, 존 제이가 쓴 77개의 글
을 모아 출판한 책. 이 글은 1787년 10월부터
1788년 8월 사이에 신문에 게재된 것으로, 미국
헌법의 제헌 의도를 알아볼 수 있는 중요한 자
료다.

미국헌법이 아메리카 공화국을 파괴할 것이라고 암시했다. 그는 글을
통해 같은 시기에 해밀턴, 매디슨 그리고 존 제이가 미국헌법의 비준
을 지지하기 위해 신문에 발표하였다가 1788년 봄에 책으로 출판한
《연방주의론Federalist Papers》과 헌법 논쟁을 펼쳤다. 《연방주의론》 못지
않게 브루투스의 글도 미국 전역에 소개되고 회자되면서 큰 반향을 불
러일으켰다.

브루투스는 미국헌법 제1조 제9절을 거론하면서 권리장전의 필요성을 강조했다. '반란이 아니라면 인신보호영장을 정지시킬 수 없다', '재판에 의하지 않은 처벌법 또는 소급처벌법을 통과시킬 수 없다', '어떠한 귀족의 칭호도 수여할 수 없다' 등에서 보이는 것처럼, 제1조 제9절은 연방의회의 권한을 제한하는, 달리 표현하면 특수하고 예외적인 경우에만 연방의회에 부여되거나 혹은 권한 부여가 전면적으로 금지되는 조항이다. 브루투스는 "만약 연방의회에 주어지지 않은 모든 권력이 유보권력이라면, (제1조 제9절에 명시된) 이러한 예외 조항의 타당성은 무엇이란 말인가? 미국헌법은 인신보호영장을 정지시키는 권력, 소급처벌법을 제정하는 권력, 재판에 의하지 않은 처벌법을 통과시킬 권력, 귀족의 칭호를 수여할 수 있는 권력을 연방의회의 헌법 어디에서 부여하는가? 분명히 미국헌법은 명시적인 용어로 이러한 권력을 부여하지 않는다. 이 질문에 대답 가능한 유일한 당신들의 답변은 이러한 권력이 (미국헌법에 의해 연방정부에) 부여된 일반권력에 함축되어 있다는 것이다. 즉 동일한 진실성을 가지고, 권리장전이 수호하고자 하는 권리에 대한 권력 남용은 이 미국헌법에 의해 부여된 일반권력에 포함되어 있거나 함축되어 있다는 것이다. ……만약 연방 정부가 이같이 포괄적이고 무한한 권위를 부여받았다면 그 정부는 권리선언에 의해 제한되어야 하지 않을까? 분명히 그렇게 해야 한다. 분명한 점은 이 같은 유보가 주 헌법보다는 이 미국헌법 아래에서 덜 필요하지 않다고 국민을 설득하려고 하는 사람이 의도적으로 노력하여 당신을 기만하고 절대적인 예속 상태로 이끌고 가려 한다고 의심하지 않을 수 없다는 것이다"[28]라고 지적했다.

미국헌법의 비준은 미국 국내뿐 아니라 해외에 있는 미국 정치인의 관심도 사로잡았다. 특히 당시 필라델피아 제헌회의 기간 중에 주 프랑스 대사로 파리에 있던 토머스 제퍼슨은 미국헌법의 제정과 비준에 매우 깊은 관심을 가지고 있었다. 매디슨은 물론, 조지 워싱턴이나 다른 유명 정치인은 그에게 미국헌법의 사본을 보내주고 제헌회의 등의 헌법 제정 과정을 소상하게 전달했다. 예를 들어 1787년 10월 24일 자의 17장 분량의 긴 서한에서 매디슨은 필라델피아 제헌회의에서 벌어진 일과 제헌 과정에 대해 비교적 상세하게 제퍼슨에게 알려주었다.

제퍼슨은 미국헌법에 권리장전이 결여되어 있다는 사실에 매우 깊은 우려를 표시하고, 권리장전이 미국헌법에 구비되어야 한다고 매디슨에게 매우 강력하게 강조했다. 1787년 12월 20일에 매디슨에게 보낸 서한에서 제퍼슨은 "종교의 자유, 언론의 자유, 상비군으로부터의 보호, 독점 제한, 인신보호법의 영원하고 끊임없는 집행 그리고 모든 경우에 이 나라의 법에 의해 소송 가능한 배심재판…… 등을 분명히 그리고 궤변의 도움 없이 보장해주는 권리장전의 생략"을 개탄했다. 그는 "권리장전이란 일반 정부든 특별 정부든 간에 지구상의 모든 정부에 대항하여 국민이 가질 권리가 있다는 것이며, 어떤 올바른 정부도 거부하거나 혹은 추론을 자발적으로 정지할 수 있는 것이 아니다"[29] 라고 주장했다. 제퍼슨에게 권리장전은 온전한 헌법을 만드는 데 필요한 선택 요소가 아니라 절대불가결한 요소였다.

그러나 제퍼슨은 끝까지 모든 권리의 보장을 요구하지는 않았다. 그는 권리장전을 통해 모든 권리의 보장을 선언할 수 없다면 그 일부라도 선언하는 것이 낫다고 주장했다. 그는 "빵 반쪽이 있는 것은 전혀 없는 것보다 낫다. 만약 우리가 우리의 모든 권리를 확보하지 못한다면, 우리가 확보할 수 있는 것을 확보해야 한다"[30]라고 언급했다. 비록 권리장전에 모든 권리를 명시하지는 못하더라도 명시할 수 있는 권리를 권리장전에 확실히 명시함으로써 권리를 확보하자는 것이었다. 다른 반연방주의자와 마찬가지로 제퍼슨 역시 어떠한 경우에도 권리장전의 불비를 용인할 수 없었다.

그러나 매디슨은 권리장전의 필요성에 그다지 긍정적이지 않았다. 비록 매디슨이 필라델피아 제헌회의에서 권리장전에 대한 자신의 입장을 표명하지는 않았지만, 권리장전에 대한 투표 결과를 살펴보면 권리장전 문제에 대해 부정적이었던 것은 분명하다. 그는 매사추세츠 주에서 벌어진 연방주의자와 반연방주의자 사이의 타협을 "오점"[31]이라고 평가절하 했다.

3월 22일, 버지니아 비준회의에 참석할 대표 선거를 앞둔 매디슨은 미국헌법의 비준에 비판적 입장을 견지하던 유력인사 존 릴런드John Leland 침례교 목사와 회담했다. 릴런드 목사와 침례교인이 비준회의 대표로 선출되게 해줄 결정적인 유권자였기 때문에 매디슨은 그들에게 권리장전에 대한 자신의 입장을 밝히고 그들의 지지를 이끌어내고자 했다. 종교적 자유를 오랫동안 지지하며 투쟁을 벌여왔던 매디슨의 경력은 이 회담에서 매우 중요한 신뢰의 가교가 되었으며, 결국 매디슨이 비준회의에 대표로 참석할 수 있는 기반을 마련해주었다.[32]

이 회담에서 매디슨은 종교의 자유에 대한 미국헌법의 침해가 진정성이 있다는 사실을 깨닫게 되었다. 그는 릴런드와 침례교인이 미국헌법으로 종교의 자유가 침해될 수 있다는 사실을 진심으로 염려한다는 사실을 알게 되었다. "이전까지 매디슨은 권리장전에 대한 반연방파의 요구를 미국헌법을 좌절시키기 위한 연막으로 단정"지었으나, 비로소 "처음으로 권리장전의 주장을 진지하게 생각하게 되었다."[33]

그렇다고 해서 매디슨이 권리장전의 필요성을 수용하고 사상적 전환을 이룬 것은 아니다. 또한 매사추세츠 주의 타협처럼 헌법 비준과 동시에 일련의 헌법 수정 조항을 권고하는 타협 전술을 적극적으로 수용했던 것도 아니다. 당시 버지니아 비준회의는 연방주의자와 반연방주의자가 어느 한쪽도 우세하지 않고 거의 대등했기 때문에 타협이 필요했고, 일단 타협이 이루어지면 순조롭게 신행될 수 있으리라는 기내감도 있었다. 매디슨에게 조건부 비준이나 제2차 제헌회의는 "치명적"이지만, 매사추세츠 주의 타협은 여전히 "의심할 여지 없이 연방주의자의 최후 조건"이었다.[34] 더욱이 매디슨은 매사추세츠 주의 타협이 일반 국민의 정서에 호소력을 가지고 있었던 것이지, 실제 비준회의에서는 반연방주의자를 포섭하는 데 그리 큰 효과를 거두지 못했던 것으로 이해하고 있었다.

그렇다고 해서 매디슨이 권리장전에 대해 강경한 입장만 취할 수는 없었다. 만약 사태가 악화되어 조건부 비준으로 결정되거나 제2차 제헌회의 개최로 치닫게 되는 경우 "미국헌법과 연방은 둘 다 위험에 처하게 될 것"이기 때문이었다.[35] 매디슨은 지난여름 필라델피아에서 매우 어렵게 도달한 타협의 정신을 제2차 제헌회의에서는 기대할 수 없을 것이라고 부정적으로 판단하고 있었다. 또한 연방 해체를 꿈꾸는 인사들이 제2차 제헌회의에 진출하여 미국연방의 한 지역에만 우호적이고 다른 지역에는 전혀 우호적이지 않은 주장을 내놓음으로써 '더욱 완벽한 연방' 건설이라는 꿈이 허물어질 수도 있다고 부정적으로 판단했다. 따라서 매디슨은 권리장전의 불비라는 이유를 들어 헌법과 '더욱 완벽한 연방'의 건설을 훼방하고자 하는 반연방주의자의 정치적 계략을 그냥 좌시하고 묵과할 수만은 없었다. 이와 같은 위기의식 때문에 매디슨은 권리장전에 대한 타협 가능성을 서서히 열어갔다.

6월 6일, 매디슨은 곧바로 타협을 제시하지는 않았다. 그는 펜실베이니아 비준회의에서 펼친 윌슨의 주장과 해밀턴의 《연방주의론》제84번의 논리를 반복했다. 그러고 나서 그는 조건부 비준 논리를 신랄하게 비판했다. 즉 버지니아에서 비준한 헌법 수정 조항은 다른 주에서 비준을 받기 위해 보내져야 하고, 다른 주에서 또다시 새로운 헌법 수정 조항을 비준하게 되면 버지니아와 다른 주가 또다시 비준해야 하는 끝없는 과정이 반복될 것이라고 경고했다.

6월 12일에 매디슨은 권리장전의 유용성에 대해 비판하는 연설을 했다. 그에게 권리장전은 종이상의 선언일 뿐이며, 실질적인 권리는 다양성을 통해 보존되어야 했다. 그는 이러한 권리 보장의 메커니즘을 설명하기 위해 종교적 자유를 예로 들었다. "권리장전은 종교의 보장인가요? 만약 어떤 종파가 법에 의해 유일한 국가종교로 확정된다면, 이 (버지니아) 주의 권리장전이 그 종파의 지지자를 위해 조세를 면제해 줄까요? 만약 (어느 국가에) 한 종파가 다수를 차지한다면, 권리장전은 자유의 무능한 보장이 될 것입니다." 그리고 매디슨은 "미국에 널리 퍼진 종파의 다수성", 즉 다수 종파의 존재만이 종교의 자유를 보장할 수 있으며, "어느 사회에서나 그것이 종교의 자유를 위한 가장 훌륭한 그리고 유일한 보장이다. 당파가 이처럼 다양하면, 어느 한 당파의 다수가 나머지를 억압하고 박해할 수는 없다"[36]라고 주장했다.

6월 24일, 조건부 비준안에 대한 반연방주의자의 주장이 좌절될 것이 분명해지자, 매디슨은 권리장전이 불필요하다는 입장을 보다 확고하게 주장했다. 그는 연방파의 주장을 반복하고, 여전히 권리장전의 필요성을 인정하지 않았다. 그는 미국헌법을 통해 연방정부에 부여되지 않은 모든 권리는 국민과 주에 유보되어 있다는 점과 권리의 불완전한 열거는 오히려 공화국에 유해할 수 있다는 점을 반복했다.

이제 매디슨은 여유를 가지고 반연방주의자에게 회유적 입장을 표명했다. 그는 '선 비준先批准 후 수정後修訂' 입장을 내세웠다. 그는 비준회의가 종결된 이후 "비준의 타당성과 함의성을 침해하지 않는 형태로 특정한 자유의 근본적인 원칙에 대한 타협적인 선언"을 지지할 수 있음을 내비쳤다. 즉 매디슨은 반연방주의자인 "당신들의 제안을 자유롭고 공정하게 그리고 냉철하게 검토하여 당신들의 소원을 만족시켜주기 위해 노력할" 것이라는 점을 강조했다.[37]

다음 날인 6월 25일에 버지니아 비준회의는 미국헌법을 비준했다. 버지니아는 일련의 헌법 수정 조항을 권고하는 것으로 권리장전을 둘러싼 논란을 마감했다. 비록 매사추세츠 주의 타협처럼 헌법 수정 조항이 권고되었으나, 그래도 그것은 연방주의자의 승리였다. 매디슨과 연방주의자가 비준회의 초기에 우려했던 것과 달리, 버지니아 비준회의는 조건부 비준도 제2차 제헌회의도 선택하지 않았기 때문이다. 이제 어떤 형태로 권리장전을 제정할 것인가는 제1차 연방의회의 결정에 달려 있었다.

그리고 약 한 달 후 뉴욕도 헌법을 비준했다. 1788년이 되자, 조지아가 1월 2일에 미국헌법을 비준한 것을 시작으로 코네티컷, 매사추세츠, 메릴랜드, 사우스캐롤라이나, 뉴햄프셔가 비준했다. 버지니아는 열 번째로 비준했다. 그러나 지난 3월, 로드아일랜드는 권리장전이 갖춰져 있지 않다는 이유 등으로 비준회의 소집을 거부했다. 권리장전 문제는 현재진행형이었다. 매사추세츠와 버지니아 등은 권리장전을 위한 헌법 수정 조항을 권고하고 있었고, 로드아일랜드와 노스캐롤라이나는 권리장전이 구비되어야만 미국헌법을 비준하겠다는 입장을 견지하고 있었다. 권리장전 없이 '더욱 완벽한 연방'을 완성한다는 것은 불가능했다.

제1차 연방의회와
권리장전의 채택

1789년 4월 6일에 제1차 연방의회가 개최되었다. 원래 3월 4일에 개원하기로 되었던 연방의회는 개원 정족수가 갖춰질 때까지 기다려야 했다. 새로운 헌법 아래 구성된 새로운 정부를 가동시키기 위한 제반 사항과 일련의 법안을 준비하고 가결하는 데 연방의회의 역량이 모아졌다. 제1차 연방의회에서는 각 주의 비준회의에서 격렬히 논의되고 권고되었던 권리장전을 위한 헌법 수정 조항이 시급한 현안으로 취급될 만큼 그 중요성이 부각되지 않았다. 어쨌든 미국헌법은 비준되었으며, 연방의회에는 그보다 시급한 일이 너무나도 많았기 때문이다.

그러나 제1차 연방의회 선거전에서 가장 결정적인 쟁점 중 하나는 미국헌법, 특히 권리장전에 대한 후보자의 입장이었다. 모든 선거가 그러하듯, 유권자는 자신의 뜻에 부합하고 자신의 의지를 실현해줄 후보자를 선출하려고 한다. 당시 미국에는 이러한 유권자의 정치 성향뿐 아니라 더 중요한 정치적 맥락이 존재하고 있었다. 연합회의에서 대표들은 해당 주(국가)의 의견을 그대로 대변하는 전달자에 불과했고, 미국헌법이 비준된 후에도 국민은 연방의회에 보낼 대표자를 과거와 마찬가지로 전달자로 간주했다. 따라서 버지니아의 유권자는 버지니아 비준회의의 결정 사항, 즉 권리장전의 권고를 제대로 실천할 수 있는 후보자를 선택하려는 성향을 보였다.

이러한 정치적 흐름을 읽은 반연방파는 매디슨을 연방의회 선거전에서 원천적으로 배제하거나 권리장전을 거부하는 인물로 부각함으로써 승리를 쟁취하고자 했다. 비준회의에서 패배를 경험한 반연방파의 정치 거물 패트릭 헨리Patrick Henry는 연방의회 선거전을 설욕의 기회로 삼고자 했다.[38] 우선 그는 매디슨이 연방상원에 진출하지 못하도록 저지했다. 매디슨은 개인적인 재정 상태 등의 이유로 하원을 선호했으나, 연방주의자는 그를 상원의원 후보로 내세웠다. 당시 연방상원 의원은 주 의회에서 선출하였는데, 헨리는 정치력을 발휘하여 매디슨의 앞길을 저지했다.

제임스 먼로
미국의 제5대 대통령. 버지니아 출신의 혁명가. 미국헌법이 중앙정부에 지나치게 많은 권력을 부여했다는 이유로 버지니아 주 비준 회의에서 비준을 반대하기도 했다.

또한 헨리는 매디슨이 연방하원 의원으로 진출하는 길을 저지하고자 계략을 세웠다. 그는 후에 '게리맨더링gerrymandering'으로 알려진 자의적인 지역구 설정을 통해 매디슨의 선거구를 반연방주의자 우세 지역으로 바꾸어버렸다. 또한 매디슨과 같은 지역구인 오렌지카운티에서 연방하원 의원 후보로 출마한 온건한 반연방주의자 제임스 먼로James Monroe는 매디슨을 강경한 연방주의자로 묘사했다. 헨리와 반연방파는 매디슨을 권리장전을 지지하지 않는 적대적인 인물일 뿐만 아니라, 미국헌법 수정을 일체 용인하지 않을 인물로 소문을 퍼뜨렸다.

비준회의 선거전 때와 마찬가지로 매디슨은 만남과 서한을 통해 종교 지도자를 설득해 나갔다. 1월 2일, 그는 침례교 목사인 조지 이브George Eve에게 편지를 보냈다. 약 1년 전 릴런드와의 만남에서도 그러했듯이, 매디슨은 자신이 오랫동안 종교의 자유를 위해 헌신해왔다는 사실을 각인시키고 신의를 통한 지지를 얻고자 했다. 우선 그는 정직을 내세워 설득했다. 그는 미국헌법이 비준되기 전에는 헌법 수정에 반대했는데, 그것은 미국헌법에 있는 "모든 존경하는 시민을 놀라게 한 심각한 위험"을 보지 못했을 뿐만 아니라 헌법 수정 논의가 국가를 "위험한 논쟁 속으로 몰아넣기 위하여, 그리고 연방 해체를 도모하는 기회를 연방의 은밀한 적에게 의도적으로 제공하려는 것"이라고 잘못 생각했기 때문이라고 솔직하게 고백했다. 그러나 미국헌법이 비준된 지금은 "적절한 방식으로 적절한 중용을 가지고 추구한다면 헌법 수정을" 기꺼이 지지한다고 밝혔다. 매디슨은 "변화된 상황 아래 미국헌법은 반드시 수정되어야 하며, 미국헌법 아래 제1차 연방의회가 모든 근본적인 권리, 특히 최대한의 범위에서 양심의 권리, 언론의 자유, 배신재판, 일반 영장에 대한 안전 등에 대한 가장 만족스러운 규정을 준비하고 주가 비준할 수 있도록 권고해야 한다는 것이 나의 진정한 의견입니다"라고 표명했다.[39] 그리고 매디슨은 연방의회 하원 의원으로 당선되면 헌법 수정을 지지하겠다는 "확실한 맹세"의 편지를 유권자에게 보냈고, 그 편지는 버지니아의 지방 신문에 게재되기도 했다.[40]

　그러나 연방의회에서의 권리장전에 대한 지지가 제2차 제헌회의의 가능성에 대한 매디슨의 위기의식 때문에 나타났다는 점에서 그의 입장은 일관성을 유지하고 있었다. 매디슨의 정적 먼로를 비롯한 반연방주의자는 여전히 제2차 제헌회의 개최를 강하게 요구하고 있었다. 이브 목사에게 보낸 서한에서 매디슨은 제2차 제헌회의보다는 헌법 수정 조항의 제정이 훨씬 안전하고 바람직하다는 기존 입장을 거듭 강조했다. 매디슨은 이브에게 헌법 수정 조항을 통해 헌법을 수정하는 것이 "가장 안전한 방식"이라고 설득했다. 다시 말해 "미국 정부를 수정할 뿐 아니라 집행하기 위해 임명된 연방의회는 헌법을 파괴하거나 위험에 처하지 않게 하려고 아마도 조심할 것"이지만, 제2차 제헌회의에서는 "미국 각지에서 교활한 인물이" 대표로 진출할 것이고 "모든 것이 혼란과 불확실성 속으로 빠져들어갈 것이 너무나도 분명하기" 때문이다.[41]

비준 이전에는 비준 부결 혹은 제2차 제헌회의 개최 그리고 비준 후에는 제2차 제헌회의 개최라는 위험성을 회피하기 위해 매디슨은 헌법 수정 조항을 통한 권리장전의 구현을 수용했으며, 이러한 그의 입장은 계속 변함없이 유지되어왔다. 1788년 10월 17일에 토머스 제퍼슨에게 보낸 서한에서도 매디슨은 이러한 입장을 그대로 밝혔다. 그는 "항상 권리장전을 지지해왔다"고 밝혔다. 권리장전에 대한 그의 상황적 지지는 미국헌법에 대한 그의 변함없는 지지에 종속된 것이었다. 그는 권리장전의 "생략을 미국헌법의 중요한 결함이라고 생각한 적이 없으며, 또한 후後 수정으로나마 다른 사람이 (권리장전을) 열렬히 원한다는 것 외에는 다른 어떤 이유로도 그것(권리장전의 생략)을 보충하려고 원하지 않았다"[42]라고 고백했다.

매디슨은 권리장전의 생략을 여전히 원칙적으로 지지하는 이유를 다섯 가지로 정리하여 제퍼슨에게 보냈다. 첫째, 그는 제한정부로서의 연방정부를 강조했다. 연방정부는 헌법에 의해 명시적으로 위임된 권력만을 가지게 되고 위임되지 않은 권리는 여전히 국민에게 유보권리로 남아 있기 때문에 권리장전은 불필요하다. 둘째, 그는 근본적인 권리에 대한 명확한 선언이 실제로 현실 정치 속에서 충분히 이뤄지기

힘들다는 현실론을 강조했다. 특히 지역의 현실 상황에 따라 양심의 자유가 인정되는 범주는 달라질 수 있다. 청교도주의 전통을 이어받은 뉴잉글랜드의 경우, 절대적 종교의 자유에 반대할 수 있기 때문에 권리장전은 현실적으로 적절하지 않다. 셋째, 그는 연방 체제, 특히 주와 연방 간의 제도적 긴장관계를 강조했다. 연방정부에 대한 주의 견제로부터 연원하는 연방과 주의 제도적인 긴장은 연방정부의 권력 남용과 세력 강화를 견제할 수 있기 때문에 권리장전은 불필요하다. 넷째, 그는 각 주의 권리장전이 '종이호랑이'에 지나지 않았던 역사적 경험을 강조했다. 경험상 권리장전의 반복적인 위반은 결국 권리장전의 유효성을 심각하게 저하시킴으로써 권리장전을 쓸모없게 만들었기 때문에 그런 식의 권리장전은 필요 없다. 마지막으로, 매디슨은 영국과 달리 미국은 국민주권 국가임을 강조했다. 권리장전은 국민에 대한 군주제의 폐해를 방지하기 위해 필요한 것인데, 미국은 군주제가 아니라 공화국이므로 권리장전이 필요 없다는 것이었다.

매디슨은 제퍼슨에게 이렇듯 원칙적으로 권리장전의 생략을 지지했지만, 이제 권리장전을 기꺼이 지지하는 이유도 밝혔다. 첫째, 매디슨은 국민의 권리 정서와 관련하여 권리장전의 유용성을 인정하게 되었다. "점차 자유로운 (미국) 정부가 근본적인 격률의 면모를 가지게 되면서" 정치적 현실은 개인의 자유와 권리를 위한 국민의 소원과 요구를 반영하게 되고, 결국 "이익과 감정의 충동을 좌절시키는" 역할을 하게 될 것이기 때문이었다. 둘째, 그는 연방정부가 국민을 억압할지도 모른다는 만약의 경우에 대처할 필요가 있다고 생각하게 되었다. 공화국에서조차 국민의 권리가 유린될 수 있으며, 이에 대해 국민이 즉각적으로 대처할 수 없을 수도 있다. 이러한 만약의 사태가 발생하게 되면 권리장전의 존재가 유용성을 발휘할 수도 있을 것이다. 그는 이러한 상황에서 "권리장전은 공동체 의식에 호소하는 좋은 근거가 될 것"이라고 인정했다. 마지막으로 그는 교활한 지배자의 등장을 우려했다. "교활하고 야심찬 지배자의 연속적인 등장은 자유를 전복하고 자의적인 정부를 야기할 수 있다." 따라서 그는 이런 경우에 권리장전이 신중한 사전조치가 될 수 있다고 믿었다.[43]

매디슨은 권리장전에 대한 국민의 지지 정서, 비록 희박하기는 하지만 공화국의 구조적 한계 극복 그리고 지배자의 야심과 교활함을 통제할 수 있는 제도적 보완이라는 여러 가지 상황을 가정하고, 이런 이유로 권리장전을 지지했다. 그렇다면 이러한 가정 상황이 미국에서 발생할 것인가? 매디슨은 오해를 피하기 위해 "우리 정부가 이런 식으로 위험에 빠질 우려는 전혀 없다"고 단호하게 입장을 정리했다.[44] 또한 가정 상황이지만 권리장전에 대한 매디슨의 지지는 절대적인 것이 아니었다. 권리장전에 대한 지지를 설명한 후, 그는 "설사 권리장전이 적절한 것이라고 할지라도, 회의적인 경우 혹은 위기 상황이 권리장전을 무효화할 수 있는 경우에 절대적인 제한은 회피되어야만 한다"라고 덧붙였다.[45] 권리장전이 절대적인 것이 아닌 한, 제한헌법으로서의 미국헌법에는 원칙적으로 권리장전이 필요 없다는 것이었다.

따라서 권리장전에 대한 매디슨의 입장 변화는 근본적인 변화가 아니었다.[46] 그것은 미국헌법의 근본적 변화를 가져올 수 있는 상황에 대처하기 위한 노력이었다. 그 과정에서 매디슨에게는 자기 지역 구민에게 약속한 공약을 성실히 수행해야 한다는 도덕적 의무감이 부여되었

을 뿐이었다. 미국헌법에서 구현하는 공화국에 대한 본질적인 결함이
나 연방정부의 권리 침해 가능성에 관하여 매디슨은 자신의 입장을 변
경하지 않았다.

제1차 연방의회가 개원한 4월 초, 매디슨은 권리장전과 관련하여 반
연방주의자뿐 아니라 강경한 연방주의자의 비판을 감수해야만 했다.
강경한 연방주의자는 미국헌법의 어떠한 수정도 용인하지 않을 태세
였다. 반면 반연방주의자는 제2차 제헌회의 개최를 운운하거나 실질
적인 헌법 수정을 통한 연방정부의 재구성을 꾀하고 있었다. 아직 미
국헌법을 비준하지 않은 노스캐롤라이나에서 연방주의자 휴 윌리엄
슨Hugh Williamson은 권리장전의 채택이 반연방주의자의 이러한 목적을
좌절시킬 것이라고 충고했다.[47] 그들에게 권리장전은 마치 "고래에게
통 던지기"와 같은 것이었다.[48] 후일 연방하원에서 연설했던 것처럼,
매디슨은 미국헌법의 전체 구조 재고再考, 즉 (미국헌법에 의해 연방정부에) 부
여된 권력의 원칙과 실체를 재고하기 위한 문이 열리는 것을 좌시하지
않을 것이며, "만약 이 같은 문이 열린다면, 우리는 그 위협의 문을 넘
어가지 않고 정지할 수 있을 것이라고 생각하지 않는다"라고 고백했
다. 요컨대 매디슨에게 제2차 제헌회의와 실질적인 헌법 수정은 현실
적인 위기 상황이었던 것이다.

한편 새로운 정부 조직을 구성하고 각종 권한을 부여하는 법을 제정
하느라 연방의회의 일정은 매우 바빴다. 권리장전 채택 문제를 연기하
자는 의견이 제시되기도 했다. 조지아의 제임스 잭슨James Jackson은 미
국헌법과 연방정부는 "방금 전에 진수한 선박과 같아서 부두에 있긴
하지만, 한 번도 출항을 시도해보지 않아 어떤 특징이 있는지 전혀 알

수가 없다"라고 주장했다.[49] 권리장전을 채택하더라도 어느 정도 헌법
을 시행한 연후에 채택하자는 것이었다.

그러나 제2차 제헌회의와 실질적인 헌법 수정이라는 현실적 위기
상황에 직면한 매디슨에게 권리장전 문제는 손쉽게 연기할 수 없는 문
제였다. 그리고 그는 연방의원 선거에서 내건 공약을 성실히 이행함으
로써 정치적 지지층을 지속적으로 확보해야 할 필요도 있었다. 그것은
비준회의 선거전과 제1차 연방의회 선거전에서 이미 정치적으로 입증
된 필요성이었다. 따라서 매디슨은 "헌법 수정의 주도권을 장악하고
제1차 연방의회의 연방주의자 다수를 활용함으로써 국가적 과제로부
터 반연방주의자의 반대를 제거하는 방식으로 불가피한 연방헌법 수
정 작업을 완료하는"[50] 전략을 세웠다.

매디슨에게 권리장전 문제는 미국헌법의 생존을 위협하는 중대한
문제였으므로 그는 매우 발 빠르게 움직였다. 그는 초대 대통령인 조
지 워싱턴의 취임 연설이자 연방의회 연설에 권리장전 문제를 간접적
으로 삽입하는 데 성공했다. 워싱턴의 취임 연설은 미국의 헌정 체제
에 대항하는 반론에 대응하여 헌법 수정 조항을 제안할 의무가 연방의
회에 있음을 알리고, "공공선의 인식과 추구"를 통해 "자유인의 특징
적인 권리에 대한 존경과 일반 국민의 조화에 대한 관심"을 촉구했
다.[51] 권리장전은 각 주의 비준회의를 통해 드러난 갈등과 대립을 완화
하고 국가적 화합을 이룩할 것이라는 초대 대통령의 희망을 실현하는
상징이 될 것이었다.

다음 날인 5월 1일에 매디슨은 워싱턴의 취임 연설에 부응하는 연
방하원의 응답이 있어야 한다고 주장했다. 그의 노력 덕분에 연방하원

은 "이 나라의 자유를 보장하고 조화를 증진하며 행복과 번영을 촉진
하려는 모든 조치"를 입법화함으로써 워싱턴 대통령의 의지를 환영한
다는 공식적인 결의를 다졌다. 연방하원은 이 결의문의 초안 작성을
위해 매디슨을 위원장으로 하는 위원회를 구성했다. 5월 5일, 매디슨
은 이 결의문을 하원에 제출했다. 연방하원의 결의문은 "미국헌법 제5
조(헌법 수정 절차)에 의해 발생하는 문제는…… 그 중요성에 따라 요구되
는 모든 관심을 (국민으로부터) 받게 될 것"이라고 선언했다.[52]

6월 8일에 이르러 매디슨은 자신의 권리장전 안을 하원에 상정했
다.[53] 어떤 반연방주의자는 하원에 상정된 권리장전 안이 불충분하기
때문에 거부하거나 연기하자는 의견을 개진하고, 어떤 연방주의자는
시기상조라는 이유를 들면서 연기하자는 의견을 제시했다. 그러자 매
디슨은 권리장전 문제가 이미 충분히 연기되어왔다고 주장하면서 그
들을 설득하는 데 심혈을 기울였다. 그는 권리장전의 심의 기회는 반
연방주의자에게 연방주의자 역시 "자유와 공화정부에 진정으로 헌신
하는" 사람들이며, 미국헌법으로 "귀족정이나 독재의 기반을 마련하
려는" 것이 아님을 입증할 수 있는 좋은 기회라고 강조했다. 권리장전
의 불비로 미국헌법의 비준을 거부한 노스캐롤라이나와 로드아일랜
드를 상기시키면서 매디슨은 "만약 그들이 이 문제에 만족하면" 연방
주의의 대의를 지지할 수 있을 것이라고 역설했다.[54]

연방주의자의 지지를 이끌어내기 위해 매디슨은 권리장전의 이점
에 관하여 설명하고 이해를 구했다. 특히 그는 주 정부처럼 연방정부
역시 권력을 남용하고 개인의 자유와 권리를 침해할 수 있다는 사실을
인정했다. 그는 주 헌법에 권리장전이 명시되어 있지만 주 정부의 권

력 남용을 염려해야 하는 것처럼, 연방정부의 가능한 권력 남용에 대해서도 염려해야 한다고 지적했다. 그는 '필요하고도 적절한' 조항으로 연방의회가 권력을 남용할 수 있다는 사실을 인정했다.

그러나 연방의회의 권력 남용 문제는 이미 《연방주의론》에서 매디슨 자신이 거론했던 것으로, 지금까지 부정하다가 이 시기에 처음 인정한 것은 아니었다. 그는 이러한 권력 남용이 행정부와 사법부에 의해 통제될 수 있을 것으로 기대했다. 더 나아가, 매디슨은 국민이 좀 더 충실한 대표를 선출함으로써 이 같은 권력 남용을 원천적으로 막을 수 있을 것이라고 기대했다. 또한 '필요하고도 적절한' 조항을 악용한 연방의회의 위헌적인 법률 제정과 권리 침해가 주에 의해 견제를 받을 것이라고 예상했다. 오히려 그는 "주 헌법의 위반이 더 잘 눈에 띄지 않고 시정되지 않을 때가 많다"고 우려했다.[55]

또한 연방하원에 상정한 안에서 매디슨은 권리장전을 연방법관과 주 입법부의 권위를 강화시켜 연방의회의 권력 남용을 견제할 수 있는 도구로 파악했다. 특히 그는 연방법관이 권리장전에 나타난 권리의 수호자라고 자처함으로써 권리 침해에 대한 자연스러운 저항을 대변해 줄 것이라고 기대했다. 또한 주 입법부가 연방의회의 운영을 면밀히 감시함으로써 "국민의 자유를 지키는 확실한 수호자"가 되어줄 것이라고 강조했다.[56]

그러나 권리장전에 대한 매디슨의 제안은 일련의 권리선언을 하나의 패키지, 즉 일련의 수정 조항들로 구성하는 권리장전이 아니었다. 그것은 권리선언을 헌법의 본문에 개별적으로 삽입하는 형식이었다. 이 같은 제안은 미국헌법의 형태를 그대로 유지하고자 하는 매디슨의 의도가 깔려 있는 것으로, 권리장전에 대한 그의 모호한 입장을 잘 보여주는 것이었다. 하원에 권리장전 안을 상정했어도 매디슨은 비준을 거부할 만큼 "이 조항이 연방헌법에 기본적인 것이라고는 절대 생각하지 않는다"라고 시인했다. 그렇다고 해서 "이러한 조항이 부적절하거나 전혀 쓸모없는 것도 아니라는" 점도 인정했다.[57]

매디슨은 권리장전을 조속히 처리하고자 했지만, 하원은 그의 권리장전 안을 전원위원회에 송부했다. 매디슨은 조속한 처리를 통해 권리장전 문제로 불거질 수 있는 정치적 논쟁을 최대한 피하고자 했다. 그는 의원들의 "변덕과 의견 상충" 때문에 쟁점이 장기화되는 것을 염려했다. 그러나 매디슨은 다른 시급한 쟁점으로 6월과 7월 대부분을 소비했다. 그는 대통령의 해임 권한, 수입 관세, 서부의 토지, 의원 봉급 등의 문제로 시간을 보내야 했다. 7월 21일에야 매디슨은 권리장전 문제에 관심을 쏟아줄 것을 다시 하원에 요청했다. 드디어 하원은 각 주에서 한 명씩 선출하여 위원회를 구성하고 권리장전 문제를 검토할 것을 결정했다.

8월 3일에 특별위원회가 하원에 권리장전 안을 상정했고, 마침내 8월 22일에 채택했다. 상정된 권리장전 안에 대하여 매디슨은 토론에 적극적으로 참여했지만 "토론을 주도하지는 않았다. 비록 매디슨이 결코 권리장전의 장점에 대해 말하지는 않았지만, 토론이 진행되는 동안 계속해서 권리장전의 편의성을 지지했다."[58]

그러나 매디슨이 반연방주의자가 요구한 권리장전을 그대로 제안한 것은 아니다. 심의 기간 동안 매디슨이 열정적으로 지지했던 수정조항은 연방정부의 권한을 제한하는 것이 아니라 오히려 주 정부의 권한을 제한하는 것이었다. 그 가운데 한 가지 수정 조항은 주 정부가 "양심의 평등한 권리…… 표현 혹은 언론의 자유…… 형사소송에서 배심재판을 받을 권리"의 침해를 금지하는 조항이었다. 매디슨은 이 수정 조항을 "전체 목록에서 가장 가치 있는 수정 조항"이라고 찬양함으로써 권리장전을 제출하는 그의 의도가 단순히 개인의 자유에 대한 연방정부의 침해 가능성만을 염두에 둔 것이 아니라는 점을 분명히 했다.[59] 이 조항은 연방하원에서 통과되었으나 연방상원에서는 채택되지 못했다. 그러나 후일 수정 조항 제14조가 통과됨으로써 실질적으로는 수정 조항으로 채택되는 결과를 가져왔다.[60]

또한 매디슨은 후일 수정 조항 제10조가 된 조항에 "명백하게 expressly"라는 문구가 삽입되어야 한다는 주장에 대해 격렬하게 반대 입장을 표명했다. 수정 조항 제10조는 "이 헌법에 의하여 미국연방에 위임되지 아니하였거나, 각 주에서 금지되지 아니한 권한은 각 주나 국민에게 유보된다"라는 조항이다. 이 조항에서 만약 '미국연방에 명백하게 위임되지……'라는 문구가 채택되었다면, 미국헌법이 연방정부에 부여한 권력은 현저히 축소된 것으로 해석될 수 있었을 것이다. 매디슨은 미국헌법이 부여한 연방정부의 권한이 축소되는 것을 원치 않았던 것이다.

연방정부의 권력 위임 문제와 밀접하게 연관되는 헌법 조항은 바로 "필요하고도 적절한" 조항이다. 흔히 '필요하고도 적절한' 조항은《연방주의론》에서 매디슨이 연방의회에 함축적 권력을 부여한 것으로 해석했다고 잘못 이해된다. 매디슨은 이 조항을 설명하면서 "목적이 요구되는 곳에 수단이 인정되고, 어떤 일을 하는 데 일반적인 권한이 주어지면 여기에는 그것을 하는 데 필요한 특정 권한도 포함된다"라는 금언을 내세웠다.[61] 그에게 헌법의 다른 조항이 목적적 권한이라면, 이 조항은 그 목적을 실현하는 수단적 혹은 보조적 권한이다. 따라서 매디슨은 이 조항 역시 연방정부의 제한정부적 특징을 훼손하는 것이 아니라고 파악했다. 그리고 그는 이 보조적인 특수 권한 역시 연방정부에 필수적인 권한이라고 주장했다.

그러나 만일 수정 조항 제10조에 '명백하게'라는 문구가 들어가게 되면 비록 그것이 수단적 권한이라 할지라도, 연방정부에 부여한 권한이 선체적으로 세한되는 결과를 가져올 것이다. 이 경우 연방의 구조상 주 정부에 많은 권한을 부여하는 결과를 초래하게 될 것이다. 따라서 매디슨은 미국헌법이 연방정부에 부여한 권력에 대한 절대적인 권력 제한을 회피하기 위하여 '명백하게'라는 문구의 삽입을 강력하게 반대했다. 그의 강력한 반대로 인해 "명백하게"라는 문구는 들어가지 않게 되었다.

연방하원은 8월 24일에 17개조의 수정 조항 안을 연방상원에 송부했다. 심의 연기에 대한 요구가 전혀 없었던 것은 아니지만, 상원은 하원보다 빠르게 심의를 진행했다. 상원은 권리장전 안의 일부 조항을 통합하거나 일부 조항에 대해서는 전체 혹은 부분적으로 삭제했다. 최종적으로 12개조의 수정 조항이 만들어졌다. 확정된 권리장전 안은 비준을 위해 주 의회로 보내졌다. 전체 주 가운데 3분의 2의 찬성이 있어야 헌법 수정 조항으로 확정될 수 있었다.

인류의
고귀한 실험

1791년 12월 15일, 열한 번째로 버지니아가 비준함으로써 2개조의 수정 조항을 제외한 10개조의 수정 조항이 마침내 미국헌법의 한 부분이되었다. 매디슨이나 해밀턴과 같은 연방주의자는 연방정부가 기본적으로 열거 권력의 정부라고 생각하고, 미국헌법에 반드시 권리장전이있어야 한다고 생각하지는 않았다. 그러나 반연방주의자는 헌법에 반드시 권리장전이 있어야 한다고 생각했는데, 이는 영국의 코먼로 전통에서 기인하는 것이다. 비록 성문법이라 하더라도, 근본법 혹은 고차법은 불문이었기 때문에 성문만으로는 부족하다는 것이었다. 권리장전을 둘러싼 정치 갈등은 생각보다 골이 깊었다. 제퍼슨은 필라델피아제헌회의에서 권리장전의 필요성에 대해 반대 의견을 제시한 윌슨의의견을 신랄하게 비판했다. 그는 윌슨의 의견을 "무가치한 의견"일 뿐이라고 평가절하 했다.

 최초의 10개 수정 조항의 비준으로 1787년의 미국헌법은 견고한 토대 위에 올라서게 되었다. 각 국가(주)의 비준 과정에서 노정된 미국헌법의 '내재적 결함'은 10개의 수정 조항으로 봉합되었다. 수정 조항의첨가로 미국헌법의 근본적인 목적이 개인의 권리와 자유를 보호하는데 있다는 것이 명시적으로 선언된 이상, 미국헌법의 목적과 구성에대하여 더 이상 심각한 반론이 제기될 수 없었다. 물론 비준이 일사불

란하게 이루어진 것은 아니었다. 노스캐롤라이나는 제1차 연방의회가 개회된 이후인 1789년 11월에, 그리고 로드아일랜드는 1790년 3월에야 미국헌법을 비준했다. 매사추세츠, 조지아, 코네티컷은 1939년에 비로소 권리장전을 비준했다.

미국의 권리장전은 국왕의 침해로부터 개인의 권리와 자유를 보호하려는 영국의 권리장전(1689)과는 성격상 다른 것이었지만, 권리장전의 전통을 계승하는 것이었다. 미국의 권리장전에는 영국의 권리장전에 있는 여러 조항을 그대로 계승하거나 발전시킨 조항이 포함되었다. 예를 들어 청원의 권리, 자신의 안전을 위해 무기를 휴대할 권리, 아무런 방해 없이 의회 의원을 선출할 권리, 잔인하고 이례적인 처벌을 받지 않을 권리, 공정한 재판을 받을 권리 등이 그러한 조항이다.

그러나 영국 권리장전의 전통이 그대로 미국헌법에 이어진 것은 아니다. 앞에서 언급한 대로, 각 식민지가 개별적으로 헌법을 제정하고 주권국가로 독립하는 과정에서 권리장전 또한 제정되었다. 비록 영국의 권리장전을 본뜬 것일지라도 1776년 5월에 조지 메이슨이 기초하여 6월 12일에 버지니아 의회에서 만장일치로 채택된 버지니아 권리선언은 북아메리카에서 개인의 자유와 권리를 보장하는 최초의 근대적 문서로, 귀족의 기득권과 세습적 권리를 거부했다. 따라서 버지니아의 권리장전인 권리선언은 후에 다른 국가(주)들이 제정한 권리장전의 모범이 되었다.

사실 버지니아의 권리선언은 미국헌법의 권리장전 이전에 독립선언에도 영향을 끼쳤다.[62] 16개조로 구성된 버지니아 권리선언은 "모든 권리는 인민에게 있으며, 따라서 인민에게서 나온다"라고 인민주권 이론을 밝히면서 "공동체의 다수는 의심의 여지가 없으며, 양도할 수 없고 파기할 수 없는 정부를 형성하고 변경하며 혹은 철폐할 수 있는 권리"를 갖는다고 선언함으로써 정부의 헌정적 근간과 기초를 분명히 했다.[63] 그리고 버지니아 권리선언은 제1조에서 "모든 인간은 선천적으로 동등하게 자유롭고 독립적이며, 양도할 수 없는 몇몇 권리…… 즉 생명과 자유의 향유 그리고 재산을 소유하고 획득하는 방법을 통해 행복과 안전의 추구와 획득"에 대한 권리를 갖는다고 주장했다. 버지니아 권리선언의 영향을 받은 미국의 독립선언서는 모든 사람이 생명, 자유 그리고 행복 추구 등의 양도할 수 없는 권리를 가지며, 이러한 자연권을 확보하기 위해 "인민은 정부를 조직했으며, 이 정부의 정당한 권력은 인민의 동의로부터 유래한다"라는 사실을 천명하고, "어떤 형태의 정부든 이러한 목적을 파괴할 때는 언제든지 정부를 개혁하거나 폐지하여 인민의 안전과 행복을 가장 효과적으로 가져올 수 있는…… 새로운 정부를 조직하는 것은 인민의 권리다"라고 선언했다.[64]

버지니아 권리선언은 다른 주의 권리장전과 더불어 미국헌법의 권리장전에 구체적이고도 직접적인 영향을 끼쳤다. 버지니아 권리선언의 주요한 권리, 즉 자신에게 불리한 증언을 하지 않을 권리, 잔인하고 이례적인 처벌을 받지 않을 권리, 영장 없이 수색과 체포를 당하지 않을 권리, 배심재판을 받을 권리, 언론의 자유와 종교의 자유 등[65]은 미국헌법의 권리장전에서 재확인되었다.

이와 같은 지적 흐름 속에서 미국헌법에 권리장전이 수정 조항으로 첨가된 것은 무엇보다도 초대 연방의회에서 유감없이 발휘된 제임스 매디슨의 끈질긴 관심과 추진력 덕분이었다. 그러나 그것은 매디슨의 사상적 전환에 의한 것이 아니었다. 매디슨은 필라델피아 제헌회의 이후 줄곧 제한적 헌법으로서의 미국헌법을 신뢰했다. 다만 그는 미국헌법을 무화無化시킬 우려가 있는 제2차 제헌회의의 가능성 등에 대한 전략적 대처로서 지역 구민과의 정치적 신뢰라는 현실 정치의 근간 등을 고려하여 권리장전의 헌법적 구현을 적극적으로 추진한 것이다. 반연방주의자와 달리 그는 미국헌법의 본질적인 결함을 인정하지 않았다. 매디슨은 균형정부와 삼권분립을 통한 권력 견제와 연방 구조를 통한 중앙정부의 권력 통제를 신뢰하였으며, 이 신뢰는 적어도 제1차 연방의회가 신행되고 권리상선이 추신되는 과정 동안에도 시속적으로 유지되었다.

미국헌법과 권리장전이 비준됨에 따라 연방의 여러 주는 각 주의 기존 헌법을 수정하거나 새로 헌법을 제정하기에 이르렀다. 연방의 최고법인 미국헌법을 모델로 하여 연방 체제 속에서 하나의 헌법 체제를 갖추게 된 것이다. 그러나 미국헌법은 미국을 부분적으로는 국가주의적이며 부분적으로는 연방주의적이라고 규정했으므로, 이에 대한 명확한 헌정적 이해를 필요로 했다. 특히 연방에서 주state의 권리와 주의 연방 탈퇴 문제는 미국내전으로 종식되기 전까지 지속적으로 미국을 괴롭혔다. 그것은 미국헌법에 사용된 언어의 모호성과 미성숙성 그리고 헌법 제정자들의 타협에서 기인하는 것이긴 하지만, 이와 동시에 성문헌법의 제정, 민주공화국과 대통령제의 탄생, 인민주권, 권력분립 등 추상적 헌정 원리의 헌법적 실현이 인류 역사상 처음으로 이루어진 고귀한 실험이 지녔던 작은 불완전성에서 기인하는 것이기도 했다.

미국헌법의 비준과 권리장전의 비준 일정

일자	주체	미국헌법 관련 사항 (괄호 안 숫자는 비준 순서)	권리장전 관련 사항	비고
1787년 9월 17일	제헌회의	헌법안 완성		
9월 28일	연합회의	각 주에 헌법안 발송		
12월 7일	델라웨어	비준(1)		
12월 12일	펜실베이니아	비준(2)		
12월 18일	뉴저지	비준(3)		
1788년 1월 2일	조지아	비준(4)		
1월 9일	코네티컷	비준(5)		
2월 6일	매사추세츠	비준(6)		
3월 24일	로드아일랜드	비준 거부		
4월 28일	메릴랜드	비준(7)		
5월 23일	사우스캐롤라이나	비준(8)		
6월 21일	뉴햄프셔	비준(9)		
6월 25일	버지니아	비준(10)		
7월 26일	뉴욕	비준(11)		
1789년 3월 4일	제1차 연방의회		권리장전 제안	
11월 20일	뉴저지		비준(1)	권리장전 제2조 비준 거부
11월 21일	노스캐롤라이나	비준(12)		
12월 19일	메릴랜드		비준(2)	
12월 22일	노스캐롤라이나		비준(3)	
1790년 1월 19일	사우스캐롤라이나		비준(4)	
1월 25일	뉴햄프셔		비준(5)	권리장전 제2조 비준 거부
1월 28일	델라웨어		비준(6)	권리장전 제1조 비준 거부
2월 24일	뉴욕		비준(7)	권리장전 제2조 비준 거부
3월 10일	펜실베이니아		비준(8)	권리장전 제2조 비준 거부
3월 29일	로드아일랜드	비준(13)		
6월 7일	로드아일랜드		비준(9)	권리장전 제2조 비준 거부
1791년 1월 10일	버몬트	비준(14)		주 승격은 1791년 3월 4일
11월 3일	버몬트		비준(10)	
12월 15일	버지니아		비준(11)	권리장전 발효
1939년 3월 2일	매사추세츠		비준(12)	
3월 18일	조지아		비준(13)	
4월 9일	코네티컷		비준(14)	

부록

미국헌법

미국헌법은 1787년 5월 25일부터 9월 17일까지 펜실베이니아 주의 필라델피아에서 열린 제헌회의에서 제안되
다. 미국헌법의 원문에는 조條, article와 절節, section 표시는 있으나 절 안의 항項, paragraph 표시는 없다. 항
의 표시는 관행적으로 편의상 기입한 것이며, 조의 표제도 편의상 붙인 것이다.

문/우리 미국 국민은 더욱 완전한 연방을 형성하고 정의를 확립하고 국내의 안녕을 보장하고 공동의 방위를 도모하고 국민의 복지를 증진하고
리와 우리 후손에게 자유의 축복을 확보할 목적으로 미국the United States of America을 위하여 이 헌법을 제정한다.

미국헌법은 1787년 5월 25일부터 9월 17일까지 펜실베이니아 주의 필라델
피아에서 열린 제헌회의에서 제안되었다. 미국헌법의 원문에는 조條, article
와 절節, section 표시는 있으나 절 안의 항項, paragraph 표시는 없다. 항목의 표
시는 관행적으로 편의상 기입한 것이며, 조의 표제도 편의상 붙인 것이다.

전문

우리 미국 국민은 더욱 완전한 연방을 형성하고 정의를 확립하고 국내의 안
녕을 보장하고 공동의 방위를 도모하고 국민의 복지를 증진하고 우리와 우
리 후손에게 자유의 축복을 확보할 목적으로 미국the United States of America을
위하여 이 헌법을 제정한다.

제1조(입법부)

제1절

이 헌법에 의하여 부여되는 모든 입법권은 미국 연방의회에 속하며, 연
방의회는 상원과 하원으로 구성한다.

제2절

(1) 하원은 각 주의 주민이 2년마다 선출하는 의원으로 구성하며, 각 주
의 선거인은 주 입법부 중 다수의 의원을 가진 원의 선거인에게 요구되
는 자격을 구비해야 한다.

(2) 누구든지 연령이 만 25세에 미달한 자, 미국 시민으로서의 기간이 7
년이 못 되는 자, 그리고 선거 당시에 선출되는 주의 주민이 아닌 자는 하
원의원이 될 수 없다.

(3) 하원의원의 수와 직접세[1]는 연방에 가입한 각 주의 인구수에 비례하여 각 주에 배정한다. 각 주의 인구수는 연기 계약 노동자를 포함한 자유인의 총수에, 과세되지 아니하는 인디언을 제외하고, 그 밖의 인구[2] 총수의 5분의 3을 가산하여 결정한다.[3] 인구수의 산정은 제1차 연방의회를 개최한 후 3년 이내에 행하며, 그 후는 10년마다 법률이 정하는 바에 따라 행한다. 하원의원의 수는 인구 3만 명당 1인의 비율을 초과하지 못한다. 다만, 각 주는 적어도 1인의 하원의원을 가져야 한다. 위의 인구수의 산정이 있을 때까지 뉴햄프셔 주는 3인, 매사추세츠 주는 8인, 로드아일랜드 주와 프로비던스 플랜테이션은 1인, 코네티컷 주는 5인, 뉴욕 주는 6인, 뉴저지 주는 4인, 펜실베이니아 주는 8인, 델라웨어 주는 1인, 메릴랜드 주는 6인, 버지니아 주는 10인, 노스캐롤라이나 주는 5인, 사우스캐롤라이나 주는 5인 그리고 조지아 주는 3인의 의원을 각각 선출할 수 있다.

(4) 어떤 주에서든 그 주의 하원의원에 결원이 생긴 경우에는 그 주의 행정부가 결원을 채우기 위한 보궐선거의 명령을 내려야 한다.

(5) 하원은 그 의장과 그 밖의 임원을 선출하며 탄핵의 전권을 가진다.

제3절

(1) 상원은 각 주의 주 의회에서 2인씩 선출한 6년 임기의 상원의원으로 구성되며 각 상원의원은 1표의 투표권을 가진다.

(2) 최초의 선거 결과 소집된 때에는 즉시 상원은 의원 총수를 동수의 3개 부류로 나누어야 한다. 제1부류의 의원의 임기는 2년, 제2부류의 의원의 임기는 4년, 제3부류의 의원의 임기는 6년으로 하고 만료시에 그 의석을 비워야 한다. 이렇게 하여 상원의원의 총수의 3분의 1은 2년마다 개

---

1 수정 조항 제16조에 의해 변경됨.
2 흑인 노예―옮긴이
3 수정 조항 제14조에 의해 무효화됨.

선한다. 만일 어떤 주에서든 주 입법부의 개회 중 사직 또는 그 밖의 원인으로 결원이 생긴 경우에는 그 주의 행정부는 주 의회의 다음 회기에서 결원을 선출할 때까지 임시로 의원을 임명할 수 있다.

(3) 누구든지 연령이 30세에 미달하거나 미국 시민으로서 9년이 경과되지 아니하거나 또는 선거 당시 선출되는 주의 주민이 아닌 자는 상원의원이 될 수 없다.

(4) 미국의 부통령은 상원의 의장이 된다. 다만, 표결에서 가부 동수일 경우를 제외하고는 투표할 수 없다.

(5) 상원은 의장 외의 임원들을 선출하며, 부통령이 결원일 경우나 부통령이 대통령의 직무를 대행하는 때에는 임시 의장을 선출한다.

(6) 상원은 모든 탄핵을 심판하는 전권을 가진다. 이 목적을 위하여 상원이 개회될 때, 의원들은 선서 또는 확약을 해야 한다. 미국 대통령을 심판할 경우에는 연방대법원장을 의장으로 한다. 누구라도 출석 의원 3분의 2 이상의 찬성 없이는 유죄 판결을 받지 아니한다.

(7) 탄핵심판에 있어서의 판결은 면직이나 명예 · 위임 또는 보수를 수반하는 미국의 공직에 취임 · 재직하는 자격을 박탈하는 것 이상이 될 수 없다. 다만, 이같이 유죄판결을 받은 자일지라도 법률이 정하는 바에 따라 기소 · 재판 · 판결 및 처벌을 면할 수 없다.

제4절

(1) 상원의원과 하원의원을 선거할 일시 · 장소 및 방법은 각 주에서 주 입법부가 정한다. 그러나 연방의회는 언제든지 법률에 의하여 선거에 관한 규칙을 제정 또는 변경할 수 있다. 다만, 상원의원의 선거 장소에 관하여는 예외로 한다.

(2) 연방의회는 매년 적어도 1회 집회해야 한다. 그 집회의 시기는 법률에 의하여 다른 날짜를 지정하지 아니하면 12월 첫 번째 월요일로 한다.

제5절

(1) 각 원은 그 소속 의원의 선거, 당선 및 자격을 판정한다. 각 원은 소속 의원의 과반수가 출석함으로써 의사를 개시할 수 있고, 정족수에 미달하는 경우에는 출석한 소수의 의원이 연일 휴회할 수 있으며, 각 원에서 정하는 방법과 벌칙에 따라 결석 의원의 출석을 강요할 수 있다.

(2) 각 원은 의사 규칙을 정하며, 원내의 질서를 문란케 한 의원을 징계하며, 의원의 3분의 2 이상의 찬성을 얻어 의원을 제명할 수 있다.

(3) 각 원은 의사록을 작성하고, 각 원에서 비밀을 요한다고 인정되는 부분을 제외하고는 이것을 수시로 공표해야 한다. 각 원은 출석 의원의 5분의 1 이상이 요구할 경우에는 어떠한 의제에 대하여도 소속 의원의 찬반 투표를 의사록에 기재해야 한다.

(4) 연방의회의 회기 중에는 어느 원도 다른 원의 동의 없이 3일 이상 휴회하거나, 회의장을 양원이 개최한 장소 이외의 장소로 이전할 수 없다.

제6절

(1) 상원의원과 하원의원은 그 직무에 대하여 법률이 정하고 미국 국고에서 지급되는 보수를 받는다. 양원의 의원은 반역죄, 중죄, 치안방해죄를 제외하고 어떠한 경우에도 그 원의 회의 출석 중에 그리고 그 왕복 중에 체포되지 아니할 특권이 있다. 양원의 의원은 원내에서 행한 발언이나 토론에 관하여 원외에서 문책받지 아니한다.

(2) 상원의원 또는 하원의원은 재임 중 신설되거나 봉급이 증액된 어떠한 연방 공직에도 임명될 수 없다. 연방 공직에 있는 자는 누구든지 재직 중에 양원 중의 어느 한 원의 의원이 될 수 없다.

제7절

(1) 세입 징수에 관한 모든 법률안은 먼저 하원에서 제안되어야 한다. 다만, 상원은 다른 법률안과 마찬가지로 수정안을 발의하거나 수정안에 동

의할 수 있다.

(2) 하원과 상원을 통과한 모든 법률안은 법률로 확정되기에 앞서 대통령에게 이송되어야 한다. 대통령은 이를 승인하는 경우에는 이에 서명하며, 승인하지 아니하는 경우에는 이의서를 첨부하여 이 법률안을 발의한 원으로 환부해야 한다. 법률안을 환부받은 원은 이의의 대략을 의사록에 기록한 후 이를 다시 심의해야 한다. 다시 심의한 결과, 그 원 의원의 3분의 2 이상의 찬성으로 가결한 경우에는 그 원은 법률안을 대통령의 이의서와 함께 다른 원으로 송부해야 한다. 다른 원에서 이 법률안을 다시 심의하여 의원의 3분의 2 이상의 찬성으로 가결할 경우에는 이 법률안은 법률로 확정된다. 이 모든 경우에서 양원은 호명, 구두표결로 결정하며, 그 법률안에 대한 찬성자와 반대자의 성명을 각 원의 의사록에 기재해야 한다. 만일 법률안이 대통령에게 이송된 후 10일 이내(일요일은 제외함)에 의회로 환부되지 아니한 때에는 그 법률안은 대통령이 이에 서명한 경우와 마찬가지로 법률로 확정된다. 다만, 연방의회가 휴회하여 이 법률안을 환부할 수 없는 경우에는 법률로 확정되지 아니한다.

(3) 상하 양원의 의결을 필요로 하는 모든 명령·결의 또는 표결(휴회에 관한 결의는 제외함)은 이를 대통령에게 이송해야 하며, 대통령이 이를 승인해야 효력이 발생한다. 대통령이 이를 승인하지 아니하는 경우에는 법률안에서와 동일한 규칙과 제한에 따라 상원과 하원에서 3분의 2 이상 의원의 찬성으로 다시 가결해야 한다.

제8절

(1) 연방의회는 다음의 권한을 가진다.

미국의 채무를 지불하고, 공동 방위와 일반 복지를 위하여 조세·관세·간접세와 소비세를 부과, 징수한다. 다만, 관세·부과금과 소비세는 미국 전역에 걸쳐 균일해야 한다.

(2) 미국의 신용으로 금전을 차입한다.

(3) 외국과, 주 상호 간 그리고 인디언 부족과의 통상을 규율한다.

(4) 미국 전체에 공통되는 균일한 귀화 규정과 파산에 대한 균일한 법률을 제정한다.

(5) 화폐를 주조하고 그 화폐와 외국 화폐의 가치를 규율하며, 도량형의 기준을 정한다.

(6) 미국의 유가증권과 통화 위조에 관한 벌칙을 정한다.

(7) 우체국과 우편도로를 건설한다.

(8) 저작자와 발명자에게 그들의 저술과 발명에 대한 독점권을 일정 기간 보유하게 함으로써 과학과 유용한 기술의 발달을 촉진한다.

(9) 연방대법원 아래에 하급법원을 조직한다.

(10) 공해에서 범한 해적 행위와 그 밖의 중죄 그리고 국제법에 위배되는 범죄를 정의하고 이를 처벌한다.

(11) 전쟁을 포고하고 나포허가장을 수여하고 지상과 해상에서의 나포에 관한 규칙을 정한다.

(12) 육군을 편성하고 이를 지원한다. 다만, 이 목적에 대한 예산의 지출은 2년을 초과하지 못한다.

(13) 해군을 창설하고 이를 유지한다.

(14) 육·해군의 통수와 규율에 관한 규칙을 정한다.

(15) 연방의 법률을 집행하고 반란을 진압하며 침략을 격퇴하기 위하여 민병대의 소집에 관한 규칙을 정한다.

(16) 민병대의 조직·무장 및 훈련에 관한 규칙과, 민병 가운데 연방 군무에 복무하는 자들을 다스리는 규칙을 정한다. 다만, 민병대의 장교를 임명하고 연방의회가 정한 규율에 따라 민병대를 훈련하는 권한을 각 주에 유보한다.

(17) 특정한 주가 미국에 양도하고, 연방의회가 이를 수령함으로써 미국 정부의 소재지가 되는 지역(1제곱마일을 초과하지 못함)에 대해서는 어떠한 사항을 막론하고 독점적인 입법권을 행사하며, 요새·무기고·조병창·

조선소와 기타 필요한 구조물을 건설하기 위하여 주 의회의 승인을 얻어 구입한 모든 장소에 대해서도 이와 똑같은 권한을 행사한다.

(18) 앞에 기술한 권한들과 이 헌법에 의해 미국 정부 또는 그 부처 또는 그 공무원에게 부여한 모든 기타 권한을 행사하는 데 필요하고 적절한 모든 법률을 제정한다.

제9절

(1) 연방의회는 기존의 각 주 중 어떤 주가 허용함이 적당하다고 인정하는 사람들[4]의 이주 또는 입국을 1808년 이전에는 금지하지 못한다. 다만, 이러한 사람들의 입국에 대해서는 1인당 10달러를 초과하지 아니하는 한도 내에서 입국세를 부과할 수 있다.

(2) 인신보호영장에 관한 특권은 반란 또는 침략의 경우에 공공의 안전이 요구되는 때를 제외하고는 정지할 수 없다.

(3) 재판에 의하지 않는 처벌법Bill of Attainder 또는 소급법을 통과시킬 수 없다.

(4) 인두세 혹은 그 밖의 직접세는 앞서 규정한 인구조사 또는 산정에 비례하지 아니하는 한 부과하지 못한다.

(5) 어느 주든 그 주가 수출하는 물품에 조세나 관세를 부과하지 못한다.

(6) 어떠한 통상 또는 징세에 관한 규칙도 다른 주의 항구들보다 어떤 주의 항구에 대해 특혜 대우를 해줄 수 없다. 또한 어떤 주에 도착 예정이거나 어떤 주를 출항한 선박을 다른 주에서 강제로 입항하게 하거나 관세를 지불하게 할 수 없다.

(7) 어떠한 국고금도 법률로 정한 세출 승인에 의하지 않고는 지출할 수 없으며 법이 정한 세출의 결과로 지출한다. 모든 공금의 수납과 지출에 관한 정식 결산서는 수시로 공표해야 한다.

4 흑인 노예—옮긴이

(8) 미국은 어떠한 귀족의 칭호도 수여하지 아니한다. 미국 정부에서 유급 또는 위임에 의한 관직에 있는 자는 누구라도 연방의회의 승인 없이는 어떠한 국왕·왕족 또는 외국으로부터 종류 여하를 막론하고 선물·보수·관직 또는 칭호를 받을 수 없다.

제10절

(1) 어떠한 주라도 조약·동맹 또는 연합을 체결하거나 나포허가장을 수여하거나 화폐를 주조하거나 신용증권을 발행하거나 금화나 은화 이외의 것으로써 채무 지불의 법정 수단으로 삼거나 재판에 의하지 않는 처벌법, 소급법 또는 계약상의 채무를 침해하는 법률 등을 제정하거나 또는 귀족의 칭호를 수여할 수 없다.

(2) 어떠한 주라도 연방의회의 동의 없이는 수입품 또는 수출품에 대하여 검사법의 집행상 절대 필요한 경우를 제외하고는 간접세 또는 관세를 부과하지 못한다. 어느 주에서도 수입품 또는 수출품에 부과하는 모든 간접세나 관세의 순수입은 미국 국고의 용도에 적합해야 하며, 이런 종류의 모든 법률은 연방의회의 수정과 통제를 받아야 한다.

(3) 어떠한 주라도 연방의회의 동의 없이는 선박에 톤세를 부과할 수 없고, 평시에 군대나 군함을 보유할 수도 없으며, 다른 주나 외국과 협정이나 협약을 체결할 수 없고, 실제로 침공당하거나 지체할 수 없을 만큼 급박한 위험에 처해 있지 아니하고는 전쟁 행위를 할 수 없다.

제2조(행정부)

제1절

(1) 행정권은 미국 대통령에게 속한다. 대통령의 임기는 4년으로 하며 동일한 임기의 부통령과 함께 다음과 같은 방법에 의하여 선출된다.

(2) 각 주는 주 입법부가 정하는 바에 따라 그 주가 연방의회에 보낼 수 있는 상원의원과 하원의원의 총수와 같은 수의 선거인을 임명한다. 다만, 상원의원이나 하원의원 또는 미국에서 위임에 의한 또는 유급의 관직에 있는 자는 선거인이 될 수 없다.

(3) 선거인은 각각 자기 주에서 회합하여 비밀투표에 의하여 2인을 선거하되, 그중 1인은 선거인과 동일한 주의 주민이 아니어야 한다. 선거인은 모든 득표자의 명부와 각 득표자의 득표수를 기재한 표를 작성하여 이에 서명하고 증명한 다음 봉함하여 상원의장 앞으로 하여 미국 정부 소재지로 송부한다. 상원의장은 상원의원과 하원의원이 참석한 가운데 모든 증명서를 개봉한 후 투표를 계산한다. 최고 득표자의 득표수가 선임된 선거인 총수의 과반수가 되었을 때에는 그가 대통령으로 당선된다. 만일 2인 이상이 동수의 투표를 획득하고 또 과반수에 달한 때에는 하원은 즉시 그중의 1인을 대통령으로 비밀투표로 선출해야 한다. 과반수 득표자가 없을 경우에는 하원은 동일한 방법으로 최다 득표자 5인 중에서 1인을 대통령으로 선출한다. 다만, 이러한 방법으로 대통령을 선거할 때에는 주를 단위로 하고 각 주의 하원의원은 1표의 투표권을 가지며, 그 선거에 필요한 정족수는 각 주 하원의원의 3분의 2로부터 1인 또는 그 이상의 의원 출석으로 성립되며, 선거는 전체 주의 과반수 찬성이 있어야 한다. 어느 경우에도 대통령을 선출한 후 최다 득표한 자를 부통령으로 한다. 다만, 동수의 득표자가 2인 이상 있을 때에는 상원이 그중에서 부통령을 비밀투표로 선출한다.[5]

(4) 연방의회는 선거인의 선출 일자와 이들이 투표해야 할 날짜를 결정할 수 있으며, 이 투표일은 전국적으로 동일해야 한다.

(5) 누구든지 출생에 의한 미국 시민이 아닌 자 또는 본 헌법 제정시에 미국 시민이 아닌 자는 대통령직에 선임될 자격이 없다. 연령이 35세에 미

---

5 수정 조항 제12조에 의해 개정됨.

달한 자 또는 14년간 미국 내에 거주하지 아니한 자는 대통령직에 선임될 자격이 없다.

(6) 대통령이 면직되거나 사망하거나 사직하거나 또는 그 권한과 직무수행 능력을 상실할 경우에, 대통령직은 부통령에게 귀속된다. 연방의회는 법률에 의하여 대통령과 부통령이 면직·사망·사직 또는 직무 수행 불능이 된 경우 어느 공무원이 대통령으로서 직무를 수행할 것인가를 정할 수 있다. 이 공무원은 직무 수행 불능이 제거되거나 대통령이 새로 선임될 때까지 대통령 직무를 대행한다.

(7) 대통령은 그 직무 집행에 대해 정기적으로 보수를 받으며, 그 보수는 임기 중에 증액 또는 감액되지 아니한다. 또 대통령은 임기 중에 미국 또는 어느 주로부터 그 밖의 어떠한 보수도 받지 못한다.

(8) 대통령은 그 직무 집행을 개시하기 전에 다음과 같은 선서 또는 확약을 해야 한다. "나는 미국 대통령의 직무를 성실히 수행하며 최선을 다하여 미국헌법을 보전하고 보호하고 수호할 것을 엄숙히 선서(또는 확약)한다."

제2절

(1) 대통령은 미국 육·해군과 현재 미국의 현역에 복무하는 각 주의 민병대의 통수권자가 된다. 대통령은 각 행정부처의 소관 직무 사항에 관하여 각 부처의 장관으로부터 문서에 의한 의견을 요구할 수 있다. 대통령은 미국에 대한 범죄에 관하여 탄핵인 경우를 제외하고 형의 집행정지와 사면을 명할 수 있는 권한을 가진다.

(2) 대통령은 상원의 조언과 동의를 얻어 조약을 체결하는 권한을 가진다. 다만, 그 조언과 동의는 상원의 출석 의원 3분의 2 이상의 찬성을 얻어야 한다. 대통령은 대사, 그 밖의 외교 사절과 영사, 연방대법원 판사 그리고 그 임명에 관하여 이 헌법에 특별 규정이 없으나 이후 법률로 정할 그 밖의 모든 미국 관리를 지명하여 상원의 권고와 동의를 얻어 임명

한다. 다만, 연방의회는 적당하다고 인정되는 하급 관리 임명권을 법률에 의하여 대통령에게만 또는 법원에게 또는 각 부처 장관에게 부여할 수 있다.

(3) 대통령은 상원의 휴회 중에 생기는 모든 결원을 임명으로 충원할 권한을 가진다. 다만, 그 임명은 다음 회기가 만료될 때 효력을 상실한다.

제3절

대통령은 연방의 상황에 관하여 수시로 연방의회에 보고하고, 필요하고도 유용하다고 판단되는 조치의 심의를 연방의회에 권고해야 한다. 비상사태 때 대통령은 상·하 양원 또는 그중의 한 원을 소집할 수 있으며, 휴회 시기에 관하여 양원 간에 의견이 일치되지 아니하는 경우에는 대통령이 적당하다고 인정할 시기까지 양원의 정회를 명할 수 있다. 대통령은 대사와 그 밖의 외교 사절을 접수하고, 법률이 충실하게 집행되도록 유의하며, 미국의 모든 관리에게 그 직무를 위임한다.

제4절

미국의 대통령, 부통령, 모든 민간 공무원은 반역죄, 수뢰죄 또는 그 밖의 중대한 범죄와 비행으로 탄핵받고 유죄판결을 받음으로써 면직된다.

제3조(사법부)

제1절

미국의 사법권은 하나의 연방대법원에, 그리고 연방의회가 수시로 제정·설치하는 하급 연방법원들에게 속한다. 연방대법원과 하급법원의 판사는 성실히 직무를 이행하는 한 그 직을 보유하며 그 직무에 대하여 정기적으로 보수를 받으며 그 보수는 재임 중에 감액되지 아니한다.

제2절

(1) 사법권은 이 헌법과 미국 법률과 그리고 미국의 권한에 의하여 체결되었거나 체결된 조약으로 하여 발생하는 모든 보통법상·형평법상의 사건, 대사와 그 밖의 외교사절 및 영사에 관한 모든 사건, 해사 및 해상 관할에 관한 모든 사건, 미국이 한 편의 당사자가 되는 분쟁, 2개의 주 및 그 이상의 주 사이에 발생하는 분쟁, 한 주와 다른 주의 시민 사이의 분쟁,[6] 상이한 주의 시민들 사이의 분쟁, 다른 주로부터 부여받은 토지의 권리에 관하여 같은 주의 시민들 사이에 발생하는 분쟁, 그리고 어떤 주나 또는 그 주의 시민과 외국, 외국 시민 또는 외국 신민 사이에 발생하는 분쟁에 미친다.

(2) 대사와 그 밖의 외교 사절과 영사에 관계되는 사건, 주가 당사자인 사건은 연방대법원이 제1심의 재판관할권을 가진다. 그 밖의 모든 사건에서는 연방의회가 정하는 예외의 경우를 두되, 연방의회가 정하는 규칙에 따라 법률 문제와 사실 문제에 관하여 상소심재판관할권을 가진다.

(3) 탄핵 사건을 제외한 모든 범죄의 심리는 배심제로 한다. 그 심리는 그 범죄가 일어난 주에서 해야 한다. 다만, 그 범죄자가 어느 주에도 속하지 아니할 경우에는 연방의회가 법률에 의하여 정하는 장소에서 심리한다.

제3절

(1) 미국에 대한 반역죄는 미국에 대하여 전쟁을 일으키거나 또는 적에게 가담하여 이에 원조와 편의를 제공할 경우에만 성립한다. 누구든지 명백한 상기 행동에 대하여 2인의 증언이 있거나 또는 공개법정에서 자백하는 경우 이외에는 반역죄 판결을 받지 아니한다.

(2) 연방의회는 반역죄의 형벌을 선고하는 권한을 가진다. 다만, 반역죄 선고로 인한 권리 박탈 선고는 그 선고를 받은 자의 생존 기간을 제외하

---

6 수정 조항 제11조에 의해 제한됨.

고 혈통을 모독하거나 재산의 몰수를 초래하지 아니한다.

제4조(주와 주 및 연방과의 관계)

제1절

각 주는 다른 주의 법령, 기록과 사법 절차에 대하여 충분한 신뢰와 신용을 가져야 한다. 연방의회는 이러한 법령, 기록과 사법 절차를 증명하는 방법과 그것들의 효력을 일반 법률로 규정할 수 있다.

제2절

(1) 각 주의 시민은 다른 어느 주에서도 그 주의 시민이 향유하는 모든 특권과 면책권을 가진다.

(2) 어느 주에서 반역죄, 중죄 또는 그 밖의 범죄로 인하여 고발된 자가 도피하여 재판을 면하고 다른 주에서 발견된 경우, 범인이 도피해 나온 주의 행정 당국의 요구에 의하여, 그 범인은 그 범죄에 대한 재판관할권이 있는 주로 이송하기 위하여 인도되어야 한다.

(3) 어느 주에서 그 주의 법률에 의하여 사역 또는 노역을 당하도록 되어 있는 자[7]가 다른 주로 도피한 경우에, 다른 주의 어떠한 법률 또는 규칙에 의해서도 그 사역 또는 노역의 의무는 해제되지 아니하며, 그는 그 사역 또는 노역을 요구할 권리를 가진 당사자의 청구에 따라 인도되어야 한다.

제3절

(1) 새로운 주는 연방의회의 결정에 의해 연방에 가입할 수 있다. 다만,

7 흑인 노예―옮긴이

어떠한 주의 관할 구역에서도 새로운 주를 형성하거나 설치할 수 없다. 또 관계되는 각 주의 주 의회와 연방의회의 동의 없이는 2개 이상의 주 또는 주의 일부를 합병하여 새로운 주를 구성할 수 없다.

(2) 연방의회는 미국에 속하는 영토 또는 그 밖의 재산을 처분하고 이에 관한 모든 필요한 규칙과 규정을 제정하는 권한을 가진다. 다만, 이 헌법의 어떠한 조항도 미국 또는 어느 주의 권리를 훼손하는 것으로 해석할 수 없다.

제4절

미국은 연방 내의 모든 주의 공화정체를 보장하며, 긱 주를 침략으로부터 보호하며, 또 각 주의 주 의회 또는 (주 의회를 소집할 수 없을 때는) 행정부의 요구가 있을 때에는 주 내의 폭동에서 각 주를 보호한다.

제5조(헌법 수정 절차)

연방의회는 상·하 양원의 3분의 2가 이 헌법에 대한 수정의 필요성을 인정할 때에는 헌법 수정을 발의할 수 있으며, 또는 3분의 2 이상의 주 의회들의 요청이 있을 때에는 수정 발의를 위한 제헌회의를 소집해야 한다. 어느 경우에나 수정은 연방의회가 제의하는 비준의 두 방법 중의 어느 하나에 따라, 4분의 3의 주 의회들에 의하여 비준되거나, 또는 4분의 3의 주 헌법비준회의들에 의하여 비준되는 때에는 모든 의미와 목적에 있어서 확정되고 이 헌법의 일부로서 효력을 발생한다. 다만, 1808년 이전에 이루어질 수정에 의해서는 어떠한 방법으로도 제1조 제9절 제1항에 변경을 가져올 수 없다. 어느 주도 그 주의 동의 없이는 상원에서의 균등한 투표권을 박탈당하지 아니한다.

제6조(이 나라의 최고법)

(1) 이 헌법이 제정되기 전에 계약된 모든 채무와 체결된 모든 조약은 이 헌법에서도 미국연합헌장에서와 같이 미국에 대하여 효력을 가진다.

(2) 이 헌법에 의거하여 제정되는 미국의 법률 그리고 미국의 권한에 의하여 체결되거나 체결된 모든 조약은 이 나라의 최고법이며, 모든 주의 법관은, 어느 주의 헌법이나 법률 중에 이에 배치되는 규정이 있을지라도, 이 헌법에 구속을 받는다.

(3) 앞에서 기술한 상원의원과 하원의원, 각 주의 주 의회 의원, 미국과 각 주의 행정관 및 사법관은 선서 또는 확약에 의하여 이 헌법을 지지할 의무가 있다. 다만, 미국의 어떠한 관직 또는 위임에 의한 공직에도 자격 요건으로서 어떠한 종교상의 자격도 요구되지 아니한다.

제7조(헌법 비준)

9개 주의 헌법회의가 비준하면, 이를 비준한 각 주 간에 이 헌법은 효력을 발생하는 데 충분하다.

1787년, 미국 독립 12년, 9월 17일, 헌법회의에 참석한 각 주의 전원일치의 동의를 얻어 이 헌법을 제정한다. 이를 증명하기 위하여 우리들은 이에 서명한다. (서명 생략)

헌법 수정 조항

수정 조항 제1조에서 수정 조항 제10조까지는 흔히 권리장전이라고 불리며,

제1차 연방의회의 첫 회기에 발의되고 각 주에 보내져 1791년 12월 15일에 비준이 완료되었다.

본래의 미국헌법 제5조에 따라 연방의회가 제안하고 여러 주 의회가 비준한 미국헌법 수정 조항과 추가 조항[8]

수정 조항 제1조(종교, 언론과 출판의 자유, 집회와 청원의 권리)

연방의회는 국교를 정하거나 또는 자유로운 신앙 행위를 금지하는 법률을 제정할 수 없다. 또한 연방의회는 언론 또는 출판의 자유나 국민이 평온하게 집회할 수 있는 권리와 불만 사항의 구제를 위하여 정부에 청원할 수 있는 권리를 제한하는 법률을 제정할 수 없다.

수정 조항 제2조(무기 휴대의 권리)

규율 정연한 민병은 자유로운 주의 안보에 필요하며, 무기를 소장하고 휴대하는 인민의 권리를 침해할 수 없다.

수정 조항 제3조(군인의 숙영)

평시에 어떠한 군인도 소유자의 동의 없이는 어떠한 가택에도 숙영할 수 없다. 전시에도 법률이 정하는 방법에 의하지 아니하고는 숙영할 수 없다.

수정 조항 제4조(수색과 체포 영장)

부당한 수색과 압수로부터 신체·가택·서류와 재산의 안전을 보장받는 국민의 권리는 침해할 수 없다. 체포, 수색, 압수 영장은 믿을 만한 원인에 의거하고, 선서 또는 확약에 의하여 뒷받침되고, 특히 수색할 장소,

---

8 이 표제는 최초의 10개 수정 조항이 제출된 상·하 양원 결의안에만 수록되어 있다.

체포될 사람 또는 압수될 물품을 기재하지 아니하고는 이를 발급할 수 없다.

수정 조항 제5조(형사 사건에서의 권리)

누구든지 대배심에 의한 고발 또는 기소에 의하지 아니하는 한 사형에 해당하는 죄 또는 그 밖의 파렴치죄에 의한 처벌을 받지 아니한다. 다만, 육군이나 해군에서 일어난 사건 또는 전쟁이나 공공의 위난에 있어서 현재 복무 중에 있는 민병 간에 발생한 사건에 관해서는 예외로 한다. 누구든지 동일 범행에 대하여 생명이나 신체에 대한 위협을 재차 받지 아니하며, 누구든지 어떠한 형사 사건에 있어서도 자기에게 불리한 증언을 강요당하지 아니한다. 누구든지 적법 절차에 의하지 아니하고는 생명·자유 또는 재산을 박탈당하지 아니한다. 정당한 보상 없이는 사유재산이 공적 사용을 위하여 수용되지 아니한다.

수정 조항 제6조(공정한 재판을 받을 권리)

모든 형사소추에서 피고인은 범죄가 일어난 주와 법률이 미리 정하는 지역의 공정한 배심에 의한 신속하고 공개적인 재판을 받을 권리가 있고, 피고 사건의 성질과 원인에 관한 통고를 받을 권리가 있으며, 자신에게 불리한 증인과 대질심문을 받을 권리, 자신에게 유리한 증인을 얻기 위하여 강제 절차를 취할 권리, 자신의 변호를 위하여 변호인의 도움을 받을 권리가 있다.

수정 조항 제7조(민사사건에서의 권리)

보통법상의 소송에서, 소송에 걸려 있는 액수가 20달러를 초과하는 경우에는 배심에 의한 심리를 받을 권리가 보장된다. 배심에 의하여 심리된 사실은 보통법 규정에 의하는 것 외에 미국의 어느 법원에서도 재심되지 아니한다.

수정 조항 제8조(보석금, 벌금과 형벌)

과다한 보석금을 요구하거나, 과다한 벌금을 과하거나, 잔혹하고 이상한 형벌을 과하지 못한다.

수정 조항 제9조(인민이 보유하는 권리)

이 헌법에 특정 권리가 열거되어 있다는 사실이 인민이 보유하는 그 밖의 여러 권리를 부인하거나 경시하는 것으로 해석되어서는 아니 된다.

수정 조항 제10조(주와 인민의 유보 권한)

이 헌법에 의하여 미국연방에 위임되지 아니하였거나, 각 주에 금지되지 아니한 권한은 각 주나 인민에게 유보留保된다.

수정 조항 제11조(주를 상대로 하는 소송)
[1794년 3월 5일 발의, 1795년 2월 7일 비준]

미국의 사법권은 미국의 한 주에 대하여 다른 주의 시민 또는 외국의 시민이나 신민에 의하여 개시되거나 제기된 보통법 또는 형평법상의 소송에 미치는 것으로 해석하지 아니한다.

수정 조항 제12조(대통령과 부통령의 선거)
[1803년 12월 12일 발의, 1804년 9월 27일 비준]

선거인은 각각 주에서 집회하여 대통령과 부통령을 비밀투표로 선거한다. 양인 중 적어도 1인은 선거인과 동일한 주의 주민이 아니어야 한다. 선거인은 대통령으로 투표하려는 사람의 이름을 투표용지에서 지정하고, 부통령으로 투표하려는 사람의 이름을 별개의 투표용지에서 지정하여야 한다. 선거인은 대통령으로 투표하려는 모든 사람의 명부와 부통령으로 투표하려는 모든 사람의 명부, 그리고 각 득표자의 득표수를 기재한 표를 별개로 작성하여 선거인이 이에 서명하고 증명한 다음, 봉합하여 상원의장 앞으로 하여 미국 정부 소재지로 송부한다. 상원의장은 상원의원과 하원의원이 참석한 가운데 모든 증명서를 개봉하고 개표한다. 대통령이 되라고 받은 투표를 가장 많이 득표한 사람이 대통령이 된다. 다만, 득표수가 선임된 선거인 총수의 과반수가 되어야 한다. 이와 같은 과반수 득표자가 없을 경우 하원은 즉시 대통령으로 투표된 사람의 명단 중 3인을 초과하지 아니하는 최다 득표자들 중에서 대통령을 비밀투표로 선거하여야 한다. 다만, 이러한 방법으로 대통령을 선거할 때에는 선거를 주 단위로 하고, 각 주는 한 표의 투표권을 가지며, 그 선거에 필요한 정족수는 각 주의 하원의원 3분의 2로부터 한 명 또는 그 이상의 의원의 출석으로 성립되며, 전체 주의 과반수 찬성을 얻어야 선출될 수 있다. 대통령선정권이 하원에 위임되었음에도 하원이 다음 3월 4일까지 대통령을 선정하지 않을 때에는 부통령이 대통령의 직무를 행한다. 부통령으로서 최고 득표자가 부통령이 된다. 다만, 그 득표수는 선임된 선거인 총수의 과반수가 되어야 한다. 과반수 득표자가 없을 경우에는 상원의 득표자 명부 중 최다 득표자 2인 중에서 부통령을 선정한다. 이 목적을 위한 정족수는 상원의원 총수의 3분의 2로 성립되며, 그 선정에는 의원 총수의 과반수가 필요하다. 다만, 헌법상 대통령직에 취임할 자격이 없는 자는 미국 부통령 직에 취임할 자격도 없다.

수정 조항 제13조(노예제도 폐지)

[1865년 2월 1일 발의, 1865년 12월 18일 비준]

제1절

노예 또는 강제적 노역은 당사자가 정당하게 유죄 판결을 받은 범죄에 대한 처벌이 아니면 미국 또는 그 관할하에 속하는 어느 장소에서도 존재할 수 없다.

제2절

연방의회는 적당한 입법에 의하여 본 조항을 시행할 권한을 가진다.

수정 조항 제14조(공민권)

[1866년 6월 16일 발의, 1868년 7월 28일 비준]

제1절

미국에서 출생하고 또는 귀화하고 미국의 관할권에 속하는 모든 사람은 미국과 그 거주하는 주의 시민이다. 어떠한 주도 미국 시민의 특권과 면책권을 박탈하는 법률을 제정하거나 강행할 수 없다. 어떠한 주도 적법 절차에 의하지 아니하고는 어떠한 사람으로부터도 생명·자유 또는 재산을 박탈할 수 없으며, 그 관할권 내에 있는 어떠한 사람에 대하여도 법률에 의한 평등한 보호를 거부하지 못한다.

제2절

하원의원은 각 주의 인구수에 비례하여 각 주에 할당한다. 각 주의 인구수는 과세되지 아니하는 인디언을 제외한 각 주의 총인구수다. 다만, 미국 대통령과 부통령의 선거인, 사법관 또는 각 주 의회의 인원을 선출하는 어떠한 선거에서도, 반란이나 그 밖의 범죄에 가담한 경우를 제외하고, 21세에 달하고 미국 시민인 해당 주의 남성 주민 중의 어느 누구에게 투표권이 거부되거나, 어떠한 방법으로든지 제한되어 있을 때에는 그 주의 하원의원 할당 수의 기준을 그러한 남성 주민의 수가 그 주의 21세에 달한 남성 주민의 총수에 대하여 가지는 비율에 따라 감소된다.

제3절

과거에 연방의회 의원, 미국 관리, 주 의회 의원 또는 주의 행정관이나 사법관으로, 미국헌법의 지지를 선언한 자가 후에 이에 대한 폭동이나 반란에 가담하거나 또는 그 적에게 원조 또는 편의를 제공한 자는 누구든지 연방의회의 상원의원이나 하원의원, 대통령과 부통령의 선거인, 미국이나 각 주 밑에서의 민간 공무원의 관직에 취임할 수 없다. 다만, 연방의회는 각 원의 3분의 2의 투표로 그 실격을 해제할 수 있다.

제4절

폭동이나 반란을 진압할 때의 공헌에 대한 은급이나 하사금을 지불하기 위하여 기채起債한 부채를 포함하여 법률로 인정한 국채는 그 효력이 문제되지 않는다. 그러나 미국 또는 어느 주도 미국에 대한 폭동이나 반란을 원조하기 위하여 기채한 부채에 대하여 또는 노예의 상실이나 해방으로 인한 청구에 대하여는 채무를 부담하거나 지불하지 아니한다. 모든 이러한 부채, 채무와 청구는 위법이고 무효다.

제5절

연방의회는 적당한 입법에 의하여 본 조항의 규정을 시행할 권한을 가진다.

수정 조항 제15조(흑인의 참정권)

[1869년 2월 27일 발의, 1870년 3월 30일 비준]

제1절

미국 시민의 투표권은 인종·피부색 또는 과거의 예속 상태를 이유로 미국이나 어떠한 주에 의해서도 거부되거나 제한되지 아니한다.

제2절

연방의회는 적당한 입법에 의하여 본 조항의 규정을 시행할 권한을 가진다.

수정 조항 제16조(소득세)

[1909년 7월 12일 발의, 1913년 2월 25일 비준]

연방의회는 소득원의 여하를 불문하고 각 주에 배당하지 아니하고 국세조사나 인구수에 관계없이 소득에 대한 세금을 부과·징수할 권한을 가진다.

수정 조항 제17조(연방 상원의원의 직접선거)

[1912년 5월 16일 발의, 1913년 5월 31일 비준]

제1절

미국의 상원은 각 주 2인씩의 상원의원으로 구성된다. 상원의원은 그 주의 주민에 의하여 선출되고 6년의 임기를 가진다. 각 상원의원은 1표의 투표권을 가진다. 각 주의 선거인은 주 입법부 중 의원수가 많은 한 원의 선거인에 요구되는 자격을 가져야 한다.

제2절

상원에서 어느 주의 의원에 결원이 생긴 때에는 그 주의 행정부는 결원을 보충하기 위하여 선거 명령을 내려야 한다. 다만, 주민이 주 의회가 정하는 바에 의한 선거에 따라 결원을 보충할 때까지 주 의회는 그 주의 행정부에 임시로 상원의원을 임명하는 권한을 부여할 수 있다.

제3절

본 수정 조항은 본 헌법의 일부로서 효력을 발생하기 이전에 선출된 상원의원의 선거 또는 임기에 영향을 주는 것으로 해석하지 못한다.

수정 조항 제18조(금주법)

[1917년 12월 18일 발의, 1919년 1월 29일 비준, 수정 조항 제21조로 폐기]

제1절

본 조의 비준으로부터 1년을 경과한 후에는 미국 내와 그 관할에 속하는 모든 영토 내에서 마실 목적으로 주류를 양조·판매 또는 운송하거나 미국에서 이를 수입 또는 수출하는 것을 금지한다.

제2절

미국과 각 주는 적당한 입법에 의하여 본 조를 시행할 경합적 권한을 가진다.

제3절

본 조항은 연방의회로부터 이를 각 주에 회부한 날부터 7년 이내에 각 주의 주 입법부가 이 헌법에 규정된 바와 같이 헌법 수정으로서 비준하지 아니하면 그 효력을 발생하지 아니한다.

수정 조항 제19조(여성의 참정권)

[1919년 6월 4일 발의, 1920년 8월 26일 비준]

제1절

미국 시민의 투표권은 성별을 이유로 미국이나 어느 주에 의해서도 거부 또는 제한되지 아니한다.

제2절

연방의회는 적당한 입법에 의하여 본 조항을 시행할 권한을 가진다.

수정 조항 제20조(대통령과 연방의회 의원의 임기)

[1932년 3월 2일 발의, 1933년 2월 6일 비준]

제1절

대통령과 부통령의 임기는 본 조가 비준되지 아니하였더라면 임기가 만료하였을 해의 1월 20일 정오에 종료하며, 상원의원과 하원의원의 임기는 본 조가 비준되지 아니하였더라면 임기가 만료하였을 해의 1월 3일 정오에 종료한다. 그 후임자의 임기는 그때부터 시작된다.

제2절

연방의회는 매년 적어도 1회 집회한다. 그 집회는 의회가 법률로 다른 날을 정하지 아니하는 한 1월 3일 정오부터 시작된다.

제3절

대통령의 임기 개시일로 정해놓은 시일에 대통령 당선자가 사망하면 부통령 당선자가 대통령이 된다. 대통령의 임기 개시일까지 대통령이 선정되지 아니하였거나, 대통령 당선자가 자격을 구비하지 못했을 때에는 부통령 당선자가 대통령이 자격을 구비할 때까지 대통령의 직무를 대행한다. 연방의회는 법률로 대통령 당선자와 부통령 당선자가 다 자격을 구비하지 못하는 경우에 대통령의 직무를 대행해야 할 자 또는 대통령의 직무를 대행할 자의 선정 방법을 규정할 수 있다. 이러한 경우에 선임된 자는 대통령 또는 부통령이 자격을 구비할 때까지 대통령의 직무를 대행한다.

제4절

연방의회는 하원이 대통령선정권을 갖게 되었을 때에 하원이 대통령으로 선정한 사람 중 사망자가 생긴 경우와, 상원이 부통령선정권을 갖게 되었을 때에 상원이 부통령으로 선정한 사람 중 사망자가 생긴 경우를 대비하는 법률을 규정할 수 있다.

제5절

제1절과 제2절은 본 조의 비준 후 최초의 10월 15일부터 효력을 발생한다.

제6질

본 조항은 회부된 날로부터 7년 이내에 4분의 3의 주 의회들에 의하여 헌법 수정 조항으로 비준되지 아니하면 효력을 발생하지 아니한다.

수정 조항 제21조(금주법 폐기)

[1933년 2월 2일 발의, 1933년 12월 5일 비준]

제1절

연방헌법 수정 조항 제18조는 이에 폐기한다.

제2절

미국의 어느 주, 준주準州 또는 속령의 법률에 위반하여 이들 지역 내에서 주류를 양도 또는 사용할 목적으로 이들 지역에 수송 또는 수입하는 것을 금지한다.

제3절

본 조항은 연방의회가 이것을 각 주에 회부한 날로부터 7년 이내에 헌법 규정에 따라서 각 주의 헌법회의에 의하여 헌법 수정 조항으로 비준되지 아니하면 효력을 발생하지 아니한다.

수정 조항 제22조(대통령의 임기 제한)

[1947년 3월 21일 발의, 1951년 2월 26일 비준]

제1절

누구든지 2회를 초과하여 대통령직에 선출될 수 없으며, 누구든지 타인이 대통령으로 당선된 임기 중 2년 이상 대통령직에 있었거나 대통령 직무를 대행한 자는 1회를 초과하여 대통령직에 당선될 수 없다. 다만, 본 조는 연방의회가 이를 발의하였을 때에 대통령직에 있는 자에게 적용되지 아니하며, 또 본 조가 효력을 발생하게 될 때에 대통령직에 있거나 대통령의 직무를 대행하고 있는 자가 잔여 임기 중 대통령직에 있거나 대통령 직무를 대행하는 것을 방해하지 아니한다.

제2절

본 조는 연방의회가 각 주에 회부한 날로부터 7년 이내에 4분의 3의 주 의회들에 의하여 헌법 수정 조항으로서 비준되지 아니하면 효력을 발생하지 아니한다.

수정 조항 제23조(컬럼비아 특별구에서의 선거권)

[1960년 6월 16일 발의, 1961년 4월 3일 비준]

제1절

미국 정부 소재지를 구성하는 특별구는 연방의회가 다음과 같이 정한 방식에 따라 대통령과 부통령의 선거인을 선임한다. 선거인 수는 특별구가 주라면 배당받을 수 있는 연방의회 내의 상원의원과 하원의원 수와 동일하다. 그러나 어떠한 경우에도 최소 인구를 가진 주보다 그 수가 더 많을 수 없다. 그 선거인들은 각 주가 임명한 선거인들에 첨가되지만, 대통령과 부통령 선거를 위하여 주가 선정한 선거인으로 간주된다. 그들은 특별구에서 집회하여, 헌법 수정 조항 제12조가 규정하는 바대로 그 의무를 수행한다.

제2절

연방의회는 적당한 입법에 의하여 본 조항을 시행할 권한을 가진다.

수정 조항 제24조(인두세)

[1962년 8월 27일 발의, 1964년 1월 23일 비준]

제1절

대통령 또는 부통령, 대통령 또는 부통령 선거인들, 또는 연방의회 상원
의원이나 하원의원을 위한 예비선거 또는 그 밖의 선거에서의 미국 시민
의 투표권은 인두세나 기타 조세를 납부하지 아니했다는 이유로 미국 또
는 어떤 주에 의해서도 거부되거나 제한되지 아니한다.

제2절

연방의회는 적당한 입법에 의하여 본 조를 시행할 권한을 가진다.

수정 조항 제25조(대통령의 직무 수행 불능과 승계)

[1965년 7월 6일 발의, 1967년 2월 10일 비준]

제1절

대통령이 면직되거나 사망 또는 사임한 때에는 부통령이 대통령이 된다.

제2절

부통령직이 궐위된 때에는 대통령은 부통령을 지명하고 부통령은 양원
의 과반수 득표에 의하여 승인을 받아 그 직위에 취임한다.

제3절

대통령이 상원의 임시 의장과 하원의장에게 그가 대통령직의 권한과 직
무를 수행할 수 없다는 서면 성명서를 제출한 때에는 이와 반대되는 서
면 성명서가 제출될 때까지 부통령이 대통령 직무 대행으로 대통령직의
권한과 직무를 수행한다.

제4절

부통령과 행정 부처의 주요 공무원의 과반수 또는 연방의회가 법률로

정하는 다른 기관의 과반수가 상원 임시 의장과 하원의장에게 대통령이 대통령직의 권한과 의무를 수행할 수 없다는 서명 성명서를 제출한 때에는 부통령은 즉시 대통령 직무 대행으로서 대통령직의 권한과 의무를 가진다.

그 후에 대통령이 상원 임시 의장과 하원의장에게 능력이 없는 것이 아니라는 서면 성명서를 제출하는 경우에는 대통령직의 권한과 직무를 되찾는다. 다만, 이 경우에 부통령과 행정 부처 주요 공무원의 과반수 또는 연방의회가 법률로 정하는 다른 기관의 과반수가 4일 이내에 대통령이 대통령직의 권한과 직무를 수행할 수 없다는 서면 성명서를 제출하는 경우에는 예외로 한다. 이러한 경우에는 연방의회가 이 문제를 결정한다. 다만, 개회 중이 아닐 경우에는 이 목적을 위하여 48시간 이내에 집회한다. 만일 연방의회가 후자의 성명서를 접수하고 21일 이내에, 혹은 연방의회가 개회 중이 아닐 경우에는 연방의회의 소집이 요구된 후 21일 이내에, 양원의 각각 3분의 2 이상의 찬성으로 대통령이 대통령직의 권한과 직무를 수행할 수 없다고 결정하면, 부통령은 계속하여 대통령 직무 대행으로 직무를 수행한다. 그렇지 않으면 대통령은 그 직위의 권한과 직무를 되찾는다.

수정 조항 제26조(18세 이상 시민의 참정권)

[1971년 3월 23일 발의, 1971년 7월 1일 비준]

제1절

18세 이상의 미국 시민의 투표권은 연령을 이유로 미국 또는 어떤 주에 의해서도 부인되거나 박탈되지 아니한다.

제2절

연방의회는 적당한 입법에 의하여 본 조항을 시행할 권한을 갖는다.

수정 조항 제27조(연방의원의 보수 변경)

[1789년 9월 25일 발의, 1992년 5월 7일 비준]

하원의원 선거를 치르기 전에는 상원의원과 하원의원의 직무에 대한 보수를 변경하는 어떠한 법률도 효력을 발생하지 아니한다.

주

제1장 서장

1   http://opinionx.khan.kr/1763 (2012년 9월 20일 현재). 헌법에서 입법부, 행정부, 사법부의
     서술 순서의 의미에 관해서는 조지형,《헌법에 비친 역사》(서울: 푸른역사, 2007), 118~123
     참조. 안철수 원장은 이와 매우 비슷한 생각을《안철수의 생각》에서도 피력했다. 안철수는
     "국민의 의사를 대변하기 위해서 국회가 있고, 그것을 실행에 옮기기 위해서 대통령과
     행정부가 있는 것"이라고 말한다. 이는 국민의 의사를 대변하는 것은 대통령의 책무
     가운데 하나임을 무시하는 것이며, 사법부 또한 주권자 국민의 대리인임에 틀림없다는
     것을 무시하는 언급이다. 그러고 나서 안철수 원장은 "진정한 법치주의는 국민의 권리와
     의무를 지키기 위해 존재하는 것"이라고 말했다. 안철수,《안철수의 생각》(파주: 김영사,
     2012), 230. 법치주의가 국민의 의무를 지키기 위해 존재하는 것이라는 그의 관점은 매우
     권위주의적이다. 권리에는 인간의 자연권과 기본권도 포함되며, 국민은 위헌적인 법률에
     저항할 수 있는 권리 등이 있기 때문에 권리는 의무보다 우선한다. 헌법의 '권리와
     의무'에서 의무를 우선시했던 우리의 헌정 역사와 정치 현실에 대한 철저한 반성이
     필요하다. 만약 우리가 개헌한다면, 독일의 연방공화국 기본법의 개헌 역사처럼
     권리(기본권)만을 분리해서 천명할 필요가 있다.

2   Virginia Constitution of 1776.

3   Massachusetts Constitution of 1780, Part the First, Art. XXX.

4   The Federalist, No. 47.

5   김철수,《헌법학개론》(제17전정신판) (서울: 박영사, 2005), 1163. 국회와 행정부가
     법률안제출권을 함께 가지고 있으면 어느 일방의 독주를 방지할 수 있고 상호 의사 소통과
     이해를 효과적으로 이룰 수 있다는 주장도 있으나, 이 역시 설득력이 없다.
     정중섭,《헌법학원론》제4판 (서울: 법문사, 2009), 1002a.

6   일반적으로 한국 사회에서는 이 시기(1776~1787)를 '미국 독립전쟁'의 시대로
     이해하지만, 이는 이 시기의 한 면만을 이해하는 편협한 것이다. 이 시기는 모국인
     영국에서 독립하는 시기일 뿐만 아니라, 왕정에서 민주공화정으로 옮겨가는 시기이며,
     최초의 성문헌법을 제정한 정치적 시기이고, 또한 북부에서 사회적으로 흑인과 여성 등
     소수자의 자유와 권리가 신장되는 시기였다. 이와 같은 혁명성 때문에 역사학계에서는 이
     시기를 '미국혁명' 시대라고 부른다. 미국혁명에 대한 개괄적인 이해를 위해서는 이보형,
     〈미국혁명의 성격과 의의〉,《미국학논집》11 (1978), 201~220 참조.

7   필라델피아 제헌회의에서 최고행정관은 여러 이름으로 불렸다. 대통령President 외에
     최고행정관Chief Magistrate, 연합행정수반National Executive, 행정부 행정관Executive Magist
     rate, 행정수반the Executive 등의 용어가 있었다.

8   미국의 독립(1776)에서 미국헌법이 제정(1787)되는 시기에 이르는 동안 각 주는 제각기
     헌법을 제정하고 주권국가로서 면모를 갖추었다. 따라서 이 책에서 state를 표기할 경우,

미국헌법이 제정되는 시기 이전까지는 '국가'로 표기하지만, 주권이 연방으로 분할되는 1787년 이후 시기를 다루거나 문맥상 필요할 때는 국가가 아니라 '주' 또는 '국가(주)'로 표기한다.

9   Articles of Confederation, Art. 3.

10 미국헌법의 전 세계적 영향에 관해서는 George Athan Billias, ed., *American Constitutio nalism Heard round the World*, 1776~1989: *A Global Perspective* (New York: New York University Press, 2009) 참조. 2006년의 한 연구 조사에 따르면, 세계 197개국 중 107개국이 대통령제를 채택하고 있다. 강원택,《대통령제, 내각제, 이원정부제》(서울: 인간사랑, 2006) 참조.

11 Charles Howard McIlwain, *Constitutionalism: Ancient and Modern*, 2nd ed. (Ithaca: Cornell University Press, 1947), 특히 2장 참조.

12 적법절차원리 등 다양한 대헌장의 헌정 원리가 식민지의 경험을 통해 미국헌법에서 구현되었다. 적법절차원리의 역사적 변화에 관해서는 조지형, 〈적법절차의 발전과 대서양 세계의 법문화: 미국헌법 수정 조항 제5조를 중심으로〉,《세계헌법연구》14:2 (2008), 314~346 참조.

13 Alan Barth, *The Rights of Free Men* (New York: Alfred A. Knopf, 1984) 참조.

14 *Pollock v. Farmers' Loan & Trust Company*, 157 U.S. 429 (1895). Francis R. Jones, "Pollock v. Farmers' Loan and Trust Company," *Harvard Law Review* 9:3 (1895), 198~211 참조.

15 우리의 현행 헌법(1987)에서는 '제4장 정부' 아래 '제1절 대통령'과 '제2절 행정부'로 분리되어 있다.

16 미국혁명의 혁명성을 부정하는 견해에 관해서는 Jack P. Greene, "The American Revolution," *American Historical Review* 105:1 (2000), 93~102; 미국헌법의 반혁명성 주장에 관해서는 Charles A. Beard, *An Economic Interpretation of the Constitution of the United States* (1913); Robert E. Thomas, "A Reappraisal of Charles A. Beard's An Economic Interpretation of the Constitution of the United States," *American Historical Review* 57:2 (1952), 370~375; Peter J. Coleman, "Beard, McDonald, and Economic Determinism in American Historiography," *Business History Review* 34:1 (1960), 113~121; Robert Livingston Schuyler, "Forrest McDonald's Critique of the Beard Thesis," *Journal of Southern History* 27:1 (1961), 73~80 참조.

17 이보형은 미국혁명을 대외적 혁명(독립, 반식민지 혁명)과 대내적 혁명(식민지 사회의 민주화와 새로운 연방공화제의 수립)이라는 이중혁명으로 설명한다. 이보형, 〈미국혁명의 성격과 의의〉, 201~220; 이보형, 〈아메리카 혁명은 어떠한 혁명인가〉,《미국사연구》8 (1998), 1~30 참조. 미국혁명은 급진적인 프랑스 혁명과 달리 온건한 혁명이었다. 이보형에 따르면, 미국혁명은 혁명의 중심지 없이 13개의 식민지에 분산되어 있었으며, 자발적인 협력 정신과 구조로 진행되었을 뿐만 아니라 반종교적이며 반교권적 사상이 없었고, 이념적 호전성과 전통사회에 적의를 품은 혁명적 지성 계급이 없었으며 정치적으로 중요성을 띤 계급적 대립이 없었기 때문에 상대적으로 온건하게 진행되었다. 이보형,

〈미국혁명의 성격과 의의〉, 218~219.

18   헌법의 '기원주의originalism' 논쟁에 관한 간략한 소개와 논의에 관해서는 Jack N.
     Rakove, ed., *Interpreting the Constitution: The Debate over Original Intent* (Boston:
     Northeastern University Press, 1990) 참조.

19   1701년 왕위계승법의 입법화로 법관이 명실 공히 종신직으로 독립성을 갖게 되어
     행정부에 대한 견제가 실질적으로 이루어지면서 국왕의 대리자인 장관에게 정치적 책임을
     묻는 일이 가능해졌다. McIlwain, *Constitutionalism*, 126.

제2장 미국헌법의 사상적 원천

1   미국혁명과 미국헌법을 설명하는 틀로 공화주의 개념이 역사학계에서 활용되기 시작한
    것은 1960년대의 일이다. 공화주의 해석의 대표적인 연구로는 J. G. A. Pocock, *The
    Ancient Constitution and the Feudal Law: A Study of English Historical Thought in the
    Seventeenth Century*, rev. ed. (New York: Norton, 1967); Bernard Bailyn, *The
    Ideological Origins of the American Revolution* (Cambridge: Harvard University Press,
    1967); Gordon Wood, *The Creation of the American Republic*, 1776~1787 (Chapel Hill:
    University of North Carolina Press, 1969) 참조.

2   Blair Worden, "Republicanism, Regicide and Republic: The English Experience," in
    Republicanism: A Shared European Heritage, ed. Martin van Gelderen and Quentin
    Skinner (New York: Cambridge University Press, 2002), 1:307~308 참조. 블레어 워든은
    "시민적 공화주의"가 군주제 아래에서도 실천 가능하다는 점에서, 즉 "시민적 공화주의"는
    군주제를 전복하지 않고 오히려 군주제의 개혁을 통해 군주제를 찬양하는 가치로 간주될
    수 있다는 점에서, "헌정적 공화주의"를 구분할 필요성이 있다고 주장한다. 다양한 공화국
    담론으로서의 공화주의와 공민윤리, 애국주의, 자유론으로서의 공화주의의 포괄적인
    이해를 위해서는 조승래, 《공화국을 위하여: 공화주의 형성과정과 핵심사상》 (서울:
    도서출판 길, 2010) 참조.

3   이보형은 미국혁명의 사상적 흐름을 자유주의와 공화주의의 이분법적 사상이 있었던
    것처럼 이해하는 것은 지나친 주장이라고 강조한다. 이러한 관점 아래, 이보형은
    "영국으로부터의 분리, 독립이 주류인 단계에서는 자유주의가, 독립 후 혁명의 수습이
    주류인 단계에서는 공화주의가 서로 각자의 사상적 기능을 발휘했다"라는 입장을
    견지하면서, 굳이 혁명의 주류 사상을 거론하자면 "개인의 자유와 자유주의 사상이야말로
    미국인의 사상적 뿌리이며, 이 자유 없이는 공화주의 사상도 존재할 수 없다"라는 입장을
    취한다. 이보형, 〈아메리카 혁명과 자유주의〉, 《미국사연구》 1 (1993), 14, 15.

4   Robert E. Shalhope, "Republicanism, Liberalism, and Democracy: Political Culture in
    the New Nation," in *The Republican Synthesis Revisited: Essay in Honor of Geroge
    Athan Billias*, ed. Milton M. Klein, Richard D. Brown, and John B. Hench (Worcester:
    American Antiquarian Society, 1992), 39.

5   Gerald Stourzh, "Constitution: Changing Meanings of the Term from the Early
     Seventeenth to the Late Eighteenth Century," in *Conceptual Change and the
     Constitution*, ed. Terence Ball and J. G. A. Pocock (Lawrence: University of Kansas Press,
     1988), 35~54. 'Constitution'은 원래 로마 시대에 민법에서 쓰던
     콘스티우티오constitutio라는 용어로 황제의 칙령decree을 의미했으며, 교회법canon
     law에서는 법 혹은 법규를 뜻했다. 근대 초기의 영국에서는 특히 관습이나 관례의
     반대되는 개념으로 문서화된 법규를 의미했다. 그러나 제정법을 뜻하는
     '스태추트statute'라는 용어가 등장하면서 컨스티튜션은 하위 법률을 뜻하는 용어로
     사용되었다. Ibid., 43.

6   William Blackstone, *Commentaries on the Law of England* (Oxford, 1765), 1:204에서
     재인용.

7   Lord Bolingbroke, "A Dissertation upon Parties," in *The Works of Lord Bolingbroke, 4
     vols.* (Philadelphia, 1841), 2:88.

8   Stourzh, "Constitution," 47.

9   Gordon S. Wood, *The Idea of America: Reflections of the Birth of United States* (New
     York: Penguin Press, 2011), 173.

10   우리나라의 사전에는 국민주권에 대해 "민주주의의 기본 원칙으로서, 국민이 대의기관을
     통하거나 직접적으로 입법 및 그 밖의 국정國政 사항을 결정하는 권력"이라고 정의한다.
     주권을 보유하는 주체는 국민이며, 주권자로서의 국민은 입법과 국정을 결정함으로써
     직접적 혹은 간접적인 통치 권력을 갖는다. 미국헌법의 사상적 원천을 보다 올바르게
     살펴보기 위해서는 일단 국민주권의 개념을 잠정적으로 유보해야 한다. 첫째, 국민국가는
     근대의 소산이기 때문이다. 둘째, 역사를 거슬러 올라가거나 초기 아메리카 식민 시기로
     관심을 확대하면 '국민주권'의 대상은 국가라기보다 통치가 가능한 정치체로 유연하게
     생각하는 것이 더 적절하기 때문이다. 셋째, 국민이라는 개념보다는 하나의 정치적
     공동체를 구성하는 인민people 또는 주민inhabitants의 개념으로 느슨하게 상정하는 것이
     더 유용하기 때문이다. 정부라는 용어 역시 지나치게 국가 중심적이며 근대 중심적이어서
     각별한 주의가 필요하다. 프랑스의 헌정사상을 중심으로 국가주권, 인민주권과
     국민주권을 구별하여 주권론을 검토한 연구로는 성낙인, 〈주권론에 관한 연구〉,
     《사회과학연구》(영남대학교 사회과학연구소) 13:2 (1993), 41~61 참조. 특별한 설명이나
     제한이 없다면, 이 장에서 언급하는 '인민' 또는 '주민'은 불특정 다수를 의미하는 인민이
     아니라, 하나의 공동체를 구성하는 인민 또는 주민임을 밝혀둔다.

11   U. S. Declaration of Independence.

12   Paul K. Conkin, *Self-Evident Truths* (Bloomington: Indiana University Press, 1974), 2.

13   마르실리우스의 인민주의론에 관해서는 박은구, 〈Marsilius of Paduad의 인민주권론:
     정부론을 중심으로 I〉, 《숭실사학》 8 (1994), 221~247; 박은구, 〈Marsilius of Paduad의
     인민주권론 II〉, 《서양사론》 44 (1994), 41~117 참조.

14   Robert W. Carlye and Alexander J. Carlye, *A History of Medieval Political Theory in*

the West, 6 vols. (New York: Barnes and Noble, 1909), 2:58~72.

15 박은구, 〈Marsilius of Paduad의 인민주권론 II〉, 115. 마르실리우스의 인민주권론을
    공화주의로 파악하는 주장에 관해서는 Alan Gewirth, "Republicanism and Absolutism
    in the Thought of Marsilius of Padua," *Medioevo* 5 (1979), 23~48 참조.

16 John Calvin, *Institutes of the Christian Religion*, IV. chap. 20, 29. 칼뱅은 인민의
    저항권을 두 가지 경우, 즉 세속적 통치자가 신에게 복종하지 않는 경우와 특별한
    치안판사를 통해 불의의 통치자를 처벌하는 경우에 간접적으로 인정했다고 할 수 있다.

17 Ibid.,, IV, chap. 20, 31.

18 Théodore Bèze, *Du Droit des Magistrates* (Geneva: Librarie Droz, 1970), 3, 8~9, 16~18,
    44~53.

19 Philippe du Plessis-Mornay, *Vindiciae Contra Tyrannos*, as in *Constitutionalism and
    Resistance in the Sixteenth Century*, trans and ed. Julian H. Franklin (New York:
    Pegasus, 1969).

20 Donald S. Lutz, *Principles of Constitutional Design* (Cambridge: Cambridge University
    Press, 2006), 77.

21 Jean Bodin, *On Sovereignty: Four Chapters from the Six Books of the
    Commonwealth*, ed. Julian H. Franklin (New York: Cambridge University Press, 1992) 1ff.
    그러나 보댕은 주권을 제한받지 않는 권력으로 상정하기 보다는 신법, 자연법, 관습법
    그리고 국가의 목적에 의해 제한받는다고 주장했다. Ibid., 30~32.

22 그렇다고 해서 보댕을 "절대왕정 예찬가로 평가하는 것은 지나치게 앞서 나가는
    해석"이다. 그의 주권 이론은 절대주의의 모든 특징을 포괄하기에 불충분하기 때문이다.
    임승휘, 〈장 보댕의《국가론》과 절대주의〉,《프랑스 연구》 13 (2005), 157.

23 Johannes Althusius, *Politics*, trans. Frederick S. Carney (Boston: Beacon Press, 1964), 14,
    68.

24 Conkin, *Self-Evident Truths*, 16.

25 따라서 주권과 주권에서 파생한 권력을 이중 주권으로 파악하는 흐름이 생겨나기도 했다.
    예를 들면《공화국Res Publica》(Marburg, 1609)에서 헤르만 키르히너Herman Kirchner는
    양도되지 않는 실제주권real sovereignty, *majestas realis*과 통치권자에게 위임되는
    인격주권personal sovereignty을 주장했다. J. H. M. Salmon, "The Legacy of Jean Bodin:
    Absolutism, Populism, or Constitutionalism?" *History of Political Thought* 17:4 (1996),
    502 참조.

26 김영일, 〈알투시우스Johannes Althusius의 연방주의 연구: 지방자치의 이념적 기초로서의
    연방적 사회 구성〉,《지방정부연구》 6: 4 (2002), 294. 지방분권에 초점을 맞춘 이 논문에
    미국헌법과 알투시우스의 연방주의 사이의 관련성에 대한 논의는 나오지 않는다.

27 Thomas Hobbes, *Leviathan*, chap. 17.

28   홉스는 주권자가 자신의 존재 목적을 다하지 못하면 인민의 저항이 불가피하다고
      서술하긴 했으나, 이는 홉스가 저항권을 인정했다기보다 위기의 사태를 서술한 것으로
      보인다. Hobbes, *Leviathan*, chap. 13.

29   John Locke, *Two Treatises on Government*, § 135.

30   Ibid., §149.

31   Ibid., §13.

32   인민이 주권을 계속 보유한다는 로크의 주장에 관해서는 Kathleen O. Potter, *The
      Federalist's Vision of Popular Sovereignty in the New American Republic* (New York:
      LFB Scholarly Publishing, 2002), 20 참조. 김기봉은 로크를 "국민주권의 옹호자"로
      평가하면서도 이때 국민은 실제로 부르주아였다고 주장한다. 김기봉, 〈국가란 무엇인가:
      개념사적 고찰〉, 《서양사론》 82 (2004), 29. 시민의 자연권을 보호해야 한다는 조건하의
      정부(의회) 주권은 절대적이라기보다 결국 파생적일 수밖에 없다는 관점에서 로크의
      이중주권론을 강조하는 주장에 관해서는 Julian H. Franklin, *John Locke and the Theory
      of Sovereignty: Mixed Monarchy and the Right of Resistance in the Political Thought
      of the English Revolution* (Cambridge: Cambridge University Press, 1979); 오영달, 〈인권과
      주권: 정치철학사상 그 상호관계에 대한 두 가지 전통〉, 《사회와 철학》 9 (2005), 2~30
      참조.

33   Conkin, *Self-Evident Truths*, 25.

34   Emer de Vattel, *The Law of Nations*, ed. Béla Kapossy and Richard Whitmore
      (Indianapolis: Liberty Fund, 2008), Book 1, chap. IV, §38~39.

35   Ibid., §34.

36   Ibid., §46.

37   Ibid., Book 2, chap. IV, §56.

38   미국혁명에 대한 '영국인으로서의 권리'에 관해서는 George Dargo, *Roots of the
      Republic: A New Perspective on Early American Constitutionalism* (New York: Praeger,
      1974); William F. Swindler, " 'Rights of Englishmen' Since 1776: Some Anglo-American
      Notes," *University of Pennsylvania Law Review* 124:5 (May, 1976), 1083~1103 참조.
      영국인으로서의 권리는 명예혁명을 거치면서 새롭게 정의되었기 때문에 미국혁명의
      '영국인으로서의 권리' 주장은 시대착오적이라는 주장에 관해서는 M. J. Heale, *The
      American Revolution* (London: Taylor & Francis, 1986), 16 참조.

39   The First Charter of Virginia, April 10, 1606.

40   영국의 근본법 사상에 관한 논의는 조지형, 〈사법 심사의 역사적 기원: *Marbury v.
      Madison* 사건 이전을 중심으로〉, 《서양사론》 53 (1997. 6.), 특히 제2장을 이 책의 논리
      구조에 맞추어 수정하여 인용했음을 밝힌다.

41   "고래古來의 헌법"에 대한 개괄적인 설명과 사학사적 논의에 대해서는 J. G. A. Pocock,
      The Ancient Constitution and the Feudal Law: A Study of English Historical Thought

in the Seventeenth Century, A Reissue with a Retrospect (Cambridge: Cambridge University Press, 1987), 16~19, 253~305 참조.

42   *Prohibitions del Roy*, 77 Eng. Rep. 1342, 1343 (C. P. 1608). (E. Coke, C. J.)

43   Fritz Kern, *Kingship and Law in the Middle Ages* (Oxford: Basil Blackwell, 1956), 147~205.

44   Thomas Grey, "Origins of the Unwritten Constitution: Fundamental Law in American Revolutionary Thought," *Stanford Law Review* 30 (1978), 854.

45   William Blackstone, *Commentaries on the Laws of England, A Facsimile of the First Edition of 1765~1769*, 4 vols (Chicago: University of Chicago Press, 1979), 1:122.

46   Henry de Bracton, *On the Laws and Customs of England*, trans. Samuel Thorne, 4 vols. (1268 ; Cambridge: Belknap Press of Harvard University Press, 1968), 2 :33.

47   John W. Gough, *Fundamental Law in English Constitutional History* (Oxford: Clarendon Press, 1955), 12~29.

48   Edward Coke, *The Second Part of the Institutes of the Laws of England*, 2 vols. (1628; London: W. Clark and Sons, 1817), Proeme, u. p.; Gordon Wood, *The Creation of the American Republic* (New York: W. W. Norton, 1969), 271, 293~296.

49   Edward Coke, *Institutes of the Law of England* 3:3.

50   *Calvin's Case*, 77 Eng. Rep. 377 (K. B. 1609).

51   Henry Finch, *Law, or A Discourse Thereof*, 4th ed. (1759; reprint, New York: Garland Publishing, 1978), 75.

52   *Dr. Bonham Case*, 77 Eng. Rep. (8 Co. 114a) 647 (C. P. 1610).

53   14&15 Henry VIII, c. 5; 1 Mar. c. 9. 후자의 법으로 왕립의사협회는 지명하는 사람을 보석과 조건부 보석 없이 구금할 수 있게 되었다.

54   Dr. Bonham's Case, 88 Eng. Rep. 646, 652 (C. P. 1610).

55   Theodore F. T. Plucknett, "Bonham's Case and Judicial Review," *Harvard Law Review* 40 (1926), 36; Raoul Berger, "Doctor Bonham's Case: Statutory Construction or Constitutional Theory," *University of Pennsylvania Law Review* 117 (1969), 537. 쿡의 견해를 중세적으로 보는 견해에 관해서는 Samuel Thorne, "Dr. Bonham's Case," *Law Quarterly Review* 54 (1938), 543~552 참고.

56   *Day v. Savage*, 80 Eng. Rep. 235, 237 (C. P. 1614).

57   *City of London v. Wood*, 88 Eng. Rep. 1592, 1602 (K. B. 1702).

58   영국혁명이 진행되면서 쿡이 의회 우월주의 입장을 취하였다는 주장에 관해서는 Louis Boudin, "Lord Coke and the American Doctrine of Judicial Review," *New York University Law Review* 6 (1929), 223~246 참조.

59   *City of London* v. *Wood*, 88 Eng. Rep. 1592, 1602 (K. B. 1702).

60   Frederick Pollack, "A Plea for Historical Interpretation," *Law Quarterly Review* 39 (1923), 165.

61   Blackstone, *Commentaries on the Laws of England*, 1:41.

62   의회 우월주의에 대한 일반적인 설명에 관해서는 Bailyn, *Ideological Origins*, 200~203; Wood, *Creation of the American Republic*, 344~349; John Phillip Reid, *The Concept of Liberty in the Age of the American Revolution* (Chicago: University of Chicago Press, 1988), 55~59 참조.

63   Blackstone, *Commentaries*, 1:156.

64   Ibid., 161~162.

65   Grey, "Origins of the Unwritten Constitution," 860.

66   Bernard Baily, "The Central Themes of the American Revolution: An Introduction," in Stephen G. Kutz and James H. Hutson, eds., *Essays on the American Revolution* (Chapel Hill: University Press of North Carolina, 1973), 12~13. 다양한 공화주의에 대해 이해하기 위해서는 조승래, 〈공화국과 공화주의〉, 《역사학보》 198 (2000), 227~254 참조.

67   M. J. C. Vile, *Constitutionalism and the Separation of Powers* (Oxford: Clarenden Press, 1967), 135~138.

68   '혼합mixta'이라는 용어는 폴리비오스가 아니라 카토Cato에서 연원한 것으로 보인다. Claude Nicholet, "Polybe et la 'constitution' de Rome: Aristocratie et Démoratie," *Demokratia et Aristokratia* (Paris: Publications de la Sorbonne, 1983), 20.

69   Polybius, *Historiae*, 6. 3. 7.

70   Polybius, *Historiae*, 6. 2. 4.

71   Ibid., 6. 18. 1~8.

72   Algernon Sydney, *Discourses on Government*, 3 vols. (New York: Deare and Andrews, 1805), 2:138.

73   Machiavelli, *The Prince and the Discourses* (New York: Modern Library 1950), 1:2.

74   인간의 의지와 노력에 따른 운명의 변화 문제에 대한 논란에 관해서는 Oded Balaban, "The Human Origins of Fortuna in Machiavelli's Thought," *History of Political Thought* 1 (1990), 21~29 참조. 또한 정체의 순환에 있어서 인간의 제한된 역할에 관한 리비우스의 견해에 관해서는 G. W. Trompf, *The Idea of Historical Recurrence in Western Thought, From Antiquity to the Reformation* (Berkeley: University of California Press, 1979), 111 참조.

75   운(포르투나)과 덕(비르투)이 경쟁하는 마키아벨리언 모멘트에서 마키아벨리는 평민의 광범위한 참여를 기반으로 한 '저변이 넓은 정체'를 옹호한 반면, 구이차르디니Francesco Guicciardini는 귀족의 리더십을 옹호하는 '저변이 좁은 정체'를 주장했다. 마키아벨리가

덕을 행동하는 힘으로 파악한 반면, 구이차르디니는 숙고하는 분별력으로 이해했던 것이다. 마키아벨리의 '저변이 넓은 정체'에 관해서는 김경희, 〈마키아벨리의 국가 전략: '저변이 넓은 정체governo largo'에 기반한 힘과 유연성의 전략〉, 《정치사상연구》 11 : 1 (2005), 133~151 참고.

76 Polybius, *Historiae*, 6. 52. 345~346.

77 Machiavelli, *Discourse*, 3. 4. 9.

78 Machiavelli, *Discourse*, 1. 4.

79 포칵J. G. A. Pocock은 고전적 공화주의의 '조화'와 '도덕적 덕'을 강조하여 고전적 공화주의와 마키아벨리의 공화주의 사이의 연속성을 강조한 반면, 라헤Paul Rahe와 피셔Markus Fischer는 계급 간의 소요와 국제적 약탈을 강조함으로써 마키아벨리의 '고전적 공화주의와의 결별'을 강조한다. Paul A. Rahe, ed., *Machiavelli's Liberal Republican Legacy* (New York: Cambridge University Press, 2005), xxxiv~xxxviii.

80 마키아벨리적 공화주의의 실체가 '소수의 엘리트에 의한 참주정(폭정)'이라고 파악하는 주장에 관해서는 Leo Strauss, *Thoughts on Machiavelli* (Chicago: University of Chicago Press, 1958) 참조. 이에 비판을 전개하면서 마키아벨리적 공화주의의 제도적 균형과 개혁을 강조하는 주장으로는 Markus Fischer, *Well-Ordered License: On the Unity of Machiavelli's Thought* (Lanham: Lexington Books, 2000) 참조.

81 Machiavelli, *Discourse*, 1. 35.

82 Ibid., 1. 34. 16.

83 공화국 내의 갈등과 이를 해결하기 위해 혼합정체의 테두리 안에서 행사되는 신중한 지도력에 관해서는 곽준혁, 〈갈등, 혼합정체 그리고 리더십: 마키아벨리의 《로마사 논고》를 중심으로〉, 《정치사상연구》 9 (2003), 171~195 참조.

84 J. G. A. Pocock, *Politics, Language, and Time* (New York: Atheneum: 1973), 128~129.

85 James Harrington, *Oceana*, in *The Political Works of James Harrington*, ed. J. G. A. Pocock (Cambridge: Cambridge University Press, 1977), 161.

86 Harrinton, *Oceana*, 231.

87 Ibid., 163~164.

88 경제권력(특히 토지)과 정치권력의 관계에 대한 해링턴의 관심이 새로운 경제구조의 변화에 대한 인식의 결과라기보다 토지를 매개로 한 봉건적 토지소유 관계에 대한 인식의 결과로 파악하는 관점에 관해서는 J. G. A Pocock, *The Ancient Constitution and the Feudal Law* (New York: Cambridge University Press, 1987), 128~129; 박은구, 〈J. Harrington의 Oceana考〉, 《역사학보》 81 (1979), 129 참조.

89 Ibid., 198.

90 Harrington, *Oceana*, 162.

91 Ibid., 172.

92 Ibid., 174. 오세아나 공화국의 현실 비판과 새로운 질서 및 가치의 정립에 초점을 맞춘 유토피아 연구로는 김영한, 〈해링턴J. Harrington의 정치적 유토피아〉, 《인문논총》 (한양대학교 인문과학대학) 6 (1983), 237~261 참조. 김영한은 오세아나 공화국을 특징짓는 기본 원리를 공평한 토지 분배(농지법), 비밀투표, 관직 교체, 권력분립으로 파악한다. 앞의 글, 249.

93 Conkin, *Self-Truths*, 153.

94 권력분립을 권력 제도(기구)의 분립보다는 권력 기능의 분립으로 파악해야 한다는 경향이 있다. 이는 기존의 3권을 정책 결정, 정책 집행, 정책 통제로 파악하려는 것인데, 권력 행사의 효율성을 확대하려는 현대 국가에서 나타나는 현상이다. Karl Loewenstein, *Political Power and the Governmental Process* (Chicago: University of Chicago Press, 1965), 36~52; 김부하, 〈권력분립에서 기능법설에 대한 평가〉, 《헌법학연구》 12:1 (2006), 433~457 참조. 그러나 실제로 미국의 연방대법원은 제도적 권력분립, 즉 형식주의적 권력분립을 옹호하기도 하고(예: *Bowsher v. Synar*, 478 U. S. 714 [1986]), 때로는 기능주의적 권력분립을 주장하기도 한다(예: *Youngstown Sheet & Tube Co. v. Sawyer*, 343 U. S. 579, 635 [1952]). 석인선, 〈미국헌법상 권력분립에 관한 헌법해석론〉, 《법학논집》 (이화여자대학교 법학연구소) 5:1 (2000), 1~20 참조.

95 이러한 3권의 국가권력 외에도 로크는 대권prerogative power을 언급하는데, 대권은 국민의 공공복리를 위해 행사되는 군주의 권력이다. Locke, *Government*, 159.

96 Locke, *Government*, 144.

97 Ibid., 148.

98 Montesquieu, *The Spirit of Laws*, chap. 11.

99 Ibid.

100 Ibid., chap. 9.

제3장 아메리카 식민지의 정치 경험

1 그런데도 영국과 아메리카 식민지가 하나의 커다란 대서양 세계 속에 있었다는 사실을 간과해서는 안 된다. 대서양사에 관해 간단히 개념을 소개하려면 David Armitage, "Three Concepts of Atlantic History," in *The British Atlantic World, 1500~1800*, ed. David Armitage and Michael J. Braddick (New York: Palgrave Macmillan, 2002), 11~29; Barnard Bailyn, *The Atlantic History: Concept and Contours* (Cambridge: Harvard University Press, 2005), 1~56; Paul W. Mapp, "Atlantic History from Imperial, Continental, and Pacific Perspectives," *William and Mary Quarterly*, 3rd. ser., 63:4 (2006), 713~724. 참조.

2 Charter to the English East India Company, Given by Elizabeth I, December 31, 1600.

3 Winton U. Solberg, *The Constitutional Convention and the Formation of the Union*,

2nd ed. (1958; Urbana: University of Illinois Press, 1990), xlviii.

4 Andrew C. McLaughlin, *Foundations of American Constitutionalism* (Greenwich, Conn., Fawcett Publications, 1961), 41.

5 남북의 구분은 중간에 있는 중첩 지역을 포함한다. 북위 38도 위쪽이 북부이고, 북위 41도 아래쪽이 남부였다. 즉 북위 38도에서 북위 41도 사이 지역은 남북의 중첩 지역으로, 서로 100마일 이내에는 정착촌을 건설하지 않는다는 조건으로 허가되었다.

6 Charter of 1606, in Benjamin Perley Poore, ed., *The Federal and State Constitutions, Colonial Charters, and Other Organic Laws of the United States* (1878), 2:1891~1892.

7 Ibid., 1902.

8 William C. Morey, "The Genesis of a Written Constitution," *Annals of the American Academy of Political and Social Science 1* (1891), 542.

9 1620년의 인허장에 따르면, 플리머스 회사는 북위 40도에서 북위 48도(오늘날의 뉴브런즈윅New Brunswick과 노바스코샤Nova Scotia를 포함)를 태평양 연안에서 또 다른 해안 끝까지 연장하는 지역, 이른바 '바다에서 바다까지'의 지역을 식민지 대상으로 허가받았다.

10 플리머스 회사는 1623년에 오늘날의 메인 주 포틀랜드Portland에 정착촌을 건설하였는데, 이 식민지가 미국의 세 번째 영구 정착촌이다. 이 식민지는 찰스 1세가 플리머스 회사의 주주였던 크리스토퍼 레벳Christopher Levett에게 하사한 6000에이커의 토지 위에 건설한 것이다.

11 Poore, *The Federal and State Constitutions, Colonial Charters, and Other Organic Laws of the United States*, 1:932.

12 Michael P. Winship, "Godly Republicanism and the Origins of the Massachusetts Polity," *William and Mary Quarterly*, 3rd ser. 63:3 (2006), 427.

13 Poore, 1:249. 사료에는 코네티컷 근본규칙이 1638년 1월에 제정되었다고 나오지만, 그것은 율리우스 역법에 따른 것이고, 그레고리우스 역법으로는 1639년이다.

14 Poore, 1:252.

15 Poore, 2:1509.

16 Richard Middleton, *Colonial American: A History, 1607~1760* (Cambridge: Blackwell Publishers, 1992), 318.

17 Ibid.

18 Charter와 patent는 각각 인허장, 특허장으로 번역되지만 흔히 혼용된다. 이 책에서는 특별한 이유가 없는 한 인허장으로 통일하여 사용한다.

19 Compact, covenant, contract은 서약, 언약, 계약 등으로 번역되지만 흔히 혼용된다. 이 책에서는 social contract의 경우에는 사회계약으로 통일하되 compact와 covenant는 '서약'으로 통일하여 사용한다. 17세기와 18세기의 개념을 살펴보면, contract는 특정

문제에 관하여 상호 간의 의무를 수반하며 비교적 개인 간 혹은 작은 집단 간에 체결되고, 법에 의해 강제될 수 있지만 반드시 법률적 지위를 갖는 것은 아니다. Covenant와 compact 모두 동의에 근거하여 비교적 큰 공동체를 구성하는 인민들 간의 합의를 지칭하지만, covenant는 합의의 증인이자 보증인으로서 국왕 혹은 종교적 신 등의 권위를 통해 합의의 정당성을 확보하는 데 차이가 있다. Donald S. Lutz, *The Origins of American Constitutionalism* (Baton Rouge: Louisiana State University Press, 1988), 17. Delbert R. Hillers, Covenant: *The History of a Biblical Idea* (Baltimore: Johns Hopkins University, 1969); Daniel J. Elazar, "Covenant as the Basis of the Jewish Political Tradition," *Jewish Journal of Sociology* 20 (1978), 5~37; Aloysius Martinich, *The Two Gods of Leviathan: Thomas Hobbes on Religion and Politics* (Cambridge: Cambridge University Press, 1992), chap. 5~6 참조.

20   Donald S. Lutz, *The Origins of American Constitutionalism* (Baton Rouge: Louisiana State University Press, 1988), 25. 러츠Lutz는 서약의 패턴을 설명하면서 서약을 통해 인민이 만들어진다고 해석함으로써 서약과 하느님의 절대성을 지나치게 강조했다.

21   서약의 텍스트는 Arthur B. Ellis, *History of the First Church in Boston, 1630~1880* (Boston, 1881), 3에서 재인용.

22   Lutz, *The Origins of American Constitutionalism*, 27.

23   '프로비던스 협정'의 내용을 살펴보기 위해서는 Charles Evans, "Oaths of Allegiance in Colonial New England," *Proceedings of the American Antiquarian Society*, n. s., 31 (1921), 424 참조.

24   Lutz, *The Origins of American Constitutionalism*, 28.

25   Benjamin F. Wright, *American Interpretation of Natural Rights* (Cambridge: Harvard University Press, 1931), 24, 25~26.

26   Lutz, *The Origins of American Constitutionalism*, 30.

27   서약의 내용을 알기 위해서는 Francis N. Thrope, ed., *Federal and State Constitutions, Colonial Charters, and Other Organic Laws of the United States*, 7 vols. (Washington, D. C., 1907), 3:1848 참조.

28   Lutz, *The Origins of American Constitutionalism*, 30.

29   중도 서약의 출현 배경과 내용에 관해서는 Winton Solberg, 《미국인의 사상과 문화》, 조지형 옮김 (서울: 이화여자대학교 출판부, 1996), 1장 참조.

30   Solberg, *The Constitution Convention*, lv.

31   Edmund S. Morgan, ed., *Puritan Political Ideas, 1558~1794* (Indianapolis: Bobbs-Merrill, 1965), 175.

32   Alice Baldwin, *The New England Clergy and the American Revolution* (Durham: Duke University Press, 1928), 26.

33 Alden T. Vaughan, *Chronicles of the American Revolution* (New York: Grosset & Dunlap, 1965), 224.

34 Paul K. Conkin, *Self-Evident Truths* (Bloomington, Ind.: Indiana University Press, 1974), 31.

35 뉴헤이번은 합류하지 않았다가 1665년에 코네티컷 식민지에 합류했다.

36 Lutz, *The Origins of American Constitutionalism*, 32.

37 Harry M. Ward, *The United Colonies of New England, 1643~1690* (New York: Vantage Press, 1961), 384~385.

38 흔히 이로쿼이 연맹은 5부족으로 알려졌지만, 1722년에 사우스캐롤라이나에서 뉴잉글랜드 지역으로 피신한 투스카로라족이 이로쿼이 연맹에 합류해 6부족으로 구성되었다. 투스카로라족은 연맹에서 참정권을 갖지는 않았지만 연맹의 보호를 받았다. 이로쿼이 연맹Iroquois Confederacy과 이로쿼이 동맹Iroquois League은 차이가 있다. 전자가 정치적, 외교적 문제를 다루기 위한 조직이라면, 후자는 종교적, 문화적 의제와 의례를 다루기 위한 조직이다. 전자는 미국혁명의 결과로 붕괴되었지만, 후자는 지금까지 남아 있다. William N. Fenton, *The Great Law and the Longhouse: A Political History of the Iroquois Confederacy* (Norman: University of Oklahoma Press, 1998), 4~5 참조.

39 Bruce Johansen, "Dating the Iroquois Confederacy," *Akwesasne Notes New Series* 1:3 (1995), 62~63. 12세기경에 결성되었다는 주장은 개기일식에 관한 구술사 연구에 근거한 것이다. 1450년에서 1600년 사이에 결성되었다는 주장에 관해서는 Fenton, *The Great Law and the Longhouse*, 69 참조.

40 Charles C. Mann, "The Founding Sachemes," *New York Times* (July 4, 2005). 찰스 만은 플리머스 식민지 개척 이후 뉴잉글랜드 지역에서 유럽인과 아메리칸인디언 간의 경계가 매우 모호하거나 거의 없었던 것처럼 유지되어온 것은 '자율적 책임'에 따른 것이라고 주장한다.

41 Benjamin Franklin, *The Autobiography of Benjamin Franklin*, 2nd. ed. (New Haven: Yale University Press, 1964), 210.

42 프랭클린이 상정한 대평의회의 대의원 수는 다음과 같다. 매사추세츠 만 7석, 뉴햄프셔 2석, 코네티컷 5석, 로드아일랜드 2석, 뉴욕 4석, 뉴저지 3석, 펜실베이니아 6석, 메릴랜드 4석, 버지니아 7석, 노스캐롤라이나 4석, 사우스캐롤라이나 4석으로 총 48석이다.

43 Alison Gilbert Olson, "The British Government and Colonial Union, 1754," *The William and Mary Quarterly*, 3rd. ser. 17:1 (1960), 23.

44 Benjamin Franklin, *The Papers of Benjamin Franklin*, ed. Loenard Larrabee, 39 vols.-to date (New Haven: Yale University Press, 1959~2006), 4:118~119.

45 Bruce E. Johnson, "Haudenosaunee Influences on the U. S. Government," http://www.peacecouncil.net/NOON/articles/government.html (접속일 2010. 6. 1.).

46 올버니 연방구상에 대한 이로쿼이 연맹의 영향을 부정하는 연구로는 Fenton, *The Great Law and the Longhouse*; Francis Jennings, *Empire of Fortune: Crowns, Colonies, and*

Tribes in the Seven Years War in America (New York: Norton, 1988) 참조.

47   Bruce E. Johansen, *Forgotten Founders: Benjamin Franklin, the Iroquois and the Rationale for the American Revolution* (Ipswich, Mass: Gambit, 1982).

제4장 연합 체제의 실험

1   이 시기 이후 미국헌법의 권리장전 제정 이전까지 기간에는 state를 '국가'로 표기한다. 단, 문맥상 필요할 경우에는 '국가'가 아니라 '주' 혹은 '국가(주)'로 표기한다.

2   리처드 헨리 리의 결의안 내용은 7월 2일 독립선언서의 서명을 보도한 《펜실베이니아 이브닝포스트》에서도 재차 확인되었다. 아메리카의 식민지들이 오늘의 독립선언서 서명으로 "자유로운 독립국가들임을 선언했다"고 보도했다. *Pennsylvania Evening Post*, July 2, 1776

3   Merrill Jensen, *The Articles of Confederation* (Madison: University of Wisconsin Press, 1940), 161~176.

4   Articles of Confederation, Art. II.

5   Ibid., Art. III.

6   손병권은 연합회의 대표의 1년 임기와 각 국가의 통제 문제를 대의민주주의 아래서 순환관직제를 통한 직접민주주의 효과의 극대화를 노린 것이라고 주장한다. 손병권, 〈미국 건국 초기 연합의회와 연방의회의 비교〉, 《한국정당학회보》 5:2 (2006), 167. 그러나 연합회의 대표의 단기적 임기와 입법부의 통제는 입법 우월주의와 주권론의 결과라고 보아야 한다.

7   Merrill Jensen, *The New Nation: A History of the United States During the Confederation, 1781~1789* (New York: Vintage Books, 1950), 177~233

8   Articles of Confederation, Art. VI.

9   Jack N. Rakove, *Original Meanings: Politics and Ideas in the Making of the Constitution* (New York: Vintage Books, 1996), 25.

10   Jack N. Rakove, "The Collapse of the Articles of Confederation," in *The American Founding: Essays on the Formation of the Constitution*, ed. J. Jackson Barlow, Leonard W. Levy and Ken Masugi (New York: Greenwood Press. 1988), 230.

11   Letter from Rufus King to Nathan Dane, September 17, 1785. Manuscript. Nathan Dane Papers, Manuscript Division, Library of Congress.

12   Articles of Confederation, Art. IX.

13   Richard B. Morris, *The Forging of the Union, 1781~1789* (New York: Harper & Row, 1987), p. 100

14 그러나 명칭이 유사함에도 미국 대통령에게는 연합회의 의장과 달리 입법부의 회의를 주재하는 헌법적 역할이 전혀 없다. 미국 대통령은 거의 행정 역할을 담당하는 반면, 연합회의 의장은 주로 회의 주재 역할을 담당했다는 큰 차이를 가지고 있다. Edward Cody Burnett, *The Continental Congress* (New York: Norton, 1941), 34.

15 조지형, 《대통령의 탄생: 대통령 제도는 어떻게 생겨났는가》 (파주: 살림, 2008), 21.

16 이 기간 외무위원회의 유일한 위원은 제임스 러벨James Lovell이었다. 그는 기밀 정보 수집, 암호 코드 제작 및 해독 등에 크게 공헌했으며 '미국 암호해독학Cryptanalysis의 아버지'라고 불린다.

17 조지형, 《대통령의 탄생》, 24.

18 존 제이는 약한 입법부와 강한 행정부를 기본 골격으로 하는 1777년의 뉴욕 헌법을 기초했다. 이 헌법은 어느 미국연합 국가의 헌법보다도 미국연방헌법에 가장 큰 영향을 끼쳤다.

19 John C. Fitzpatrick, ed., *The Writings of George Washington from the Original Manuscript Sources, 1745~1799, 39 vols* (Washington: U. S. Government Printing Office, 1931~1944), 29:52. Robert Feer, "Shays's Rebellion and the Constitution: A Study in Causation," *New England Quarterly* 42:3 (1969), 388~410.

20 독립선언서의 공식 제호는 "Unanimous Declaration of the Thirteen United States of America"다. 대륙회의 의장 존 핸콕이 1776년 7월 6일에 대륙군 총사령관 조지 워싱턴에게 보낸 존 던랩John Dunlap의 인쇄본 제호는 "13개의 아메리카 연합 국가들의 대표들에 의한 선언A Declaration by the Representatives of the United States of America, in General Congress Assembled"이라고 되어 있다.

21 그렇다고 해서 영국이 식민지의 정부 모델로서 영국 정체를 염두에 두었던 것은 아니다. 그보다 영국은 식민지 통치를 위해서 총독과 집행 평의회가 지배하는 위원회 모델을 고려했다. Jack P. Greene, *The Constitutional Origins of the American Revolution* (New York: Cambridge University Press, 2011), 8.

22 총독(과 영국) 대 식민지 의회 사이의 갈등은 근본적으로 식민지 의회의 헌정적 권한에 대한 성격과 한계에 대한 것이었다. 영국은 식민지 의회가 본질적으로 영국 국왕의 은총과 허락에 의한 것이라고 주장했던 반면, 식민지는 식민지인의 자연권과 합의에 의한 것이라고 주장했다. Ibid., 16~18.

23 Willi Paul Adams, *The First American Constitutions* (Chapel Hill: University of North Carolina Press, 1980) 68~70.

24 New Hampshire, *Provincial Papers*, vol. 7, p. 578.

25 *American Archives*, 5th Ser., I, 1215~1217; Francis Newton Thorpe, ed., *The Federal and State Constitutions Colonial Charters, and Other Organic Laws of the States, Territories, and Colonies Now or Heretofore Forming the United States of America* (Washington, D. C.: Government Printing Office, 1909).

26   *American Archives*, 5th Ser., III, 447.

27   Adams, *The First American Constitutions*, 65. 로드아일랜드에서는, 영국 국왕의 사회계약 위반으로 실제 인허장은 파기되고 "정부 권력은 국민에게 귀속"되었으므로 비록 법률로 수정된 것이기는 하지만 인허장에 근거한 현 로드아일랜드 정부는 법적인 근거가 없다는 급진적인 주장이 나오기도 했다. Ibid.

28   Richard J. Purcell, *Connecticut in Transition, 1775~1818* (Washington, D. C.: American Historical Association, 1918), 113.

29   Thorpe, *The Federal and State Constitutions*, 2~4.

30   Thorpe, *The Federal and State Constitutions*, 2~4.

31   New Jersey Constitution of 1776, Art. XXIII.

32   Worthining C. Ford, ed., *Journal of the Continental Congress* 1:342.

33   Blackstone, *Commentaries*, 1:*126.

34   Gordon S. Wood, "State Constitution-Making in the American Revolution," *Rutgers Law Journal* 24:4 (1993), 920.

35   Delaware Constitution of 1776, Art. XXX.

36   헌법의 신성을 확보하기 위한 노력은 제헌회의의 제도화 외에, 절대다수제super-majority를 활용하여 일반 법률을 제정하는 방식보다 더 엄격하게 입법(헌법 수정)을 하는 방식이 있었다. 헌법을 수정하기 위해서 델라웨어에서는 7분의 5의 찬성, 메릴랜드에서는 3분의 2의 찬성이 필요했다. Gordon S. Wood, *The Idea of America: Reflections of the Birth of United States* (New York: Penguin Press, 2011), 177.

37   Thomas McKean to Caesar Rodney, September 19, 1776, H. Clay Reed, "Delaware Constitution," *Delaware Notes* 6 (1930), 35. G. S. Rowe, "Thomas McKean and the Coming of the Revolution," *Pennsylvania Magazine of History and Biography* 96:1 (1972), 3~47 참조.

38   Adams, *The First American Constitutions*, 73. Cf. John Alexander Jameson, *The Constitutional Convention: Its History, Power and Modes of Proceedings*, 3d ed. (Chicago: 1873).

39   "To the Honourable the Delegates Elected by the Several Counties and Districts… in Colonial Congress Convened," *New York-Gazette: and the Weekly Mercury*, June 17, 1776, cited in *American Archives*, 4th Ser., VI, 895. Straughton Lynd, "The Mechanics in New York Politics, 1774~1788," *Labor History* 5 (1964), 225~246 참조.

40   *Continental Journal, and Weekly Advertiser* (Boston), October 8, 1778.

41   Robert J. Taylor, ed., *Massachusetts, Colony to Commonwealth: Documents on the Formation of Its Constitution, 1775~1780* (Chapel Hill: University of North Carolina Press, 1961), 49.

42   Adams, *The First American Constitutions*, 89.

43   Maryland Constitution of 1776, Art. VI.

44   Virginia Constitution of 1776, Bill of Rights. cf. Thorpe, 3815.

45   Thomas Jefferson, Third Draft of the Virginia Constitution in *The Papers of Thomas Jefferson*, ed. Julian P. Boyd, 36 vols. to date (Princeton: Princeton University Press, 1950~), 1:356.

46   Thomas Jefferson, *Papers of Thomas Jefferson*, 1:359, no. 5.

47   Wood, "State Constitution-Making in the American Revolution," 915.

48   Governor가 식민지 시기에는 '총독'으로 번역되지만 독립 이후 미국연합 시기에는 '최고행정관' 혹은 '행정수반' 그리고 미국연방 시기에는 '주지사'로 번역되는 것처럼, executive council도 식민지 시기에는 집행평의회로, 미국연합 및 미국연방 시기에는 주로 '국무회의'로 번역된다. 국가 정책의 집행이라는 차원에서 executive council과 council of state는 일반적으로 상호 치환되는 용어였다.

49   조지아에서는 국무회의가 모든 제정법의 위헌성을 심사할 수 있었다. 그러나 이것은 법률안거부권이라기보다 사법심사에 가까웠으며, 최고행정관은 제정법 심사시 국무회의에 참석할 수 없었다.

50   1775년의 렉싱턴과 콩코드 전투 이후 매사추세츠는 1691년의 인허장이 유효하다고 선언했다. 이 인허장 아래 매사추세츠는 총독과 부총독의 부재를 선언하고 의회가 선출한 28인으로 구성된 국무회의에 행정부의 역할을 위임하여 혁명을 수행했다. 그 후 매사추세츠는 1780년 3월에 영구적인 헌법을 제정했다.

51   조지 클린턴은 1801년에서 1804년까지 또다시 뉴욕 주지사를 역임했다.

52   그러나 혁명이 마무리되면서 여성 참정권은 곧 폐지되었다. 뉴욕은 1777년, 매사추세츠는 1780년, 뉴햄프셔는 1784년 그리고 뉴저지는 조금 뒤인 1807년에 여성 참정권을 폐지했다. 기혼 여성은 재산소유권이 없었으므로 당연히 참정권을 향유하지 못했다. 참정권을 향유했던 여성은 일정 재산이 있는 미혼 혹은 이혼 여성이었다.

제5장 필라델피아 제헌회의와 미국헌법의 제정

1   미국헌법의 불법성과 반혁명성에 관해서는 조지형, 《헌법에 비친 역사》 (서울: 푸른역사, 2007), 306~313 참조.

2   동등 표결 방식에 모든 대표가 만족했던 것은 아니다. 민주주의 원칙에 철저했던 펜실베이니아의 제임스 윌슨은 인구가 많은 국가는 인구수에 비례하여 더 많은 표를 가져야 한다고 불평을 터뜨렸다. 그러나 제임스 매디슨은 작은 국가가 필라델피아 제헌회의를 거부하고 돌아갈 것을 걱정해 윌슨을 설득하여 동등 표결 방식을 수용하도록 했다.

3   Catherine Drinker Bowen, *Miracle at Philadelphia: The Story of the Constitutional Convention, May to September 1787* (Boston: Little, Brown, 1966). 필라델피아 제헌회의의 결과를 "기적"으로 평가한 것은 원래 조지 워싱턴과 제임스 매디슨의 서신 교환에서 나온 것이다.

4   이 장의 제2절과 제3절은 《대통령의 탄생》의 제5장과 제6장의 내용에 상당 부분 의존하였음을 밝혀둔다.

5   Andrew C. Laughlin, *The Confederation and the Constitution, 1783~1789* (New York: Harper and Brothers, 1905), 179.

6   버지니아 대표단은 알렉산더 헨더슨Alexander Henderson, 조지 메이슨George Mason, 제임스 매디슨, 에드먼드 랜돌프였으며, 이 가운데 헨더슨과 메이슨이 마운트버논 협의에 참석했다.

7   버지니아 의회에서 이 협정을 비준하는 데 결정적인 노력을 기울인 사람은 제임스 매디슨이었다. Richard B. Morris, "The Mount Vernon Conference: First Step toward Philadelphia," *this Constitution* 6 (1985), 40 참조.

8   Winton U. Solberg, *The Constitutional Convention and the Formation of the Union*, 2nd ed. (Urbana: University of Illinois Press, 1990), 54.

9   James Madison, *The Papers of James Madison*, ed. William T. Hutchinson, et al. (Charlottesville: University Press of Virginia, 1977), 11. 286.

10   Gordon S. Wood, *The Creation of the American Republic*, 1776~1787 ( ), 409~

11   Gordon S. Wood, *The American Revolution: A History* (New York: The Modern Library, 2002), 140.

12   Theodore Segwick, *A Memoir of the Life of William Livingston* (New York, 1833), 403.

13   문체위원회 위원으로는 코네티컷의 윌리엄 존슨William Johnson, 매사추세츠의 루퍼스 킹, 알렉산더 해밀턴, 구버뇌 모리스 그리고 매디슨이 배정되었다. 그러나 대부분의 작업은 구버뇌 모리스가 담당했다.

14   Max Farrand, ed., *The Records of the Federal Convention of 1787*, 4 vols (New Haven: Yale University Press, 1966), 1:21. 이후 Farrand, *Records*로 약칭.

15   벤저민 프랭클린이 1776년 펜실베이니아 헌법의 주요 기초자라는 주장에 관해 논란이 있다. 그러나 프랭클린이 1776년의 펜실베이니아 헌법을 강력히 지지했다는 사실은 적어도 틀림없다. Forrest McDonald, *The American Presidency: An Intellectual History* (Lawrence: University Press of Kansas, 1994), 132.

16   Farrand, *Records*, 1:65.

17   Ibid., 1:66.

18   Ibid., 1:89

19   Ibid., 1:65.

20   Ibid., 1:65

21   Ibid., 2:329.

22   Ibid., 2:541.

23   Ibid., 2:542.

24   Ibid.

25   Gordon S. Wood, *The Idea of America: Reflections of the United States* (New York: Penguin Press, 2011), 180.

26   Farrand, *Records*, 1:68. 그런데도 윌슨은 스스로 이것이 "터무니없는" 제안처럼 보일지 모른다는 우려를 표명했다. 이는 무엇보다도 미국의 광대한 영토 크기를 신중히 감안한 언급이었다. Ibid.

27   Farrand, *Records*, 1:68.

28   선거인단 선출 방식은 6월 2일 이후 6월 18일에 알렉산더 해밀턴에 의해, 7월 17일에 루터 마틴Luther Martin에 의해, 8월 24일에 구버너 모리스에 의해 다시 제기되었다.

29   Farrand, *Records*, 2:95. cf. Ibid., 2:99~101.

30   Ibid., 2:401.

31   Ibid., 2:403.

32   Ibid., 2:500.

33   물론 이 논의는 '대통령에게 어떤 권력을 부여할 것인가' 하는 문제도 함께 연동되었다. 영국 국왕의 대권, 특히 전쟁선포권과 평화조약체결권 등을 대통령에게 부여하는 것은 선출 군주를 만드는 것과 다름없다는 우려가 제기되었다. Ibid., 1:64.

34   Ibid., 1:68.

35   Ibid., 2:102.

36   Ibid.

37   Ibid., 1:68.

38   그렇다고 해서 모든 면에서 연합회의가 대의적 모델을 가지고 있다거나 연방의회가 심의적 모델을 가지고 있다는 것은 아니다. 사실 연합회의나 연방의회는 모두 대의적 모델과 심의적 모델의 혼합물이었다. 이러한 면에서 연방의회는 연합회의와 연속성을 가진다고 할 수 있다. R. B. Bernstein, "Parliamentary Principles, American Realities," in *Inventing Congress: Origins and Establishment of the First Federal Congress*, ed. Kenneth R. Bowling and Donald R. Kennon (Athens: Ohio University Press, 1999), 76~105 참조.

39   Farrand, *Records*, 1:21.

40   Ibid.

41 Ibid., 1:53

42 Ibid.

43 Ibid., 1:243.

44 Ibid., 2:135. 이 조항은 후에 헌법 수정 조항 제10조에 반영되었다.

45 Ibid., 1:20. (각 국가(주)의 연방) "분담금의 할당액"은 결국 그 국가(주)가 얼마나 부유한가에 따라 연방에 대한 분담금이 달라지므로 사실상 그 국가(주)의 경제력은 인구수 및 영토의 규모와 크게 다르지 않다. 연방에 재정적으로 기여한 만큼 연방의회의 의석수를 달리하자는 의견은 그만큼 연방의 재정 문제가 중요했다는 사실을 반증하는 한편, 동시에 주권에 따른 국가(주)의 동등한 지위를 감안한 것이라고 할 수 있다. 사우스캐롤라이나의 존 러틀리지는 "돈이 곧 권력"이며, 따라서 "국가(주)들은 연방정부에서 중요성을 가져야 한다. 그 부에 비례하여"라고 주장하기도 했다. Ibid., 1:196. 이는 공헌 비례에 따른 상원의 구성 방식이다.

46 Ibid., 1:48.

47 Ibid., 1:49, 48.

48 Ibid., 1:49.

49 Ibid., 1:514.

50 Ibid., 1:512.

51 Ibid.

52 Ibid., 1:513.

53 Ibid., 1:51, 150 참조.

54 윌슨의 제안은 6월 7일 상원을 국가(주)의 입법부가 선출한다는 제안과 함께 표결에 부쳐져 부결되었다. Ibid., 1:155.

55 Ibid.., 1:155.

56 Ibid., 1:177.

57 Ibid.

58 Ibid.

59 Ibid.

60 Ibid., 1:178.

61 Ibid., 1:179.

62 Ibid., 1:196.

63 Ibid., 1:469.

64 Ibid., 1:469.

65   Ibid., 1:482.

66   Ibid., 1:484.

67   Ibid., 1:489.

68   Ibid., 1:490.

69   7월 2일의 11인 위원회는 게리Gerry, 엘즈워스Ellsworth, 예이츠Yates, 패터슨Paterson,
     프랭클린Franklin, 베드퍼드Bedford, 마틴Martin, 메이슨Mason, 데이비Davie,
     러틀리지Rutledge, 볼드윈Baldwin으로 구성되었고, 7월 5일의 5인 위원회는 모리스Morris,
     고햄Gorham, 랜돌프Randolph, 러틀리지, 킹King으로 구성되었으며, 7월 9일의 11인
     위원회는 킹, 셔먼Sherman, 예이츠, 브리얼리Brearly, 모리스, 리드Reed, 캐럴Carroll,
     매디슨Madison, 윌리엄슨Williamson, 러틀리지, 휴스턴Houston으로 구성되었다.

70   Ibid., 2:19.

71   Ibid., 2:20.

72   Grant Gilmore & Charles L. Black, *The Law of Admiralty* (Mineola, N. Y.: Foundation
     Press, 1975), chap. 1.

73   Articles of Confederation, Art. IX. 해사와 해상 관할권은 현재 1789년 법원조직법에 따라
     주 법원이 갖고 있지 않으며 연방법원이 배타적으로 보유하고 있다.

74   Farrand, *Records*, 1:22.

75   Ibid., 1:125.

76   Ibid.

77   Ibid., 1:119.

78   Ibid., 2:43.

79   Ibid., 2:42~43.

80   세부항목위원회 위원이었던 윌슨의 문서 파일 자료를 살펴보면 "선거에 의해 상원이
     선출한다"라는 문구에 삭제선이 그어져 있다. Ibid., II, 172.

81   U. S. Const. Art. 2, Sec. 2. Cl. 2 "연방대법원 판사 그리고 그 임명에 관하여 이 헌법에
     특별 규정이 없으나 이후에 법률로 정할 그 밖의 모든 미국 관리를 지명하여 상원의 권고와
     동의를 얻어 임명한다." 연방하급법원의 법관과 달리 연방대법원 대법관은 상원이 계속
     임명하는 것으로 되어 있다가 후에 대통령의 권한으로 변경되었다. Ibid., II, 389, 495
     참조.

82   조지형, 《사법권의 독립》(파주: 살림, 2011), 61.

83   Declaration of Independence, July 4, 1776.

84   Farrand, *Records*, 2:44.

85   Ibid., 2:45.

86   Ibid., 1:97.

87   Ibid., 2:76. 조지 메이슨은 루터 마틴의 경고를 반복하면서 법관의 이중부정권을 동일한
     법률에 대하여 위헌으로 선언하여 무효화하는 것을 의미한다고 설명을 덧붙인다. Ibid., II,
     78. '마버리 대 매디슨' 사건 이전 사법심사의 역사에 관해서는 조지형, 〈사법심사의
     역사적 기원: Marbury v. Madison 사건 이전을 중심으로〉, 《서양사론》 53 (1997) 참조.

88   Farrand, Records, 1:343.

89   사법심사의 확립에 관해서는 조지형, 〈사법심사의 역사적 기원: Marbury v. Madison 사건
     이전을 중심으로〉, 《서양사론》 53 (1997. 6.), 125~155; 〈Marbury v. Madison 사건과 John
     Marshall의 사법심사〉, 《미국사연구》 9 (1999. 6.), 25~59 참조.

90   Farrand, Records, 2:648.

제6장 미국헌법의 비준과 권리장전의 탄생

1   Robert A. Rutland, *The Birth of the Bill of Rights, 1776~1791* (Chapel Hill: University of
    North Carolina Press, 1955), 125.

2   Bernard Schwartz et. al., *The Bill of Rights: A Documentary History*, 2 vols. (New York:
    Chelsea House Publishers, 1971), 1:527.

3   Jonathan Elliot, ed., *Debates in the Several State Conventions on the Adoption of the
    Federal Constitution*, 5 vols. (1891; reprint, Buffalo, N. Y.: William S. Hein, 1996),
    2:122~123.

4   Max Farrand, ed., *The Records of the Federal Convention of 1787*, 4 vols. (New Haven:
    Yale University Press, 1966), 2:587~588. 이후 Farrand, *Records*로 약칭.

5   Ibid.

6   James Madison to Thomas Jefferson, October 24, 1787, ibid., 3:136. 게리도 이와 같은
    입장을 견지하고 서명을 거부했다. Elbridge Gerry, "The President of Senate and
    Speaker of House of Representatives of Massachusetts, October 18, 1787," ibid., 3:128
    참조.

7   Farrand, *Records*, 2:637. 물론 메이슨은 권리장전 문제 외에 연방정부의 포괄적 권력에
    대해서도 불만을 가지고 있었다. 그는 심지어 연방사법부가 주사법부를 흡수하고 파괴할
    것이라고 연방정부의 권력을 염려했다. Paul Finkelmam, "Slavery and the Constitutional
    Convention: Making a Covenant with Death," in *Beyond Confederation: Origins of the
    Constitution and American National Identity*, ed. Richard Beeman, Stephen Botein
    and Edward C. Carter II (Chapel Hill: University of North Carolina Press, 1987), 218~221
    참조.

8   Farrand, *Records*, 2:617.

9   Ibid., 2:618.

10   Ibid., 2:341, n. 4. 이 인용문은 제임스 매디슨의 표현이다. 13개의 제안에 대한 구체적인
     내용에 관해서는 ibid, 2:341~342 참조.

11   Ibid., 2:632~633.

12   인내력 부족 문제를 강조하는 주장에 관해서는 Ralph L. Ketcham, "The Dilemma of
     Bills of Rights in Democratic Government," in *The Legacy of George Mason.* ed.
     Josephine F. Pacheco (Fairfax: George Mason University Press, 1983) 참조.

13   폴 핀클먼 교수는 연방주의자가 권리장전을 미국헌법에 "① 불필요하며, ② 중복되며, ③
     무익하고, ④ 국민의 자유에 사실상 위험하며, ⑤ 미국헌법에 구현된 공화정부의 원칙에
     위배된다"고 믿었다고 주장한다. Paul Finkelman, "James Madison and the Bill of
     Rights: A Reluctant Paternity," *Supreme Court Review* 1990 (1990), 309.

14   Farrand, *Records*, 1:354.

15   James Madison to Thomas Jefferson, October 17, 1788, James Madison, *Papers of
     James Madison* (Chicago: University of Chicago Press, 1962~1991), 11:297.

16   Irving Brant, *The Bill of Rightg: Its Origins and Meanings* (Indianapolis: Bobbs-Merrill,
     1965), 12.

17   Farrand, *Records*, 3:14, 161.

18   Merrill Jensen, ed., *Documentary History of the Ratification of the Constitution*
     (Madison: State Historical Society of Wisconsin, 1976~), 6:489.

19   Marcus (James Iredell), "Substance of an Address by James Wilson and Answer to Mr.
     Mason's Objections to the New Constitution," *Pamphlets on the Constitution of the
     United States*, ed. Paul Leicester Ford (New York: Da Capo Press, 1968), 335.

20   Federalist, No. 84.

21   Ibid. 블랙스톤의 인용문은 William Blackstone, *Commentaries*, 1:136 참조.

22   Federalist, No. 84.

23   Federalist, No. 84

24   Federalist, No. 84.

25   조건부 비준은 엄격한 의미에서 '선 수정先修訂 후 비준後批准'과 다르다. 또 다른
     제헌회의가 권리장전을 제대로 갖춘 다음에 그 헌법을 비준한다는 입장(선 수정 후 비준
     안)은 애덤스의 역제안과 같이 특정 주가 권리장전을 첨가한 후에 그 권리장전과 헌법을
     동시에 비준해야 한다는 입장과 다르다.

26   Edmund Randolph to James Madison, February 29, 1788, *Papers of James Madison*,
     10:543.

27   당시에 신문은 유일한 언론매체였으며 미국에 95개의 신문이 있었다. 필라델피아에서

헌법이 만들어진 직후에 신문들은 헌법 전문을 게재하고, 이에 대한 논평을 싣기 시작했다. 헌법비준회의가 준비되기 훨씬 이전부터 신문 논설은 일반 여론을 형성해 나갔다. Pauline Maier, Ratification: *The People Debate the Constitution, 1787~1788* (New York: Simon & Schuster, 2010), 70~95.

28   Anti-Federalist No. 84. Brutus, "On the Lack of a Bill of Rights," *New York Journal*, November 1, 1787.

29   Thomas Jefferson to James Madison, December 20, 1787, Thomas Jefferson, *The Papers of Thomas Jefferson*, ed. Julian P. Boyd et al. (Princeton: Princeton University Press, 1950~), 12:440.

30   Thomas Jefferson to James Madison, March 15, 1789, ibid., 14:660.

31   James Madison to George Washington, March 3, 1788, *Papers of James Madison*, 10:555~556. Madison to Edmund Pendleton, March 3, 1788, ibid., 10:554 참조.

32   Jon Kukla, "A Spectrum of Sentiments: Virginia's Federalists, Antifederalists, and Federalists Who Are for Amendments, 1787~1788," *Virginia Magazine of History and Biography*, 96 (1988), 282.

33   Finkelman, "James Madison and the Bill of Rights,"

34   James Madison to George Nicholas, April 8, 1788, *Papers of James Madison*, 10:11~12.

35   James Madison to Thomas Jefferson, April 23, 1788, ibid., 10:28~29.

36   Speech of James Madison, June 12, 1788, ibid., 10:130.

37   Speech of James Madison, June 24, 1788, ibid., 10:174~175.

38   Ketcham, *James Madison: A Biography*, 275.

39   James Madison to George Eve, January 2, 1789, *Papers of James Madison*, 11:404~405.

40   Madison to Thomas Randolph, January 13, 1789, 후에 *Virginia Independent Chronicle*, January 28, 1789 출간; Madison to "A Resident of Spotsylvania County," January 27, 1789, 후에 *Fredericksburg Virginia Herald*, January 29, 1789 등.

41   James Madison to George Eve, January 2, 1789, *Papers of James Madison*, 11:404~405.

42   Stuart Leibiger, "James Madison and Amendments to the Constitution, 1787~1789: Parchment Barriers," *Journal of Southern History* 59:3 (1993), 454.

43   Jamas Madison to Thomas Jeffeson, October 17, 1788, *Papers of James Madison*, 11:298~299.

44   Ibid.

45 Ibid.

46 매디슨의 입장이 변화했다는 주장에 관해서는 정경희, 〈제임스 매디슨과 권리장전의
제정〉, 《서양사론》, 59(1998), 63～84 참조.

47 Hugh Williamson to James Madison, May 24, 1789, ibid., 12:184.

48 "고래에게 통 던지기"는 조너선 스위프트Jonathan Swift의 글에서 나온 것이다. '고래에게
통 던지기'는 선박을 위협하는 고래에게 낡은 통을 던져줘서 그 통을 가지고 놀게 함으로써
관심을 돌려 선박의 피해를 피하는 지혜로운 대처법이다. Keneth Bowling, " 'A Tub to
the Whale' : The Founding Fathers and Adoption of the Federal Bill of Rights," *Journal
of the Early Republic* 8 (1988), 225～226 참고.

49 *Annals of Congress*, 1st Cong., 1st Sess. (June 8, 1789), 1:442.

50 Herbert J. Storing, "The Constitution and the Bill of Rights," in *The American
Founding: Politics, Statesmanship, and the Constitution,* ed. Ralph A. Rossum and
Gary L. McDowell (Port Washington, N.Y.: Kennikat Press, 1981), 32.

51 Address of the President to Congress, April 30, 1789, in *A Compilation of Messages
and Papers of the Presidents, 1789～1897*, ed. James Daniel Richardson (Washington:
Government Print Office, 1897), 1:43～49. 매디슨은 워싱턴의 충실한 조언자였을 뿐 아니라,
가끔 워싱턴의 연설문 초고를 작성해주기도 했다.

52 *Annals of Congress*, 1st Cong., 1st Sess. (May 5, 1789), 1:258.

53 원래 5월 초에 매디슨은 5월 말에 제시하겠다고 의사 표시를 했으나, 25일에 연방하원의
긴급한 일정을 이유로 수주일 후에 권리장전 안을 제출하겠다고 밝혔다.

54 Ibid., 449.

55 Federalist, No. 44.

56 Speech of James Madison, June 8, 1789, *Papers of James Madison*, 12:207.

57 *Annals of Congress*, 1:453.

58 Finkelman, "James Madison and the Bill of Rights," 343.

59 *Annals of Congress*, 1st Cong., 1st Sess. (May 5, 1789), 1:783～784.

60 수정 조항 제14조에 의해 주 정부에도 적용된다는 연방대법원 판례에 관해서는 *Gitlow* v.
New York, 268 U. S. 652 (1925) 참조.

61 Federalist Papers, No. 44.

62 Pauline Maier, *American Scripture: Making the Declaration of Independence* (New
York: Knopf, 1997), 125～126.

63 Virginia Declaration of Rights, Art. 2.

64 Declaration of Independence.

65 Ibid., Art. 8, 9, 10, 11, 12, 16.

Ackerman, Brucem and Neal Katyal. "Our Unconventional Founding." *University of Chicago Law Review* 62 (Spring, 1995): 475~573.

Adams, Willi P. *The First American Constitutions: Republican Ideology and the Making of the State Constitutions in the Revolutionary Era*. Chapel Hill: University of North Carolina Press, 1980.

Althusius, Johannes. Politics, trans. Frederick S. Carney. Boston: Beacon Press, 1964.

Amar, Akhil Reed. *America's Constitution: A Biography*. New York: Random House, 2005.

_____. "Philadelphia Revisited: Amending the Constitution outside Article V." *University of Chicago Law Review* 55 (Fall, 1988): 1043~1104.

_____. *The Bill of Rights: Creation and Reconstruction*. New Haven: Yale University Press, 1998.

Anastaplo, Geroge. "Constitutionalism, The Rule of Rules: Explorations." *Brandies Law Journal* 39 (Fall, 2000): 17~217.

Appleby, Joyce. "America as a Model for the Radical French Reformers of 1789." *William and Mary Quarterly*, 3rd ser. 28 (April, 1971): 267~286.

Armitage, David and Braddick, Michael J., eds. *The British Atlantic World*, 1500~1800. New York : Palgrave Macmillan, 2002.

Bailyn, Bernard. *The Ideological Origins of the American Revolution*. Cambridge: Harvard University Press, 배영수 옮김 (1999),《미국혁명의 이데올로기적 기원》, 서울: 새물결. 1967.

_____. ed. *The Debate on the Constitution: Federalist and Antifederalist Speeches, Articles, and Letters During the Struggle for Ratification*. Part I & II. New York: Library of America, 1993.

_____. *The Atlantic History: Concept and Contours*. Cambridge: Harvard University Press, 2005.

Baker, Leonard. *John Marshall: A Life in Law*. New York: Collier Books, 1974.

Balaban, Oded. "The Human Origins of Fortuna in Machiavelli's Thought," *History of Political Thought* 1 (1990), 21~29.

Baldwin, Alice. *The New England Clergy and the American Revolution*. Durham: Duke University Press, 1928.

Banning, Lance. "From Confederation to Constitution: The Revolutionary Context of the

Great Convention." *this Constitution*, no. 6 (Spring, 1985): 12~18.

Barth, Alan. *The Rights of Free Men*. New York: Alfred A. Knopf, 1984.

Baum, Marsha L., and Christian G. Fritz. "American Consitutional Sources." *Hastings Constitutional Law Quarterly* 27 (Winter, 2000): 199~242.

Beard, Charles. *An Economic Interpretation of the American Constitution*. New York: Macmillan, 양재열, 정성일 옮김 (1997), 《미국헌법의 경제적 해석》, 서울: 신서원. 1935.

Beer, Samuel H. *To Make a Nation: The Rediscovery of American Federalism*. Cambridge: Belknap Press of Harvard University Press. 1993.

Bellamy, Richard, and Dario Castiglione. "Constitutionalism and Democracy-Political Theory and the American Constitution." *British Journal of Political Science* 27 (October, 1997): 595~618.

Berger, Raoul. "Doctor Bonham's Case: Statutory Construction or Constitutional Theory," *University of Pennsylvania Law Review* 117 (1969): 521~545.

Billias, George Athan. "The Declaration of Independence: A Constitutional Document." *this Constitution*, no. 6 (Spring, 1985): 47~52.

Blackstone, William. *Commentaries on the Laws of England, A Facsimile of the First Edition of 1765~1769*. 4 Vols. Chicago: University of Chicago Press, 1979.

Bodin, Jean. *On Sovereignty: Four Chapters from the Six Books of the Commonwealth*, ed. Julian H. Franklin. New York: Cambridge University Press, 1992.

Bowen, Catherine Drinker. *Miracle at Philadelphia: The Story of the Constitutional Convention, May to September 1787*. Boston: Little, Brown, 1966.

Bowling, Kenneth R. and Kennon, Donald R. eds., *Inventing Congress: Origins and Establishment of the First Federal Congress*. Athens: Ohio University Press, 1999.

Burnett, Edward Cody. *The Continental Congress*. New York: Norton, 1941.

Brant, Irving. *The Bill of Rights: Its Origins and Meanings*. Indianapolis: Bobbs-Merrill, 1965.

Lord Bolingbroke, Henry St. John. *The Works of Lord Bolingbroke*. 4 Vols. Philadelphia, 1841.

Bracton, Henry de. *On the Laws and Customs of England*, trans. Samuel Thorne, 4 Vols. 1268; reprinted, Cambridge: Belknap Press of Harvard University Press, 1968.

Carlye, Robert W. and Carlye, Alexander J. *A History of Medieval Political Theory in the West*, 6 Vols. New York: Barnes and Noble, 1909.

Coke, Edward. *The Second Part of the Institutes of the Laws of England*, 2 Vols. 1628; London: W. Clark and Sons, 1817.

Coleman, Peter J. "Beard, McDonald, and Economic Determinism in American Historiography," *Business History Review* 34:1 (1960), 113~121.

Conkin, Paul K. *Self-Evident Truths*. Bloomington: Indiana University Press, 1974.

Conley, Patrick T., and John P. Kaminski. *The Bill of Rights and the States: The Colonial and Revolutionary Origins of American Liberties*. Madison, WI.: Madison House, 1992.

_____. *The Constitution and the States: The Role of the Original Thirteen in the Framing and Adoption of the Federal Constitution*. Madison, WI.: Madison House, 1988.

Cornell, Saul. *The Other Founders: Anti-Federalism and the Dissenting Tradition in America, 1788~1828*. Chapel Hill: University of North Carolina Press, 1999.

Corwin, Edward S. "The Progress of Constitutional Theory between the Declaration of Independence and the Meeting of the Philadelphia Convention," *American Constitutional History: Essays by Edward S. Corwin*. Ed. Alpheus T Mason and Gerald Garvey. New York: Harper and Row, 1964.

Dahl, Robert. *How Democratic Is the American Constitution?* New Haven, Conn.: Yale University Press. 박상훈, 박수형 옮김 (2004) 《미국 헌법과 민주주의》, 서울: 마니타스. 2001.

Drapher, Theodore. *A Struggle for Power: The American Revolution*. New York: Times Books. 1996.

Elazar, Daniel J. "The Political Theory Covenant: Biblical Origins and Modern Developments." *Publius* 10 (Fall, 1980): 3~30.

Elliot, Jonathan. ed., *Debates in the Several State Conventions on the Adoption of the Federal Constitution*, 5 Vols. 1891; reprint, Baffalo, N.Y.: William S. Hein, 1996.

Ellis, Arthur B. *History of the First Church in Boston, 1630~1880*. Boston, 1881.

Farrand, Max, ed. *The Records of the Federal Convention of 1787*. rev. ed., 4 Vols. New Haven, Conn.: Yale University Press. 1966.

Feer, Robert. "Shays's Rebellion and the Constitution: A Study in Causation," *New England Quarterly* 42:3 (1969), 388~410.

Finch, Henry. *Law, or A Discourse Thereof*, 4th ed. 1759; reprint, New York: Garland Publishing, 1978.

Finkelman, Paul. "James Madison and the Bill of Rights: A Reluctant Paternity," *Supreme Court Review*, 1990 (1990): 301~347.

Ford, Paul Leicester, ed., *Pamphlets on the Constitution of the United States*. New York: Da Capo Press, 1968.

Ford, Worthington, C. et al., eds. *Journals of the Continental Congress, 1774~1789*. 34
Vols. Washington, 1904~1937.

Franklin, Benjamin. *The Autobiography of Benjamin Franklin*, 2nd. ed. New Haven: Yale
University Press, 1964.

Franklin, Julian H. trans. and ed., *Constitutionalism and Resistance in the Sixteenth
Century*. New York: Pegasus, 1969.

Friedman, Lawrence M. *A History of American Law*. New York: Simon & Schuster. 안경환
옮김, (1988) 《미국법 역사》, 서울: 대한교과서 주식회사, 1985.

Fritz, Christian G. "Fallacies of American Constitutionalism." *Rutgers Law Journal* 35
(Summer, 2004): 1327~1369.

Gelderen, Martin van and Skinner, Quentin, eds. *Republicanism: A Shared European
Heritage*. New York: Cambridge University Press, 2002.

Gewirth, Alan. "Republicanism and Absolutism in the Thought of Marsilius of Padua."
Medioevo 5 (1979), 23~48.

Gilmore Grant and Black, Charles L. *The Law of Admiralty*, 2nd ed. Mineola, N.Y. :
Foundation Press, 1975.

Gough, John W. *Fundamental Law in English Constitutional History*. Oxford: Clarendon
Press, 1955.

Greene, Jack P. "The Imperial Roots of American Federalism." *this Constitution: Our
Enduring Legacy*. Washington, DC.: Congressional Quarterly, 1987: 37~54.

Grey, Thomas. "Origins of the Unwritten Constitution: Fundamental Law in American
Revolutionary Thought," *Stanford Law Review* 30 (May, 1978): 843~893.

Griffin, Stephen M. *American Constitutionalism: From Theory to Politics*. Princeton, NJ.:
Princeton University Press, 1996.

Gould, Philip. "Virtue, Ideology, and the American Revolution: The Legacy of the
Republican Synthesis." *American Literary History* 5 (Autumn, 1993): 564~577.

Grinde, Donald A., Jr., and Bruce e. Johansen. *The Iroquois and the Founding of the
American Nation*. San Francisco: Indian Historian Press, 1977.

Harrington, James. Oceana, in *The Political Works of James Harrington*, Edited by J.G.A.
Pocock. Cambridge: Cambridge University Press, 1977.

Heale, M. J. *The American Revolution*. London: Taylor & Francis, 1986.

Jefferson, Thomas. *Notes on the State of Virginia*. Richmond, 1782.

Jensen, Merrill. *The Articles of Confederation: An Interpretation of the Social-Constitutional
History of the American Revolution, 1774~1781*. Madison: University of Wisconsin

Press. 1940.

_____. *The Articles of Confederation*. Madison: University of Wisconsin Press, 1966.

_____. ed., *The Documentary History of the Ratification of the Constitution*. Madison: State Historical Society of Wisconsin, 1976.

Johnson, Bruce E. "Haudenosaunee Influences on the U.S. Government," http://www.peacecouncil.net/NOON/articles/government.html (접속일 2010. 6. 1.)

Johnson, Calvin H. "Homage to Clio: The Historical Continuity from the Articles of Confederation into the Constitution." *Constitutional Commentary* 20 (Winter, 2003~2004): 463~513.

Jones, Francis R. "Pollock v. Farmers' Loan and Trust Company," *Harvard Law Review* 9:3 (1895): 198~211.

Kammen, Michael. "From Covenant to Constitution in American Political Thought." *Publius* 10 (Fall, 1980): 101~135.

_____. *The Origins of American Constitutionalism*. Barton Rouge: Louisiana States University Press, 1988.

Kay, Richard S. "The Illegality of the Constitution." *Constitutional Commentary* 4 (Winter, 1987). 57~80.

Kern, Fritz. *Kingship and Law in the Middle Ages*. Oxford: Basil Blackwell, 1956.

Kesavan, Vasan. "When Did the Articles of Confederation Cease to Be Law?" *Notre Dame Law Review* 78 (December, 2002): 35~82.

Klein, Milton M., Brown, Richard D. and Hench, John B. eds., *The Republican Synthesis Revisited: Essay in Honor of Geroge Athan Billias*. Worceter: American Antiquarian Society, 1992.

Kloppenberg, James T. "The Virtues of Liberalism: Christianity, Republicanism, and Ethics in Early American Political Discourse." *Journal of American History* 74 (June, 1987): 9~33.

Kramnick, Issac. "The 'Great National Discussion': The Discourse of Politics in 1787." *William and Mary Quarterly*, 3rd ser. 45 (January, 1988): 3~32.

Kruman, Marc W. *Between Authority and Liberty: State Constitution Making in Revolutionary America*. Chapel Hill: University of North Carolina Press, 1997.

Kukla, Jon. "A Spectrum of Sentiments: Virginia's Federalists, Antifederalists, and Federalists Who Are for Amendments, 1787~1788," *Virginia Magazine of History and Biography* 96 (1988): 277~296.

Laughlin, Andrew C. *The Confederation and the Constitution, 1783~1789*. New York:

Harper and Brothers, 1905.

Leibiger, Stuart. "James Madison and Amendments to the Constitution, 1787~1789: 'Parchment Barriers'." *Journal of Southern History* 59 (August, 1993): 441~468.

Levy Leonard W. *Original Intent and the Framer's Constitution*. New York: Macmillan, 1988.

Lint, Gregg, L., and Richard alan Ryerson. "The Separation of Powers: John Adams' Influence on the Constitution." *this Constitution* 11 (Summer, 1986): 25~31.

Locke, John. *Two Treatises on Government*. London, 1821.

Long, Breckinridge. *Genesis of the Constitution of the United States of America*. New York: Macmillan, 1926.

Luts, Donald S. "From Covenant to Constitution in American Political Thought." *Publius* 10 (Fall, 1980): 1~34.

_____. *The Origins of American Constitutionalism*. Baton Rouge: Louisiana University Press, 1988.

Lynd, Straughton. "The Mechanics in New York Politics, 1774~1788," *Labor History* 5 (1964): 225~246

Madison, James. *Papers of James Madison*. Edited by William T. Hutchinson, et al. 17 Vols. Chicago: University of Chicago Press. 1962~1991.

Madison, James. *The Writings of James Madison*. 9 Vols. New York: G.P. Putnam's Sons, 1900~1910.

Maier, Pauline. *American Scripture: Making the Declaration of Independence*. New York: Knopf, 1997.

_____. *Ratification: The People Debate the Constitution, 1787~1788*. New York: Simon & Schuster, 2010.

Mapp, Paul W. "Atlantic History from Imperial, Continental, and Pacific Perspectives," *William and Mary Quarterly*, 3rd. ser., 63:4 (2006), 713~724.

Mattews, L. L. "Benjamin Franklin's Plans for a Colonial Union, 1750~1775." *American Political Science Review* 8 (August, 1914): 393~412.

McDonald, Forrest. *E Pluribus Unum: The Formation of the American Republic, 1776~1790*. Indianapolis: Indiana University Press. 1979.

_____. *States' Rights and the Union: Imperium in Imperio, 1776~1876*. Lawrence: University Press of Kansas, 2000.

McDowell, Gary L. "The Language of Law and the Foundations of American Constitutionalism." *William and Mary Quarterly*, 3rd ser. 55 (July, 1998): 375~398.

McIlwain, Charles H. *Constitutionalism: Ancient and Modern*. 2nd ed. Ithaca: Cornell University. 1947.

McLaughlin, Andrew C. "The Background of American Federalism." *American Political Science Review* 12 (May, 1918): 315~340.

_____. *Foundations of American Constitutionalism*. Greenwich, Conn., Fawcett Publications, 1961.

Machiavelli, *The Prince and the Discourses*. New York: 1950.

Meyers, Marvin. *The Mind of the Founder: Sources of the Political Thought of James Madison*. Indianapolis: Indiana University Press. 1973.

Middleton, Richard. *Colonial America: A History, 1607~1760*. Cambridge: Blackwell Publishers, 1992.

Montesquieu, *The Spirit of Laws*. Trans. by Thomas Nugent. Kitchener: Batoche Books, 2001.

Morey, William C. "The Genesis of a Written Constitution," *Annals of the American Academy of Political and Social Science* 1 (1891): 529~557.

Morris, Richard B. "The Mount Vernon Conference: First Step toward Philadelphia," *this Constitution*, 6 (1985), 38~40.

Morgan, Edmund S. *The Birth of the Republic, 1763~1789*. Chicago: Chicago University Press. 1956.

Nelson, Caleb. "Originalism and Interpretive Conventions." *University of Chicago Law Review* 70 (Spring, 2003): 519~598.

Nicholet, Claude. *Demokratia et Aristokratia*. Paris: Publications de la Sorbonne, 1983.

Olson, Alison Gilbert. "The British Government and Colonial Union, 1754." *William and Mary Quarterly*, 3rd ser. 17 (January, 1960): 22~34.

Pacheco, Josephine F. ed., *The Legacy of George Mason*. Fairfax: George Mason University Press, 1983.

Palmer, R. R. "Notes on the Use of the Word 'Democracy' 1789~1799." *Political Science Quarterly* 68 (June, 1953): 203~226.

Patterson, Charles F. *The True Meaning of the Constitution: Ratifier Understanding*. Xenia, OH.: Bentham Press, 2002.

Payne, Samuel B., Jr. "The Iroquois League, the Articles of Confederation, and the Constitution." *William and Mary Quarterly*, 3rd ser. 53 (July, 1996): 605~620.

Peter, Ronald M., Jr. *The Massachusetts Constitution of 1780: A Social Compact*. Amherst: University of Massachusetts Press, 1978.

Pilon, Roger. "Madison's Consitutional Vision: The Legacy of Enumerated Powers." In
James Madison and the Future of Republican Government. Edited by John Samplers.
Washington DC.: Cato Institute, 25~42, 2002.

Plucknett, Theodore F. T. "Bonham's Case and Judicial Review," Harvard Law Review 40
(1926): 30~37.

Pocock, J. G. A. The Ancient Constitution and the Feudal Law: A Study of English Historical
Thought in the Seventeenth Century, A Reissue with a Retrospect. Cambridge:
Cambridge University Press, 1987.

_____. Politics, Language, and Time. New York: Atheneum: 1973.

_____ and Terence Ball, eds., Conceptual Change and the Constitution.
Lawrence: University of Kansas Press, 1988.

Pole, J. J. "Historians and the Problem of Early American Democracy." American Historical
Review 67 (April, 1962): 626~646.

Poore, Benjamin Perley, ed. The Federal and State Constitutions, Colonial Charters, and
Other Organic Laws of the United States. 2nd Ed. Union, N.J., Lawbook Exchange,
2001.

Potter, Kathleen O. The Federalist's Vision of Popular Sovereignty in the New American
Republic. New York: LFB Scholarly Publishing, 2002.

Powell, H. Jefferson. "The Original Understanding of Original Intent." Harvard Law Review
98 (March, 1985): 885~948.

Pritchett, Charles H. The American Constitutional System. New York: McGraw-Hill. ,양승두,
최양수 옮김 (1975),《미국헌법제도론》, 서울: 박영사. 1963.

Purcell, Richard J. Connecticut in Transition, 1775~1818. Washington, D.C.: American
Historical Association, 1918.

Rahe, Paul A. ed., Machiavelli's Liberal Republican Legacy. New York: Cambridge
University Press, 2005.

Rakove, Jack N. Interpreting the Constitution: The Debate over Original Intent. Boston:
Northeastern University Press, 1990.

_____. Original Meanings: Politics and Ideas in the Making of the Constitution.
New York: Vintage Books. 1996.

_____. "The Great Compromise: Ideas, Interests, and the Politics of Constitution
Making." William and Mary Quarterly, 3rd ser. 44 (July, 1987): 424~457.

_____. "The Super-Legality of the Constitution, or, a Federalist Critique of Bruce
Ackerman's Neo-Federalism." Yale Law Journal 108 (June, 1999): 1931~1958.

Ranney, John C. "The Bases of American Federalism." William and Mary Quarterly, 3rd ser.

3 (January, 1946): 1~35.

Riggs, Fred. "The Survival of Presidentialism in America: Para-constitutional Practices." *International Political Science Review*. 9:4, pp. 247~278, 1988.

Rimer, Neal. "Covenant and the Federal Constitution." *Publius* 10 (Fall, 1980): 35~48.

Rodegers, Daniel T. "Republicanism: The Career of a Concept." *Journal of American History* 79 (June, 1992): 11~38.

Rothman, Rozann. "The Impact of Covenant and Contract Theories on Conceptions of the U.S. Constitution." *Publius* 10 (Fall, 1980): 149~164.

Rowe, G. S. "Thomas McKean and the Coming of the Revolution," *Pennsylvania Magazine of History and Biography* 96 (1972): 3~47.

Rutland, Robert A. *The Birth of the Bill of Rights, 1776~1791*. Chapel Hill: University of North Carolina Press, 1955.

Salmon, J. H. M. "The Legacy of Jean Bodin: Absolutism, Populism, or Constitutionalism?" *History of Political Thought*, 17:4 (1996): 500~522.

Schuyler, Robert Livingston. "Forrest McDonald's Critique of the Beard Thesis," *Journal of Southern History* 27:1 (1961): 73~80.

Schwartz, Bernard et. al., *The Bill of Rights: A Documentary History*, 2 Vols. New York: Chelsea House Publishers, 1971.

Slonim, Shlomo. "The Federalist Papers and the Bill of Rights." *Constitutional Commentary* 20 (Spring, 2003): 151~161.

Solberg, Winton U. *The Constitutional Convention and the Formation of the Union*. 2nd ed. Urbana: University of Illinois Press. 1990.

_____. 《미국인의 사상과 문화》, 조지형 옮김. 서울: 이화여자대학교 출판부, 1996.

Steamer, Robert J. "The Legal and Political Genesis of the Supreme Court." *Political Science Quarterly* (December, 1962): 546~569.

Storing, Herbert J. *What the Anti-Federalists Were For: The Political Thought of the Opponents of the Constitution*. University of Chicago Press. 1981.

_____. ed., *The Complete anti-Federalist*. 7 Vols. Chicago : University of Chicago Press, 1981.

Strauss, Leo. *Thoughts on Machiavelli*. Chicago: University of Chicago Press, 1958.

Striner, Richard. "Political Newtonianism: The Cosmic Model of Politics in Europe and America." *William and Mary Quarterly*, 3rd ser. 52 (October, 1995): 583~608.

Swindler, William F. " 'Rights of Englishmen' Since 1776: Some Anglo-American Notes," *University of Pennsylvania Law Review* 124:5 (May, 1976): 1083~1103.

Taylor, Robert J. "Constitution of the Massachusetts Constitution." *Proceedings of the American Antiquarian Society* 90 (October, 1980): 317~340.

Tarr, G. Alan. *Understanding State Constitutions.* Princeton, NJ.: Princeton University Press, 1998.

Thomas, Robert E. "A Reappraisal of Charles A. Beard's An Economic Interpretation of the Constitution of the United States," *American Historical Review* 57:2 (1952): 370~375.

Thorne, Samuel. "Dr. Bonham's Case," *Law Quarterly Review* 54 (1938): 543~552.

Thrope, Francis N. ed., *Federal and State Constitutions, Colonial Charters, and Other Organic Laws of the United States,* 7 Vols. Washington, D.C., 1907.

Trompf, G. W. *The Idea of Historical Recurrence in Western Thought, From Antiquity to the Reformation.* Berkeley: University of California Press, 1979.

Vattel, Emer de. *The Law of Nations,* Edited by. Bela Kapossy and Richard Whitmore. Indianapolis: Liberty Fund, 2008.

Vile, John R. "Three Kinds of Constitutional Founding and Change: The Convention Method and Its Alternatives." *Political Research Quarterly* 46 (December, 1992): 881~895.

_____. *The Structure of American Federalism.* London: Oxford University Press, 1961.

Vile, M. J. C. *Constitutionalism and the Separation of Powers.* Oxford: Clarenden Press, 1967.

White, Morton. *Philosophy, The Federalist, and the Constitution.* New York: Oxford University Press. 1987.

Willis, Garry. *Explaining America: The Federalist.* Garden City, N.Y.: Doubleday. 1981.

Washington, George. *The Writings of George Washington from the Original Manuscript Sources, 1745~1799,* 39 Vols. Edited by John C. Fitzpatrick. Washington: U.S. Government Printing Office, 1931~1944.

Winship, Michael P. "Godly Republicanism and the Origins of the Massachusetts Polity," *William and Mary Quarterly,* 3rd ser. 63:3 (2006): 427~462.

Wood, Gordon. *The Creation of the American Republic, 1776~1787.* Chapel Hill: University of North Carolina Press. 1969.

_____. *The Radicalism of the American Revolution.* New York: Alfred A. Knopf. 1991.

Wright, Benjamin Fletcher. "Census and Continuity-1776~1787." *Boston University Law Review* 38 (Winter, 1958): 1~52.

Zagarri, Rosemarie. *The Politics of Size: Representation in the United States*, 1776~1850. Ithaca, N.Y.: Cornell University Press, 1987.

강원택. 《대통령제, 내각제, 이원정부제》. 서울: 인간사랑, 2006.

곽준혁. "갈등, 혼합정체, 그리고 리더십: 마키아벨리의 《로마사 논고》를 중심으로," 《정치사상연구》 9 (2003): 171~195.

김경희. "마키아벨리의 국가전략: '저변이 넓은 정체' governo largo에 기반한 힘과 유연성의 전략," 《정치사상연구》 11:1 (2005): 133~151.

김기봉. "국가란 무엇인가: 개념사적 고찰," 《서양사론》 82 (2004): 5~39.

김부하. "권력분립에서 기능법설에 대한 평가," 《헌법학연구》 12:1 (2006), 433~457.

김영일. "알투시우스Johannes Althusius의 연방주의 연구: 지방자치의 이념적 기초로서의 연방적 사회구성," 《지방정부연구》 6:4 (2002): 275~296.

김영한. "해링턴J. Harrington의 정치적 유토피아," 《인문논총》 (한양대학교 인문과학대학) 6 (1983): 237~261.

김철수. 《헌법학개론》 제17전정신판. 서울: 박영사, 2005.

강승식. 《미국 헌법학 강의》. 서울: 궁리, 2007.

계희열. "헌법 원리로서의 권력분립의 원리," 《고려법학》 38 (2002): 1~33.

문홍주. 《미국헌법론》. 서울: 일조각, 1957.

박은구. "Marsilius of Paduad의 인민주권론: 정부론을 중심으로 I," 《숭실사학》 8 (1994): 221~247.

_____. "Marsilius of Paduad의 인민주권론 II," 《서양사론》 44 (1994): 41~117.

석인선. "미국 헌법상 권력분립에 관한 헌법해석론," 《법학논집》 (이화여자대학교 법학연구소) 5:1 (2000): 1~20.

성낙인. "주권론에 관한 연구," 《사회과학연구》(영남대학교 사회과학연구소) 13:2 (1993): 41~61.

안철수. 《안철수의 생각》. 파주: 김영사, 2012.

오영달. "인권과 주권: 정치철학사상 그 상호관계에 대한 두 가지 전통," 《사회와 철학》 9 (2005): 2~30.

오호택. "대통령제하에서의 권력분립," 《헌법학연구》 8:4 (2002): 481~501.

이보형. "미국혁명의 성격과 의의," 《미국학논집》 11 (1978): 201~220.

_____. "아메리카혁명과 자유주의," 《미국사연구》 1 (1993): 1~17.

_____. "아메리카 혁명은 어떠한 혁명인가," 《미국사연구》 8 (1998): 1~30.

이상돈. 《미국의 헌법과 연방대법원》. 서울: 학연사, 1988.

임승휘. "장 보댕의 《국가론》과 절대주의," 《프랑스연구》 13 (2005): 133~159.

정경희. "제임스 매디슨과 권리장전의 제정," 《서양사론》, 59:1 (1998), 63~84.

_____. 《중도의 정치: 미국 헌법 제정사》. 서울: 서울대학교출판부, 2001.

정중섭. 《헌법학원론》 제4판. 서울: 법문사, 2009.

조승래. "공화국과 공화주의," 《역사학보》 198 (2000): 227~254.

_____. 《공화국을 위하여: 공화주의 형성과정과 핵심사상》. 서울: 도서출판 길, 2010.

조지형. "사법심사의 역사적 기원: Marbury v. Madison 사건 이전을 중심으로," 《서양사론》 53
        (1997): 125~155.

_____. "Marbury v. Madison 사건과 John Marshall의 사법심사," 《미국사연구》 9 (1999):
        25~59.

_____. 《탄핵, 감시권력인가 정치적 무기인가》 서울: 책세상, 2004.

_____. 《헌법에 비친 역사》. 서울: 푸른역사, 2007.

_____. "적법절차의 발전과 대서양 세계의 법문화: 미국헌법 수정조항 제5조를 중심으로,"
        《세계헌법연구》 14:2 (2008): 314~346

_____. 《대통령의 탄생: 대통령 제도는 어떻게 생겨났는가》. 파주: 살림, 2008.

_____. 《사법권의 독립》. 파주: 살림, 2011.

한국공법학회 편저. 《미국헌법과 한국헌법》. 서울: 대학출판사, 1989.